信息系统管理工程师
（适用第2版大纲）

一站通关

指尖疯 ◎ 编著

·北京·

内 容 提 要

本书由专注软考培训十余年的指尖疯编著完成，根据最新第 2 版考试大纲编写，对信息系统管理工程师认证考试中涉及的 153 个核心考点，通过"文字精讲＋考题实练＋视频解析"的方式进行了详尽阐述。

本书主要内容包括信管分析与备考逻辑、信息化发展、信息技术发展、信息系统架构、信息系统治理、信息技术服务管理、软件开发过程管理、系统集成实施管理、信息系统运维管理、云服务及其运营管理、项目管理、应用系统管理、网络系统管理、数据中心管理、桌面与外设管理、数据管理、信息安全管理、人员管理、知识管理、IT 管理标准化、职业素养与法律规范的考点精讲，同时针对应用技术科目进行了专项指导。

本书可作为信息系统管理工程师考试的配套辅导用书，帮助考生一站通关，拿到证书。

图书在版编目（CIP）数据

信息系统管理工程师（适用第 2 版大纲）一站通关 /
指尖疯编著. -- 北京：中国水利水电出版社，2025. 4.
ISBN 978-7-5226-3355-8

Ⅰ．C931.6

中国国家版本馆 CIP 数据核字第 2025G95C08 号

责任编辑：周春元　　　加工编辑：贾润姿　　　封面设计：李　佳

书　名	信息系统管理工程师（适用第2版大纲）一站通关 XINXI XITONG GUANLI GONGCHENGSHI（SHIYONG DI 2 BAN DAGANG）YIZHAN TONGGUAN
作　者	指尖疯　编著
出版发行	中国水利水电出版社 （北京市海淀区玉渊潭南路 1 号 D 座　100038） 网址：www.waterpub.com.cn E-mail：mchannel@263.net（答疑） 　　　　sales@mwr.gov.cn 电话：（010）68545888（营销中心）、82562819（组稿）
经　售	北京科水图书销售有限公司 电话：（010）68545874、63202643 全国各地新华书店和相关出版物销售网点
排　版	北京万水电子信息有限公司
印　刷	三河市德贤弘印务有限公司
规　格	184mm×240mm　16 开本　21 印张　519 千字
版　次	2025 年 4 月第 1 版　2025 年 4 月第 1 次印刷
印　数	0001—3000 册
定　价	68.00 元

凡购买我社图书，如有缺页、倒页、脱页的，本社营销中心负责调换

版权所有·侵权必究

序　　言

您好，相见是缘，欢迎打开本书。接下来我和您聊聊关于信息系统管理工程师的思考，关于本书的想法，关于您想知道的，关于我想告诉您的一切。

信息系统管理工程师（本书简称"信管"，下同）隶属于软考大家族的中级阵营，这些年软考改革浪潮此起彼伏，多门考试先后迎来了改版和机考的双重改革。时隔 18 年，信息系统管理工程师考试终于迎来了改版。

信息系统管理工程师教程第 1 版于 2006 年出版，2024 年 11 月迎来了第 2 版教程，整整间隔了 18 年之久，回想下您 2006 年在做什么，就会有种恍然隔世的感觉。就在第 2 版教程出版的当月，我拿到新版教程和考纲之后，在"指尖疯"公众号先后用"福音"和"牌桌被掀翻" 2 个关键词写下了我对新考纲的感受。

为何用"福音"这个关键词来形容信管新版考纲呢？

虽然信息系统管理工程师名字中有"管理"二字，看似"管理"，其实是管理信息系统，而要管理好信息系统，不可或缺的就是各类技术，如软硬件知识、存储、网络等。所以 2006 年出版的第 1 版考纲，涵盖了大量的计算机软硬件、操作系统、数据结构、编程算法等技术，如绘制 E-R 图、二进制转十进制计算、SQL 语言、IP 地址转换等。大量的技术考点让很多没有技术基础的考生望而却步，被挡在了信管证书门外。

但是 2024 年 11 月新出版的第 2 版考纲，相对第 1 版有了翻天覆地的变化，第 2 版删除了很多专业 IT 技术内容，取而代之的是大量的 IT 管理知识，而且我从第 2 版中看到了很多熟悉的考点，这些熟悉的考点来自软考的中高项（系统集成项目管理工程师和信息系统项目管理师），也有些来自信息系统监理师。所以第 2 版的信息系统管理工程师考纲，对于缺乏 IT 技术背景的考生，无疑是福音，特别是在目前软考非技术类考试频次减少的背景下，更是一个很好的备选。

为何用"牌桌被掀翻"这个关键词来形容信管新版考纲呢？

那是因为：

第 1 版官方教程（考纲）已经不再适用！

信管历年真题已经不再适用！

信管既往的备考策略已经不再适用！

因为从信管第 2 版的考纲中可以明显发现，第 1 版考纲中至少 80% 的考点，在第 2 版考纲中，要么被彻底删除，要么被改得面目全非，完全可以把基于第 2 版考纲的信管考试，视为完全不同于过往的信管考试，视为全新的考试。所以我才说：信管考试已经掀翻了牌桌，游戏规则改天换地了。

举个具体的例子，第 1 版教程目录中，第 1 章计算机硬件基础、第 2 章操作系统知识、第 3 章程序设计语言、第 4 章系统配置和方法、第 5 章数据结构与算法、第 6 章多媒体基础知识、第 8 章数据库技术、第 10 章信息系统开发的基础知识、第 11 章信息系统开发的管理知识、第 22 章系统维护、第 23 章新系统运行及系统转换、第 24 章信息系统评价、第 25 章系统用户支持等超过 50% 的完整章节，在第 2 版新考纲中彻底消失，而剩下的章节大部分被第 2 版新考纲改进得完全认不出来。

所以，本书建议您，如果您希望后续拿下信管证书，请彻底忘记第 1 版考纲。谁让第 1 版教程太老了呢，整整 18 年过去了……

那么，最重要的问题来了，第 2 版考纲下的信息系统管理工程师如何备考呢？

有效的备考策略，离不开对第 2 版教程与考纲的深入分析，离不开对考试题型的深入分析。

第 2 版信管教程一共有 98 万字（20 章）内容，已经接近软考高级考试的体量了，软考高级的信息系统项目管理师也才 126 万字（24 章）内容。而比体量更加重要的是考点内容。第 2 版信管考纲，用大量的信息化管理考点取代了第 1 版的 IT 技术考点，给缺乏 IT 技术背景的考生带来福音的同时，也带来了不同于过往的挑战，那就是记忆的挑战。如果说第 1 版考纲的备考策略是"理解重于记忆"，那么第 2 版考纲的备考策略就是"记忆和理解并重"，因为 IT 信息化管理不同于技术类考点，技术类考点理解掌握之后，就不容易遗忘，但是 IT 信息化管理需要反复记忆才能够掌握对应的考点。

提到反复记忆，就要提到官方教程的阅读学习了，一般来说，成年人的平均阅读速度大约每分钟读 200～300 字，这是正常阅读材料（如报纸、一般性的小说等）情况下的速度，但是如果换成信管教程，阅读速度可能会下降到每分钟 100～200 字。如果按每分钟 150 字的速度，阅读完 98 万字的官方教程，可能需要 108 个小时。

教程阅读耗时长是不争的事实，更重要的是，很多同学要么读不下去，要么读完合上书之后，脑子还是一片空白，这说明单一地阅读教程的备考策略十分低效！

那么如何高效阅读才能够抓住考点、抓住重点呢？我认为有以下 2 个关键点。

第 1 个关键点是掌握框架逻辑，学生时代的记忆经验告诉我们，如果想又快又准地记住考点，首先头脑中一定要有一张图，这张图勾勒出了整体的框架逻辑，接下来的重复记忆就是往这张图中逐步描绘细节内容，在这个整体的框架逻辑中不断增添细节考点。

这个框架本书已经准备好了，那就是每一章节开头的"本章考点及星级分布"思维导图，每章的思维导图都会清晰列出本章的考点清单，列出每个考点的难度星级和频度星级，以双星级模式在头脑中刻下清晰的框架逻辑，从此各个考点不再孤立化和碎片化，而是形成一张彼此关联的分布图，避免陷入云深不知处的尴尬，在备考途中，心中永远有幅指向一站式通关拿证的地图。

第 2 个关键点是提炼考点精华，这是备考的难点所在，毕竟 98 万字读起来已经很费劲了，更别说过程有些枯燥。这里随机举出个例子，下面是官方教程中关于"信息资源的硬件和软件"介绍的原话，Word 统计共 444 个字，如下：

硬件和软件是支持组织运作的平台，是信息资源的主要构成因素，它们应该首先受到安全策略的保护。所以，整理一份完整的系统软硬件清单是首要的工作，其中还要包括系统涉及的网络结构图等。建立这份清单及网络结构图有多种方法。不管用哪种方法，都必须确定系统内所有的相关内容都已经被记录。例如，组织信息资源硬件清单包括个人计算机、邮件系统服务器、数据库系统服务器、系统服务器、应用系统工作站、打印机、网络通信线路、交换机、路由器、防火墙、调制解调等，组织信息资源软件清单包括操作系统、数据库系统、电子邮件系统、应用系统、办公系统、图形处理系统、反病毒程序、诊断程序、工具软件、财务软件、统计软件与业务软件等。

在绘制网络结构图以前，先要理解数据是如何在系统中流动的。根据详细的数据流程图可以显示出数据的流动是如何支持具体业务运作的，并且可以找出系统中的一些重点区域。重点区域是指需要重点应用安全控制措施的区域。也可以在网络结构图中标明数据（或数据库）存储的具体位置，以及数据如何在网络系统中备份、审查与管理。

下面是我在本书中，对上面的内容经过悉心提炼、重新编写之后的考点精华，Word 统计共 106 个字，字数仅仅是原文的 23.8%。

整理一份完整的系统软硬件清单是首要工作，其中包括系统涉及的网络结构图。网络结构图中标明了数据存储的具体位置，以及数据如何在网络系统中备份、审查与管理。由此可见，在绘制网络结构图之前，先要理解数据如何在系统中流动。

本书对官方教程进行考点提炼，去除常识、非考点、重复内容，去除正确但无用的话，留下了真正的考点精华，用最精炼、简洁的语言和图表，讲解最干货的核心考点。

伴随"考点精华"一同呈现的，还有针对每个考点的"备考点拨"栏。每个考点的备考点拨栏，都会一针见血地告诉考生如何高效掌握当前考点，如何记忆、学习当前考点，并且按照学习难度星级和考试频度星级，对每个考点进行双星级评定，让考生直观感受到当前考点的学习难度和考试频度。

本书在每一章开头，还会言简意赅地展示本章的考情速览，让考生快速洞悉本章包含的核心考点以及在考试中的分值预测。

针对具有代表性的热点考点和难点考点，本书提供了上百个精讲短视频，扫描核心考点旁边的二维码即可收看，让核心考点的掌握更加牢固！

除此之外，本书精心挑选了近 300 道考题，用来以练促学、以练强学。同时一并提供了考题解析，用考题来检验对核心考点的掌握程度，对考题有个直观的体验。

有效的备考策略，离不开对考试题型的深入分析。无论是 75 道选择题的基础知识科目，还是 4～5 道分析题的应用技术科目，均是以记忆背诵为主。拿应用技术科目来讲，虽然提供了一段案例，但是大部分考题的回答，应该不用看案例就可以作答。由于信管的应用技术科目更多考查记忆，所以本书设置了专门的应用技术科目专题，详细划分应用技术科目的考查范围，哪些章节是重点，哪些章节是非重点，更进一步详细讲解重点章节中的哪些考点是应用技术科目的重点，从而帮助考生大大节省备考时间，提高备考有效性。

  这么多的内容加持，再加上本书对"2个关键点"的应对策略，目的只有一个：帮助考生大大节省备考时间，提高备考有效性。信管考试的成本不在于报名费，而在于时间成本，本书为节省时间成本而撰写，同时本书也是考生考前冲刺最好的"弹药"。考前把本书从头到尾再通读一遍，再看看自己在书中标记的重点、笔记，相信一站式通关将不负你的努力，让你我拭目以待！

指尖疯

2025 年 3 月

目 录

序言

第 1 章 深度分析信管，让自己更懂软考更知彼 1

1.1 用 8 个关键词揭开软考面纱 1
1.2 用 5 点价值测量软考含金量 2
1.3 信息系统管理工程师考试大纲介绍 3
1.4 信息系统管理工程师新旧考纲对比 5
1.5 信息系统管理工程师和中高项对比 7
1.6 信息系统管理工程师的备考逻辑 9

第 2 章 信息化发展考点精讲及考题实练 12

精讲视频：11 节

2.1 章节考情速览 12
2.2 考点星级分布图 12
2.3 核心考点精讲及考题实练 13
【考点 1】信息的基础概念 13
【考点 2】信息系统的定义、发展与模型 ..15
【考点 3】信息系统生命周期与建设原则 ..17
【考点 4】信息化的内涵、体系和趋势 19
【考点 5】新型基础设施建设 20
【考点 6】工业互联网平台体系 21
【考点 7】物联网与智慧城市 22
【考点 8】农业农村现代化和服务现代化 ..24
【考点 9】新型工业化和智能制造 24
【考点 10】数字化转型驱动及原理 26
【考点 11】数字化转型成熟度模型 27

第 3 章 信息技术发展考点精讲及考题实练 29

精讲视频：12 节

3.1 章节考情速览 29

3.2 考点星级分布图 29
3.3 核心考点精讲及考题实练 30
【考点 12】计算机软硬件分类 30
【考点 13】通信技术、网络分类和设备 ..31
【考点 14】OSI、TCP/IP 和 5G 33
【考点 15】存储类型 34
【考点 16】数据结构三模型 36
【考点 17】数据库与数据仓库 37
【考点 18】CIA 三要素和安全四层次 38
【考点 19】加密与解密 40
【考点 20】信息系统安全和网络安全技术 ..41
【考点 21】Web 威胁防护技术和
          NGFW/NSSA 42
【考点 22】云计算与大数据 44
【考点 23】区块链/人工智能/虚拟现实 ..45

第 4 章 信息系统架构考点精讲及考题实练 48

精讲视频：19 节

4.1 章节考情速览 48
4.2 考点星级分布图 48
4.3 核心考点精讲及考题实练 50
【考点 24】架构基础和理解 50
【考点 25】总体框架 51
【考点 26】架构分类 52
【考点 27】常用架构模型 54
【考点 28】集成架构演进 55
【考点 29】TOGAF 架构开发方法 56
【考点 30】价值驱动的体系结构 58
【考点 31】4 类架构的设计原则 59

【考点 32】4 类局域网架构的特点..................61
【考点 33】6 类广域网架构的特点..................65
【考点 34】移动通信网架构与 SDN..................68
【考点 35】安全威胁和三道防线..................70
【考点 36】WPDRRC 模型..................71
【考点 37】安全架构设计..................72
【考点 38】OSI 安全架构..................74
【考点 39】5 类网络安全框架..................75
【考点 40】数据库完整性设计..................76
【考点 41】云原生架构作用和原则..................77
【考点 42】云原生的 7 种架构模式..................78

第 5 章 信息系统治理考点精讲及考题实练......80

精讲视频：7 节

5.1 章节考情速览..................80
5.2 考点星级分布图..................80
5.3 核心考点精讲及考题实练..................81
　【考点 43】IT 治理基础..................81
　【考点 44】IT 治理体系构成、关键决策和经验..................82
　【考点 45】IT 治理体系框架和核心内容..................84
　【考点 46】IT 治理任务..................85
　【考点 47】IT 治理方法与标准..................86
　【考点 48】IT 治理的 EDM..................88
　【考点 49】IT 治理关键域..................89

第 6 章 信息技术服务管理考点精讲及考题实练..................92

精讲视频：9 节

6.1 章节考情速览..................92
6.2 考点星级分布图..................92
6.3 核心考点精讲及考题实练..................93
　【考点 50】服务和 IT 服务的特征..................93
　【考点 51】服务的内涵与外延..................95

【考点 52】IT 服务生命周期与战略规划..................96
【考点 53】设计实现..................98
【考点 54】运营提升..................99
【考点 55】退役终止..................100
【考点 56】监督管理..................102
【考点 57】IT 服务质量管理过程..................104
【考点 58】服务质量评价模型和管理活动..................106

第 7 章 软件开发过程管理考点精讲及考题实练..................108

精讲视频：17 节

7.1 章节考情速览..................108
7.2 考点星级分布图..................108
7.3 核心考点精讲及考题实练..................110
　【考点 59】软件开发活动、职责与过程模型..................110
　【考点 60】需求 3 层次和 QFD 3 类需求..................112
　【考点 61】结构化分析..................113
　【考点 62】面向对象分析..................114
　【考点 63】SRS 和需求确认变更与跟踪..................116
　【考点 64】结构化设计..................117
　【考点 65】面向对象设计..................119
　【考点 66】统一建模语言（UML）..................120
　【考点 67】设计模式与软件编码..................122
　【考点 68】软件测试..................123
　【考点 69】持续交付和持续部署..................124
　【考点 70】软件配置管理..................126
　【考点 71】软件质量管理..................127
　【考点 72】工具管理..................128
　【考点 73】软件过程能力成熟度..................129
　【考点 74】软件工厂概念和特点..................130
　【考点 75】软件工厂建设方法和应用场景..................132

第8章 系统集成实施管理考点精讲及考题实练 135

📹 精讲视频：3节

8.1 章节考情速览 135
8.2 考点星级分布图 135
8.3 核心考点精讲及考题实练 136
【考点76】需求分析转化与设计开发 136
【考点77】实施交付与验证确认 138
【考点78】技术与资源管理 141

第9章 信息系统运维管理考点精讲及考题实练 143

📹 精讲视频：9节

9.1 章节考情速览 143
9.2 考点星级分布图 143
9.3 核心考点精讲及考题实练 144
【考点79】运维能力模型与能力管理 144
【考点80】运维人员管理 146
【考点81】服务级别和报告管理 148
【考点82】事件和问题管理 150
【考点83】配置、变更和发布管理 152
【考点84】可用性和连续性、系统容量和安全管理 154
【考点85】运维资源 156
【考点86】运维技术 159
【考点87】智能运维 161

第10章 云服务及其运营管理考点精讲及考题实练 163

📹 精讲视频：6节

10.1 章节考情速览 163
10.2 考点星级分布图 163
10.3 核心考点精讲及考题实练 164
【考点88】云服务与运营框架 164

【考点89】云服务规划 166
【考点90】云服务交付 169
【考点91】云运维 171
【考点92】云资源操作 174
【考点93】云信息安全 176

第11章 项目管理考点精讲及考题实练 179

📹 精讲视频：5节

11.1 章节考情速览 179
11.2 考点星级分布图 179
11.3 核心考点精讲及考题实练 180
【考点94】启动过程组 180
【考点95】规划过程组 182
【考点96】执行过程组 185
【考点97】监控过程组 187
【考点98】收尾过程组 190

第12章 应用系统管理考点精讲及考题实练 .. 193

📹 精讲视频：3节

12.1 章节考情速览 193
12.2 考点星级分布图 193
12.3 核心考点精讲及考题实练 194
【考点99】基础管理 194
【考点100】运行维护 196
【考点101】应用系统安全 197

第13章 网络系统管理考点精讲及考题实练 .. 200

📹 精讲视频：5节

13.1 章节考情速览 200
13.2 考点星级分布图 200
13.3 核心考点精讲及考题实练 201
【考点102】网络管理基本概念 201
【考点103】网络日常管理 202
【考点104】网络资源管理 204

【考点 105】网络应用管理..................206
　　【考点 106】网络安全..........................209

第 14 章　数据中心管理考点精讲及考题实练..212

　　精讲视频：5 节

　14.1　章节考情速览..................................212
　14.2　考点星级分布图..............................212
　14.3　核心考点精讲及考题实练..............213
　　【考点 107】数据中心基础管理..........213
　　【考点 108】机房基础设施管理..........217
　　【考点 109】物理资源管理..................219
　　【考点 110】虚拟资源管理..................221
　　【考点 111】平台资源管理..................223

第 15 章　桌面与外设管理考点精讲及考题实练...226

　　精讲视频：6 节

　15.1　章节考情速览..................................226
　15.2　考点星级分布图..............................226
　15.3　核心考点精讲及考题实练..............227
　　【考点 112】台式计算终端运维管理..........227
　　【考点 113】移动计算终端运维管理..........230
　　【考点 114】输入输出设备运维管理..........232
　　【考点 115】存储设备运维管理..........234
　　【考点 116】通信设备运维管理..........235
　　【考点 117】桌面与外设安全..............237

第 16 章　数据管理考点精讲及考题实练..........239

　　精讲视频：14 节

　16.1　章节考情速览..................................239
　16.2　考点星级分布图..............................239
　16.3　核心考点精讲及考题实练..............241
　　【考点 118】DCMM、DGI 与 DAMA..........241

　　【考点 119】数据战略与治理..............242
　　【考点 120】数据管理组织模式架构
　　　　　　　　与角色绩效..................243
　　【考点 121】数据采集..........................245
　　【考点 122】数据预处理......................246
　　【考点 123】数据存储和归档..............247
　　【考点 124】数据备份和容灾..............248
　　【考点 125】数据标准与建模..............250
　　【考点 126】数据模型和建模..............251
　　【考点 127】数据资产管理和编目......252
　　【考点 128】数据集成方法和访问接口
　　　　　　　　标准..............................254
　　【考点 129】Web Services 和数据网格...........255
　　【考点 130】数据挖掘..........................256
　　【考点 131】数据服务、可视化与安全.........258

第 17 章　信息安全管理考点精讲及考题实练..261

　　精讲视频：9 节

　17.1　章节考情速览..................................261
　17.2　考点星级分布图..............................261
　17.3　核心考点精讲及考题实练..............262
　　【考点 132】安全管理体系和风险管理........262
　　【考点 133】语境建立、风险评估和
　　　　　　　　风险处置......................264
　　【考点 134】批准留存、监视评审
　　　　　　　　与沟通咨询..................267
　　【考点 135】安全策略管理..................268
　　【考点 136】应急事件类型、损失和等级....272
　　【考点 137】应急响应组织、能力建设
　　　　　　　　和演练..........................274
　　【考点 138】应急处置过程及重保......276
　　【考点 139】安全等级保护..................279
　　【考点 140】信息安全控制措施..........280

第18章 人员管理考点精讲及考题实练 283

精讲视频：5节

- 18.1 章节考情速览 283
- 18.2 考点星级分布图 283
- 18.3 核心考点精讲及考题实练 284
  - 【考点141】工作分析与岗位设计 284
  - 【考点142】人力资源战略 286
  - 【考点143】人力资源供求预测与计划 287
  - 【考点144】人员招聘录用与培训 289
  - 【考点145】人员职业规划管理 291

第19章 知识管理考点精讲及考题实练 293

精讲视频：5节

- 19.1 章节考情速览 293
- 19.2 考点星级分布图 293
- 19.3 核心考点精讲及考题实练 294
  - 【考点146】知识管理价值链和管理类型 294
  - 【考点147】知识获取与收集 295
  - 【考点148】知识层次模型与构建 297
  - 【考点149】知识交流、共享、转移和运用 300
  - 【考点150】知识协同创新与个人知识管理 302

第20章 IT管理标准化考点精讲及考题实练 305

精讲视频：2节

- 20.1 章节考情速览 305
- 20.2 考点星级分布图 305
- 20.3 核心考点精讲及考题实练 306
  - 【考点151】标准分类及制定程序 306
  - 【考点152】主要标准 307

第21章 职业素养与法律规范考点精讲及考题实练 310

精讲视频：1节

- 21.1 章节考情速览 310
- 21.2 考点星级分布图 310
- 21.3 核心考点精讲及考题实练 311
  - 【考点153】法律法规 311

第22章 应用技术强化专题 313

- 22.1 新考纲下的应用技术题解读 313
- 22.2 云服务及其运营管理案例理论作答 316
- 22.3 应用系统管理案例理论作答 318
- 22.4 网络系统管理案例理论作答 318
- 22.5 数据中心管理案例理论作答 320
- 22.6 桌面与外设管理案例理论作答 320
- 22.7 数据管理案例理论作答 321
- 22.8 信息安全管理案例理论作答 322

第 1 章

深度分析信管，让自己更懂软考更知彼

1.1 用 8 个关键词揭开软考面纱

软考的全称是计算机技术与软件专业技术资格（水平）考试，名字比较长，但是只需要了解 8 个关键词，就能透彻了解软考，这 8 个关键词分别是：国家级考试，统一大纲、试题和证书，职业资格和职称资格考试，考试准入零门槛，日韩互认，5 个专业领域，3 个级别层次和 27 个专业资格。

第 1 个关键词："国家级考试"。软考是国家级考试，是由中华人民共和国人力资源和社会保障部、工业和信息化部领导下的国家级考试，每个地区、直辖市、省都有相应的考试管理机构，负责本区域考试的组织实施工作。顺利通过考试，就能获得由中华人民共和国人力资源和社会保障部、工业和信息化部用印的计算机技术与软件专业技术资格（水平）证书，证书全国有效。这个关键词说明软考的含金量和重量级，这也侧面印证了近些年来软考考生越来越多的缘故。

第 2 个关键词："统一大纲、试题和证书"。计算机软考统一范畴、统一大纲、统一试题、统一标准、统一证书，统一化能够让软考的生命力更强大。可以参考海外的 PMP 认证，该认证就是在 PMI 统一领导下，在全球各地实现了统一。即使目前软考每年可能会分多批次考试，但是大纲、题库、证书、教程依然是同一份。

第 3 个关键词："职业资格和职称资格考试"。这是软考的显著特点，软考既是职业资格考试，也是职称资格考试。软考在全国开展后，就不用再进行相应的任职资格评审工作，所以软考实现了以考代评，既是职业资格又是职称资格。

第 4 个关键词："考试准入零门槛"。软考不要求学历，哪怕没上过大学，哪怕只有小学文化，软考大门也完全敞开、完全接纳，完全欢迎你来参加考试，只要你有实力。因为软考本质上是水平类考试，只要达到了对应的专业技术水平，就可以报考，就可以拿证。

第 5 个关键词："日韩互认"。软考的专业岗位和考试标准跟日本和韩国实现了互认。互认意味着如果出国赴日本、韩国工作，可以享受相应的待遇。

第 6 个关键词："5 个专业领域"。软考一共有 5 个专业领域，分别是计算机软件、计算机网络、计算机应用技术、信息系统和信息服务。

第 7 个关键词："3 个级别层次"。5 个专业领域又分 3 个层级，分别是高级、中级和初级。

第 8 个关键词："27 个专业资格"。横向 3 个级别层次和纵向 5 个专业领域划分后，就可以从表 1-1 中看到软考一共有 27 个专业资格，你可以从这 27 个专业资格中，选择自己感兴趣或者擅长的领域报考，从表中可以看到，信息系统管理工程师属于信息系统专业领域的中级资格考试。

表 1-1　软考资格设置表

级别	计算机软件	计算机网络	计算机应用技术	信息系统	信息服务
高级资格	信息系统项目管理师，系统分析师，系统架构设计师，网络规划设计师，系统规划与管理师					
中级资格	软件评测师，软件设计师，软件过程能力评估师	网络工程师	多媒体应用设计师，嵌入式系统设计师，计算机辅助设计师，电子商务设计师	系统集成项目管理工程师，信息系统监理师，信息安全工程师，数据库系统工程师，信息系统管理工程师	计算机硬件工程师，信息技术支持工程师
初级资格	程序员	网络管理员	多媒体应用制作技术员，电子商务技术员	信息系统运行管理员	网页制作员，信息处理技术员

1.2　用 5 点价值测量软考含金量

除了软考本身，你可能会更加关心软考证书的价值，本书整理编排了软考的五大价值如下：

第 1 点价值是软考证书可以用于抵扣个税。最新资料显示，截至 2024 年年底，国家职业资格目录依旧沿用 2021 年版本，2021 年年底颁布的国家职业资格目录，一共包含 59 项国家职业资格，软考位列第 36 项。国家职业资格目录近些年一直在"瘦身"，从前些年的好几百条，到今天仅剩 59 条，而软考在其中一直屹立不倒，可见软考的价值所在。

而只有列在国家职业资格目录里的证书才能够抵扣个税，具体而言，个税的抵扣规则中，有一项是专项附加扣除，专项附加扣除可以抵税，通过考证形式的继续教育就属于这一种，但仅限于国家职业资格目录里的证书。假如你在今年取得了软考证书比如信管，今年就可以申请个税抵扣，个税抵扣的钱直接值回软考报名费和买书钱。

第 2 点价值是软考证书可以用于职称资格。中华人民共和国人力资源和社会保障部颁发的《〔2003〕39 号文件》，规定了如果你取得初级资格，就可以聘任技术员或助理工程师职务，中级资格可以聘任工程师职务，高级资格可以聘任高级工程师职务。

无论是上海市人社局 2020 年的文件，还是北京市人社局的最新文件，都能找到相应的职业资格名字。我国的职称一般分为正高级、副高级、中级和初级 4 个级别，职称的获取分为认定、评审、国家统一考试以及职业资格对应。软考职称的取得方式是国家统一考试以及职业资格对应，执行的是以考代评政策，考试通过，就相当于直接具有了获取相应职称的资格。

请注意本书说的是资格，也就是软考证书代表国家承认你具有相应的职称资格，但是能不能评上相应职称，要看所在的城市和所在的单位，如果所在单位目前还有空余专业技术职务，自己又碰巧拿到了软考证书，你就可以直接向单位提出申请评聘，但能否评上，要根据单位的具体情况而定，但是不管怎样，拿到了软考证书，至少达到了门槛条件。

第 3 点价值是软考证书可以用于积分落户。软考对积分落户有一定作用，但是不会成为决定因素。你可以查阅相关的官方政策，比如上海市积分落户政策、北京市人才引进落户政策和广州市人才引进落户政策，这些政策中都有对应的软考或者职称加分项。但为什么本书又说不会成为决定因素呢？因为一线城市户口的紧缺是不争的事实，能不能最终拿到户口，取决于你跟竞争对手之间的对比，即使报名申请积分落户的人数再多，北上广等一线城市也只有固定名额，积分落户的难度在于此。积分落户能不能成，有非常多的影响因素，而且未来政策可能会变化，软考对积分落户的加分，虽然不能带来质变，但是量变到一定程度就能质变，有加分总比没有好。

第 4 点价值是软考证书可以作为择业敲门砖。软考证书本身可以在一定程度上充当敲门砖角色，当然仅靠这一块砖，并不能把门敲开，很可能要多块敲门砖的组合，但是终归多一块砖，就会多一份重量，多一份好处。世界的本质残酷一点说，就是竞争，物竞天择，生物之间彼此竞争，竞争推动世界往前发展，竞争推动生物体系往前进化，竞争推动社会往前演化，拥有一张软考证书至少是竞争加分项。

第 5 点价值是软考证书可以用于打造职场竞争力。本书甚至认为这个价值比前面讲的价值更重要。前面提到的 4 点价值，给你带来的收益肉眼可见，也意味着增值想象空间有限，不会给你带来本质变化。就拿系统集成项目管理工程师举例，如果你超越了软考拿证目标，将软考备考视为重塑个人职场竞争力的机会，重塑个人项目管理体系的机会，通过软考拿证，深度思考项目管理过程的输入、工具与技术、输出，深度思考如何在职场活学活用，相信考试结束时，你收获的不仅仅是一张证书，更是自身职场竞争力脱胎换骨的变化。未来当你做项目管理、项目治理，主导上亿级别的项目组合时，你也会更有底气，因为拥有了一整套深入骨髓的方法论。

衷心希望你不仅仅拿下证书，而且要在之后持续提升自己的实战能力，有种不疯魔不成活的精神。只有这样，你才能真正把软考的考试机会，变成真正让你实现职场跃迁的机会，让你旧有的知识体系和方法论，发生质的改变。

1.3 信息系统管理工程师考试大纲介绍

想要快速了解一门考试，最快的方式就是查阅考试大纲，最新版的考纲中是这样描述信息系统管理工程师考试的：

通过本考试的合格人员能够具备管理信息系统的能力；能够了解信息化和信息技术发展，在我国信息化建设的有关政策和发展规划指导下，依据信息系统有关的法律法规、标准和规范，利用信息系统架构、信息系统治理、人员管理、知识管理等相关知识；掌握信息技术服务、软件开发过程、系统集成实施管理、信息系统运维管理、云服务及其运营管理相关知识和技能，以及项目管理、应用系统管理、网络系统管理、数据中心管理、桌面与外设管理、数据管理、信息安全管理相关知识与管理方法；利用所掌握的理论知识进行信息系统全方位管理实践，具有工程师的实际工作能力和业务水平。

从考纲的这段描述中可以看出，作为软考中级的信管考试，目的是培养考生管理信息系统的能力，想要熟练管理信息系统，就离不开对信息技术服务、软件开发过程、系统集成实施管理、信息系统运维管理、云服务及其运营管理等知识技能的掌握，这也是信管考试的重点所在。另外还可以看出，信管考查的内容非常多，几乎涵盖了信息系统相关的方方面面，不过值得庆幸的是，信管虽然考查内容非常多，但是多在广度，而非深度，也就是说，信管对考点的考查并不深，这也是本书在序言中提到的备考策略"记忆和理解并重"有效的根本原因。

从考纲中提到的考试要求也可见一斑：

- 了解信息化和信息技术发展，以及我国信息化建设的有关政策和发展规划。
- 熟悉信息系统架构、信息系统治理的相关知识。
- 掌握信息技术服务、软件开发过程、系统集成实施管理、信息系统运维管理、云服务及其运营管理等领域的管理知识与管理方法。
- 掌握项目管理、应用系统管理、网络系统管理、数据中心管理、桌面与外设管理、数据管理、信息安全管理相关知识与管理方法。
- 了解信息系统人员管理、知识管理相关理论。
- 熟悉信息系统有关的法律法规、标准和规范。
- 熟悉信息系统管理工程师职业道德要求。
- 熟练阅读和正确理解相关领域的英文资料。

在考纲的考试要求中，要留意 8 条要求开头的关键词，其中提到"掌握"的内容是考试的重中之重，也是我们备考的关键所在，其次是提到"熟悉"的内容，最后是提到"了解"的内容，重要程度依次降低。

除此之外，还需了解信息系统管理工程师的考试科目。信息系统管理工程师考试一共 2 个科目，分别为基础知识科目和应用技术科目，基础知识科目为 75 道单项选择题，考查的是综合知识和基础知识，满分 75 分，45 分及格，应用技术科目通常是 4～5 道案例分析题，同样是满分 75 分，45 分及格。假如任何一个科目不及格，就直接宣告此次考试失败，后续如果再考，则所有科目都要重新考，这一点让很多考生比较痛苦，也直接拉低了考试通过率。

自 2023 年下半年开始，所有软考，包括信息系统管理工程师考试，开始采用上机考试，2 个科目采用连考机制，也就是基础知识科目交卷完成后，自动进入应用技术科目的作答，基础知识科目省下的时长可供应用技术科目使用。考试时长方面，总时长为 240 分钟，长达 4 小时，考试结束前 60 分钟内可以交卷离场，其中基础知识科目最短作答时长为 90 分钟，最长作答时长为 120 分钟。

这给信息系统管理工程师的备考有什么启示呢？个人感觉是个好消息，因为实现了选择题型与案例题型的时长共享，从过去的通过率来看，应用技术科目的通过率低于基础知识科目，这个联考举措，相当于有了更多的时间来回答案例题，当然前提在于能够熟练作答选择题，熟练作答的前提是对基础知识的熟练掌握，所以务必要重视基础知识，这是万丈高楼的根基所在。但是长达 4 小时的联考机制，对体力和耐力都是一个非常大的挑战，考生一定要注意身体、适当锻炼，迎接高强度的考试。

再说下信息系统管理工程师的报名和考试流程，首先考试报名各省区不一样，但通常都会在开考前的 2～3 个月内开放报名，绝大多数都是网上报名交费，非常方便。考生可以通过官方网站或者"指尖疯"公众号获取每年的报名提醒信息。正式考试通常在 5 月底，具体要以官方正式通知为准，考试成绩的查询通常在考试 1～2 个月之后。

1.4 信息系统管理工程师新旧考纲对比

2025 上半年起，信息系统管理工程师采用新版教程及考纲（第 2 版），表 1-2 展示了第 2 版和第 1 版官方教程在目录上的差异，表中第 1 版目录中，使用删除线删除的章节表示在第 2 版中已经被删掉了。

表 1-2 信管官方教程目录对比表

第 1 版（2006 年）目录	第 2 版（2024 年）目录	备注
第 1 章 计算机硬件基础	第 1 章 信息化发展	新增章节
第 2 章 操作系统知识	第 2 章 信息技术发展	新增章节
第 3 章 程序设计语言	第 3 章 信息系统架构	新增章节
第 4 章 系统配置和方法	第 4 章 信息系统治理	新增章节
第 5 章 数据结构与算法	第 5 章 信息技术服务管理	新增章节
第 6 章 多媒体基础知识	第 6 章 软件开发过程管理	对应第 1 版第 12～14 章，但是内容发生了大量的变化
第 7 章 网络基础知识	第 7 章 系统集成实施管理	
第 8 章 数据库技术	第 8 章 信息系统运维管理	
第 9 章 安全性知识	第 9 章 云服务及其运营管理	新增章节
第 10 章 信息系统开发的基础知识	第 10 章 项目管理	对应第 1 版第 11 章，但是内容已经完全不同
第 11 章 信息系统开发的管理知识	第 11 章 应用系统管理	
第 12 章 信息系统分析	第 12 章 网络系统管理	对应第 1 版第 7 章，但是内容发生了大量的变化
第 13 章 信息系统设计	第 13 章 数据中心管理	新增章节

续表

第 1 版（2006 年）目录	第 2 版（2024 年）目录	备注
第 14 章　信息系统实施	第 14 章　桌面与外设管理	新增章节
第 15 章　信息化与标准化	第 15 章　数据管理	新增章节
第 16 章　系统管理规划	第 16 章　信息安全管理	对应第 1 版第 9 章，但是内容发生了大量的变化
第 17 章　系统管理综述	第 17 章　人员管理	新增章节
第 18 章　资源管理	第 18 章　知识管理	新增章节
第 19 章　故障及问题管理	第 19 章　IT 管理标准化	对应第 1 版第 15 章下半部分，但是内容发生了大量的变化
第 20 章　安全管理	第 20 章　职业素养与法律法规	新增章节
第 21 章　性能及能力管理		
~~第 22 章　系统维护~~		
~~第 23 章　新系统运行及系统转换~~		
~~第 24 章　信息系统评价~~		
~~第 25 章　系统用户支持~~		

　　从上表可以清晰看出，第 2 版考纲中去掉了大多数的计算机技术专业知识，取而代之的是信息化 IT 知识，以及信息系统管理知识，按照章节简单展开分析如下：

　　第 2 版的第 1 章为信息化发展，是全新的章节，主要涉及信息化的基本概念、新基建、产业现代化与数字化转型等内容。

　　第 2 版的第 2 章为信息技术发展，是全新的章节。简单理解是把第 1 版的第 1～8 章内容进行了替换，比如第 1 版中的数据结构算法、程序语言基础知识、计算机硬件、多媒体等内容都已删除，增加了与时俱进的新内容，比如云计算、大数据、AI 等。

　　第 2 版的第 3 章为信息系统架构，是全新的章节，主要涉及系统架构、应用架构、数据架构、技术架构、网络架构、安全架构、云原生架构等架构设计方面的内容。

　　第 2 版的第 4 章为信息系统治理，是全新的章节，主要涉及顶层的信息系统治理与规划。

　　第 2 版的第 5 章为信息技术服务管理，是全新的章节，主要涉及 IT 服务的基本概念、服务生命周期、服务质量管理等内容，虽然第 1 版也有类似名字的章节，但是因为内容改动太多，所以可以视为全新的章节。

　　第 2 版的第 6 章为软件开发过程管理，是全新的章节，主要涉及软件从需求到设计、实现、部署等软件工程的全过程，大致对应对第 1 版的第 12～14 章，但是同样内容改动很多，比如删减了大量结构化与面向对象分析设计的工具，以及测试要求。

　　第 2 版的第 7 章为系统集成实施管理，是全新的章节，涉及系统集成过程中需考虑的活动，如需求分析、设计开发、实施交付、验证确认等。

第 2 版的第 8 章为信息系统运维管理，是全新的章节，涉及运维的人员、过程、资源和技术四要素等内容，虽然第 1 版中有类似的内容，但是内容已经完全变了。

第 2 版的第 9 章为云服务及其运营管理，是全新的章节，涉及在当下最新的云计算背景下，如何进行云服务的规划、交付、运维、安全等内容。

第 2 版的第 10 章为项目管理，是全新的章节，涉及项目管理的五大过程组内容，大致对应第 1 版第 11 章，但是内容已经完全不同。

第 2 版的第 11 章至 16 章，连同第 9 章，是信管考试的重点章节，也是应用技术科目的重点章节，涉及应用系统管理、网络系统管理、数据中心管理、桌面与外设管理、数据管理、信息安全管理等内容。

第 2 版的第 17 章至 20 章，属于相对没有那么偏技术的内容，基本上也是全新的章节，涉及人员管理、知识管理、标准化、职业素养和法律法规的内容。

由此可见，第 2 版的考试大纲已经完全转向，真正体现了信息系统的"管理"，而非过往的"技术"，更加贴合信息系统管理工程师的日常工作要求，培养技术管理级别的人才。

1.5　信息系统管理工程师和中高项对比

有不少信管考生，曾经有过系统集成项目管理工程师或者信息系统项目管理师的备考经验，也就是中项或者高项的学习经验，所以本书也一并对信管和中项考纲进行横向对比，看看对有中高项经验的考生，备考信管有哪些优势，又有哪些需要留心的地方。

先说结论，信管的考试范围和中高项的考试范围有大概 50% 的重合度，表 1-3 展示了中项和信管在目录上的差异。

表 1-3　信管和中项目录差异对比表

中项（2024 年）目录	信管（2024 年）目录	备注
第 1 章　信息化发展	第 1 章　信息化发展	对应中项第 1 章
第 2 章　信息技术发展	第 2 章　信息技术发展	对应中项第 2 章
第 3 章　信息技术服务	第 3 章　信息系统架构	对应中项第 4 章
第 4 章　信息技术架构	第 4 章　信息系统治理	对应高项章节
第 5 章　软件工程	第 5 章　信息技术服务管理	对应中项第 3 章
第 6 章　数据工程	第 6 章　软件开发过程管理	对应中项第 5 章
第 7 章　软硬件系统集成	第 7 章　系统集成实施管理	
第 8 章　信息安全工程	第 8 章　信息系统运维管理	
第 9 章　项目管理概论	第 9 章　云服务及其运营管理	
第 10 章　启动过程组	第 10 章　项目管理	对应中项第 10～14 章

续表

中项（2024年）目录	信管（2024年）目录	备注
第11章　规划过程组	第11章　应用系统管理	
第12章　执行过程组	第12章　网络系统管理	
第13章　监控过程组	第13章　数据中心管理	
第14章　收尾过程组	第14章　桌面与外设管理	
第15章　组织保障	第15章　数据管理	对应中项第6章
第16章　监理基础知识	第16章　信息安全管理	
第17章　法律法规和标准规范	第17章　人员管理	对应高项章节
第18章　职业道德规范	第18章　知识管理	对应高项章节
	第19章　IT管理标准化	
	第20章　职业素养与法律法规	

从上表可以清晰看出，信管第1～3章的内容，和中项对应章节的内容相似度在90%左右；信管第4章的内容，和高项对应章节的内容相似度在80%左右；信管第5～6章的内容，和中项对应章节的内容相似度在85%左右；信管第10章的内容，和中项第10～14章有90%的重合度；信管第15章的内容，和中项对应章节的内容相似度在85%左右；信管第17章的内容，和高项对应章节的内容相似度在70%左右；信管第18章的内容，和高项对应章节的内容相似度在30%左右。也就是说，信息系统管理工程师大概有10章内容，可以在高项和中项中找到，剩下的第7～9章、第11～14章、第16章、第19～20章一共10章，是信息系统管理工程师新版特有的。意味着信息系统管理工程师第2版，和软考中高项的重合度可以达到50%！

虽然内容有50%的重合，但中高项的部分在信管考分分布中仅占30%左右，因为中高项的考试重心在项目管理领域，但是拥有软考中高项经验的考生仍具有明显优势，此时只需要专注精力在没有学过的50%考点之上即可。

但这并不意味着拥有软考中高项经验的考生，面对信管考试，就能够易如反掌地拿证。如果还用软考中高项的备考经验来准备信管考试，反而容易"出师未捷身先死"，这是拥有软考中高项经验的考生需要留心的地方。

信管备考不同于软考中高项，软考中高项的理解大于记忆。针对案例分析题而言，软考中高项的案例分析题必然有一道计算题，计算题需要理解掌握；问答找错类型的题很多是依赖项目管理知识，从案例中找出错误而已，考查记忆的问题的确存在，但是不会很多。但是信管的应用技术题目，大概率是以考点记忆为主，也就是案例的问题可能和案例本身关系不大，想要得分，就需要把对应的考点背下来。

所以信管的备考策略是"记忆和理解并重"，甚至对于某些章节而言，记忆的重要性大过理解，因为信管的特点在于考查面广，不可能把所有的考点都深入吃透，考试也不会考查那么深入，所以这个时候，记忆反而更加重要！

1.6　信息系统管理工程师的备考逻辑

本书在序言中提到：学生时代的记忆经验告诉我们，如果想又快又准地记住考点，首先头脑中一定要有一张图，这张图勾勒出了整体的框架逻辑，接下来的重复记忆就是在这张图中逐步描绘细节内容，在这个整体的框架逻辑中不断增添细节考点。

信管第2版官方教程一共20章内容，每个章节分为很多小节，看起来繁杂且数量众多，如果这样平铺直叙地备考和记忆，效果肯定会大打折扣，因为没有把这20章的考点，提前建立起框架逻辑。

本书将这20章的内容分为四大板块，分别是信息技术、信息系统全周期管理、信息系统运营管理、信息系统组织管理。其中信息技术板块对应第1~3章；信息系统全周期管理板块对应第4~8章，第10章；信息系统运营管理板块对应第9章，第11~16章；信息系统组织管理板块对应第17~20章，具体见表1-4。这四大板块就构成了信管考点逻辑框架。

表 1-4　信管考点逻辑框架表

板块	信管（2024年）目录	重要度星级	分值预测
信息技术	第1章　信息化发展	★★	3
	第2章　信息技术发展	★★	3
	第3章　信息系统架构	★★	5
信息系统全周期管理	第4章　信息系统治理	★★★	4
	第5章　信息技术服务管理	★★★★	3
	第6章　软件开发过程管理	★★★★	5
	第7章　系统集成实施管理	★★★	3
	第8章　信息系统运维管理	★★★★	5
	第10章　项目管理	★★★	5
信息系统运营管理	第9章　云服务及其运营管理	★★★★★	4
	第11章　应用系统管理	★★★★★	3
	第12章　网络系统管理	★★★★★	5
	第13章　数据中心管理	★★★★★	5
	第14章　桌面与外设管理	★★★★★	5
	第15章　数据管理	★★★★★	5
	第16章　信息安全管理	★★★★★	5

续表

板块	信管（2024年）目录	重要度星级	分值预测
信息系统组织管理	第17章　人员管理	★★★	2
	第18章　知识管理	★★★	3
	第19章　IT管理标准化	★	1
	第20章　职业素养与法律法规	★	1

　　信息技术板块主要考查的是信息化专业知识，考查新基建、产业现代化、数字化转型等宏大叙事类型的知识，考查当下流行的物联网、云计算、AI等信息技术知识，考查信息系统的各种架构知识。信息技术板块的价值在于让考生了解信息化大环境，这个大环境里面有产业环境、技术环境、架构技术环境，只有了解了大环境，才能适应大环境，才能更好地和专业技术人员沟通协作，借助专业技术人员的能力，甚至借力大环境做好本职的信息系统管理工作。

　　信息系统全周期管理板块主要考查信息系统的全生命周期管理，包括顶层治理、服务管理、软件开发管理、系统集成实施管理、运维管理及项目管理。一套信息系统的推出及使用，最开始一定要做顶层的治理规划，通常由企业高层和架构师专家主导进行。作为信息系统管理工程师，了解顶层的治理规划，能够让自己在后续的信息系统管理工作站得更高、看得更远。企业做信息系统的目的是服务客户和用户，所以自然离不开信息技术服务管理，信息技术服务不仅包含常见的运维服务，还包括咨询、设计、开发、实施、数据、存储等服务，作为信息系统管理工程师，需要了解IT服务的生命周期以及如何进行服务的质量管理。有了企业顶层的信息系统治理和面向客户的服务管理之后，接下来就要把信息系统做出来，就涉及软件开发过程管理，从需求到设计，从设计到编码实现再到测试，从测试到后续的部署交付，一条龙流水线式完成软件开发过程管理。信息系统做出来后要到客户现场完成系统集成实施工作，此时就到了系统集成实施管理，系统集成实施管理的过程类似软件开发，历经了需求到设计开发，再到实施交付和验证确认环节。部署交付完软件产品或者完成系统集成实施后，就可以转入运维阶段，此时就需要执行信息系统运维管理，运维管理的主线是人员、过程、资源和技术四要素。而最后的项目管理贯穿信息系统管理的全过程，尤其是软件开发过程或者系统集成实施过程。

　　信息系统运营管理是考试的重点板块。信息系统运营管理考查云服务运营管理、应用系统管理、网络系统管理、数据中心管理、桌面与外设管理、数据管理和信息安全管理，这些管理是彼此并列的关系。作为信息系统管理工程师，平时对信息系统进行管理时，最容易想到的应该是应用系统、网络、数据之类的管理，分别对应应用系统管理、网络系统管理和数据管理。另外对信息系统的管理离不开机房，也就是数据中心，对应数据中心管理。如今云计算越来越普及，自然少不了对应的云服务运营管理。平时员工接触最多的桌面和外设，也是信息系统管理工程师的职责，对应桌面与外设管理。最后安全永远是信息系统管理的重中之重，对应信息系统安全管理。

　　最后一个板块是信息系统组织管理，信息系统管理相关的人力资源、知识、标准规范、法律法规等，都是组织层面的工作，直接影响信息系统管理的成效，是信息系统管理的有效支撑，作为信息系统管理工程师，自然需要了解。

以上就是构成信息系统管理工程师备考逻辑框架的四大板块，逻辑能够串起散落的碎片化考点，一方面形成知识体系，另一方面强化记忆效果。

最后需要对表格最右列的分值预测做个补充说明，这个分数值是基础知识科目 75 道选择题的分值预测，不包括应用技术科目。另外，这个分值是模糊值，实际分数大概会围绕分值预测上下波动 1 分。分值预测仅供参考，备考重心放在考点掌握上才是最快的方法。

第 2 章
信息化发展考点精讲及考题实练

2.1　章节考情速览

对于信息系统管理工程师而言,在掌握信息系统管理的方法论之前,需要对宏观有所了解,信息化发展就是从信息系统的概念、国内的新基建、产业现代化,以及近些年热度不减的数字化转型角度进行的论述。整体上理解难度不大,并没有涉及太多的晦涩技术。这部分内容和软考中高项考试的重合度很大,对于有中高项备考经验的考生,可以快速熟悉下,对于没有中高项备考经验的考生,需要理解并强化记忆,相关的记忆考点已经整理为了后面的核心考点。

信息化发展从考试大纲的定位和考试数据分析,通常会考查 3 分左右,并且仅在基础知识科目也就是选择题中进行考查,应用技术科目不会涉及,所以本章的备考建议结合选择题的特点进行备考。

2.2　考点星级分布图

本章涉及的主要考点分布及难度与频度双星级如图 2-1 所示。

信息化发展考点精讲及考题实练 第 2 章

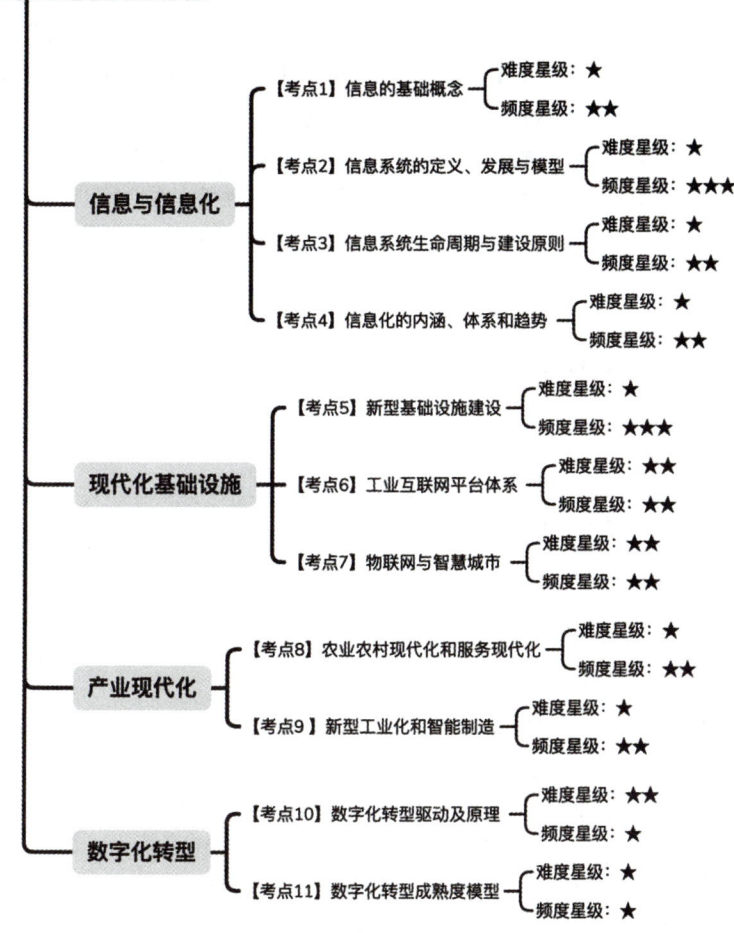

图 2-1　本章考点及星级分布

2.3　核心考点精讲及考题实练

【考点 1】信息的基础概念

信息的质量

考点精华

信息是物质、能量及其属性的标示的集合，是确定性的增加。香农指出"信息是用来消除随机不定性的东西"，信息的目的是用来"消除不确定的因素"。信息不是物质，也不是能力，它以一种普遍形式，表达物质运动规律，在客观世界中大量存在、产生和传递。

13

信息量的单位为比特（bit）。1比特的信息量，在变异度为2的最简单情况下，是消除非此即彼不确定性所需的信息量。

信息能够消除不确定性，因此信息具有价值，而信息的质量决定了信息的价值，信息的质量属性包含精确性、完整性、可靠性、及时性、经济性、可验证性和安全性。信息的应用场合不同，信息质量的侧重面也不一样，比如金融业信息最重要的质量特性是安全性，通信行业信息最重要的质量特性是及时性，餐饮行业信息最重要的质量特性是食品安全性。

信息一共有11类的特征，分别是客观性、普遍性、无限性、动态性、相对性、依附性、变换性、传递性、层次性、系统性和转化性。其中客观性特征中将信息分为了主观信息和客观信息两类，而主观信息必然要转化为客观信息；无限性特征中将无限性分为两个层次：一个是信息总量是无限的，另一个是每个具体事物产生的信息也可以是无限的；对依附性特征的理解分为两个方面：一方面是信息由客观事物产生，不存在无源信息；另一方面是信息要依附于载体而存在。

信息传输模型如图2-2所示。

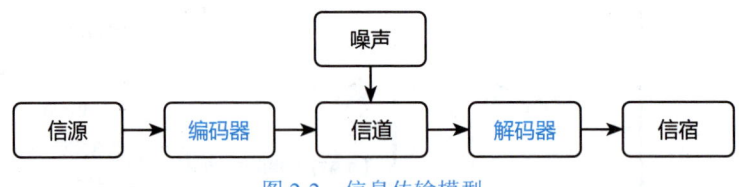

图 2-2　信息传输模型

1．信源。信源是产生信息的源头，即信息的发送者。
2．信宿。信宿是信息的归宿，即信息的接收者。
3．信道。信道是传送信息的通道，信道可以是抽象信道（如TCP/IP网络作为信道），也可以是物理通道（如光纤、双绞线、移动通信网络、卫星等实际信道）。
4．编码器。编码器是变换信号的设备，将信源发出的信号转换成适合信道传送的信号，常见的编码器包括量化器、压缩编码器、调制器、加密解密设备等。
5．解码器。解码器是和编码器互逆的设备，是把从信道过来的信号转换成信宿可以接收的信号，常见的解码器包括解调器、译码器和数模转换器等。
6．噪声。噪声是信息传输过程中的干扰，噪声可能来自于任何一层，噪声过大会导致信息传输失败。

当信源、信宿和信道选定后，决定信息系统性能的关键在于编码器和解码器。信息系统的性能指标是有效性和可靠性指标，有效性是在系统中传送尽可能多的信息，可靠性是要求收到的信息尽可能与发出的信息一致。提高可靠性的措施为在编码时增加冗余编码，但是过量的冗余编码将降低信道有效性和传输速率。

🐂 备考点拨

本考点学习难度星级：★☆☆（简单），考试频度星级：★★☆（中频）。

本考点考查信息定义、特征、模型等基础概念，信息价值的大小可以用质量来衡量。可以用天气预报信息来理解这个定义，天气预报信息用来消除"天有不测风云"的不确定性，所以天气预报信息是有价值的,但是如果预报信息经常不准确,那也就意味着这份天气预报信息的质量低下。传输模型可以对照图来理解,信道需要掌握两个分类,两个分类对应的例子也要熟悉,选择题可能会考到,比如问移动通信网络是物理信道还是抽象信道。同样的编码器和解码器的例子也要熟悉。

考题精练

1. 关于信息的描述,不正确的是( )。
   A. 信息只有流动起来才能体现其价值,信息传输技术是信息技术的核心
   B. 香农认为信息可以理解为增加不确定性的度量
   C. 信息反映的是事物或事件确定的状态
   D. 信息是有价值的一种客观存在

【解析】答案为 B。香农认为信息是用来消除不确定性的东西。

2. 关于信息的描述,不正确的是( )。
   A. 信息只有流动起来,才能体现其价值
   B. 信息是有价值的一种客观存在
   C. 信息的价值大小取决于信息中所包含的信息量
   D. 信息是客观事物状态和运动特征的一种普遍形式

【解析】答案为 C。信息的价值大小取决于信息的质量。

【考点 2】信息系统的定义、发展与模型

考点精华

信息系统定义与发展

信息系统是由软硬件、网络通信设备、信息资源、信息用户和规章制度组成的以处理信息流为目的的人机一体化系统,所以计算机仅仅是信息系统中的一部分,用户和计算机共同构成了整合的系统。信息系统有 5 个基本功能:输入、存储、处理、输出和控制。

1. 诺兰模型将信息系统进化阶段分为 6 个阶段,前 3 个阶段(初始阶段、传播阶段、控制阶段)具有计算机时代的特征,后 3 个阶段(集成阶段、数据管理阶段和成熟阶段)具有信息时代的特征,其转折点是进行信息资源规划的时机。

(1) 初始阶段。通常发生在组织的财务部门,此时只有个别人具有使用计算机的能力。

(2) 传播阶段。数据处理能力得到迅速提高,不过会出现数据冗余、不一致性、难以共享等新问题,而且计算机使用效率低下。

(3) 控制阶段。开始从计算机管理向数据管理转变,不仅开始应用数据库技术,而且计算机系统的管理组织开始出现。

(4) 集成阶段。硬件大量增加导致预算费用迅速增长,同时建立了集中式数据库及对应的信息系统。

(5) 数据管理阶段。统一数据管理和使用,统一数据库平台、数据管理体系和信息管理平台,基本实现资源整合和信息共享,规划及资源利用更加高效。

15

（6）**成熟阶段**。信息系统可以满足各层次需求，真正把 IT 与管理过程结合起来，内外部资源充分整合利用，提升组织竞争力和发展潜力。

2. 信息系统是管理模型、信息处理模型和系统实现条件的结合，其抽象模型如图 2-3 所示。

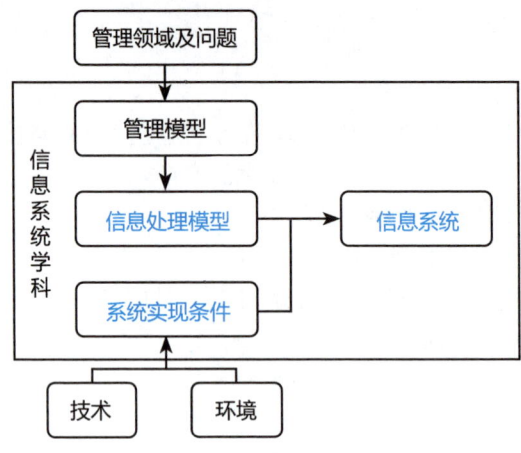

图 2-3　信息系统抽象模型

（1）管理模型是系统服务对象领域的专门知识以及分析处理领域问题的模型，面向管理和支持生产是信息系统的显著特点。

（2）信息处理模型指系统处理信息的结构和方法，信息处理模型将管理模型中的理论和分析方法，转化为信息获取、存储、传输、加工和使用的规则。

（3）系统实现条件指计算机通信技术、相关人员以及对资源的控制与融合。

备考点拨

本考点学习难度星级：★☆☆（简单），考试频度星级：★★★（高频）。

本考点考查信息系统定义、发展与模型。定义中需要额外留意信息系统中包含用户和规章制度，这一点可能和常识理解有差异；发展考查了诺兰模型的 6 个阶段，需要掌握 6 个阶段的特征；信息系统模型的备考技巧建议结合图理解，理解信息系统学科服务于管理领域及其问题，想要服务好，就需要技术和环境的支持。将信息处理模型和系统实现条件结合起来，就形成了信息系统。考点的理解效果大于死记硬背，可以结合日常在企业中的工作感受来辅助理解。

考题精练

1. 关于信息系统的描述，正确的是（　　）。
   A．信息系统是一种以处理信息为目的的专门的系统
   B．面向用户和提供功能是信息系统的显著特点
   C．系统是由一系列组件自由组合起来的
   D．信息系统包括软件、硬件和数据，但不包括人员和规程，是一种以处理信息为目的的专门的系统类型

【解析】答案为 A。面向管理和支持生产是信息系统的显著特点，所以选项 B 错误。系统是指由一系列相互影响、相互联系的若干组成部件，在规则的约束下构成的有机整体，这个整体具有其各个组成部件所没有的新的性质和功能，并可以和其他系统或者外部环境发生交互作用，所以选项 C 错误。信息系统的组成部件包括硬件、软件、数据库、网络、存储设备、感知设备、外设、人员以及把数据处理成信息的规程等，所以选项 D 错误。

2. 网络服务器采用冗余技术是为了（　　）。

　　A．保证系统可靠性　　　　　　B．提升处理能力
　　C．提高网络带宽　　　　　　　D．改善图形处理能力

【解析】答案为 A。冗余技术是为了提高可靠性，性能可能会降低，选项 B、C、D 都是提升性能的表现。服务器为了保证足够的安全性，采用了大量普通电脑没有的技术，比如冗余技术、系统备份、在线诊断技术、故障预报警技术、内存纠错技术、热插拔技术和远程诊断技术等，使绝大多数故障能够在不停机的情况下得到及时修复，具有极强的可管理性。

【考点3】信息系统生命周期与建设原则

信息系统建设原则

考点精华

软件生命周期通常包括：可行性分析与项目开发计划、需求分析、概要设计、详细设计、编码、测试、维护等阶段，可以借用软件的生命周期来表示信息系统的生命周期。

信息系统生命周期可以简化为：系统规划（可行性分析与项目开发计划）、系统分析（需求分析）、系统设计（概要设计、详细设计）、系统实施（编码、测试）、系统运行和维护等阶段。

信息系统生命周期还可以简化为立项（系统规划），开发（系统分析、系统设计、系统实施），运维及消亡 4 个阶段。

3 类生命周期的对应关系如图 2-4 所示。

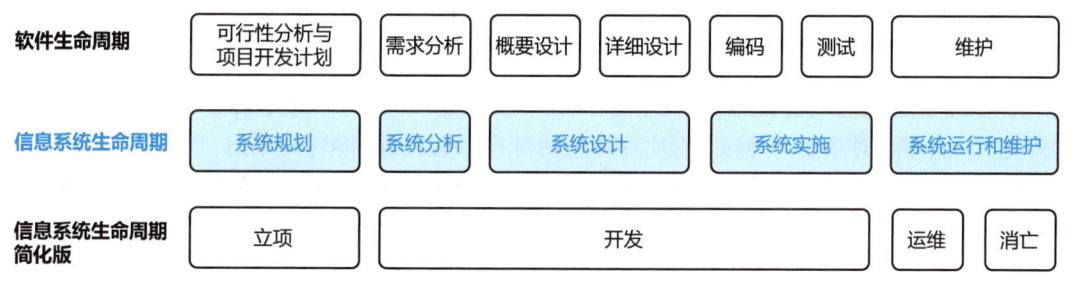

图 2-4　信息系统生命周期

1. 系统规划阶段根据组织目标和战略，来确定信息系统发展战略、研究建设新系统的必要性和可能性，给出建设系统的备选方案。系统规划阶段的输出物之一是可行性研究报告，可行性研究报告通过评审后，将根据新系统建设方案及实施计划编写系统设计任务书。

2. 系统分析阶段的任务是回答系统"做什么"的问题。系统分析阶段又称逻辑设计阶段，

是系统建设关键阶段，也是信息系统建设与一般工程项目的重要区别。系统分析阶段根据系统设计任务书，对当前系统进行详细调查，描述系统的业务流程，发现系统不足，从而确定新系统的基本目标和逻辑功能要求，最终输出新系统的逻辑模型。系统分析阶段的产出物是系统说明书，系统说明书是用户确认需求的基础，是下阶段的依据，是验收系统的依据。

3．系统设计阶段的任务是回答系统"怎么做"的问题。系统设计阶段根据系统说明书设计物理模型，所以又称物理设计阶段，分为总体设计（概要设计）和详细设计两个子阶段。系统设计阶段的产出物是系统设计说明书。

4．系统实施阶段的任务包括设备购置、安装调试、程序编写调试、人员培训、数据文件转换、系统调试与转换等。系统实施按实施计划分阶段完成，每个阶段需要写出实施进展报告，系统测试后写出系统测试分析报告。

5．系统运行和维护阶段。系统投入运行后需要进行维护和评价，记录系统运行情况。

信息系统建设原则一共有5点，分别如下：

1．高层管理人员介入原则。深度介入信息系统开发建设及运行是首席信息官（Chief Information Officer，CIO）的职责所在。"介入"可以是直接参加，也可以是决策指导，还可以是相关支持。

2．用户参与开发原则。①用户有确定的范围。更重要的核心用户是信息系统使用者，用户单位领导是辅助用户或是外围用户。②用户参与。核心用户需要参与全过程的开发，参与从信息系统规划设计阶段到系统运行的全部过程。③用户应当深度参与系统开发。参与开发的用户，既要以甲方代表身份出现，又应成为真正的系统开发人员，与其他开发人员融为一体。

3．自顶向下规划原则。自顶向下规划不能取代信息系统的详细设计，而是指导各子系统进行创造性的设计，从而实现信息一致性的原则目标。

4．工程化原则。工程化原则解决了信息系统发展初期系统的可维护性、可扩展性差的问题。

5．其他原则。如创新性原则体现信息系统的先进性、整体性原则体现信息系统的完整性、发展性原则体现信息系统的超前性、经济性原则体现信息系统的实用性。

备考点拨

本考点学习难度星级：★☆☆（简单），考试频度星级：★★☆（中频）。

本考点考查信息系统的生命周期与建设原则，其中生命周期属于基础考点，一共介绍了3类生命周期，其中相对重要的是这3类生命周期的对应关系，这会是考试中的一个潜在考点。另一个潜在考点是信息系统生命周期5个阶段的特点，比如系统分析阶段的任务是回答系统"做什么"的问题，系统设计阶段的任务是回答系统"怎么做"的问题，其他相对重要的出题点本书已经在考点精华中着重做了标识，在学习的时候特别留意就好。关于信息系统建设的5个原则，重在理解，理解其必要性和存在的价值。

考题精练

1．信息系统的生命周期可以分为4个阶段，更正性维护属于系统的（　　）阶段。

A．运维　　　　　B．消亡　　　　　C．立项　　　　　D．开发

【解析】答案为A。更正性维护属于系统的运维阶段。

2. 系统方案设计包括总体设计和各部分的详细设计两个方面，总体设计中不包括（　　）。
   A．数据存储设计　　　　　　　B．总体架构
   C．网络系统方案　　　　　　　D．测试用例

【解析】答案为D。写测试用例的时候，已经到了详细设计阶段。

【考点4】信息化的内涵、体系和趋势

信息化的核心和内涵

考点精华

信息化的内涵主要包括：信息网络体系、信息产业基础、社会运行环境、效用积累过程。

信息化内涵的启示：①信息化的主体是全体社会成员，包括政府、企业、集业、团体和个人；②信息化的时域是一个长期的过程；③信息化的空域是政治、经济、文化、军事和社会的一切领域；④信息化的手段是基于现代信息技术的先进社会生产工具；⑤信息化的途径是创建信息时代的社会生产力，推动社会生产关系及社会上层建筑的改革；⑥信息化的目标是使国家的综合实力、社会的文明素质和人民的生活质量得到全面提升。

国家信息化体系包括信息技术应用、信息资源、信息网络、信息技术和产业、信息化人才、信息化政策法规和标准规范6个要素，其中信息资源的开发和利用是国家信息化的核心任务；信息网络是信息资源开发和利用的基础设施；信息技术应用是信息化体系六要素中的龙头，是国家信息化建设的主阵地；信息技术和产业是信息化的物质基础；信息化人才是信息化的成功之本，合理的人才结构是信息化人才的核心和关键；信息化政策法规和标准规范是信息化保障。

组织信息化呈现产品信息化、产业信息化、社会生活信息化和国民经济信息化的趋势和方向。

1. 产品信息化两层含义：①产品中信息比重增大、物质比重降低，产品从物质产品逐步向信息产品转变；②产品中加入了更多的智能化功能，从而使产品的信息智能处理功能越来越强大。

2. 产业信息化指传统产业（如农业、工业、服务业）广泛利用信息技术，开发利用信息资源，建立各类产业互联网平台，实现产业资源要素的优化重组，助力产业升级。

3. 社会生活信息化指整体的社会体系采用先进的信息技术，建立各类互联网平台网络，从而使人们的精神生活、活动时空、信息内容均得到了丰富和提升。

4. 国民经济信息化指在经济大系统内实现统一的信息大流动，使金融、贸易、投资、计划、营销等组成一个信息大系统，生产、流通、分配、消费等经济四环节通过信息连成整体。

《"十四五"国家信息化规划》明确我国信息化的发展重点聚焦在数据治理、密码区块链技术、信息互联互通、智能网联和网络安全等方面。

备考点拨

本考点学习难度星级：★☆☆（简单），考试频度星级：★★☆（中频）。

本考点考查信息化的内涵、体系和趋势。关于信息化的内涵，简单理解即可，但是需要掌握信息化内涵的启示；关于信息化体系的6个要素，需要着重记住信息化体系6个要素的内容，也就是包含了哪6个要素，以及这6个要素的定位和作用，比如信息化体系的龙头是哪个要素；关于信息化的趋势，需要掌握产品信息化、产业信息化、社会生活信息化和国民经济信息化这条按

照时间线推进的趋势。最后关于《"十四五"国家信息化规划》，记住 5 个重点方向即可，可能会考时政题。

考题精练

1．国家信息化体系的六要素中，（　　）是国家信息化的核心任务。
　A．信息技术应用　　　　　　　B．信息资源的开发和利用
　C．信息网络建设　　　　　　　D．信息化人才培养

【解析】答案为 B。国家信息体系包括信息技术应用、信息资源、信息网络、信息技术和产业、信息化人才、信息化政策法规和标准规范 6 个要素，6 个要素构成有机整体，其中信息资源的开发和利用是国家信息化的核心任务。

2．组织信息化呈现的趋势和方向中，不包含（　　）。
　A．产品信息化　　　　　　　　B．国民经济信息化
　C．产业信息化　　　　　　　　D．企业信息化

【解析】答案为 D。组织信息化呈现产品信息化、产业信息化、社会生活信息化和国民经济信息化的趋势和方向。

【考点 5】新型基础设施建设

新型基础设施建设

考点精华

"新型基础设施建设"主要包括 5G 基建、特高压、城际高速铁路和城际轨道交通、新能源汽车充电桩、大数据中心、人工智能、工业互联网等七大领域。

新型基础设施主要包括 3 个方面：

1．信息基础设施。信息基础设施指基于新一代信息技术生成的基础设施，信息基础设施凸显"技术新"，包括：①以 5G、物联网、工业互联网、卫星互联网为代表的通信网络基础设施；②以人工智能、云计算、区块链等为代表的新技术基础设施；③以数据中心、智能计算中心为代表的算力基础设施等。

2．融合基础设施。融合基础设施指深度应用互联网、大数据、人工智能等技术，形成的融合基础设施，从而支撑传统基础设施转型升级。融合基础设施重在"应用新"，包括智能交通基础设施、智慧能源基础设施等。

3．创新基础设施。创新基础设施指支撑科学研究、技术开发、产品研制等具有公益属性的基础设施。创新基础设施强调"平台新"，包括重大科技基础设施、科教基础设施、产业技术创新基础设施等。

备考点拨

本考点学习难度星级：★☆☆（简单），考试频度星级：★★★（高频）。

本考点考查新基建，新基建的考点对记忆的要求多，比如要记住新基建的七大领域。新基建的 3 个方面的信息基础设施、融合基础设施和创新基础设施，分别对应的"技术新""应用新"

和"平台新"需要掌握。另外，信息基础设施的3个分类以及对应的举例也需要掌握，通常可以从以上提到的几个考点中出选择题型。

考题精练

1．新型基础设施建设中的融合基础设施凸显（　　）。
　　A．应用新　　　　B．平台新　　　　C．设施新　　　　D．技术新
【解析】答案为A。新型基础设施主要包括三个方面：信息基础设施凸显"技术新"，融合基础设施重在"应用新"，创新基础设施强调"平台新"。

2．信息基础设施指基于新一代信息技术生成的基础设施，其中云计算属于（　　）。
　　A．通信网络基础设施　　　　　　B．新技术基础设施
　　C．算力基础设施　　　　　　　　D．创新基础设施
【解析】答案为B。信息基础设施指基于新一代信息技术生成的基础设施，信息基础设施凸显"技术新"，包括：①以5G、物联网、工业互联网、卫星互联网为代表的通信网络基础设施；②以人工智能、云计算、区块链等为代表的新技术基础设施；③以数据中心、智能计算中心为代表的算力基础设施等。

【考点6】工业互联网平台体系

工业互联网平台体系

考点精华

工业互联网平台体系具有四大层级：它以网络为基础，平台为中枢，数据为要素，安全为保障。

1．网络是基础。工业互联网网络体系包括网络互联、数据互通和标识解析三部分。网络互联包括企业外网和企业内网，主要实现要素之间的数据传输。内网技术发展有3个特征：①IT和OT走向融合；②工业现场总线向工业以太网演进；③工业无线技术加速发展。数据互通涉及数据传输、数据语义语法等层面，数据互通通过对数据进行标准化描述和统一建模，实现要素间传输信息的相互理解。标识解析体系实现要素的标记、管理和定位，由标识编码、标识解析系统和标识数据服务组成。

2．平台是中枢。工业互联网平台包括边缘层、IaaS、PaaS和SaaS 4个层级，相当于工业互联网的"操作系统"，它有4个主要作用：①数据汇聚。网络层面采集多源、异构和海量的数据，传输至工业互联网平台。②建模分析。对海量数据挖掘分析，实现数据驱动的科学决策和智能应用。③知识复用。将工业经验知识转化为平台上的模型库和知识库，通过工业微服务组件方式，进行二次开发和重复调用。④应用创新。面向企业多个场景，提供各类工业App、云化软件帮助企业提质增效。

3．数据是要素。工业互联网数据有3个特性：①重要性。数据是实现数字化、网络化、智能化的基础。②专业性。工业互联网数据的利用依赖行业知识和工业机理。③复杂性。工业互联网的数据来源于"研产供销服"各环节，"人机料法环"各要素，维度和复杂度远超消费互联网。

4．安全是保障。与传统互联网安全相比，工业互联网安全具有三大特点：①涉及范围广。工业互联网打破了传统工业相对封闭可信的环境，网络攻击可直达生产一线。②造成影响大。工

业互联网覆盖制造业、能源等实体经济领域，一旦发生网络攻击破坏行为，安全事件影响严重。③**企业防护基础弱**。目前我国广大工业企业安全意识、防护能力仍然薄弱，整体安全保障能力有待进一步提升。

备考点拨

本考点学习难度星级：★★☆（适中），考试频度星级：★★☆（中频）。

本考点考查工业互联网，工业互联网的四大层级："网络为基础，平台为中枢，数据为要素，安全为保障"需要掌握，这里面既可以考四大层级的名字，也可以考其作用定位。除此之外，工业互联网体系网络的三部分、平台的四层级、数据的三特性、安全的三特点，也需要有所了解，特别是工业互联网平台包括的边缘层、IaaS、PaaS 和 SaaS 4 个层级需要掌握记住，网络体系包括的网络互联、数据互通和标识解析三部分，需要以理解为主。

考题精练

1．工业互联网平台包括（　　）、IaaS、PaaS 和 SaaS 4 个层级，相当于工业互联网的操作系统。

  A．汇聚层   B．边缘层

  C．物理层   D．网络层

【解析】答案为 B。工业互联网平台包括边缘层、IaaS、PaaS 和 SaaS 4 个层级，相当于工业互联网的"操作系统"。

2．（　　）不属于工业互联网的安全特点。

  A．涉及范围广   B．造成影响大

  C．复杂性高   D．企业防护基础弱

【解析】答案为 C。与传统互联网安全相比，工业互联网安全具有三大特点：①涉及范围广；②造成影响大；③企业防护基础弱。

【考点7】物联网与智慧城市

考点精华

物联网（Internet of Things，IoT）是指通过信息传感设备，基于协议将任何物品与互联网相连接，进行信息交换和通信，以实现智能化识别、定位、跟踪、监控和管理的网络。

物联网的特征有 3 个：①**通信与识别**。物联网必须具备极强的识别功能，才能够有效识别和获取物联网上海量、不同类型的传感器信息，在识别之后，需要一个完善的通信系统。②**智能化**。物联网需要利用云计算、智能识别等技术实现对传感器的智能化管控。③**互联性**。物联网需要适应各类网络协议，以便保证数据传输的正确和及时。

物联网架构分三层：感知层、网络层和应用层。感知层是物联网识别物体、采集信息的来源，感知层由各种传感器构成，如温度传感器、二维码标签、RFID 标签和读写器、摄像头、GPS 等；**网络层是物联网的中枢**，负责传递和处理感知层获取的信息，由互联网、广电网、网络管理系统

和云计算平台等组成；应用层是物联网和用户的接口，与行业需求结合实现物联网的智能应用。

物联网的关键技术有传感器技术、传感网和应用系统框架等。

1. 传感器技术。射频识别技术（Radio Frequency Identification，RFID）是物联网中使用的传感器技术。RFID 通过无线电信号识别特定目标并读写相关数据，无须建立机械或光学接触。

2. 传感网。微机电系统（Micro-Electro-Mechanical Systems，MEMS）是由微传感器、微执行器、信号处理和控制电路、通信接口和电源等部件组成的一体化的微型器件系统，MEMS 赋予了普通物体新的"生命"，使物联网能够通过物品实现对人的监控与保护。

3. 应用系统框架。物联网应用系统框架是以机器终端智能交互为核心的网络化应用服务。它使对象实现智能化控制，涉及 5 个重要技术部分：机器、传感器硬件、通信网络、中间件和应用。

智慧城市的重要特征有 3 个：①系统感知。智慧城市中的人和物可实现相互感知，随时获得所需的各种信息及数据。②传递可靠。通过物联网的互联性，智慧城市需要做到可靠的信息传递。③高度智能。通过物联网的信息收集处理功能，对物体进行有效的智能管理。

备考点拨

本考点学习难度星级：★★☆（适中），考试频度星级：★★☆（中频）。

本考点考查物联网和智慧城市，物联网需要掌握 3 个特征、3 个架构层次以及 3 个物联网技术。3 个特征以理解为主，3 个架构层次需要记住，不仅要记住架构层的名称，还需要理解各层架构的作用以及构成，3 个物联网技术以理解为主，如 RFID 曾经多次考过。智慧城市了解其 3 个特征即可。

考题精练

1. （　　）不是智慧城市的典型场景。
   A. 智慧医疗和健康服务　　　　B. 智慧农业种植管理
   C. 智慧交通管理　　　　　　　D. 智慧环保监测与管理

【解析】答案为 B。可以使用排除法，农业种植不属于智慧城市的场景。

2. 关于智慧城市的描述，不正确的是（　　）。
   A. 大数据为政府决策提供科学支持
   B."城市管理精细化"提升城市基础设施的数字化、精准化水平
   C."市民服务"全面保障了居民个人信息安全
   D."政务云"成为实现数字政府的重要抓手

【解析】答案为 C。市民服务和个人信息安全关系不大，"网络安全长效化"全面保障了居民个人信息安全。

3. （　　）不是建设智慧城市的主要内容。
   A. 城市治理网络化　　　　　　B. 城市消费数字化
   C. 城市建设智能化　　　　　　D. 城市人口均衡化

【解析】答案为 D。城市人口均衡化不是建设智慧城市的主要内容，和"智慧"关系不大。

【考点 8】农业农村现代化和服务现代化

🎯 考点精华

农业农村现代化

乡村振兴战略重点围绕建设基础设施、发展智慧农业和建设数字乡村方面：①<u>建设基础设施</u>：一手抓新建、一手抓改造，推动农村千兆光网、5G、移动物联网与城市同步规划建设；②<u>发展智慧农业</u>：建立和推广应用农业农村大数据体系，推动物联网、大数据、人工智能、区块链等新一代信息技术与农业生产经营深度融合；③<u>建设数字乡村</u>：构建线上线下相结合的乡村数字惠民便民服务体系，推进"互联网+"政务服务向农村基层延伸，深化乡村智慧社区建设。

服务现代化催生了先进制造业与现代服务业的融合，主要表现如下：①<u>结合型融合</u>：指在制造业产品生产中，中间投入品中服务投入占比越来越大，同时在服务业产品提供中，中间投入品中制造业产品投入占比也越来越大；②<u>绑定型融合</u>：指越来越多的制造业实体产品必须与相应的服务产品绑定在一起使用，才能使消费者获得完整的体验；③<u>延伸型融合</u>：指以体育文化、娱乐产业为代表的服务业引导周边衍生产品的生产需求，从而带动相关制造产业的发展。

消费互联网以消费者为服务中心，针对个人用户提升消费过程体验，带来从商品消费向服务型消费的转变，推动社会生活的深层变革，也就是"无身份社会"的建立。所以其本质是<u>个人虚拟化和增强个人生活消费体验</u>。消费互联网的属性包括：①<u>媒体属性</u>：消费互联网由自媒体、社会媒体以及资讯门户网站组成；②<u>产业属性</u>：消费互联网由在线旅行和电子商务等组成。

🔍 备考点拨

本考点学习难度星级：★☆☆（简单），考试频度星级：★★☆（中频）。

本考点考查农业农村和服务现代化。农业农村现代化中需要掌握乡村振兴建设的3个重点：基础设施、智慧农业和数字乡村，需要掌握3个重点的名字；服务现代化中需要掌握制造业和服务业的3个融合，至于消费互联网，理解起来应该很简单，都是生活中普遍能够接触到的。

🔗 考题精练

1. 乡村振兴战略重点的建设，不包括（   ）。
   A. 推动农村千兆光网、5G、移动物联网与城市同步规划建设
   B. 建立和推广应用农业农村大数据体系
   C. 推进"互联网+"政务服务向农村基层延伸，深化乡村智慧社区建设
   D. 推动家电下乡、汽车下乡等举措，实现惠农强农目标需要，拉动乡村消费带动生产
   【解析】答案为D。乡村振兴战略重点围绕建设基础设施、发展智慧农业和建设数字乡村方面。

【考点 9】新型工业化和智能制造

🎯 考点精华

工业现代化之智能制造

新型工业化概念始于2002年党的十六大，党的二十大报告提出，到2035年基本实现新型工业化，强调坚持把发展经济的<u>着力点放在实体经济上，推进新型工业化</u>，

加快建设制造强国、质量强国、航天强国、交通强国、网络强国、数字中国。坚持以信息化带动工业化、以工业化促进信息化，是我国加快实现工业化和现代化的必然选择。新型工业化有3个重要突破方向：①以信息化带动的、实现跨越式发展的工业化；②增强可持续发展能力的工业化；③充分发挥我国人力资源优势的工业化。

智能制造是由智能机器和人类专家共同组成的人机一体化智能系统，把制造自动化的概念更新扩展到柔性化、智能化和高度集成化。

《智能制造能力成熟度模型》（GB/T 39116—2020）明确了智能制造能力建设服务覆盖的能力要素、能力域和能力子域。能力要素包括人员、技术、资源和制造。人员包括组织战略、人员技能2个能力域；技术包括数据、集成和信息安全3个能力域；资源包括装备、网络2个能力域；制造包括设计、生产、物流、销售和服务5个能力域。

智能制造能力成熟度等级分为5个等级，如图2-5所示，自低向高分别是一级（规划级）、二级（规范级）、三级（集成级）、四级（优化级）和五级（引领级）。较高的成熟度等级涵盖了低成熟度等级的要求。

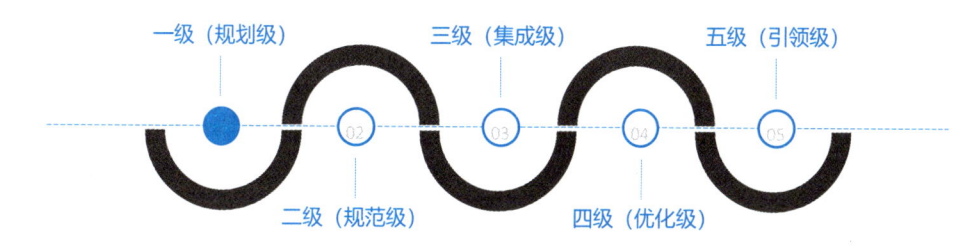

图 2-5　智能制造能力成熟度等级

1. 一级（规划级）：企业应开始对实施智能制造的基础和条件进行规划，能够对核心业务活动（设计、生产、物流、销售、服务）进行流程化管理。

2. 二级（规范级）：企业应采用自动化技术、信息技术手段对核心装备和业务活动等进行改造和规范，实现单一业务活动的数据共享。

3. 三级（集成级）：企业应对装备、系统等开展集成，实现跨业务活动间的数据共享。

4. 四级（优化级）：企业应对人员、资源、制造等进行数据挖掘，形成知识、模型等，实现对核心业务活动的精准预测和优化。

5. 五级（引领级）：企业应基于模型持续驱动业务活动的优化和创新，实现产业链协同并衍生新的制造模式和商业模式。

🔊 **备考点拨**

本考点学习难度星级：★☆☆（简单），考试频度星级：★★☆（中频）。

本考点考查新型工业化与智能制造。新型工业化属于时政类考点，重在记忆。智能制造考点的备考，首先要理解智能制造的含义，这里的关键句是"智能机器和人类专家共同组成"；智能制造能力的5个成熟度等级，从差异点切入来备考，通常低等级的成熟度在流程层面，中等级的成熟度在数据共享层面，高等级的成熟度在预测以及商业模式层面。

考题精练

1．《智能制造能力成熟度模型》（GB/T 39116—2020）明确了能力要素包括（　　）。

  A．人员、技术、数据、制造　　 B．人员、技术、数据、资源

  C．人员、技术、流程、数据　　 D．人员、技术、资源、制造

【解析】答案为 D。《智能制造能力成熟度模型》（GB/T 39116—2020）明确了智能制造能力建设服务覆盖的能力要素、能力域和能力子域。能力要素包括人员、技术、资源和制造。

2．智能制造能力成熟度等级分为 5 个等级，企业应对装备、系统等开展集成，实现跨业务活动间的数据共享，属于（　　）。

  A．二级（规范级）　　 B．三级（集成级）

  C．四级（优化级）　　 D．五级（引领级）

【解析】答案为 B。三级（集成级）：企业应对装备、系统等开展集成，实现跨业务活动间的数据共享。

【考点10】数字化转型驱动及原理

考点精华

数字化转型建立在数字化转换、数字化升级基础上，进一步触及组织核心业务，以新建一种业务模式为目标的高层次转型。

数字化转型驱动范式整理如下：

1．第四次科技革命。每次科技革命都对应一个科学范式，第四科学范式为数据密集型研究范式，由传统的假设驱动向基于数据探索的方法转变，通过新型信息技术的数据洞察，从大数据中自动化挖掘实战经验、理论原理并自行开展模拟仿真，完成基于数据的自决策和自优化。

2．数据要素的诞生。数据作为与土地、劳动力、资本和技术并列的生产要素，证明数据是未来社会数字化、智能化发展的重要基础。过去的信息化建设把智慧解构为知识，把知识分解为信息，把信息拆解为数据。随着人工智能、区块链和大数据等技术的出现，分散在各个环节的数据，被重新归集为显性信息、知识和智慧。

3．信息传播效率突破。社交网络信息传输具有永生性、无限性、即时性以及方向性的特征。互联网的特性是信息可以跨越时间和地理障碍在网络上迅速传播，在互联网上传播信息已经成为信息扩散的主渠道。

4．社会"智慧主体"快速增加。如今社会的"智慧主体"已经不单纯是自然人，新兴"智慧主体"的规模和种类快速扩张，将引发人类社会的深层次变革，自然人的竞争力聚焦在新兴"智慧主体"不会具备的领域，也就是以"服务"为典型代表的领域，这个领域面对更复杂的交互过程、更多的风险融合应对和情感因素管控。

组织数字化转型之所以能够发挥价值，是因为传统发展视角存在不足，主要包含以下 4 点：①决策瓶颈；②变革制约；③知识资产流失；④需求响应延迟。

实施数字化转型，组织需要进行能力因子定义和数字化"封装"，封装不仅是对业务流程、

工艺过程和技术内容的"包装",也是对具体活动人员、技术、资源、数据、流程的模块化"封装",在工业类组织中体现为数字装备、数字化管理单元、数字产品等,目的是实现"智能+"。

实施数字化转型,组织需要基于"互联网+"进行调度和决策。让调度决策脱离"自然人",从而提高效率及科学性。这部分工作科技含量高,是组织数字化转型的难点,体现在业务融合、持续坚持、文化冲突和效果判别4个方面。

备考点拨

本考点学习难度星级:★★☆(适中),考试频度星级:★☆☆(低频)。

本考点考查数字化转型驱动因素和基本原理,数字化转型驱动范式的4个因素的名字要记住,同时要理解不同要素的概念和定义;数字化转型的基本原理,首先需要理解其存在的理由,对应的是传统发展视角存在的4个不足,另外需要理解实施数字化转型的2个方面,无论是能力因子定义和数字化"封装",还是基于"互联网+"进行调度和决策,首先需要掌握其中的关键词,然后围绕关键词尝试理解,简单讲就是要记忆关键词,理解关键词的上下文含义。

考题精练

1. 数字化转型驱动因素包括第四次科技革命、(　　)、信息传播效率突破和社会"智慧主体"快速增加。

  A. 数据要素的诞生　　　　　　B. 生产关系变革
  C. 数据自决策　　　　　　　　D. 数字化封装

【解析】答案为A。数字化转型驱动因素整理如下:①第四次科技革命;②数据要素的诞生;③信息传播效率突破;④社会"智慧主体"快速增加。

【考点11】数字化转型成熟度模型

考点精华

数字化转型成熟度模型一共包含七大能力域,分别是组织、技术、数据、资源、数字化运营、数字化生产和数字化服务,每个能力域均由若干个能力子域构成。

数字化转型成熟度等级自低向高分为一级、二级、三级、四级和五级,分别如下:

一级:组织具备转型意识,基于内外部需求开始进行基础和条件的规划和探索工作。

二级:组织对数字化转型的组织、技术、数据和资源进行规划,完成局部业务的数据收集、整合与应用,初步具备基于数据的运营优化能力。

三级:组织具备数字化转型的总体规划并有序实施,完成关键业务的系统集成和数据交互,在运营、生产和服务领域实现基于数据的效率提升。

四级:组织将数据作为支撑运营、生产和服务关键领域业务能力提升优化的核心要素,构建算法和模型为业务相关方提供数据智能体验。

五级:组织基于数据持续推动业务活动的优化和创新,实现内外部能力、资源和市场等多要素融合,构建独特的生态价值。

数字化转型成熟度等级的基本内涵和能力发展路径分别如下：

一级：确立业务领域需要完成的工作，完成工作需要开展的规范化建设，推动该领域数字化转型的基本策划。

二级：侧重管理精细化和流程化，聚焦解决业务领域的运行效率，强调在业务领域中信息技术手段的使用以及信息应用系统的部署。

三级：侧重业务流域中部分职能、分工之间的协同一体化，以数据流动逐步替代业务流程化管理，强化集成平台化、数据平台化等对业务协同的优化改革，以及对组织知识技能沉淀与创新的支撑。

四级：侧重组织的敏捷能力建设，强调如何快速响应客户的服务需求，以数据模型应用与预测和快速决策为重点，驱动组织治理与决策体系深度改革。

五级：侧重围绕组织生态一体化建设为重点，持续推进业务、管理、生产和服务的自组织，通过自组织模式，强化对未知风险的应对能力。

📢 备考点拨

本考点学习难度星级：★☆☆（简单），考试频度星级：★☆☆（低频）。

本考点考查数字化转型的能力成熟度，重点在于5个等级的特征及能力发展路径。特征和能力发展路径可以结合起来学习记忆。本书已经将其中的关键词重点标出，比如一级为"探索"，二级为"局部业务""管理精细化和流程化"，三级为"关键业务""协同一体化"，四级为"核心要素""敏捷能力建设"，五级为"创新""生态"等。

🔍 考题精练

1. 数字化转型成熟度模型包含的能力域不包括（　　）。
　　A．组织　　　　B．数字化营销　　C．数字化运营　　D．数据

【解析】答案为B。数字化转型成熟度模型一共包含七大能力域，分别是组织、技术、数据、资源、数字化运营、数字化生产和数字化服务，不包含数字化营销。

2. 数字化转型成熟度等级中，达到（　　）时会构建算法和模型为业务相关方提供数据智能体验。
　　A．二级　　　　B．三级　　　　C．四级　　　　D．五级

【解析】答案为C。四级中组织将数据作为支撑运营、生产和服务关键领域业务能力提升优化的核心要素，构建算法和模型为业务相关方提供数据智能体验。

3. 数字化转型成熟度模型中，"数字化服务"属于（　　）。
　　A．能力子域　　B．能力域　　　C．成熟度等级　　D．基本内涵要素

【解析】答案为B。数字化转型成熟度模型一共包含七大能力域，分别是组织、技术、数据、资源、数字化运营、数字化生产和数字化服务，所以"数字化服务"属于能力域。

第 3 章
信息技术发展考点精讲及考题实练

3.1 章节考情速览

第 2 章讲的是信息化发展，这一章讲的是信息技术发展，所以这一章不可避免会涉及技术，对没有技术储备的考生而言，这一章可能是个挑战，不过除了"数据库和数据仓库"考点稍微有点理解难度之外，其他的考点都相对浅显，不必过于担心。

信息化发展章节的内容，分为了 2 个部分，分别是信息技术及其发展和新一代信息技术及应用。信息技术及其发展主要是讲软硬件、网络、存储数据库、安全方面的基础知识，这些技术偏传统，而新一代信息技术及应用所涉及的技术偏向高精尖，比如现在大火的物联网、云计算、大数据、区块链、人工智能、虚拟现实等，都将在这一章"一网打尽"。说"一网打尽"其实是开玩笑，因为随便选一门新技术，都需要三年五载才能精通。这里只用了半章讲 6 门高科技，能讲到多少呢？

所以这一章的学习一定要"不求甚解"，而不是"打破砂锅问到底"，因为如果想要完全理解，面对的大概率是无底洞。这一章的学习，需要从考试出发，从潜在出题点出发，能理解的地方理解，不能理解的地方就混个眼熟，能够记住自然更好。

信息技术发展按照往年的考试经验看，和第 2 章类似，也在 3 分左右，同样也主要在基础知识科目进行考查，应用技术科目通常不会涉及。

3.2 考点星级分布图

本章涉及的主要考点分布及难度与频度双星级如图 3-1 所示。

信息技术发展考点

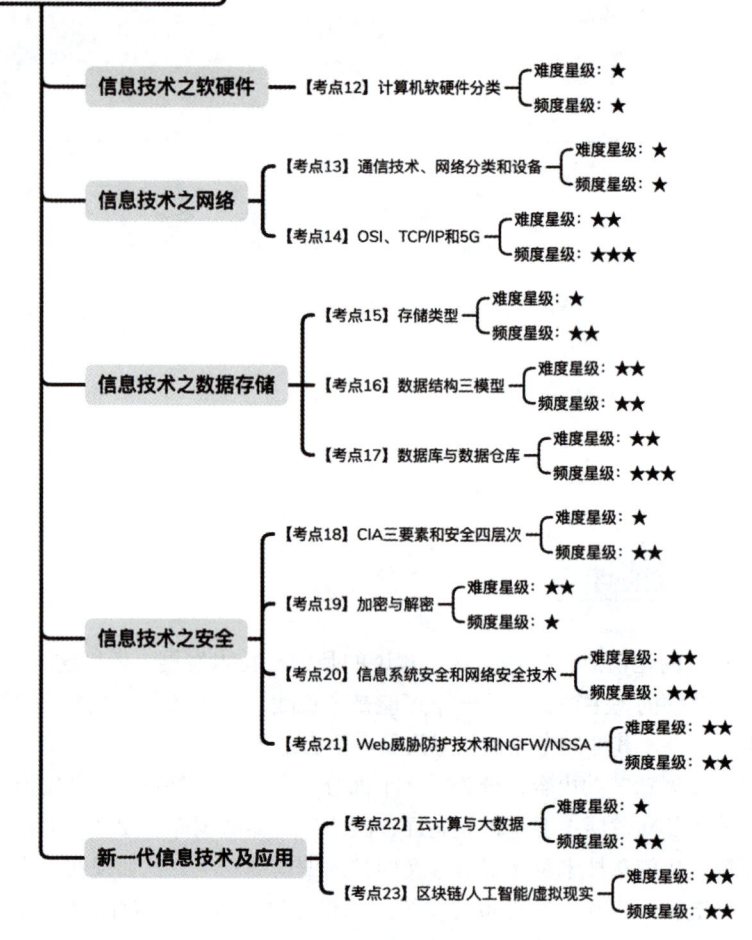

```
信息技术发展考点
├── 信息技术之软硬件
│   └── 【考点12】计算机软硬件分类  难度星级：★  频度星级：★
├── 信息技术之网络
│   ├── 【考点13】通信技术、网络分类和设备  难度星级：★  频度星级：★
│   └── 【考点14】OSI、TCP/IP和5G  难度星级：★★  频度星级：★★★
├── 信息技术之数据存储
│   ├── 【考点15】存储类型  难度星级：★  频度星级：★★
│   ├── 【考点16】数据结构三模型  难度星级：★★  频度星级：★★
│   └── 【考点17】数据库与数据仓库  难度星级：★★  频度星级：★★★
├── 信息技术之安全
│   ├── 【考点18】CIA三要素和安全四层次  难度星级：★  频度星级：★★
│   ├── 【考点19】加密与解密  难度星级：★★  频度星级：★
│   ├── 【考点20】信息系统安全和网络安全技术  难度星级：★★  频度星级：★★
│   └── 【考点21】Web威胁防护技术和NGFW/NSSA  难度星级：★★  频度星级：★★
└── 新一代信息技术及应用
    ├── 【考点22】云计算与大数据  难度星级：★  频度星级：★★
    └── 【考点23】区块链/人工智能/虚拟现实  难度星级：★★  频度星级：★★
```

图 3-1　本章考点及星级分布

3.3　核心考点精讲及考题实练

【考点 12】计算机软硬件分类

计算机软硬件

🔵 **考点精华**

计算机硬件主要分为：控制器、运算器、存储器、输入设备和输出设备。

1．控制器是计算机的中枢神经，对程序规定的控制信息进行解释并根据其要求进行控制，调度程序、数据和地址，协调计算机工作及内存与外设的访问。

2．运算器对数据进行算术和逻辑运算等加工处理任务。运算器的操作由控制器进行指挥。

3．存储器存储并提供程序、数据、信号和命令等信息。存储器分为内部存储器（内存）和外部存储器（外存）。

4．输入设备将程序、原始数据、文字、字符、控制命令或现场采集的数据等信息输入计算机。

5．输出设备把计算机的中间结果或最后结果信息进行输出。输出设备和输入设备合称外设。

计算机软件分为系统软件、应用软件和中间件。

1．系统软件控制和协调计算机及外部设备，支持应用软件开发和运行，无须用户干预。

2．应用软件是使用程序设计语言编制的应用程序集合，分为应用软件包和用户程序。

3．中间件处于操作系统和应用程序之间，达到资源共享和功能共享的目的。针对不同的操作系统和硬件平台，只需进行中间件的升级更新，应用软件几乎不需要进行修改，保证了应用软件持续稳定运行。

备考点拨

本考点学习难度星级：★☆☆（简单），考试频度星级：★☆☆（低频）。

本考点考查计算机软硬件，属于信息技术的基础知识，本考点的学习就是掌握硬件的分类和软件的分类，以及不同类别的特点。要留意是平时接触少的分类，这些分类往往出题概率更大，比如硬件里面的控制器和运算器的特点和彼此之间的关系，比如软件里面的系统软件和中间件。至于我们熟知的输入设备和输出设备，大概率不会考到，即使考到也相当于送分题。

考题精练

1．以下关于计算机软硬件的说法中，（　　）是错误的。

A．系统软件控制和协调计算机及外部设备，无须用户干预

B．中间件处于操作系统和系统软件之间，达到资源共享的目的

C．运算器的操作由控制器进行指挥

D．控制器负责调度程序、数据和地址，协调计算机工作及内存与外设的访问

【解析】答案为B。中间件处于操作系统和应用程序之间，达到资源共享和功能共享的目的。

【考点13】通信技术、网络分类和设备

考点精华

1．现代通信的关键技术有数字通信技术、信息传输技术和通信网络技术。

计算机网络

（1）数字通信技术用数字信号作为载体来传输消息，可传输电报、数字数据等数字信号，也可传输经过数字化处理的语音和图像等模拟信号。

（2）信息传输技术用于管理和处理信息所采用的各种技术，应用计算机科学和通信技术来设计、开发、安装和实施信息系统及应用软件。

（3）通信网络技术将孤立的设备进行物理连接，实现人与计算机彼此间的信息交换链路，达到资源共享和通信目的。

2. 按照网络作用范围，网络分为个人局域网、局域网、城域网、广域网。

（1）个人局域网是在个人工作的地方把个人的电子设备用无线技术连接起来的自组网络，作用范围通常在 10m 左右。

（2）局域网是用微型计算机或工作站通过高速通信线路相连，作用范围通常在 1km 左右。

（3）城域网的作用范围可跨越几个街区甚至整个城市，作用范围通常为 5～50km。

（4）广域网使用节点交换机连接各主机，广域网的作用范围为几十千米到几千千米。

3. 按照网络使用者划分，网络分为公用网与专用网。

（1）公用网也称为公众网，指电信公司出资建造的面向大众提供服务的大型网络。

（2）专用网指某部门为满足本单位特殊业务工作所建造的网络，不向本单位以外的人提供服务。

4. 网络设备包含中继器、网桥、路由器、网关、集线器、二层交换机、三层交换机和多层交换机。

（1）中继器工作在物理层，对信号进行再生和发送，起到扩展传输距离的作用，使用个数有限。

（2）网桥工作在数据链路层，根据帧物理地址进行信息转发，可以缓解网络通信繁忙度，提高效率，但是只能连接相同 MAC 层的网络。

（3）路由器工作在网络层，通过逻辑地址进行信息转发，可完成异构网络间的互联互通，但是只能连接使用相同网络层协议的子网。

（4）网关工作在高层（4～7 层），连接网络层以上执行不同协议的子网。

（5）集线器工作在物理层，属于多端口中继器。

（6）二层交换机工作在数据链路层，是传统意义上的交换机或多端口网桥。

（7）三层交换机工作在网络层，是带路由功能的二层交换机。

（8）多层交换机工作在高层（4～7 层），是带协议转换的交换机。

备考点拨

本考点学习难度星级：★☆☆（简单），考试频度星级：★☆☆（低频）。

本考点考查通信技术、网络分类和网络设备 3 项，前面两个记忆起来不难，毕竟通信技术只有 3 种，数量并不多，而网络分类的这几类在工作生活中大部分都有接触。唯一可能需要重点记忆的是网络设备，不过并不是把相关的 8 种网络设备的名字记住，而是要掌握不同网络设备的特点以及工作在哪一层，特别是工作在哪一层，是一个很明显的出题点，记忆的小技巧是分类记忆法，比如工作在物理层的是中继器和集线器，工作在数据链路层的是网桥和二层交换机，工作在网络层的是路由器和三层交换机，工作在高层的是网关和多层交换机。

考题精练

1. 现代通信的关键技术不包括（　　）。

  A. 数字通信技术　　　　　　　　B. 通信网络技术

  C. 信息传输技术　　　　　　　　D. 移动通信技术

【解析】答案为 D。现代通信的关键技术有数字通信技术、信息传输技术和通信网络技术。

2. 以下关于网络设备的描述，不正确的是（   ）。

   A. 二层交换机工作在数据链路层，是传统意义上的交换机或多端口网桥
   B. 中继器工作在物理层，对信号进行再生和发送
   C. 集线器工作在物理层，属于多端口中继器
   D. 网桥工作在网络层，可以缓解网络通信繁忙度，提高效率

【解析】答案为 D。网桥工作在数据链路层，根据帧物理地址进行信息转发，可以缓解网络通信繁忙度，提高效率，但是只能连接相同 MAC 层的网络。

【考点 14】OSI、TCP/IP 和 5G

◎考点精华

开放系统互连参考模型（Open System Interconnect，OSI）采用了分层的结构化技术，从下到上分为物理层、数据链路层、网络层、传输层、会话层、表示层和应用层。

TCP/IP 将 OSI 的七层简化为四层，见表 3-1：① OSI 的应用层、表示层和会话层三个层次，在 TCP/IP 中被合并为应用层；② OSI 的传输层和网络层，在 TCP/IP 中依然被作为独立的两个层次；③ OSI 的数据链路层和物理层，在 TCP/IP 中被合并为网络接口层。

表 3-1 OSI 与 TCP/IP 协议

OSI 协议层	TCP/IP 协议层	代表协议
应用层	应用层	HTTP、Telnet、FTP、TFTP、SMTP、DHCP、DNS、SNMP
表示层		
会话层		
传输层	传输层	TCP、UDP
网络层	网络层	IP、ICMP、IGMP、ARP、RARP
数据链路层	网络接口层	
物理层		

应用层的协议主要有 FTP（文件传输协议）、TFTP（简单文件传输协议）、HTTP（超文本传输协议）、SMTP（简单邮件传输协议）、DHCP（动态主机配置协议）、Telnet（远程登录协议）、DNS（域名系统）、SNMP（简单网络管理协议）等。

传输层的协议主要有 TCP 和 UDP（用户数据报协议）两个协议，负责提供流量控制、错误校验和排序服务。

网络层中的协议主要有 IP、ICMP（网际控制报文协议）、IGMP（网际组管理协议）、ARP（地址解析协议）和 RARP（反向地址解析协议）等，这些协议处理信息的路由和主机地址解析。

第五代移动通信技术 5G 在频段方面，考虑到中低频资源有限，与 4G 支持中低频不同，5G

同时支持中低频和高频频段，其中中低频满足覆盖和容量需求，高频满足在热点区域提升容量的需求。

国际电信联盟（International Telecommunication Union，ITU）定义 5G 的三大类应用场景：增强移动宽带、超高可靠低时延通信和海量机器类通信。增强移动宽带主要面向移动互联网流量爆炸式增长，为移动互联网用户提供更加极致的应用体验；超高可靠低时延通信主要面向工业控制、远程医疗、自动驾驶等对时延和可靠性有极高要求的垂直行业应用需求；海量机器类通信主要面向智慧城市、智能家居、环境监测等以传感器和数据采集为目标的应用需求。

备考点拨

本考点学习难度星级：★★☆（适中），考试频度星级：★★★（高频）。

本考点考查 OSI、TCP/IP 和 5G，都是和网络有关系的子考点。其中 OSI 的七层和 TCP/IP 的四层以及对应关系是必须要牢记的。另外，不同层的协议名字也是必须要牢记的，是考试的热点。5G 了解就好，对 5G 的了解不是什么难事，结合日常生活的体验去理解 5G 的三大类应用场景会更容易些。

考题精练

1. 某单位网络出现问题，通过 PING 命令访问 IP 地址可以正常返回数据，但无法使用浏览器浏览网页，则故障可能出现在（　　）。

　　A．数据链路层　　B．网络层　　C．会话层　　D．物理层

【解析】答案为 B。PING 命令使用 ICMP 协议，而 ICMP 属于网络层中的协议，即使不知道 ICMP 协议，也可以通过题干得知遇到的是网络问题，那么根源很可能是在网络层。

2. 关于开放系统互联参考模型（OSI）的描述，不正确的是（　　）。

　　A．应用层负责对软件提供接口以使程序能提供网络服务
　　B．OSI 的目的是为计算机互联提供一个共同基础和标准框架
　　C．网络层负责将接收到的数据分割成可被物理层传输的帧
　　D．OSI 采用分层的结构化技术，从上到下共分为七层

【解析】答案为 C。数据链路层控制网络层与物理层之间的通信，主要功能是将从网络层接收到的数据分割成特定的可被物理层传输的帧。

3. （　　）协议属于数据链路层。

　　A．TCP　　B．HTTP　　C．HDLC　　D．IP

【解析】答案为 C。数据链路层常见的协议有 IEEE 802.3/2、HDLC、PPP、ATM。选项 A 的 TCP 协议属于传输层，选项 B 的 HTTP 属于应用层，选项 D 的 IP 协议属于网络层。

【考点 15】存储类型

考点精华

DAS、NAS 和 SAN

根据服务器类型，存储分为封闭系统存储和开放系统存储。封闭系统主要指大型机等服务器，

开放系统指基于麒麟、欧拉、UNIX、Linux 等操作系统的服务器。开放系统存储分为内置存储和外挂存储。外挂存储根据连接方式分为直连式存储（Direct-Attached Storage，DAS）和网络化存储（Fabric-Attached Storage，FAS）。网络化存储根据传输协议又分为网络接入存储（Network-Attached Storage，NAS）和存储区域网络（Storage Area Network，SAN）。

DAS 通过电缆直接连接到服务器或客户端的数据存储设备，本身是硬件的堆叠，不带有任何存储操作系统。DAS 的传输对象是数据块，适合中小组织服务器。

NAS 网络接入存储也称网络直联存储设备或网络磁盘阵列，NAS 基于 LAN 局域网，按照 TCP/IP 协议进行通信，以文件的 I/O 方式进行数据传输。NAS 的传输对象是文件，管理难度容易，适合中小组织、SOHO 族和组织部门。

SAN 存储区域网络是通过光纤集线器、光纤路由器、光纤交换机等连接设备将磁盘阵列、磁带等存储设备与相关服务器连接起来的高速专用子网。SAN 由接口、连接设备和通信控制协议三个基本的组件构成。这三个组件加上附加的存储设备和独立的 SAN 服务器，就构成了 SAN 系统。SAN 主要包含 FC SAN 和 IP SAN，FC SAN 的网络介质为光纤通道，IP SAN 使用标准以太网。SAN 的传输对象是数据块，管理难度通常很高。

存储虚拟化（Storage Virtualization）是"云存储"的核心技术之一，它把来自一个或多个网络的存储资源整合起来，向用户提供一个抽象的逻辑视图，用户通过视图中的统一逻辑接口来访问被整合的存储资源。用户在访问数据时并不知道真实的物理位置。

绿色存储（Green Storage）技术是指从节能环保的角度出发，用来设计生产能效更佳的存储产品，降低数据存储设备的功耗，提高存储设备每瓦性能的技术。以绿色理念为指导的存储系统最终是存储容量、性能、能耗三者的平衡。

📣 备考点拨

本考点学习难度星级：★☆☆（简单），考试频度星级：★★☆（中频）。

本考点考查存储类型，在这个考点中重点是掌握 DAS、NAS 和 SAN 的特点和区别，这里面的很多特点都可以拿出来成为考题，比如传输对象是数据块的是哪类存储类型，再比如 NAS 存储的优点是什么，从过往的考试来看，对 NAS 的考查相对会更多一些，至于存储虚拟化和绿色存储，了解一下能够理解就好。

🖉 考题精练

1．（　　）不属于网络存储结构。
　　A．SAN　　　　　B．NAS　　　　　C．SAS　　　　　D．DAS

【解析】答案为 C。网络存储结构包括直连式存储（DAS）、网络接入存储（NAS）和存储区域网络（SAN）。

2．疯疯购买了带有联网功能的存储设备来搭建自己的私有云，这种方式属于（　　）技术。
　　A．SAS　　　　　B．SAN　　　　　C．DAS　　　　　D．NAS

【解析】答案为 D。NAS 是网络存储技术，目前个人家庭搭建联网存储私有云，用得更多的是 NAS。

【考点 16】数据结构三模型

◎ 考点精华

常见的数据结构模型有三种：层次模型、网状模型和关系模型，层次模型和网状模型统称为格式化数据模型。

1. 层次模型。层次模型是最早使用的模型，它用"树"结构表示实体集之间的关联，其中实体集（用矩形框表示）为节点，树中各节点之间的连线表示彼此的关联。层次模型对应的层次数据库系统只能处理一对多的实体联系，每个记录类型可包含若干字段，记录类型描述的是实体，字段描述实体属性。各个记录类型、同一记录类型中各个字段不能同名。层次模型的基本特点是任何一个给定的记录值只能按其层次路径查看，没有一个子女记录值能够脱离双亲记录值而独立存在。

层次模型的优点包括：①层次模型的数据结构简单清晰；②层次数据库查询效率高，性能优于关系模型，不低于网状模型；③层次模型提供了良好的完整性支持。层次模型的缺点包括：①层次模型不能表示节点之间的多对多联系；②如果一个节点具有多个双亲节点，用层次模型表示就很笨拙，只能通过引入冗余数据或创建非自然的数据结构来解决；③对数据插入和删除操作的限制比较多，应用程序编写比较复杂；④查询子女节点必须通过双亲节点；⑤结构严密，层次命令趋于程序化。

2. 网状模型。网状数据库系统采用网状模型作为数据组织方式，网状模型用网状结构表示实体类型及其实体之间的联系。网状模型解决了层次模型不能表示非树状结构的限制。两个或两个以上的节点都可以有多个双亲节点，将有向树变成了有向图。

网状模型中以记录作为数据的存储单位。记录包含若干数据项。每个记录有唯一内部标识符，称为码（Database Key，DBK），DBK 是记录的逻辑地址，可作记录的"替身"或用于寻找记录。网状数据库是导航式数据库，用户在操作数据库时不但要说明要做什么，还要说明怎么做。

网状模型的优点包括：①能够更直接地描述客观世界，可表示实体间的多种复杂联系；②具有良好的性能，存取效率较高。网状模型的缺点包括：①结构比较复杂，用户不容易使用；②数据独立性差，应用程序访问数据时要指定存取路径。

3. 关系模型。关系模型在关系结构数据库中用二维表格表示实体及实体间的联系。关系模型的基本原理是信息原理，所有信息都表示为关系中的数据值，关系变量在设计时相互无关联。

关系模型的主要优点包括：①数据结构单一，关系模型中实体及实体间的联系，都用关系表示，关系对应一张二维数据表，数据结构简单、清晰；②关系规范化，关系中每个属性不可再分割；③概念简单，操作方便，关系模型最大的优点是简单、容易理解和掌握。关系模型的主要缺点包括：①存取路径对用户透明，查询效率不如格式化数据模型；②为提高性能，必须对用户查询请求优化，增加开发数据库管理系统的难度。

◎ 备考点拨

本考点学习难度星级：★★☆（适中），考试频度星级：★★☆（中频）。

本考点考查数据结构，数据结构可以简单理解为数据库的根基，共有三类数据结构，分别是层次模型、网状模型和关系模型。层次模型可以想象成一棵树，网状模型可以想象成一张网，关系模型可以想象成一张表格，在学习过程中，不断在头脑中回放各自的样子去理解这三类数据结构的特点，这样的学习方式，无论是理解效率还是记忆效率都会提高不少，而且也能对各自的优缺点有更加深刻的印象。

考题精练

1. 以下关于层次数据结构模型的描述，不正确的是（　　）。
   A．层次模型对应的层次数据库系统只能处理一对多的实体联系
   B．层次数据库查询效率和性能不如关系模型
   C．层次模型对数据插入和删除操作的限制比较多，应用程序编写比较复杂
   D．层次模型提供了良好的完整性支持

【解析】答案为 B。层次数据库查询效率高，性能优于关系模型，不低于网状模型。

【考点 17】数据库与数据仓库

考点精华

1. 根据存储方式，数据库分为关系型数据库（SQL）和非关系型数据库（Not Only SQL，NoSQL）。

关系型数据库采用关系模型作为数据组织方式，关系型数据库支持事务 ACID 原则，即原子性（Atomicity）、一致性（Consistency）、隔离性（Isolation）、持久性（Durability），ACID 原则保证事务处理时的数据正确性。

非关系型数据库是分布式、非关系型、不保证遵循 ACID 原则的数据存储系统。非关系型数据库不需要固定的表结构，也不存在连接操作，在大数据存取上具备关系型数据库无法比拟的性能优势。常见的非关系型数据库有如下四种：

（1）键值数据库：类似哈希表，通过 key 来添加、查询或者删除数据库，优势是简单、易部署、高并发。

（2）列存储数据库：将数据存储在列族中，一个列族存储经常被打包查询，列存储数据库通常用来应对分布式存储海量数据。

（3）面向文档数据库：数据以文档的形式存储，查询效率高于键值数据库，允许之间嵌套键值。

（4）图形数据库：数据以图的方式存储，实体作为顶点，实体间的关系作为边。

关系型数据库的优点：①关系模型相对网状、层次等模型更容易理解；②通用的 SQL 语言使得操作关系型数据库非常方便；③丰富的完整性降低了数据冗余和数据不一致的概率。关系型数据库的缺点：①大数据、高并发下读写性能不足；②扩展困难；③多表关联查询导致性能欠佳。

非关系型数据库的优点：①大数据、高并发下读写能力较强；②易于扩展；③简单、弱结构化存储。非关系型数据库的缺点：①事务支持较弱；②通用性差；③复杂业务场景支持差。

2. 数据仓库是一个面向主题的、集成的、非易失的且随时间变化的数据集合，用于支持管

理决策。

（1）数据源是数据仓库系统的基础，是系统的数据源泉，通常包括组织内部信息和外部信息。

（2）数据的存储与管理是数据仓库系统的核心。数据仓库按数据的覆盖范围分为组织级数据仓库和部门级数据仓库（通常称为"数据集市"）。

（3）联机分析处理（OnLine Analytical Processing，OLAP）服务器。OLAP 分为基于关系数据库的 OLAP（Relation OLAP，ROLAP）、基于多维数据组织的 OLAP（Multidimenstional OLAP，MOLAP）和基于混合数据组织的 OLAP（Hybrid OLAP，HOLAP）。ROLAP 基本数据和聚合数据存放在关系数据库管理系统（Relational Database Management System，RDBMS）之中；MOLAP 基本数据和聚合数据存放于多维数据库中；HOLAP 基本数据存放于 RDBMS 中，聚合数据存放于多维数据库中。

（4）前端工具。前端工具包括查询工具、报表工具、分析工具、数据挖掘工具以及基于数据仓库或数据集市的应用开发工具。其中数据分析工具针对 OLAP 服务器，报表工具、数据挖掘工具针对数据仓库。

备考点拨

本考点学习难度星级：★★☆（适中），考试频度星级：★★★（高频）。

本考点考查数据库与数据仓库，数据库主要掌握关系型数据库和非关系型数据库，两者的优缺点可以结合起来学习，记忆的效果会更好些。关于关系型数据库还需要知道其所遵从的事务 ACID 原则，事务 ACID 原则分别代表什么。数据仓库是本考点的重点，数据仓库需要掌握两个方面，一方面是数据仓库的特点，另一方面是数据仓库的 4 个组成部分。

考题精练

1.（　　）是数据仓库系统的一个主要应用，支持复杂的分析操作，侧重决策支持，并且提供直观查询结果。

　　A．ETL　　　　　B．OLAP　　　　　C．OLTP　　　　　D．数据集市

【解析】答案为 B。OLAP 是数据仓库系统的主要应用，支持复杂的分析操作，侧重决策支持，并且提供直观易懂的查询结果。

2.（　　）不是数据仓库必须具备的特点。

　　A．面向主题　　　B．不随时间变化　　C．集成性　　　　D．非易失

【解析】答案为 B。数据仓库是一个面向主题的、集成的、非易失的且随时间变化的数据集合，用于支持管理决策。

【考点 18】CIA 三要素和安全四层次

考点精华

1. 信息安全的 CIA 三要素包括保密性、完整性和可用性。

（1）保密性（Confidentiality）：信息不被未授权者知道，确保传输的数据只被期望的接收者获取。可以使用加密、访问控制、信息隐写方式实现保密性。

信息安全的 345

（2）完整性（Integrity）：信息正确、完整无缺且没有被篡改，收到的数据就是发送的数据，从3个方面检验完整性：①阻止未授权主体的修改；②阻止授权主体做未授权的修改；③确保数据没有被改变。

（3）可用性（Availability）：信息可以随时正常使用，确保数据在需要时能够被使用。

CIA三元组可以作为规划、实施量化安全策略的基本原则，但需要认识到局限性。CIA三元组关注重心为信息，但对信息系统安全而言，仅考虑CIA是不够的。信息安全的复杂性决定了还存在其他重要因素。

2. **信息系统安全划分四个层次：设备安全、数据安全、内容安全和行为安全。**

（1）设备安全是信息系统安全的物质基础，既包含硬件设备安全，也包含软件设备安全。**信息系统设备安全包括三方面：①设备稳定性**，设备一定时间内不出故障的概率；**②设备可靠性**，设备一定时间内正常执行任务的概率；**③设备可用性**，设备随时正常使用的概率。

（2）**数据安全属性包括秘密性、完整性和可用性。**对数据安全的危害行为具有高隐蔽性，用户往往不知情，危害性很高。

（3）**内容安全是信息安全在政治、法律、道德上的要求。**内容安全包括：内容在政治上健康；内容符合法律法规；内容符合道德规范。广义的内容安全还包括内容保密、知识产权保护、信息隐藏和隐私保护等。**如果数据中充斥着不健康、违法、违背道德的内容，即使它是保密、未被篡改的，也是不安全的。**

（4）**行为安全是动态安全，包括：①行为的秘密性**：行为过程和结果不能危害数据秘密性；**②行为完整性**：行为过程和结果不能危害数据完整性，行为过程和结果可预期；**③行为的可控性**：行为过程出现偏离预期时，能够发现、控制和纠正。

🎯 **备考点拨**

本考点学习难度星级：★☆☆（简单），考试频度星级：★★☆（中频）。

本考点考查CIA三要素和安全四层次，CIA三要素的名字以及特点，理解起来比较简单，唯一需要做的就是记住。设备安全除了包含硬件设备安全，也包含了软件设备安全的特点，这一点需要留意，因为可能和直觉感受不一样，类似的"坑"在内容安全也出现过，内容安全也包含道德上的要求，违背道德的内容也是不安全的，考题抓住这一点进行出题，有些考生不小心就踩"坑"了。

📝 **考题精练**

1. 某公司开展保密项目，根据需要设置了相关人员的访问权限。体现信息安全基本要素的（　　）。

　　A．可审查性　　　B．保密性　　　C．完整性　　　D．可用性

【解析】答案为B。保密性是确保信息不暴露给未授权的实体或进程。

2. （　　）不属于网络安全的基本要素。

　　A．完整性　　　B．易用性　　　C．保密性　　　D．可用性

【解析】答案为B。信息安全的CIA三要素包括保密性、完整性和可用性。

【考点 19】加密与解密

🎯 考点精华

加密技术包括算法和密钥 2 个元素，数据加密技术分为对称加密（私人密钥加密）和非对称加密（公开密钥加密）。对称加密以数据加密标准（Data Encryption Standard，DES）算法为代表，非对称加密以 RSA 算法为代表。对称加密的加密密钥和解密密钥相同，非对称加密的加密密钥和解密密钥不同，加密密钥可以公开，但是解密密钥需要保密。

Hash 函数是所有报文位的函数，具有错误检测能力，改变报文的任何一位或多位，都会导致 Hash 码的改变。在认证过程中，发送方将 Hash 码附于要发送的报文之后，再发送给接收方，接收方通过重新计算 Hash 码来认证报文，从而实现保密性、报文认证及数字签名的功能。

数字签名证明当事者的身份和数据真实性的信息，利用 RSA 密码可以同时实现数字签名和数据加密。数字签名体系应满足：①签名者事后不能抵赖签名；②其他人不能伪造签名；③如果当事双方对签名真伪发生争执，能够通过仲裁者验证签名来确认真伪。

认证是证实某事是否名副其实或是否有效的过程，属于安全保护的第一道防线。认证和加密的区别在于：加密用以确保数据的保密性，阻止对手截取、窃听等被动攻击；认证确保报文发送者和接收者的真实性以及报文完整性，阻止对手冒充、篡改、重播等主动攻击。

认证和数字签名技术的 3 个区别：①认证用于鉴别对象真实性的数据是收发双方共享的保密数据，数字签名用于验证签名的数据是公开数据；②认证只允许收发双方互相验证真实性，不允许第三者验证，数字签名允许收发双方和第三者验证；③数字签名具有发送方不能抵赖、接收方不能伪造和公证人解决纠纷的能力，认证不一定具备这些能力。

📢 备考点拨

本考点学习难度星级：★★☆（适中），考试频度星级：★☆☆（低频）。

本考点考查加解密，对称加密和非对称加密的区别在于对应的加解密密钥，对应的典型特点和区别需要掌握。另外，还需要掌握代表算法，对称加密的代表算法是 DES，非对称加密的代表算法是 RSA。Hash 函数一方面需要了解其实现原理，另一方面需要掌握其 3 个功能。数字签名可以和生活中的签字确认来进行联想式理解。认证子考点要掌握考点精华中提到的区别，随便一点区别都可以出判断题。

🔗 考题精练

1. 以下关于认证和数字签名的描述，不正确的是（　　）。
    A．认证只允许收发双方互相验证真实性，不允许第三者验证
    B．认证和数字签名都具有发送方不能抵赖、接收方不能伪造和公证人解决纠纷的能力
    C．数字签名用于验证签名的数据是公开数据
    D．数字签名允许收发双方和第三者验证

【解析】答案为 B。数字签名具有发送方不能抵赖、接收方不能伪造和公证人解决纠纷的能力，认证不一定具备这些能力。

【考点 20】信息系统安全和网络安全技术

考点精华

1. 信息系统安全包括计算机设备安全、网络安全、操作系统安全、数据库系统安全和应用系统安全。

（1）除完整性、机密性和可用性外，计算机设备安全还要包括：①抗否认性。通过数字签名提供抗否认服务。②可审计性。对计算机信息系统工作过程进行审计并发现问题。③可靠性。计算机在规定条件和时间内完成预定功能的概率。

（2）网络威胁包括：网络监听、口令攻击、拒绝服务（Denial of Service，DoS）攻击及分布式拒绝服务（Distributed Denial of Service，DDoS）攻击、漏洞攻击、僵尸网络、网络钓鱼、网络欺骗、网站安全威胁、高级持续性威胁。

（3）操作系统安全威胁包括：计算机病毒、逻辑炸弹、特洛伊木马、后门、隐蔽通道。

（4）数据库安全主要指数据库管理系统安全，数据库的安全问题是用于存储的数据安全，而非传输的数据安全。

（5）应用系统安全以计算机设备安全、网络安全和数据库安全为基础，围绕 Web 的安全管理是应用系统安全最重要的内容之一。

2. 网络安全技术主要包括：防火墙、入侵检测与防护、虚拟专用网络（Virtual Private Network，VPN）、安全扫描、网络蜜罐技术、用户和实体行为分析技术等。

（1）防火墙是建立在内外网络边界上的过滤机制，防火墙可以监控进出网络的流量，仅让安全、核准的信息进入，同时抵御企业内部发起的安全威胁。防火墙的实现技术有数据包过滤、应用网关和代理服务等。

（2）入侵检测与防护技术有两种：入侵检测系统（Intrusion Detection System，IDS）和入侵防护系统（Intrusion Prevention System，IPS）。入侵检测系统（IDS）是被动防护，通过监视网络或系统资源，寻找违反安全策略的行为或攻击迹象并发出报警。入侵防护系统（IPS）是主动防护，通过直接嵌入到网络流量中实现主动防护，IPS 预先对入侵活动和攻击性网络流量进行拦截，这样有问题的数据包以及后续数据包，就会被 IPS 设备清除掉。

（3）虚拟专用网络（VPN）是在公用网络中建立的专用的、安全的数据通信通道。VPN 是加密和认证技术在网络传输中的应用，由客户机、传输介质和服务器组成，VPN 的连接不是采用物理传输介质，而是使用"隧道"技术作为传输介质，隧道建立在公共网络或专用网络基础之上。

（4）安全扫描包括漏洞扫描、端口扫描和密码类扫描。扫描器软件是最有效的网络安全检测工具之一，可以自动检测远程或本地主机、网络系统的安全弱点以及系统漏洞。

（5）网络蜜罐技术是主动防御技术，包含漏洞的诱骗系统，通过模拟一个或多个易受攻击的主机和服务，给攻击者提供容易攻击的目标，延缓对真正目标的攻击，便于研究入侵者的攻击行为。

（6）用户和实体行为分析技术（User and Entity Behavior Analytics，UEBA）以用户和实体为对象，利用大数据，结合规则及机器学习模型，并通过定义基线，对用户和实体行为进行分析和异常检测，快速感知内部用户和实体的可疑或非法行为。UEBA 系统包括数据获取层、算法分析层和场景应用层。

备考点拨

本考点学习难度星级：★★☆（适中），考试频度星级：★★☆（中频）。

本考点考查同属于安全的信息系统安全和网络安全 2 个子考点。关于信息系统安全，重点是设备安全，设备安全的几个特性需要掌握，知道不同特性的含义即可，另外"数据库的安全问题是用于存储的数据安全，而非传输的数据安全。"这句话可能出题，比如判断"数据库安全既用于存储的数据安全，也用于传输的数据安全"这句话是否正确，不假思索的情况下大概率会认为是正确的，但是实际上却是错误的。至于网络安全子考点，重点是了解不同网络安全技术的特点。

考题精练

1. （　　）通常用来鉴别数据包的进出。
   A．安全审计系统　　　　　　B．防火墙
   C．防毒软件　　　　　　　　D．扫描器

【解析】答案为 B。防火墙通常被比喻为网络安全的大门，用来鉴别什么样的数据包可以进出企业内部网。

2. 某云盘软件对所有的文档的上传和下载均用 MD5 进行信息摘要的校验，对文档的所有修改均记录修改人和被更改的内容，并且所有文档均加密传输和保存。这体现了信息安全的（　　）。
   ①机密性　②完整性　③可用性　④可控性　⑤可审查性
   A．①②⑤　　B．①④⑤　　C．①②③④⑤　　D．②③④

【解析】答案为 A。"某云盘软件对所有的文档的上传和下载均用 MD5 进行信息摘要的校验"体现了完整性；"对文档的所有修改均记录修改人和被更改的内容"体现了可审查性；"所有文档均加密传输和保存"体现了机密性。

【考点 21】Web 威胁防护技术和 NGFW/NSSA

安全行为分析技术和网络安全态势感知

考点精华

1. **Web 威胁防护技术主要包括**：Web 访问控制技术、单点登录、网页防篡改技术和 Web 内容安全等。

（1）Web 访问控制技术保证网络资源不被非法访问者访问，访问 Web 站点需要对用户名、用户口令进行识别和验证，对用户账号进行默认限制检查。任何一关没有通过，用户均不能访问 Web 站点。

（2）单点登录（Single Sign On，SSO）采用数字证书加密和数字签名技术，基于用户身份认证和授权控制，对用户实行集中管理和身份认证，从而实现"一点登录、多点访问"。

（3）网页防篡改技术包括时间轮询技术、核心内嵌技术、事件触发技术、文件过滤驱动技术。时间轮询技术以轮询方式读出要监控的网页，通过与真实网页比较来判断网页内容完整性，对于被篡改的网页进行报警和恢复；核心内嵌技术即密码水印技术，将篡改检测模块内嵌在 Web 服务软件里，对于篡改网页进行实时访问阻断，并予以报警和恢复；事件触发技术在网页文件被修改时进行合法性检查，对于非法操作进行报警和恢复；文件过滤驱动技术是一种简单、高效且安全性极高的防篡改技术，对 Web 服务器所有文件夹中的文件内容进行实时监测，若发现属性变更，则用备份替换，使得公众无法看到被篡改页面。

（4）Web 内容安全分为电子邮件过滤、网页过滤、反间谍软件 3 项技术。

2．下一代防火墙（Next Generation Firewall，NGFW）是全面应对应用层威胁的高性能防火墙。由于传统防火墙基本无法探测到利用僵尸网络作为传输方法的威胁，所以在传统防火墙数据包过滤、网络地址转换（Network Address Translation，NAT）、协议状态检查以及 VPN 功能基础上，NGFW 新增如下功能：①入侵防御系统（IPS）。②基于应用识别的可视化，NGFW 通过分析第 7 层（应用程序层）的流量，基于数据包去向，阻止或允许数据包。传统防火墙之所以不具备这个能力，是因为传统防火墙只分析第 3 层和第 4 层的流量。③智能防火墙。智能防火墙可收集防火墙外的各类信息，用于改进阻止决策或优化阻止规则。

3．网络安全态势感知（Network Security Situation Awareness，NSSA）在大规模网络环境中，对引起网络态势发生变化的安全要素进行获取、理解、显示，并预测未来的网络安全发展趋势。安全态势感知的前提是安全大数据，在安全大数据的基础上进行数据整合、特征提取，然后应用态势评估算法生成网络的态势状况，应用态势预测算法预测态势的发展状况，并使用数据可视化技术，将态势状况和预测情况提供给安全人员，方便安全人员直观了解网络当前状态及预期风险。网络安全态势感知的关键技术包括：海量多元异构数据的汇聚融合技术、面向多类型的网络安全威胁评估技术、网络安全态势评估决策支撑技术、网络安全态势可视化等。

📢 备考点拨

本考点学习难度星级：★★☆（适中），考试频度星级：★★☆（中频）。

本考点考查 Web 威胁防护技术、下一代防火墙和网络安全态势感知。Web 威胁防护技术的备考同样是关注不同防护技术的特点，重在理解，判断属于哪种防护技术时，才能够从 4 个选项中选择出正确的答案；下一代防火墙的学习，要把重心放在新增的 3 个功能上，分别是入侵防御系统（IPS）、第 7 层应用程序层的流量分析和智能防火墙；网络安全态势感知（NSSA）的前提是安全大数据，建议不仅要掌握这句话，连带其他的特点都需要一并了解。

🖉 考题精练

1．网络安全态势感知在（　　）的基础上，进行数据整合、特征提取，应用一系列态势评估算法，生成网络的整体态势情况。

  A．安全应用软件　　　　　　　　B．安全基础设施
  C．安全网络环境　　　　　　　　D．安全大数据

【解析】答案为 D。安全态势感知的前提是安全大数据，在安全大数据的基础上进行数据整合、特征提取，然后应用态势评估算法生成网络的态势状况，应用态势预测算法预测态势的发展状况。

【考点 22】云计算与大数据

◎ 考点精华

云计算分为基础设施即服务（Infrastructure as a Service，IaaS）、平台即服务（Platform as a Service，PaaS）和软件即服务（Sofware as a Service，SaaS）3 种服务类型。

云计算技术包括虚拟化技术、云存储技术、多租户和访问控制管理、云安全技术。

1．虚拟化技术与多任务、超线程技术完全不同。多任务指在一个操作系统中多个程序同时并行运行；虚拟化技术则可以同时运行多个操作系统，每个操作系统中都有多个程序运行，每个操作系统都运行在一个虚拟的 CPU 或虚拟主机上；超线程技术是单 CPU 模拟双 CPU 来平衡程序运行性能的，两个模拟出来的 CPU 不能分离，只能协同工作。

容器技术是全新的虚拟化技术，属于操作系统虚拟化范畴，由操作系统提供虚拟化支持。Docker 使用容器技术将应用隔离在独立的运行环境中，这个独立环境称为容器，容器技术可以减少运行程序带来的额外消耗，而且可以在任何地方以相同的方式运行。

2．云存储技术能够快速、高效地对海量数据进行在线处理，通过多种云技术平台的应用，实现数据的深度挖掘和安全管理。

3．多租户和访问控制管理。基于 ABE 密码机制的云计算访问控制包括 4 个参与方：数据提供者、可信第三方授权中心、云存储服务器和用户。多租户及虚拟化访问控制是云计算的典型特征，在云环境下，租户之间的通信由访问控制保证，每个租户都有自己的访问控制策略。目前对多租户访问控制的研究主要集中在对多租户的隔离和虚拟机的访问控制方面。

4．云安全技术。云安全研究包含两方面内容：①云计算技术本身的安全保护工作，涉及数据完整性及可用性、隐私保护性以及服务可用性；②借助云服务的方式来保障客户端用户的安全防护需求，通过云计算技术实现互联网安全，涉及基于云计算的病毒防治、木马检测技术。

大数据主要特征包括：

1．数据海量：大数据的数据体量巨大。

2．数据类型多样：大数据数据类型繁多，分为结构化数据和非结构化数据。

3．数据价值密度低：数据价值密度的高低与数据总量的大小成反比。

4．数据处理速度快：为了从海量数据中快速挖掘数据价值，要对不同类型数据进行快速处理，这是大数据区分传统数据挖掘的最显著特征。

大数据技术架构包含大数据获取技术、分布式数据处理技术、大数据管理技术、大数据应用和服务技术。

1．大数据获取技术。大数据获取技术主要集中在数据采集、整合和清洗三方面。

2．分布式数据处理技术。主流的分布式计算系统有 Hadoop、Spark 和 Storm。Hadoop 用于离线、复杂的大数据处理；Spark 用于离线、快速的大数据处理；Storm 用于在线、实时的大数据处理。

3．大数据管理技术。大数据存储技术有三方面：①采用 MPP 架构的新型数据库集群；②围绕 Hadoop 衍生出相关的大数据技术；③具有良好稳定性、扩展性的大数据一体机。

4. 大数据应用和服务技术。大数据应用和服务技术包含分析应用技术和可视化技术。

🔊 备考点拨

本考点学习难度星级：★☆☆（简单），考试频度星级：★★☆（中频）。

本考点考查云计算和大数据技术两个子考点。云计算的 IaaS、PaaS 和 SaaS 3 种服务类型一定要掌握；云计算的 4 种技术，需要留心掌握区别；大数据子考点方面，4 个特征必须要掌握，其中价值密度低乍一看感觉是负面缺点，但是这的确是大数据的特征，大数据的 4 种技术中，更加具备出题潜质的是分布式数据处理技术和大数据管理技术，具体而言，Hadoop、Spark 和 Storm 的特点需要掌握，大数据管理技术的 3 个方面需要了解。

✏️ 考题精练

1. （　　）是大数据的实际应用。
   A. 智能电表实现电量上报　　　　B. 手机在地震前收到的预警信息
   C. 某知名专家一对一在线诊疗　　D. 导航软件中智能躲避拥堵

   【解析】答案为 D。只有选项 D 属于大数据的实际应用，相对比较容易选对正确答案。

2. 某短视频平台的精准推送是（　　）。
   A. 大数据　　　B. VR/AR　　　C. 区块链　　　D. 物联网

   【解析】答案为 A。精准推送基本上都是采用大数据技术。

3. （　　）属于 IaaS 服务。
   A. 提供计算机能力、存储空间等基础设施方面的服务，部署操作系统、应用软件
   B. 由用户使用操作系统将软件开发平台通过网络交付给用户
   C. 用户自行购买服务器、网络、存储构建的数据中心
   D. 将应用程序通过网络交付给用户，用户通过浏览器访问应用

   【解析】答案为 A。IaaS（基础设施即服务），向用户提供计算机能力、存储空间等基础设施方面的服务。

【考点 23】区块链 / 人工智能 / 虚拟现实

📖 考点精华

区块链以非对称加密算法为基础，以改进的默克尔树为数据结构，使用共识机制、点对点网络、智能合约等技术的分布式存储数据库技术，区块链分为公有链、联盟链、私有链和混合链四大类。区块链的典型特征包括：多中心化、多方维护、时序数据、智能合约、不可篡改、开放共识、安全可信。

区块链的关键技术包含：

1. 分布式账本。分布式账本是区块链技术的核心之一。分布式账本的核心思想是：交易记账由分布在不同地方的多个节点共同完成，每个节点保存唯一、真实账本的副本，它们可以监督交易合法性，也可以共同作证；账本的任何改动会在所有副本中反映出来，反映时间在几分钟甚至几秒内。

45

2. 加密算法。加密算法分为散列（哈希）算法和非对称加密算法。典型的散列算法有 MD5、SHA 和 SM3，目前区块链主要使用 SHA 中的 SHA256 算法。典型的非对称加密算法包括 RSA、ElGamal、D-H、ECC（椭圆曲线加密算法）。

3. 共识机制。共识机制的思想是：在没有中心点总体协调的情况下，某个记账节点提出区块数据增加或减少时，需要把该提议广播给所有节点，所有节点根据规则机制，对提议能否达成一致进行计算处理。

人工智能的关键技术包括机器学习、自然语言处理、专家系统。

1. 机器学习。机器学习自动将模型与数据匹配，并通过训练模型对数据进行"学习"。神经网络是机器学习的一种，类似于神经元对信号的处理。深度学习通过多等级特征和变量来预测结果的神经网络模型，深度学习模型中的每个特征对人类而言意义不大，所以深度学习模型的使用难度很大且难以解释。强化学习是机器学习的另外一种，指机器学习制订了目标且每一步都会得到奖励。

2. 自然语言处理。自然语言处理（Natural Language Processing，NLP）是计算机科学与人工智能领域中的重要方向。自然语言处理研究人与计算机之间用自然语言进行通信的理论方法。当前深度学习技术是自然语言处理的重要技术支撑。

3. 专家系统。专家系统是模拟人类专家解决领域问题的计算机程序系统，由人机交互界面、知识库、推理机、解释器、综合数据库、知识获取 6 个部分构成。

虚拟现实（Virtual Reality，VR）是可以创立和体验虚拟世界的计算机系统，虚拟现实技术的主要特征为沉浸性、交互性、多感知性、构想性（也称"想象性"）和自主性。虚拟现实的关键技术涉及人机交互技术、传感器技术、动态环境建模技术和系统集成技术等。

📢 备考点拨

本考点学习难度星级：★★☆（适中），考试频度星级：★★☆（中频）。

本考点考查区块链、人工智能和虚拟现实 3 个子考点，其中区块链需要掌握的是区块链的 7 个特征和 3 项技术，人工智能需要掌握的是 3 项关键技术，这里面提到了多种 AI 相关的专业术语，比如机器学习、神经网络、深度学习、强化学习、NLP 等，这些专业术语的定义需要理解，比如曾经针对 NLP 出过对应的考题。最后的虚拟现实子考点可以不作为备考重点，了解即可。

🔗 考题精练

1. 关于人工智能的描述，不正确的是（　　）。

    A．人工智能不仅有计算机，也必须有人参与到处理控制中

    B．人工智能是由人类设计和开发的智能系统

    C．更高效、更精细的模型和算法是人工智能未来的一个发展方向

    D．人工智能模仿、延续和扩展了人类的智能功能和智力

【解析】答案为 D。人工智能是研究、开发用于模拟、延伸和扩展人的智能的理论、方法、技术及应用。它是一门模拟、延伸和扩展人类大脑功能的新技术。

2. 根据人工智能当前的发展现状，（　　）不是人工智能的基本特征。
　　A．情感和意识　　　　　　　　　B．推理、判断和决策
　　C．数据分析和计算　　　　　　　D．自适应学习

【解析】答案为 A。目前情感和意识不是人工智能的特征。

3. 微信中语音转换为文字的功能，主要应用了（　　）技术。
　　A．虚拟现实　　　　　　　　　　B．专家系统
　　C．自然语言处理　　　　　　　　D．大数据

【解析】答案为 C。人工智能的关键技术有 3 个，分别是机器学习、自然语言处理和专家系统。自然语言处理主要应用于机器翻译、舆情监测、自动摘要、观点提取、文本分类、问题回答、文本语义对比、语音识别、中文 OCR 等方面。

第 4 章
信息系统架构考点精讲及考题实练

4.1 章节考情速览

信息系统架构章节，可以列入信息系统管理工程师考试中的难点之一，完全难在技术本身。架构是 IT 技术的高阶话题，通常也是走技术路线考生的终极发展方向之一，其难度可以预见。虽然信息系统管理工程师考试对架构的要求并不高，但是学习和理解起来可能依然会感觉到吃力。信息系统架构章节，包含了架构基础、系统架构、应用架构、数据架构、技术架构、网络架构、安全架构和云原生架构 8 个知识块，内容相对较多，这部分内容的备考，通常秉承"不求甚解"的学习原则，能够从 4 个选项中选出正确答案即可。信息系统架构预计会考查 5 分左右，虽然考纲中也把本章纳入应用技术科目的考查范围，但是大概率还是以基础知识科目考查为主，可能会在应用技术题的某个局部出一道题。

4.2 考点星级分布图

本章涉及的主要考点分布及难度与频度双星级如图 4-1 所示。

信息系统架构考点

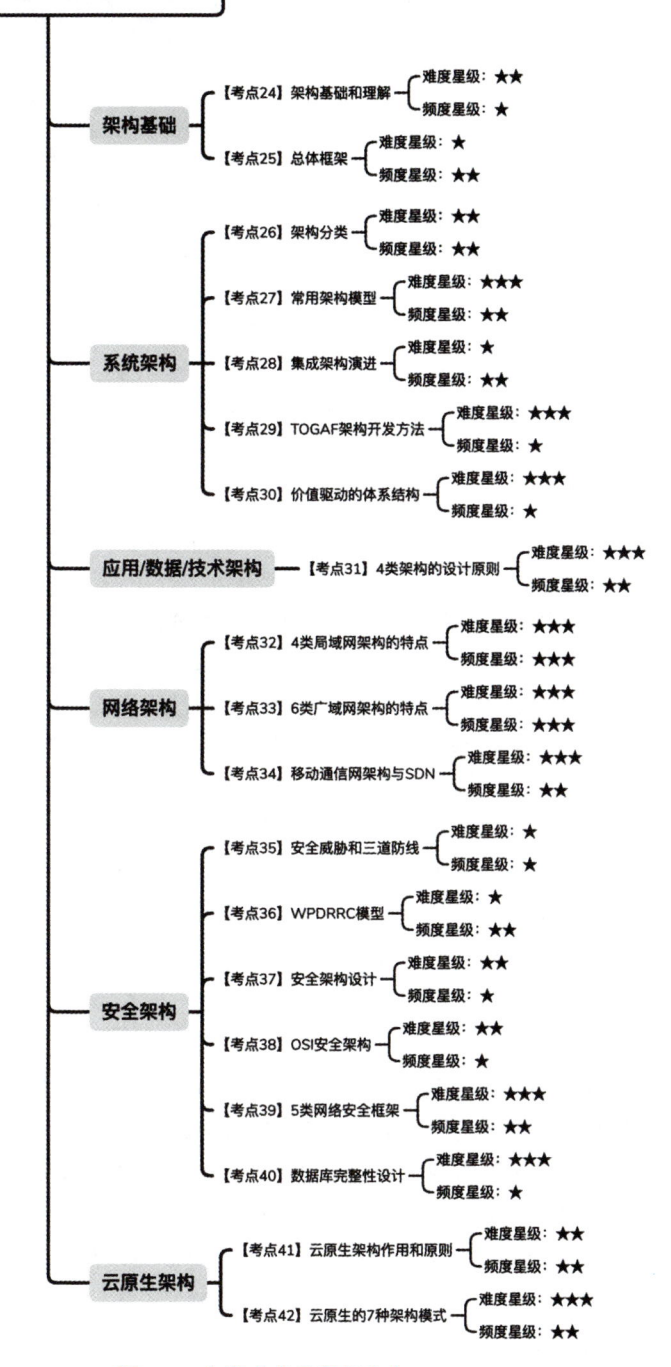

架构基础
- 【考点24】架构基础和理解 — 难度星级：★★ 频度星级：★
- 【考点25】总体框架 — 难度星级：★ 频度星级：★★

系统架构
- 【考点26】架构分类 — 难度星级：★★ 频度星级：★★
- 【考点27】常用架构模型 — 难度星级：★★★ 频度星级：★★
- 【考点28】集成架构演进 — 难度星级：★ 频度星级：★★
- 【考点29】TOGAF架构开发方法 — 难度星级：★★★ 频度星级：★
- 【考点30】价值驱动的体系结构 — 难度星级：★★★ 频度星级：★

应用/数据/技术架构
- 【考点31】4类架构的设计原则 — 难度星级：★★★ 频度星级：★★

网络架构
- 【考点32】4类局域网架构的特点 — 难度星级：★★★ 频度星级：★★★
- 【考点33】6类广域网架构的特点 — 难度星级：★★★ 频度星级：★★★
- 【考点34】移动通信网架构与SDN — 难度星级：★★★ 频度星级：★★

安全架构
- 【考点35】安全威胁和三道防线 — 难度星级：★ 频度星级：★
- 【考点36】WPDRRC模型 — 难度星级：★ 频度星级：★★
- 【考点37】安全架构设计 — 难度星级：★★ 频度星级：★
- 【考点38】OSI安全架构 — 难度星级：★★ 频度星级：★
- 【考点39】5类网络安全框架 — 难度星级：★★★ 频度星级：★★
- 【考点40】数据库完整性设计 — 难度星级：★★★ 频度星级：★

云原生架构
- 【考点41】云原生架构作用和原则 — 难度星级：★★ 频度星级：★★
- 【考点42】云原生的7种架构模式 — 难度星级：★★★ 频度星级：★★

图 4-1 本章考点及星级分布

4.3 核心考点精讲及考题实练

【考点 24】架构基础和理解

> 架构的指导思想、设计原则和建设目标

📢 考点精华

信息系统架构的本质是在权衡各方因素之后进行的决策，集成架构向上承接组织发展战略和业务架构，向下指导信息系统方案实现，通常包括系统架构、数据架构、技术架构、应用架构、网络架构和安全架构。

架构规划的设计原则需要面向未来，并得到相关方高层领导的认可，太多的原则会降低架构的灵活性，通常将数目限制在 4～10 项。

信息系统集成架构服务于建设目标达成，各项业务目标也都是服务于建设目标。建设目标是集成建设的最终目的，相关方高层领导提出的构想、愿景等通常就是建设目标。

对于大规模的复杂系统，对总体的系统结构设计比计算算法和数据结构的选择更加重要。信息系统架构伴随技术发展和环境的变化，处于持续演进和发展中。

信息系统架构的 6 个理解：

（1）架构是对系统的抽象，内部实现的细节不属于架构。

（2）架构由多个结构组成，结构从功能角度描述元素间的关系。

（3）任何软件都存在架构，但不一定有对该架构的具体表述文档。

（4）元素及其行为的集合构成架构内容，静态方面关注系统的大粒度，动态方面关注系统关键行为的共同特征。

（5）架构具有基础性，涉及通用方案以及重要决策。

（6）架构隐含有决策，是架构设计师进行设计与决策的结果。

影响架构的因素包括：①项目干系人对软件系统的不同要求；②开发项目组不同人员的知识结构；③架构设计师素质与经验；④当前技术环境。

📢 备考点拨

本考点学习难度星级：★★☆（适中），考试频度星级：★☆☆（低频）。

本考点考查架构的基础概念以及对架构的理解。内容相对比较零碎，其中相对大的知识块是对信息系统架构的 6 方面理解。提到架构，通常能够想到人体骨骼，骨骼就是人体的架构，对人体起着支撑作用。而信息系统架构也起到支撑作用，向上支撑组织的发展战略和业务架构，换种说法是，信息系统架构服务于发展战略、服务于业务架构，这是信息系统架构的定位。有了信息系统架构之后，就可以向下指导信息系统具体方案的实现，起到承上启下的作用。

📢 考题精练

1. 以下关于信息系统架构的描述中，不正确的是（　　）。

　　A．太多的架构设计原则会降低架构的灵活性，通常将数目限制在 4～10 项

B．相关方高层领导提出的构想和愿景，通常不能直接作为建设目标

C．大规模的复杂系统，总体系统的结构设计比计算算法和数据结构的选择更重要

D．信息系统集成架构和业务目标都服务于建设目标

【解析】答案为 B。建设目标是集成建设的最终目的，相关方高层领导提出的构想、愿景等通常就是建设目标。

2．以下不属于信息系统架构的是（   ）。

A．数据架构　　　　B．业务架构　　　　C．网络架构　　　　D．安全架构

【解析】答案为 B。信息系统架构通常包括系统架构、数据架构、技术架构、应用架构、网络架构和安全架构。

【考点 25】总体框架

考点精华

信息系统体系架构总体框架由战略系统、业务系统、应用系统和信息基础设施 4 个部分组成。这 4 个相互关联的组成部分与管理金字塔有着一致的层次，如图 4-2 所示。

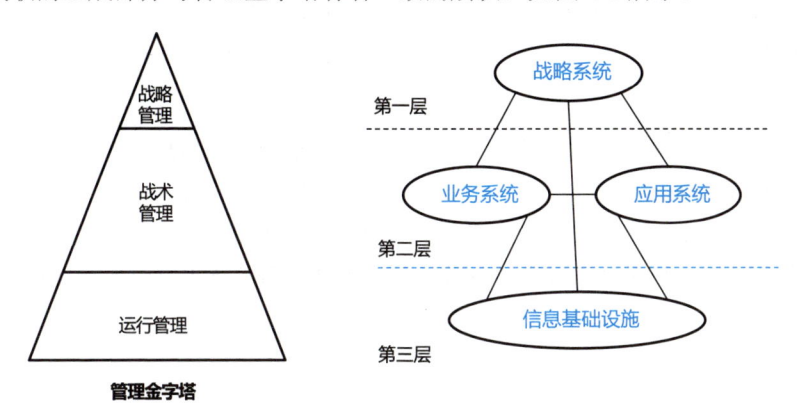

图 4-2　信息系统体系架构总体框架

战略系统是与战略制定、高层决策有关的管理活动和计算机辅助系统。战略系统位于第一层，对应管理金字塔的战略管理层，战略系统由两部分组成：以信息技术为基础的高层决策支持系统和战略规划体系，战略系统既向第二层的业务系统提出创新、重构与再造要求，也向第二层的应用系统提出集成要求。

第二层的业务系统和应用系统对应管理金字塔的战术管理层，业务系统在业务处理流程的优化上对组织进行管理控制和业务控制。

业务系统是由完成业务功能的各部分组成的系统。应用系统是信息系统中的应用软件部分。应用系统从架构视角来看，包含内部功能实现部分和外部界面部分。功能实现部分处理的数据相对变化较小，而程序算法和控制结构变化较多，主要由用户对应用系统功能需求的变化和对界面形式要求的变化引起；界面部分是应用系统中相对变化较多的部分，由用户对界面形式要求的变

化引起。

第三层的信息基础设施对应管理金字塔的运行管理层，是组织实现信息化和数字化的基础，为应用系统和战略系统提供计算、传输和数据支持。同时也为组织业务系统实现重组提供有效、灵活响应的技术与管理支持平台。

信息基础设施分为技术基础设施、信息资源设施和管理基础设施 3 部分：①技术基础设施由计算机设备、网络、系统软件、支持性软件、数据交换协议等组成；②信息资源设施由数据与信息本身、数据交换的形式与标准、信息处理方法等组成；③管理基础设施指信息系统部门的组织架构、信息资源设施管理人员的分工、组织信息基础设施的管理方法与规章制度等。

备考点拨

本考点学习难度星级：★☆☆（简单），考试频度星级：★★☆（中频）。

本考点考查信息系统体系架构总体框架，这个框架包括战略系统、业务系统、应用系统和信息基础设施 4 部分，考点的学习可以结合图形来理解，结合管理金字塔对比进行学习。

位于第一层的战略系统，与管理金字塔的战略管理层的功能类似，从图中可以看出，战略系统向下连接业务系统和应用系统，并分别提出了不同的要求；业务系统和应用系统同在第二层，属于战术管理层，业务系统聚焦在业务流程优化，应用系统聚焦于 IT；信息基础设施处在第三层，相当于运行管理层。这是从整体角度来看的总体框架图，需要学习掌握。

考题精练

1. 以下（　　）不属于信息系统体系架构总体参考框架中的信息基础设施。
   A．技术基础设施　　　　　　　　B．信息资源设施
   C．通信基础设施　　　　　　　　D．管理基础设施

【解析】答案为 C。信息基础设施分为技术基础设施、信息资源设施和管理基础设施 3 部分。

【考点 26】架构分类

考点精华

信息系统架构分为物理架构与逻辑架构，物理架构不考虑系统各部分的实际工作与功能，只抽象考虑硬件系统的空间分布。逻辑架构是信息系统各种功能子系统的综合体。

系统架构分类

1. 物理架构分为集中式与分布式两类。

（1）集中式架构。集中式架构是指物理资源在空间上集中配置。最典型的集中式架构是早期的单机系统，另外，分布在不同地点的多个用户通过终端共享资源的多用户系统，也属于集中式架构。

集中式架构的优点是资源集中、便于管理、资源利用率高。集中式架构的缺点是维护管理困难，难以调动用户在系统建设中的积极性，资源集中造成系统的脆弱和易瘫痪。

（2）分布式架构。分布式架构通过网络把不同地点的计算机硬件、软件和数据整合在一起，从而实现资源共享。

分布式架构的优点是可以根据需求来配置资源，提高了系统的应变能力，系统扩展方便，安全性好，某处节点出现的故障不会导致系统停摆。分布式架构的缺点是资源分散、协调困难，不

利于对整个资源的规划与管理。

分布式架构分为一般分布式与客户端/服务器模式。一般分布式架构的服务器只提供软件、计算与数据服务，各计算机根据权限存取服务器上的数据与程序文件；客户端/服务器模式架构中的计算机分客户端与服务器两类。服务器包括文件服务器、数据库服务器、打印服务器等，用户通过客户端向服务器提出服务请求，服务器根据请求向用户提供经过加工的信息。

2. 逻辑架构。信息系统的逻辑架构是功能综合体和概念性框架。信息系统通常包含多个功能子系统，每个子系统可以完成事务处理、操作管理、管理控制与战略规划等各层次的功能。每个子系统有自己的专用文件，有各自的应用系统，可以共享信息系统数据，可以调用公共程序以及系统模型库，子系统之间的联系通过网络与数据等接口实现。

3. 系统融合。想要达到子系统之间的协调一致。就需要在构造时对子系统进行统一规划和整体融合，融合方式包括横向融合、纵向融合和纵横融合。

（1）横向融合将同一层次的职能与需求融合在一起。

（2）纵向融合是把某种职能和需求的各层次的业务组织在一起，纵向融合打通了上下级间的联系，能够形成一体化处理过程。

（3）纵横融合从信息模型和处理模型两方面进行融合，从而实现提取通用部分、信息集中共享和程序模块化。

📣 备考点拨

本考点学习难度星级：★★☆（适中），考试频度星级：★★☆（中频）。

本考点考查信息系统架构分类，信息系统架构分为物理架构与逻辑架构，物理架构与逻辑架构的区别需要掌握，物理架构不考虑功能，只考虑硬件分布，逻辑架构正好相反，主要考虑功能。物理架构分为集中式与分布式两类，需要掌握集中式和分布式物理架构各自的特点区别以及优缺点，同样对比起来学习效率会更好些。逻辑架构的概念可以了解下，需要知道其描述和包含了多种功能，从概念上对系统架构的功能组成进行了阐述。系统融合需要知道三种融合方式，分别是横向融合、纵向融合和纵横融合。

🔗 考题精练

1. 关于软件架构设计的描述，不正确的是（　　）。
    A．软件架构设计的核心是实现架构级的软件重用
    B．软件架构设计的重点是数据结构、算法和开发语言的选择
    C．软件架构模式描述了某一特定应用领域中系统的组织方式
    D．软件架构模式反映了应用领域中众多系统所共有的结构和特性

【解析】答案为 B。在软件工程发展的初期，通常将软件设计的重点放在数据结构和算法的选择上。随着软件系统规模越来越大、越来越复杂，整个系统的结构设计和规范说明越来越重要，软件架构的重要性日益凸显。

2. （　　）是将系统整体分解为更小的子系统和组件，从而形成不同的逻辑层或服务。
    A．系统架构　　　B．系统功能　　　C．系统函数　　　D．系统模块

【解析】答案为 A。系统架构是将系统整体分解为更小的子系统和组件，从而形成不同的逻辑层或服务。

【考点 27】常用架构模型

单机应用模式和客户端/服务器模式

◉ 考点精华

常用架构模型有单机应用模式、客户端/服务器模式、面向服务架构（Service Oriented Architecture，SOA）模式、组织级数据交换总线 4 种。

单机应用模式最简单，运行在一台物理机器上的应用程序，单机应用模式的简单并不代表单机系统的简单，可能有时候单机系统会更加复杂。

客户端/服务器模式最常见。客户端/服务器模式的架构原理是客户端向服务器发送 TCP 或 UDP 包，服务器接收到请求并处理后，向客户端回送 TCP 或 UDP 数据包。作为最常见的客户端/服务器模式，通常一共包含如下 4 种模式：

1. 两层 C/S 结构。即"胖客户端"模式，也就是前台客户端 + 后台数据库管理系统的模式。
2. 三层 C/S 结构。三层 C/S 的前台界面与后台服务间必须通过协议进行通信。B/S 模式是典型的三层 C/S 结构应用模式。
3. 多层 C/S 结构。多层 C/S 结构指三层以上的结构，通常用得最多的是四层结构，分别为前台界面、Web 服务器、中间件及数据库服务器。多层客户端/服务器模式用于较大规模的信息系统建设。相比多出的中间件层完成 3 方面工作：①提高系统可伸缩性，增加并发性能；②完成请求转发或与应用逻辑相关的处理，此时中间件可以作为请求代理或应用服务器；③增加数据安全性。
4. 模型-视图-控制器（Model-View-Controller，MVC）模式。在 J2EE 架构中，View 表示层指浏览器层，用于图形化展示请求结果；Controller 控制器指 Web 服务器层；Model 模型层指应用逻辑实现及数据持久化部分。MVC 模式要求表示层（视图）与数据层（模型）代码分开，控制器用于连接不同的模型和视图。从分层体系角度看，MVC 层次结构的控制器与视图处于 Web 服务器一层，根据模型是否将业务逻辑处理分离成单独服务处理，MVC 可以分成三层或四层体系。

面向服务架构（SOA）模式最流行。面向服务架构的服务是指提供一组整体功能的独立应用系统，SOA 将由多层服务组成的节点应用视为单一服务，支持两个多层 C/S 结构的应用系统间通信，面向服务架构的本质是消息机制或远程过程调用 RPC，通常借助中间件实现 SOA 通信，Web Services 是面向服务架构的最典型、最流行的应用模式。

组织级数据交换总线是不同组织应用间进行信息交换的公共通道。组织级数据交换总线同时具有实时交易与大数据量传输功能，但是通常企业数据交换总线主要为实时交易设计，对可靠的大数据量级传输需求往往单独设计。

◉ 备考点拨

本考点学习难度星级：★★★（困难），考试频度星级：★★☆（中频）。

本考点考查 4 种常用的架构模型。单机应用模式和客户端/服务器模式相对比较简单，无论是工作生活中接触较多还是描述本身的简单化，都能够让学习理解没有难度。MVC 模式的三个层需要掌握，分别是 M 模型层、V 视图层、C 控制层。另外还需要掌握 MVC 的特点，表示层（视图）与数据层（模型）代码分开，控制器用于连接不同的模型和视图。面向服务架构（SOA）模式可能有过开发经验的同学比较熟悉，简单讲，面向服务架构就是对外提供一系列的服务接口，服务使用方不需要了解具体的内部实现，比如一部汽车，提供了行驶、转向、刹车、智能辅助驾驶等驾驶服务，但是驾驶员不需要了解其工作原理。

考题精练

1．在客户端/服务器模式（Client/Server，C/S）中，（　　）主要负责数据操作和事务处理。
   A．网络　　　　　　B．客户端　　　　　　C．服务器　　　　　　D．用户

【解析】答案为 C。客户端/服务器模式将应用一分为二，服务器作为后台负责数据操作和事务处理，客户作为前台完成与用户的交互任务。

【考点 28】集成架构演进

考点精华

集成架构的演进路线为：以应用功能为主线架构、以平台能力为主线架构和以互联网为主线架构。主线架构的选择取决于企业业务发展的程度，也就是企业数字化转型的成熟度。

1．以应用功能为主线架构。对于中小型或者处于信息化、数字化初期的工业企业而言，往往采用直接采购成熟应用软件的模式，也就是以应用功能为主线架构的模式。因为企业在该阶段重点关注的是职能的细化分工以及行业最佳实践导入。此时组织的信息化建设往往以部门或职能为单元，采用统一规划、分步实施的方式进行，核心关注点在信息系统的软件功能。

2．以平台能力为主线架构。随着工业企业的发展和数字化转型成熟度的提升，企业会从直接获取行业最佳实践，进入自主知识沉淀和自主创新的阶段。在这个阶段，企业开始构建以平台化为基础，支持应用功能快速定制的架构，也就是以平台能力为主线的系统集成架构。以平台能力为主线的架构将"竖井式"信息系统，转化为"平层化"建设方法，包括数据采集平层化、网络传输平层化、应用中间件平层化、应用开发平层化，并通过标准化接口实现信息系统的弹性和敏捷能力。

3．以互联网为主线架构。当企业发展到产业链或生态链阶段，成为多元的集团化企业，企业开始寻求向以互联网为主线的系统集成架构方向转移。以互联网为主线的系统集成架构，强调将信息系统功能最大限度地 App 化，也就是微服务化，通过 App 的编排与组合，生成可以适用各类成熟度的企业应用。

备考点拨

本考点学习难度星级：★☆☆（简单），考试频度星级：★★☆（中频）。

本考点考查集成架构的演进路线，从最开始的以应用功能为主线架构，演进到以平台能力为主线架构，最后演进到以互联网为主线架构。3 个架构演进路线的学习，重点是要掌握其架构演

进特点以及适用的企业阶段。最开始的阶段是以应用功能为主线架构，此时的企业，发展是第一位，什么快就用什么，所以这样的企业喜欢直接采购成套且成熟的应用软件。但是会给未来埋雷，企业发展到一定程度，就会发现之前采购的众多系统，形成了一口口难以协同的竖井、一座座孤岛，此时集成架构就需要过渡到以平台能力为主线架构的模式。段位更高的是以互联网为主线架构，当企业言必谈产业链或者生态链时，当企业已经成为复杂多元的集团化企业时，就可以考虑演进到互联网为主线的架构。

考题精练

1. 集成架构的演进路线中，不包括以（　　）为主线架构。
   A．应用功能　　　B．平台能力　　　C．面向服务　　　D．互联网

【解析】答案为 C。集成架构的演进路线为：以应用功能为主线架构、以平台能力为主线架构和互联网为主线架构。

【考点 29】TOGAF 架构开发方法

考点精华

TOGAF 是一种开放式企业架构框架标准，该框架通过 4 个目标帮助企业解决所有关键业务需求：

1. 确保从关键利益相关方到团队成员的所有用户都使用相同语言。
2. 避免被"锁定"到企业架构的专有解决方案。
3. 节省时间和金钱，更有效地利用资源。
4. 实现可观的投资回报（Return on Investment，ROI）。

TOGAF 9 版本包括 6 个组件：

1. 架构开发方法。TOGAF 架构开发方法 ADM 是 TOGAF 的核心，ADM 是开发企业架构的分步方法。
2. ADM 指南和技术。包含一系列可用于应用 ADM 的指南和技术。
3. 架构内容框架。描述了 TOGAF 内容框架，包括架构工件的结构化元模型、可重用架构构建块（Architecture Building Block，ABB）的使用以及典型架构可交付成果的概述。
4. 企业连续体和工具。用于对企业内部架构活动的输出进行分类和存储。
5. TOGAF 参考模型。提供了 TOGAF 技术参考模型和集成信息基础设施参考模型。
6. 架构能力框架。在企业内建立和运营架构实践所需的组织、流程、技能、角色和职责。

TOGAF 框架的核心思想是：

1. 模块化架构。TOGAF 标准采用模块化结构。
2. 内容框架。TOGAF 内容框架为架构产品提供了详细的模型。
3. 扩展指南。为大型组织的内部团队开发多层级集成架构提供支持。
4. 架构风格。TOGAF 标准在设计上注重灵活性，可用于不同的架构风格。
5. TOGAF 的关键是架构开发方法（Architecture Development Method，ADM），ADM 是可

靠、行之有效的方法，满足商务需求的组织架构。

架构开发方法（ADM）的生命周期划分为预备阶段、需求管理、架构愿景、业务架构、信息系统架构（应用和数据）、技术架构、机会和解决方案、迁移规划、实施治理、架构变更治理10 个阶段。ADM 被迭代式应用在架构开发的整个过程、阶段之间和阶段内部，在 ADM 的全生命周期中，每个阶段都会根据原始业务需求对设计结果进行确认，而且要考虑到架构资产重用，具体阶段的活动内容见表 4-1。

表 4-1　ADM 架构设计方法各阶段主要活动

ADM 阶段	ADM 阶段内的活动
预备阶段	定义组织机构、特定的架构框架、架构原则和工具
需求管理	按照优先级顺序完成需求的识别、保管和交付
阶段 A：架构愿景	定义利益相关者、确认上下文环境、创建工作说明书、取得批准
阶段 B：业务架构；阶段 C：信息系统架构（应用和数据）；阶段 D：技术架构	从业务、信息系统和技术三层面进行架构开发，每个层面分别完成：基线架构描述、目标架构描述、执行差距分析
阶段 E：机会和解决方案	初步实施规划、确认交付物形式、确定项目、项目分组并纳入过渡架构、决定途径和有限顺序
阶段 F：迁移规划	绩效分析和风险评估，制订详细的实施和迁移计划
阶段 G：实施治理	合同和监测实施项目
阶段 H：架构变更治理	持续监测和变更管理

ADM 有 3 个级别的迭代概念：

1. 基于 ADM 整体的迭代。用环形的方式应用 ADM，一个架构开发工作阶段完成后，直接进入随后的下一个阶段。

2. 多个开发阶段间的迭代。在完成技术架构阶段的工作后，又重新回到业务架构开发阶段。

3. 在一个阶段内部的迭代。TOGAF 支持一个阶段内部的多个开发活动，对复杂的架构内容进行迭代开发。

🔊备考点拨

本考点学习难度星级：★★★（困难），考试频度星级：★☆☆（低频）。

本考点考查 TOGAF 及其架构开发方法。对于过去没有 TOGAF 或企业架构相关经验的考生来说，理解起来并不容易，因为 TOGAF 本身就是资格证书考试，其中的内容博大精深，针对软考中级而言，可能单纯记下来或者有个眼熟可能是更好的应对。相比 TOGAF 而言，ADM 是TOGAF 规范中最为核心的内容，一共有 10 个阶段和 3 个级别的迭代，10 个阶段其实有其较为明显的逻辑规律。首先做架构之前，需要提前准备好，也就是预备阶段；准备好之后先要思考架构愿景，为后续的架构具体设计规划指明方向和原则，对应的是架构愿景阶段；企业架构通常包含 3 类且有先后的逻辑关系，先规划业务架构，因为信息系统架构和技术架构服务于业务架构，之后才是信息系统架构，最后是技术架构；3类架构设计完成后，步入机会及解决方案和迁移规划阶段，主要是根据架构设计做具体的方案和迁移规划；有了方案及规划之后，接下来就是具体的实施治理工作，在这个过程中有可能会发生变更，就需要对应做架构变更管理。

考题精练

1. 以下关于 TOGAF 架构的描述中，不正确的是（　　）。
   A. TOGAF 标准采用了模块化结构，为大型组织的内部团队开发多层级集成架构提供支持
   B. 架构开发方法（ADM）主要用于架构开发的整个过程和阶段之间，通常不用于阶段内部
   C. TOGAF 确保从关键利益相关方到团队成员的所有用户都使用相同语言
   D. TOGAF 标准在设计上注重灵活性，可用于不同的架构风格

【解析】答案为 B。ADM 被迭代式应用在架构开发的整个过程、阶段之间和阶段内部，在 ADM 的全生命周期中，每个阶段都会根据原始业务需求对设计结果进行确认，而且要考虑到架构资产重用。

【考点 30】价值驱动的体系结构

考点精华

价值模型核心特征简化为 3 种基本形式：价值期望值、反作用力和变革催化剂。反作用力和变革催化剂称为限制因素，这 3 个统称价值驱动因素。

1. 价值期望值。价值期望值表示对某一特定功能的需求，包括内容（功能）、满意度（质量）和不同级别质量实用性。
2. 反作用力。实现某种价值期望值的难度，通常期望越高难度越大，即反作用力越大。
3. 变革催化剂。环境中导致价值期望值发生变化的事件，或者导致不同结果的限制因素。

体系结构挑战是因为一个或多个限制因素，使得满足一个或多个期望值变得困难。识别体系结构挑战涉及的评估如下：

1. 哪些限制因素影响了期望值。
2. 这些限制因素满足期望值更容易还是更难，即是积极影响还是消极影响。
3. 各种影响的影响程度如何。

在制定系统的体系结构策略之前，需要进行如下 4 项工作：

1. 识别合适的价值背景并进行优先化。
2. 在背景中定义效用曲线和优先化期望值。
3. 识别和分析背景中的反作用力和变革催化剂。
4. 检测限制因素使其满足期望值变难的领域。

对重要性、程度、后果和隔离 4 个因素进行权衡，有助于优先化体系结构：

1. 重要性。受挑战影响的期望值优先级高低代表重要性。
2. 程度。限制因素对期望值产生的影响程度。

3. 后果。可供选择的方案数量，以及方案难度或有效性的差异大小。
4. 隔离。最现实方案的隔离情况。

价值模型和软件体系结构的联系有如下 9 点：

1. 软件密集型产品和系统的存在是为了提供价值。
2. 价值是个标量，融合了对边际效用的理解和诸多不同目标之间的相对重要性。
3. 价值存在于多个层面，某些层面包含了目标系统，并将其作为价值提供者。
4. 层次结构中高于上述层面的价值模型可以导致下层价值模型发生变化，这是制定系统演化原则的重要依据。
5. 每个价值群的价值模型都是同类，暴露于不同环境条件的价值背景具有不同的期望值。
6. 对于满足不同价值背景需要，系统的开发赞助商有不同的优先级。
7. 体系结构挑战是由环境因素在某一背景中对期望的影响引起的。
8. 体系结构方法试图通过首先克服最高优先级体系结构挑战来实现价值最大化。
9. 体系结构策略通过总结共同规则、政策和组织原则、操作、变化和演变从最高优先级体系结构方法综合得出。

备考点拨

本考点学习难度星级：★★★（困难），考试频度星级：★☆☆（低频）。

本考点考查价值驱动的体系结构。本考点涉及的条目比较多，比如价值驱动因素涉及价值期望值、反作用力和变革催化剂 3 项；识别体系结构挑战的评估涉及 3 项；制定系统体系结构策略开始前的工作涉及 4 项；优先化体系结构涉及的权衡因素为 4 项；价值模型和软件体系结构的联系涉及 9 项。这么多条目中，价值驱动因素和优先化体系结构涉及的权衡因素需要记住，其他的达到了解程度即可。

考题精练

1. 价值模型的驱动因素不包括（　　）。

　　A．价值期望值　　　B．作用力　　　C．反作用力　　　D．变革催化剂

【解析】答案为 B。价值模型核心特征简化为 3 种基本形式：价值期望值、反作用力和变革催化剂。反作用力和变革催化剂称为限制因素，这 3 个统称价值驱动因素。

【考点 31】4 类架构的设计原则

考点精华

数据架构的发展演进和基本原则

应用架构、数据架构、技术架构和网络架构是架构设计的不同方面，分别有其对应的差异化设计原则。

1. 应用架构的设计原则。应用架构是规划出目标应用分层分域架构，根据业务架构规划目标应用域、应用组和目标应用组件，形成目标应用架构逻辑视图和系统视图。应用架构规划设计的基本原则有：业务适配性原则、应用聚合化原则、功能专业化原则、风险最小化原则和资产复用化原则。

（1）业务适配性原则。应用架构的使命是服务并提升业务能力，支持组织业务或技术发展战略目标，同时应用架构需要具备一定的灵活性和可扩展性，以适应未来业务架构发展的变化。

（2）应用聚合化原则。通过整合部门级应用，解决应用系统多、功能分散、重叠、界限不清的问题，推动组织级应用系统建设。

（3）功能专业化原则。应用规划需要遵守业务功能聚合性，建设与应用组件对应的应用系统，满足不同业务条线需求，实现专业化发展。

（4）风险最小化原则。降低系统间耦合度，提高单应用系统的独立性，减少应用系统间的相互依赖，保持系统层级、系统群组之间的松耦合，规避单点风险，降低系统运行风险，保证应用系统安全稳定。

（5）资产复用化原则。推行架构资产的提炼和重用，满足快速开发和降低开发与维护成本的要求。通过资产复用，使架构具备足够的弹性，从而满足不同业务条线的差异化需求。

对应用架构进行分层的目的是要实现业务与技术分离，降低各层之间的耦合性，提高灵活性，有利于进行故障隔离，实现架构松耦合。应用分层可以体现以客户为中心的系统服务和交互模式，提供面向客户服务的应用架构视图。

对应用分组的目的是要体现业务功能的分类和聚合，把具有紧密关联的应用或功能内聚为一个组，实现系统内的高内聚，系统间的低耦合，进而减少重复建设。

2. 数据架构的设计原则。数据架构描述了逻辑数据资产、物理数据资产和数据管理资源结构。数据架构的设计原则有如下5点：

（1）数据分层原则。数据分层原则解决层次定位合理性问题。除了给每个层次进行定位，还需要对每个层次的建设目标、设计方法、模型、数据存储策略及对外服务原则进行约束性定义和控制。

（2）数据处理效率原则。所有的数据存储和处理都有代价，数据处理的代价是数据存储与数据变迁成本，所以数据处理效率原则并不是追求高效率，而是追求合理。影响数据处理效率的是大规模原始数据的存储与处理。

（3）数据一致性原则。大多数的数据不一致是因为数据架构不合理。在数据架构中减少数据重复加工和冗余存储，是保障数据一致性的关键。

（4）数据架构可扩展性原则。架构的可扩展性原则基于分层定位的合理性原则，同时也可以从数据存储模型和数据存储技术方面考虑，提升架构的可扩展性。

（5）服务于业务原则。数据架构、数据模型、数据存储策略等的最终目标都是服务业务。当需要满足业务特殊目标时，可以为了业务体验放弃之前的某些原则。

3. 技术架构的基本原则。技术架构的设计原则有如下5点：

（1）成熟度控制原则。在选择技术时，优先使用成熟度较高但还处在活跃期的信息技术。如果需要使用新技术，需要相关技术人员持续跟踪对应的新技术，跟踪新技术及其应用的成熟情况，以及新技术潜在的安全漏洞和结构性风险。

（2）技术一致性原则。尽量减少技术异构，尽量只用相同的技术版本，充分发挥技术及其组合的一致性。

（3）局部可替换原则。在迭代更新技术架构时，需要考虑现有技术的使用、重用或再创新情况，需要考虑技术能否长期使用，技术退役对信息系统造成的影响，哪些技术可以用于替代该技术。

（4）人才技能覆盖原则。关注组织可用人才对技术的驾驭能力，人才可以是组织的人才，也可以是相关合作伙伴的人才。

（5）创新驱动原则。充分挖掘技术的创新价值，重点是能够形成促进乃至引领作用的技术。

4. 网络架构的基本原则。网络架构的设计原则突出高可靠性、高安全性、高性能、可管理性、平台化和架构化5方面：

（1）高可靠性。网络作为底层资源调度和服务传输的枢纽和通道，对高可靠性要求显而易见。

（2）高安全性。网络需要对信息系统的安全性提供基础的安全防护。

（3）高性能。网络不仅是服务传递通道，更是资源调度枢纽，而网络性能和效率是提供优质服务质量的保证。

（4）可管理性。网络的可管理性不仅指网络自身管理，更指基于业务部署策略的网络快速调整和管控。

（5）平台化和架构化。作为底层基础资源的网络需要适应未来应用架构的变化，网络自身更加弹性，做到按需扩展，适应未来业务规模变化和发展。

备考点拨

本考点学习难度星级：★★★（困难），考试频度星级：★★☆（中频）。

本考点考查4类架构的设计原则，建议在理解中记忆，而想要理解4类架构的设计原则，前提是先理解这4类架构。应用架构距离用户最近，因为应用架构从功能视角出发描述，所以相对好理解些。应用架构之后是数据架构，数据架构关注3个要点：逻辑数据资产、物理数据资产和数据管理资源。数据架构在全生命周期中关心数据的特征、类型、数据量、数据处理、管控策略等维度的状态。技术架构是应用架构和数据架构的基础，从名字就可以看出，技术架构关注技术，关注技术体系、技术组合，以及配套的基础设施和环境。网络是信息技术架构的基础，所以对应的设计原则都是围绕推动基础架构提供高质量的服务展开的。

考题精练

1. 应用架构的设计原则不包括（　　）。

　　A．服务业务化原则　　　　　　　　B．功能专业化原则
　　C．风险最小化原则　　　　　　　　D．资产复用化原则

【解析】答案为A。应用架构规划设计的基本原则有：业务适配性原则、应用聚合化原则、功能专业化原则、风险最小化原则和资产复用化原则。

【考点32】4类局域网架构的特点

考点精华

1. 局域网的特点。局域网由计算机、交换机、路由器等设备组成，指计算机局部区域网络，是单一组织所拥有的专用计算机网络，特点包括：

局域网架构的单核心架构

（1）覆盖地理范围小，通常限定在相对独立的范围内，如一座建筑或集中建筑群内。

（2）数据传输速率高。

（3）低误码率，可靠性高。

（4）支持多种传输介质，支持实时应用。

局域网的网络拓扑结构包括：总线、环型、星型、树状类型。局域网的架构包括：单核心架构、双核心架构、环型架构、层次架构。局域网按传输介质分为 2 类，分别是有线局域网和无线局域网。

2. 单核心局域网的核心设备是一台核心二层或三层交换设备，通过接入交换设备将用户设备连接到网络中，如图 4-3 所示。

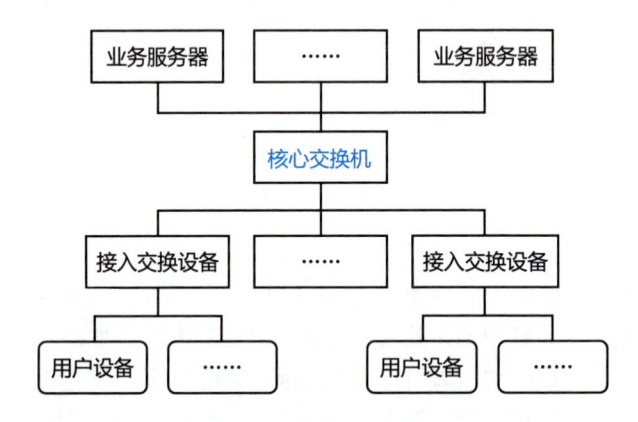

图 4-3 单核心局域网

单核心局域网的 3 个特点如下：

（1）核心交换设备采用二层、三层及以上交换机；如采用三层以上交换机可划分成 VLAN，VLAN 内采用二层数据链路转发，VLAN 之间采用三层路由转发。

（2）接入交换设备采用二层交换机，仅实现二层数据链路转发。

（3）核心交换设备和接入设备之间可采用 100M/GE/10GE 等以太网连接。

单核心局域网的优点是网络结构简单，节省设备投资。缺点是地理范围受限，使用局域网的分项组织需要分布紧凑；核心网交换设备存在单点故障，容易导致网络整体或局部失效，另外网络扩展能力有限。对于较小规模的网络，采用单核心局域网架构的用户设备可直接与核心交换设备互联，进一步减少投资成本。

3. 双核心局域网指核心交换设备采用三层及以上交换机，如图 4-4 所示。核心交换设备和接入设备之间采用 100M/GE/10GE 等以太网连接。网络内划分 VLAN 时，各 VLAN 之间访问需通过两台核心交换设备来完成。网络中仅核心交换设备具备路由功能，接入设备仅提供二层转发功能。

核心交换设备之间通过互联实现网关保护或负载均衡，网络拓扑结构可靠，在业务路由转发上可实现热切换。设备投资相比单核心局域网高，对核心交换设备的端口密度要求较高。

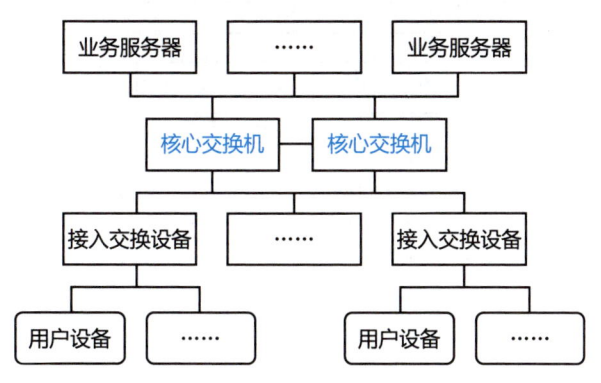

图 4-4　双核心局域网

4．环型局域网由多台核心交换设备连接成双 RPR 动态弹性分组环构建网络核心。核心交换设备采用三层或以上交换机提供业务转发功能，如图 4-5 所示。

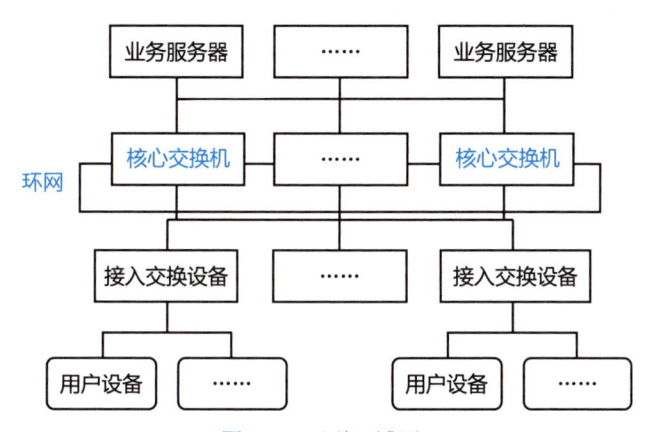

图 4-5　环型局域网

RPR 具备自愈保护功能，节省光纤资源，提供多等级且可靠的 QoS 服务、带宽公平机制和拥塞控制机制等。RPR 环双向可用，每根光纤可同时传输数据和控制信号。RPR 利用空间重用技术，使得环上的带宽得以有效利用。

RPR 组建的大规模局域网，多环之间只能通过业务接口互通，不能实现网络直接互通。环型局域网设备投资比单核心局域网的高。核心路由冗余设计实施难度较高，且容易形成环路。

5．层次局域网架构由核心层交换设备、汇聚层交换设备、接入层交换设备以及用户设备等组成，如图 4-6 所示。核心层设备提供高速数据转发功能；汇聚层设备的接口实现与接入层之间的互访控制，汇聚层提供不同接入设备的业务交换功能，能够减轻对核心交换设备的转发压力；接入层设备实现用户设备接入。

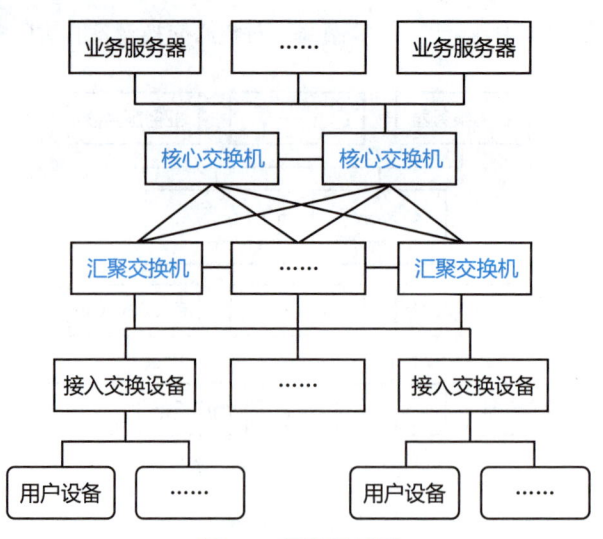

图 4-6 层次局域网

层次局域网网络拓扑易扩展，网络故障可分级排查、便于维护。层次局域网通过与广域网的边界路由设备接入广域网，实现局域网和广域网业务互访。

📢 备考点拨

本考点学习难度星级：★★★（困难），考试频度星级：★★★（高频）。

本考点考查局域网的特点以及 4 类局域网架构，局域网在日常工作中经常接触，最常见、最经典的局域网就是公司内网，局域网的 4 个特点可以完全结合公司内网来理解。最重要的是 4 类局域网架构：单核心架构、双核心架构、环型架构和层次架构。这 4 类架构的区别主要在中间层的核心交换机，单核心架构只有一台核心交换机，双核心架构多了一台核心交换机，其他的和单核心架构一模一样。环型架构的区别同样也在中间层的核心交换机，环型架构的核心交换机更多，多台核心交换机在环型架构中组成一个圆圈的环网，环型架构由此得名。层次架构的区别同样在中间层的交换机，中间层拆分成了核心交换机和汇聚交换机，其余接入层交换设备以及用户设备和其他架构没有区别。

🔗 考题精练

1. 以下关于局域网架构的描述中，错误的是（ ）。
   A．单核心局域网的接入交换设备采用二层交换机，仅实现二层数据链路转发
   B．层次局域网架构由核心层交换设备、汇聚层交换设备、接入层交换设备以及用户设备等组成
   C．环型局域网由多台核心交换设备连接成双 RPR 动态弹性分组环构建网络核心
   D．RPR 组建的大规模局域网，多环之间可以通过业务接口互通，也可以通过网络直接互通

【解析】答案为 D。RPR 组建的大规模局域网，多环之间只能通过业务接口互通，不能实现网络直接互通。

【考点 33】6 类广域网架构的特点

考点精华

广域网是分布比局域网络更广的网络，由通信子网与资源子网组成。通信子网将不同地区的局域网或计算机系统连接起来，实现资源子网的共享。广域网属于多级网络，通常由骨干网、分布网、接入网组成，如果网络规模较小，也可仅由骨干网和接入网组成。

1. 单核心广域网。单核心广域网由一台核心路由设备和各局域网组成，核心路由设备采用三层及以上交换机，网络内各局域网之间不设立其他路由设备，访问需要通过核心路由设备，各局域网至核心路由设备之间采用广播线路，如图 4-7 所示。

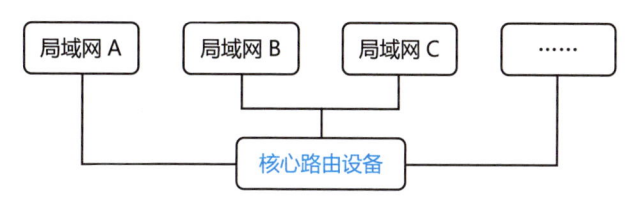

图 4-7 单核心广域网

单核心广域网网络结构简单，节省设备投资。各局域网访问核心局域网以及相互访问效率高。新局域网接入广域网较为方便，只要核心路由设备有端口即可。不过核心路由设备存在单点故障，容易导致整网失效。网络扩展能力欠佳，对核心路由设备端口密度要求较高。

2. 双核心广域网。双核心广域网由两台核心路由设备和各局域网组成，双核心广域网的核心路由设备采用三层及以上交换机，网络内各局域网之间不设立其他路由设备，访问需经过两台核心路由设备，如图 4-8 所示。

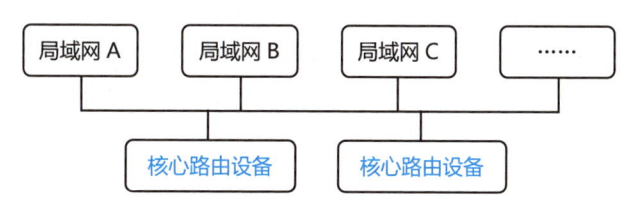

图 4-8 双核心广域网

两台核心路由设备实现网关保护或负载均衡，可靠性更高，路由层面可实现热切换，提供业务连续性访问能力。在核心路由设备接口有预留情况下，新的局域网可方便接入。不过设备投资较单核心广域网高，核心路由设备的路由冗余设计实施难度较高，容易形成路由环路，网络对核心路由设备端口密度要求较高。

3. 环型广域网。环型广域网采用三台以上核心路由器设备构成路由环路，连接各局域网，实现广域网业务互访，环型广域网的核心路由设备采用三层或以上交换机。网络内各局域网之间不设立其他路由设备，访问需经过核心路由设备，如图 4-9 所示。

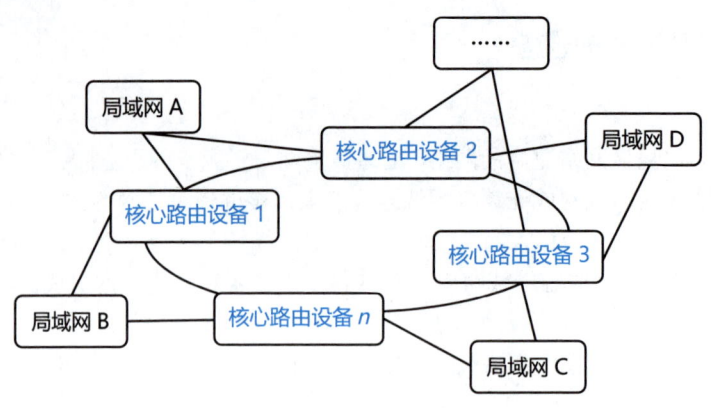

图 4-9 环型广域网

核心路由设备之间实现网关保护或负载均衡，同时具备环路控制功能，可靠性更高，路由层面可实现热切换。设备投资比双核心广域网高，核心路由设备的路由冗余设计实施难度较高，容易形成路由环路。环型拓扑结构需要占用较多端口，网络对核心路由设备端口密度要求较高。

4．半冗余广域网。半冗余广域网由多台核心路由设备连接各局域网，任意核心路由设备至少存在两条连接至其他路由设备的链路，如图 4-10 所示。如果任何两个核心路由设备之间均存在链接，则属于全冗余广域网，是半冗余广域网的特例。

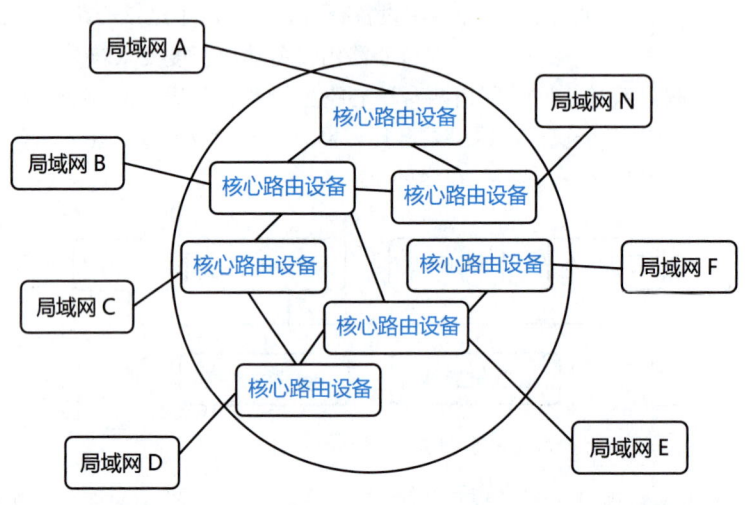

图 4-10 半冗余广域网

半冗余广域网结构灵活、扩展方便，部分网络核心路由设备实现网关保护或负载均衡，同时具备环路控制功能，可靠性更高。网络结构呈网状，各局域网访问核心局域网以及相互访问存在多条路径，可靠性高，路由选择灵活。不过网络结构零散，不便于管理和排障。

5．对等子域广域网。对等子域广域网通过将广域网的路由设备划分成两个独立子域，每个子域路由设备采用半冗余方式互连。两个子域之间通过一条或多条链路互连，对等子域中任何路由设备都可接入局域网络，如图 4-11 所示。

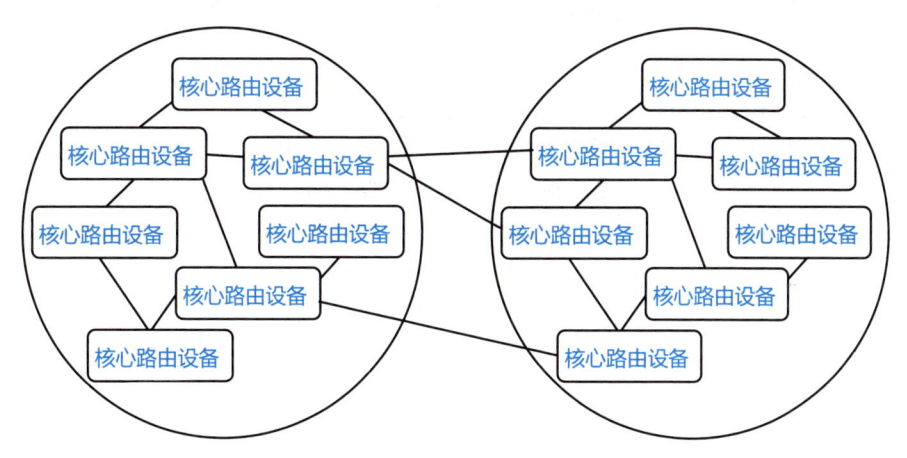

图 4-11 对等子域广域网

对等子域间的互访以对等子域间互连链路为主，路由控制灵活。不过域间路由冗余设计实施难度较高，容易形成路由环路，存在发布非法路由的风险。对域边界路由设备的路由性能要求较高，网络中路由协议以动态路由为主。对等子域适合于广域网可以明显划分为两个区域，且区域内部访问较为独立的场景。

6. 层次子域广域网。层次子域广域网将大型广域网路由设备划分成多个独立子域，每个子域内路由设备采用半冗余方式互连，多个子域之间存在层次关系，高层次子域连接多个低层次子域。层次子域中任何路由设备都可以接入局域网，如图 4-12 所示。

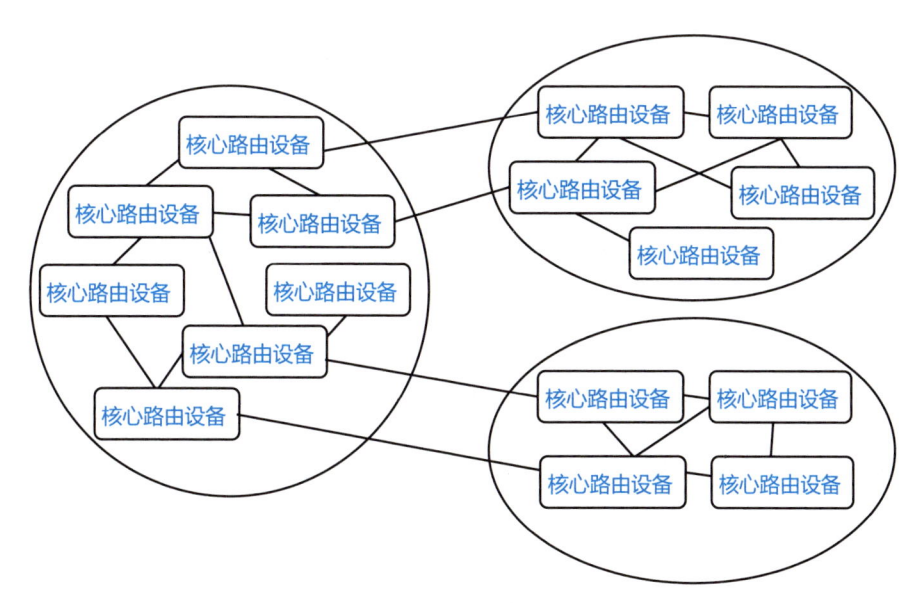

图 4-12 层次子域广域网

层次子域结构具有较好的扩展性，低层次子域之间互访需要通过高层次子域完成。域间路由冗余设计实施难度较高，容易形成路由环路，存在发布非法路由的风险。

🐂 备考点拨

本考点学习难度星级：★★★（困难），考试频度星级：★★★（高频）。

本考点考查广域网架构，广域网架构多达 6 种，从名字中的"广"字可以看出，广域网应用在更广阔的区域，属于多级网络，多级指的是广域网由骨干网、分布网和接入网组成，如果规模不大，也可以省掉分布网，直接用骨干网和接入网搭建广域网。单核心广域网只有一台核心路由设备，双核心广域网多了一台核心路由设备，共有两台。环型广域网的核心路由设备同样采用三层及以上交换机，围了一个圈。半冗余广域网最明显的特征是，任意核心路由设备至少存在两条连接至其他路由设备的链路。对等子域广域网有两个独立的子域，每个子域的核心路由设备都通过半冗余方式互连。层次子域广域网将一个大型的广域网路由设备，划分成了多个独立的子域。广域网的 6 种架构，学习起来一定要结合架构图来理解其特征，理解其优势和不足。

🔗 考题精练

1. 以下关于广域网架构的描述中，错误的是（　　）。

    A．广域网通常由骨干网、分布网和接入网组成，而且缺一不可

    B．单核心广域网网络内各局域网之间的访问需要通过核心路由设备

    C．对等子域广域网通过将广域网的路由设备划分成两个独立子域，每个子域路由设备采用半冗余方式互连

    D．半冗余广域网的网络结构零散，不便于管理和排障

【解析】答案为 A。广域网属于多级网络，通常由骨干网、分布网、接入网组成，如果网络规模较小，也可仅由骨干网和接入网组成。

【考点 34】移动通信网架构与 SDN

🌟 考点精华

5G 常用业务应用方式包括：5GS（5G System）与 DN 互联、5G 网络边缘计算。

5GS 需要 DN 网络、专用网络等互连来为移动终端用户（User Equipment，UE）提供所需业务。5GS 中的 UPF 网元是 DN 的接入点，5GS 和 DN 之间通过 N6 接口互连，如图 4-13 所示。

透明模式和非透明模式

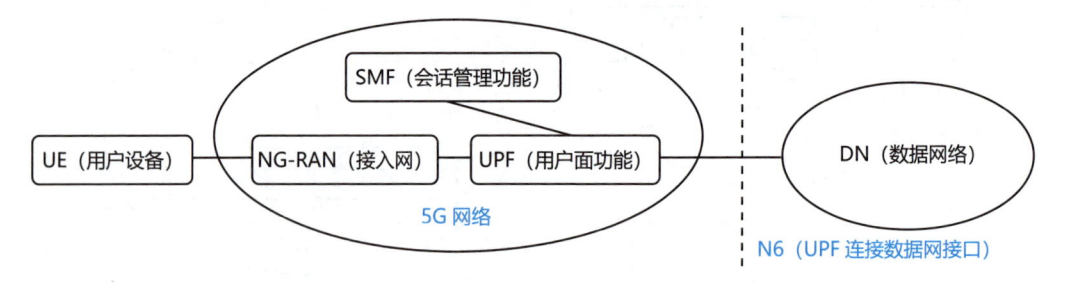

图 4-13　5G 网络与 DN 网络连接关系

5GS 接入 DN 的方式分为透明模式和非透明模式。

1. 透明模式。透明模式下，5GS 通过 N6 接口直接连到运营商的特定 IP 网络，然后通过防火墙或代理服务器连接到 DN。透明模式下，5GS 只需要提供基本的隧道 QoS 流服务，UE 访问 Intranet 网络时，UE 级别的配置仅在 UE 和 Intranet 网络之间独立完成，对 5GS 是透明的。

2. 非透明模式。非透明模式下，5GS 可直接接入 Intranet/ISP 或通过其他 IP 网络接入 Intranet/ISP。

软件定义网络（Software Defined Network，SDN）是网络虚拟化的实现方式，通过软件编程的形式定义和控制网络，将网络设备的控制面与数据面分开，实现了网络流量的灵活控制，使网络变得更加智能。

SDN 的整体架构由下到上分为数据平面、控制平面和应用平面，如图 4-14 所示。数据平面由交换机等网络通用硬件组成，网络设备之间通过 SDN 数据通路连接；控制平面包含 SDN 控制器，SDN 控制器掌握全局网络信息，负责各种转发规则的控制；应用平面包含各种基于 SDN 的网络应用，用户无须关心底层细节就可以编程和部署应用。控制平面与数据平面之间通过 SDN 控制数据平面接口（Control Data Plane Interface，CDPI）进行通信，最主要应用的是 OpenFlow 协议。控制平面与应用平面之间通过 SDN 北向接口（Northbound Interface，NBI）进行通信，NBI 允许用户根据自身需求定制开发各种网络管理应用。

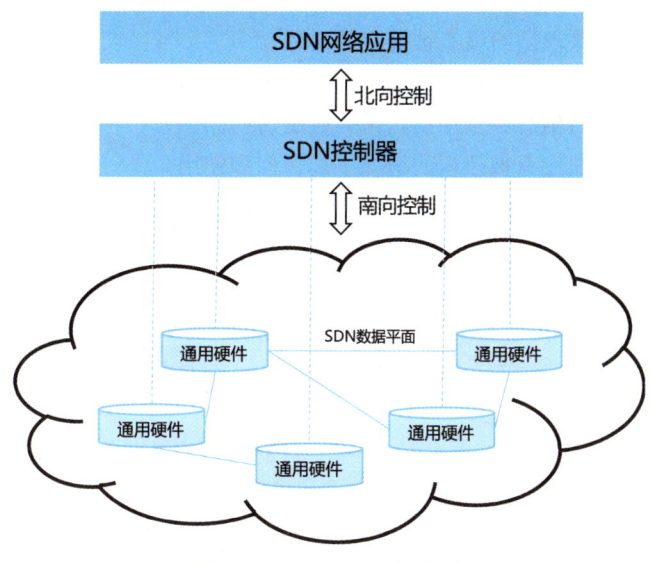

图 4-14　SDN 体系架构图

备考点拨

本考点学习难度星级：★★★（困难），考试频度星级：★★☆（中频）。

本考点考查 5G 移动通信网架构，这部分的名词术语缩写比较多，学习时需要留意。可以把

5GS 和 DN 之间的关系看作路由关系，双向的互联存在上行业务流和下行业务流。可以结合关系图理解，从用户设备（UE）流向数据网络（DN）的业务流，称为上行业务流，把从数据网络流向用户设备的业务流，称为下行业务流，这是需要理解和掌握的上下行业务流的方向。理解软件定义网络（SDN）的关键是，理解 SDN 是通过软件编程的形式定义和控制网络的，具体的控制过程通过自下而上的数据平面、控制平面和应用平面来实现，这个考点更加需要理解三者之间的关系。

考题精练

1. 5GS 中 DN 的接入点是（　　）。
   A．UPF　　　　　B．SMF　　　　　C．UE　　　　　D．NG-RAN

【解析】答案为 A。5GS 中的 UPF 网元是 DN 的接入点。

【考点 35】安全威胁和三道防线

考点精华

1. 信息系统安全威胁分类。信息系统可能遭受到的威胁有人为蓄意破坏、灾害性攻击、系统故障、人员无意识行为 4 类。具体的安全威胁有：信息泄露、破坏信息的完整性、拒绝服务、非法访问、窃听、业务流分析、假冒、旁路控制、授权侵犯、特洛伊木马、陷阱门、抵赖、重放、计算机病毒、人员渎职、媒体废弃、物理侵入、窃取、业务欺骗等。

（1）信息泄露。信息被泄露给没有被授权的实体。

（2）破坏信息的完整性。数据在没有授权的情况下，被增删、修改和破坏。

（3）拒绝服务。阻止对信息和资源的正常、合法访问。

（4）非法访问。资源在没有被授权的情况下被访问和使用。

（5）窃听。使用各种合法或非法手段，窃取系统中的敏感信息资源。

（6）业务流分析。利用统计分析法对系统的通信频度、信息流向、通信总量的变化态势进行研究分析，进而从中发现有价值的信息。

（7）假冒。通过欺骗的方式，非法用户冒充合法用户，小特权用户冒充大特权用户。

（8）旁路控制。利用系统的安全缺陷或安全脆弱处，获得非授权的权利或特权，进而从旁路绕过防线入侵系统内部。

（9）授权侵犯。也称内部攻击，被授权以某个目的使用某资源的实体，却将此授权用于其他非授权的目的。

（10）特洛伊木马。软件中含有难以察觉的程序段，一旦被执行就会破坏用户安全。

（11）陷阱门。在系统中设置机关，当输入特定的信息数据时，就会触发违反安全策略。

（12）抵赖。来自用户的攻击，否认自己曾发布过某条消息或伪造对方来信。

（13）重放。对合法的通信数据进行截获和备份，然后出于非法的目的重新发送。

（14）计算机病毒。一种在计算机系统运行过程中能够实现传染和侵害的程序。

（15）人员渎职。授权人为了钱或利益或由于粗心，将信息泄露给非授权实体。

（16）媒体废弃。从废弃磁盘或打印过的存储介质中获得敏感信息。

（17）物理侵入。绕过物理控制而获得对系统的非法访问。

（18）窃取。重要的安全物品比如令牌或身份卡被盗取。

（19）业务欺骗。通过伪造的系统或系统部件欺骗合法用户，或者欺骗系统导致自愿放弃敏感信息。

2. 三道安全防线。信息系统安全的三道防线分别是：系统安全架构、安全技术体系架构和审计架构。

（1）系统安全架构。系统安全架构的目标为在不依赖外部防御系统的情况下，从源头打造自身安全能力。

（2）安全技术体系架构。安全技术体系架构指构建安全技术体系的组成部分及彼此间关系。安全技术体系架构通过构建通用的安全技术基础设施，系统性增强各部分的安全防御能力。安全技术基础设施包括安全基础设施、安全工具和技术、安全组件与支持系统。

（3）审计架构。审计架构指独立审计部门所能提供的风险发现能力，审计范围包括安全风险在内的所有风险。

🔵 备考点拨

本考点学习难度星级：★☆☆（简单），考试频度星级：★☆☆（低频）。

本考点考查信息系统的安全威胁和三道安全防线。常见的安全威胁有19项之多，说明咱们生活在一个充满着威胁风险的世界中，针对考试，这19项威胁不用刻意去背，知道其含义即可。了解了安全威胁，接下来需要考虑如何应对安全威胁，对安全威胁的应对最好是升维规划、降维打击，升到架构层面，安全架构是架构在信息系统安全方向上的细分，主要有系统安全架构、安全技术体系架构和审计架构三道防线，重要的是要记住三道防线的名字。

🔵 考题精练

1. 利用统计分析法对系统的通信频度、信息流向、通信总量的变化态势进行研究分析，进而从中发现有价值的信息，是安全威胁中的（　　）。

  A．非法访问 B．窃听 C．业务流分析 D．假冒

【解析】答案为C。业务流分析是利用统计分析法对系统的通信频度、信息流向、通信总量的变化态势进行研究分析，进而从中发现有价值的信息。

【考点36】WPDRRC模型

🔵 考点精华

WPDRRC模型有三大要素和六大环节。三大要素包括人员、策略和技术。人员是核心，策略是桥梁，技术是保证。六大环节包括预警（W）、保护（P）、检测（D）、响应（R）、恢复（R）和反击（C）：

1. 预警（W）。预警是指利用远程安全评估系统提供的模拟攻击技术，检查系统的薄弱环节，收集和测试安全风险所在，并以直观的报告方式提供解决方案建议。

2. 防护（P）。防护通过采用成熟的信息安全技术方法，实现网络与信息安全。防护的内容有加密机制、数字签名机制、访问控制机制、认证机制、信息隐藏和防火墙技术。

3. 检测（D）。检测是指通过检测和监控网络及系统，发现新的威胁和弱点，强制执行安全策略。检测可以采用入侵检测、恶意代码过滤等技术。主要内容包括入侵检测、系统脆弱性检测、数据完整性检测和攻击性检测。

4. 响应（R）。响应是指在检测到安全漏洞和安全事件后做出正确响应，把系统调整到安全状态。为此需要相应的报警、跟踪和处理系统，响应的内容包括应急策略、应急机制、应急手段、入侵过程分析和安全状态评估等。

5. 恢复（R）。恢复是指当网络、数据、服务受到攻击和遭受破坏后，通过必要技术手段，在尽可能短的时间内恢复正常。恢复的内容包括容错、冗余、备份、替换、修复和恢复等。

6. 反击（C）。反击是指采用高新技术手段，侦察并提取作案线索与犯罪证据，形成取证能力和依法打击手段。

📣 备考点拨

本考点学习难度星级：★☆☆（简单），考试频度星级：★★☆（中频）。

本考点考查WPDRRC模型，WPDRRC是模型六大环节的缩写，分别是预警（W）、保护（P）、检测（D）、响应（R）、恢复（R）和反击（C），基本上了解了这六个环节，也就了解了WPDRRC模型。WPDRRC模型的三大要素是人员、策略和技术。人员是核心，策略是桥梁，技术是保证。安全是智力密集型工作，所以人才一定是核心，以策略作为桥梁，通向安全架构设计之路，当然一切都需要有可靠的技术作为保证。

🔗 考题精练

1.（　　）不属于WPDRRC模型的六大环节。
    A. 预警   B. 检测   C. 应对   D. 反击

【解析】答案为C。WPDRRC是模型六大环节的缩写，分别是预警（W）、保护（P）、检测（D）、响应（R）、恢复（R）和反击（C）。

【考点37】安全架构设计

🔹 考点精华

信息系统安全架构设计关注两方面：系统安全保障体系和信息安全体系架构。

1. 系统安全保障体系。安全保障体系由安全服务、协议层次和系统单元3个层面组成。系统安全保障体系设计考虑3点：①确定安全区域策略；②统一配置和管理防病毒系统；③网络与信息安全管理。

2. 信息安全体系架构。可以从物理安全、系统安全、网络安全、应用安全和安全管理5个方面开展分析设计工作。

（1）物理安全包括环境安全、设备安全、媒体安全等。

(2) 系统安全包括网络结构安全、操作系统安全和应用系统安全等。系统安全的设计要点如下：

- 网络结构安全关注：拓扑结构是否合理，线路是否冗余，路由是否冗余并防止单点失败。
- 操作系统安全关注：①操作系统安全防范可以采取的措施；②通过配备操作系统安全扫描系统对操作系统进行安全性扫描。
- 应用系统安全关注：应用服务器，尽量不要开放不常使用的协议及端口。

(3) 网络安全包括访问控制、通信保密、入侵检测、网络安全扫描和防病毒等。网络安全设计要点如下：

- 隔离与访问控制要有严格的管制制度。
- 配备防火墙实现最基本、最经济、最有效的网络安全措施。
- 入侵检测根据攻击手段的信息代码对进出网段的操作行为进行监控记录，按制定的策略实施响应。
- 病毒防护是网络安全的必要手段，反病毒技术包括预防病毒、检测病毒和杀毒。

(4) 应用安全包括资源共享和信息存储。应用安全设计要点如下：

- 严格控制内部员工对网络共享资源的使用，内部子网不要轻易开放共享目录。
- 信息存储指对于涉及秘密信息的主机，使用者应做到尽量少开放不常用的网络服务。

(5) 安全管理体现在3方面：制定健全的安全管理体制，构建安全管理平台，增强人员的安全防范意识。安全管理设计要点如下：

- 制定健全安全管理体制将是网络安全得以实现的重要保证。
- 构建安全管理平台将会降低许多因为无意的人为因素而造成的风险。
- 应该经常对单位员工进行网络安全防范意识的培训，全面提高员工的整体安全方法意识。

备考点拨

本考点学习难度星级：★★☆（适中），考试频度星级：★☆☆（低频）。

本考点考查安全架构设计，信息系统安全设计重点考虑两个方面：一是系统安全保障体系；二是信息安全体系架构。安全保障体系由安全服务、协议层次和系统单元3个层面组成，这是一个细节考点，简单了解就好。信息安全体系架构包含5个方面的分析设计工作，分别是物理安全、系统安全、网络安全、应用安全和安全管理，需要记住。

考题精练

1. 在网络拓扑结构设计中，使用（　　）可以提高链路传输的可靠性。

   A．总线结构　　　　　　　　B．树型结构
   C．冗余结构　　　　　　　　D．星型结构

   【解析】答案为C。网络拓扑结构设计对于大中型网络考虑链路传输的可靠性，可采用冗余结构。

【考点 38】OSI 安全架构

考点精华

OSI 的 7 层协议中，最适合配置安全服务的是物理层、网络层、传输层及应用层；会话层不能提供安全服务。

OSI 的 5 类安全服务是鉴别、访问控制、数据机密性、数据完整性和抗抵赖性。OSI 分层多点安全技术体系架构，也称深度防御安全技术体系架构，通过 3 种方式进行防御能力的分布：

1．多点技术防御。多点技术防御通过对网络和基础设施、边界、计算环境的防御达到抵御攻击的目的。

2．分层技术防御。在对手和目标间使用多个防御机制，每种防御机制代表一种唯一的障碍，并同时包括保护和检测方法。比如，在内外部边界同时使用嵌套防火墙并配合入侵检测就是分层技术防御的实例。

3．支撑性基础设施。网络、边界和计算环境中信息保障机制运行的支撑性基础设施，包括公钥基础设施、检测和响应基础设施。

（1）公钥基础设施的作用是安全创建、分发和管理公钥证书和传统的对称密钥，为网络、边界和计算环境提供安全服务。

（2）检测和响应基础设施能迅速检测并响应入侵行为。

备考点拨

本考点学习难度星级：★★☆（适中），考试频度星级：★☆☆（低频）。

本考点考查 OSI 安全框架。随着互联网的发展，网络安全越来越受到重视，提到网络，自然会想到 OSI 的 7 层协议，这 7 层分别是物理层、数据链路层、网络层、传输层、会话层、表示层、应用层。OSI 安全架构也是从这 7 层协议着手，在这 7 层中，第 5 层会话层无法提供安全服务，物理层、网络层、传输层和应用层最适合配置安全服务。哪一层适合配置安全服务，哪一层不适合配置安全服务，是个需要掌握的考点。还需掌握 OSI 的 5 类安全服务，分别是鉴别、访问控制、数据机密性、数据完整性和抗抵赖性，这 5 类安全服务从名字可以看出来大概的作用。OSI 的 3 种防御方式也需要掌握。

考题精练

1．OSI 的 7 层协议中，（　　）无法提供安全服务。

　　A．物理层　　　　　　　　　　B．会话层
　　C．表示层　　　　　　　　　　D．应用层

【解析】答案为 B。OSI 的 7 层协议中，最适合配置安全服务的是物理层、网络层、传输层及应用层，会话层不能提供安全服务。

【考点 39】5 类网络安全框架

◉ 考点精华

典型的 5 类网络安全框架包括认证框架、访问控制框架、机密性框架、完整性框架和抗抵赖性框架。

1. 认证框架。鉴别用来防止其他实体占用和独立操作被鉴别实体的身份。鉴别有两个关系背景：①实体由申请者代表，申请者与验证者之间存在特定的通信关系；②实体为验证者提供数据项来源。鉴别服务分为 9 个阶段：安装阶段、修改鉴别信息阶段、分发阶段、获取阶段、传送阶段、验证阶段、停活阶段、重新激活阶段、取消安装阶段。

2. 访问控制框架。访问控制决定是否允许访问资源，是否需要控制或阻止未授权的访问。

ACI 是访问控制信息，是用于访问控制目的的任何信息，也包括上下文信息；ADI 是访问控制判决信息，是在做出访问控制判决时可供 ADF 使用的 ACI；ADF 是访问控制判决功能，ADF 通过对访问请求、ADI 以及上下文信息使用访问控制策略规则，做出访问控制的判决；AEF 是访问控制实施功能，确保只有允许的访问才由发起者执行。

3. 机密性框架。机密性服务的目的是确保信息仅对被授权者可用，可以通过如下两种方式提供机密性：①通过禁止访问提供机密性；②通过加密提供机密性。

4. 完整性框架。完整性是指数据不以未授权的方式改变或损毁，完整性框架通过探测和阻止威胁，保护数据及相关属性的完整性。

数据保护的能力与使用的媒体有关，分为两种情况：①阻止对媒体访问的机制，包括物理隔离不受干扰的信道、路由控制、访问控制；②探测对数据或数据项序列非授权修改的机制。

5. 抗抵赖性框架。抗抵赖服务包括证据生成、验证和记录，以及解决纠纷时的证据恢复和再次验证。抗抵赖由 4 个独立的阶段组成，分别为：证据生成，证据传输、存储及恢复，证据验证和解决纠纷。

（1）证据生成阶段。请求者申请证据生成者为事件或行为生成证据。

（2）证据传输、存储及恢复阶段。证据在实体间传输、从存储器取出、存到存储器。

（3）证据验证阶段。证据在证据使用者的请求下被证据验证者验证。

（4）解决纠纷阶段。在解决纠纷阶段仲裁者解决双方纠纷。

◉ 备考点拨

本考点学习难度星级：★★★（困难），考试频度星级：★★☆（中频）。

本考点考查 5 类网络安全框架，包括认证框架、访问控制框架、机密性框架、完整性框架和抗抵赖性框架。认证框架用于鉴别，鉴别有两个重要的关系背景，第一个是实体由申请者代表，第二个是实体为验证者提供数据项来源；访问控制框架，就像名字一样，是能够决定系统环境使用哪些资源，在什么地方适合阻止未授权访问，允许访问还是拒绝访问。访问控制框架的缩写词需要知道，比如 ACI 是访问控制信息，ADI 是访问控制判决信息，ADF 是访问控制判决功能，AEF 是访问控制实施功能；机密性服务的目的是确保信息仅对被授权者开放，保持机密；完整性框架中的"完整性"是指如果没有经过授权，那么数据就不能被改变或损毁，保持完整的意思；最后一个是抗抵赖性框架，生活中如果事后有人想赖账，你的第一反应是什么？肯定是要收集对方赖账的证据，然后找人评理。抗抵赖性框架也起到这个作用，和生活中的抗抵赖结合起来就特别容易理解。

考题精练

1. 关于信息安全管理中访问控制的描述，不正确的是（ ）。
   A．访问控制规则应考虑到信息分发和授权的策略
   B．访问控制应防止对操作系统的未授权访问
   C．访问控制确保授权用户对应用系统的访问
   D．访问控制应保护信息的保密性、真实性或完整性

【解析】答案为 D。保护信息的保密性、真实性或完整性，是通过密码加密手段，而非通过访问控制。

【考点40】数据库完整性设计

考点精华

数据库系统的安全，首先要重点关注完整性设计，数据库的完整性设计，首先要重点关注数据库完整性设计原则，数据库完整性设计有如下 7 条原则：

1. 根据完整性约束类型确定实现的系统层次和方式，提前考虑对系统性能的影响。
2. 作为最重要的完整性约束，尽量应用实体完整性约束和引用完整性约束。
3. 考虑到性能开销和难以控制，慎用主流 DBMS 都支持的触发器功能。
4. 需求分析阶段制定完整性约束的命名规范。
5. 根据业务规则对数据库完整性进行测试，尽早排除完整性约束冲突和性能影响。
6. 组建专职数据库设计小组，负责数据库分析、设计、测试、实施及早期维护。
7. 采用合适的 CASE 工具降低数据库设计阶段工作量。

数据库完整性对于数据库应用系统的重要作用有如下 5 点：

1. 数据库完整性约束能够防止合法用户向数据库中添加不合语义的数据内容。
2. 利用基于 DBMS 的完整性控制机制实现业务规则，易于定义、容易理解，可以降低程序复杂性，提高应用程序运行效率。
3. 能够同时兼顾数据库的完整性和系统效能。
4. 数据库完整性有助于功能测试中尽早发现应用软件错误。
5. 数据库完整性约束分为 6 类：列级静态约束、元组级静态约束、关系级静态约束、列级动态约束、元组级动态约束和关系级动态约束。

备考点拨

本考点学习难度星级：★★★（困难），考试频度星级：★☆☆（低频）。

本考点考查数据库完整性设计，数据库完整性由完整性约束保证，在实施数据库完整性设计

时，需要把握 7 个基本原则及其 5 点作用。如果曾经做过数据库相关的开发工作，理解起来会容易很多，但是如果缺乏这部分经验，那么可以通过关键词记忆的方式去学习，一字不差地记住意义不大，对这些原则和作用有所了解，在考试时能够选出正确答案即可。

考题精练

1. 以下关于数据库完整性设计的叙述中，不正确的是（ ）。
   A. 采用合适的 CASE 工具降低数据库设计阶段工作量
   B. 数据库完整性约束能够防止合法用户向数据库中添加不合语义的数据内容
   C. 考虑到性能开销和难以控制，慎用主流 DBMS 都支持的引用完整性约束
   D. 数据库完整性能够同时兼顾数据库的完整性和系统效能

【解析】答案为 C。考虑到性能开销和难以控制，慎用主流 DBMS 都支持的触发器功能。

【考点 41】云原生架构作用和原则

考点精华

云原生架构定义

云原生代码包括三部分：业务代码、三方软件、处理非功能特性的代码，其中业务代码是核心，直接带来业务价值，是实现业务逻辑的代码；三方软件是业务代码依赖的业务库、基础库等三方库；处理非功能特性的代码指实现高可用、安全、可观测等非功能能力的代码。云原生架构带来的作用如下：

1. 代码结构发生巨大变化。云原生架构的最大影响是开发人员的编程模型发生了巨大变化。云把三方软硬件能力升级成服务，所以开发人员的开发复杂度和运维人员的运维工作量都得到了极大降低。

2. 非功能性特性大量委托。任何应用都将提供两类特性，分别是功能性特性和非功能性特性。功能性特性真正为业务带来价值，非功能性特性虽然不能直接带来业务价值，但是必不可少。大量的非功能性特性，特别是分布式环境下复杂的非功能性问题，目前已经被云计算解决了。

3. 高度自动化的软件交付。基于云原生的自动化软件交付相比当前的人工软件交付有着巨大进步。

云原生架构的基本原则通常有 7 个：服务化原则、弹性原则、可观测原则、韧性原则、所有过程自动化原则、零信任原则和架构持续演进原则。

1. 服务化原则。一旦代码规模的持续增长，超出了小团队的承载能力时，就需要进行服务化拆分，可以拆分为微服务架构或者小服务架构。进行服务化拆分的好处在于，把不同生命周期的模块分离出来，就可以分别进行独立的迭代，避免快速模块被慢速模块拖后腿，加快整体进度和提升系统稳定性。

2. 弹性原则。弹性原则是指系统部署规模可以跟随业务量变化而自动伸缩，不用提前准备固定的硬件及软件资源。

3. 可观测原则。可观测是指在云分布式系统中，通过日志、链路跟踪和度量手段，可以观测到一次点击背后的多次服务调用信息，比如耗时、返回值和参数信息，甚至可以下钻到三方调

77

用等信息。可观测原则有助于运维、开发和业务人员实时掌握运行状况。

4. 韧性原则。韧性代表当软硬件组件出现异常时，软件表现出来的抵御能力。韧性原则有助于提升软件的持续服务能力。

5. 所有过程自动化原则。自动化交付工具的实践，可以促进组织软件交付过程的标准化，进而在标准化基础上实现自动化，借助于配置数据自描述和面向终态交付，让自动化工具理解交付目标和环境差异，实现软件交付运维自动化。

6. 零信任原则。零信任的核心思想是默认情况下不能信任网络内部和外部的任何人/设备/系统，而是要基于认证和授权机制，重构访问控制的信任。零信任的核心问题是身份，赋予不同实体不同身份，引导安全体系架构从网络中心化走向身份中心化。

7. 架构持续演进原则。云原生架构是持续演进的架构，不是一个封闭的架构。

备考点拨

本考点学习难度星级：★★☆（适中），考试频度星级：★★☆（中频）。

本考点考查云原生架构，"原生"在这里的含义，和原生家庭的"原生"意思类似，也就是天生就是云架构，不存在转型到云的说法。提到云原生，不得不提现在如火如荼的数字化转型，提到数字化转型，又不得不提企业决定做数字化转型的最大痛点：信息化时代的烟囱现象。烟囱现象源于各个部门独立建设自己的信息化系统，而且单独申请基础设施资源，无法实现企业间跨部门的共享，久而久之，造成资源的极大浪费、重复建设而且数据无法打通和共享。所以数字化转型的一个方面就是上云。云原生代码的 3 个组成部分、3 个作用和 7 个原则需要掌握，通过理解的方式来记忆。

考题精练

1. （　　）不属于云原生架构的基本原则。
   A．服务化原则　　　　　　　B．弹性原则
   C．信任原则　　　　　　　　D．韧性原则

【解析】答案为 C。云原生架构的基本原则通常有 7 个：服务化原则、弹性原则、可观测原则、韧性原则、所有过程自动化原则、零信任原则和架构持续演进原则。

【考点 42】云原生的 7 种架构模式

考点精华

云原生架构的架构模式主要有服务化架构、Mesh 化架构、Serverless、存储计算分离、分布式事务、可观测、事件驱动 7 种。

1. 服务化架构模式。服务化架构的典型模式有微服务模式和小服务模式，服务化架构是构建云原生应用的标准架构，以应用模块为颗粒度划分软件，以接口契约定义业务关系，以标准协议确保互联互通，结合领域模型驱动（Domain Driven Design，DDD）、测试驱动开发（Test Driven Development，TDD）、容器化部署，提升接口代码质量和迭代速度。服务化架构把代码模

云原生架构的 7 种架构模式

块关系、部署关系进行分离，每个接口可以部署不同数量的实例，单独扩缩容，整体部署更经济。

2．Mesh 化架构模式。Mesh 化架构是把中间件框架从业务进程中分离，把中间件软件开发工具包（Software Development Kit，SDK）从业务代码中解耦，由此中间件的升级就不再影响业务进程、对业务透明。分离后在业务进程中保留很薄的客户端，薄客户端负责与 Mesh 进程通信，通常很少变化。流量控制、安全等逻辑，从 SDK 中转移到 Mesh 进程中实现。

3．Serverless 模式。Serverless 是无服务器模式，将部署动作从运维中拿掉，开发者不用再关心运行地点、操作系统、网络、CPU 性能等问题。Serverless 模式适合事件驱动的数据计算、计算时间短的请求/响应、没有复杂调用的长周期任务；Serverless 模式不适合有状态的云调度任务，不适合长时间后台运行的密集型计算任务，不适合频繁的外部 I/O 调度任务。

4．存储计算分离模式。在云环境中，可以把各类暂态数据、结构化和非结构化持久数据采用云服务保存，从而实现存储计算分离。针对远端存储状态导致交易性能下降的问题，可以采用时间日志＋快照（或检查点）的方式。

5．分布式事务模式。微服务模式提倡每个服务使用私有数据源，而不是共享数据源，由此造成大颗粒度业务同时访问多个微服务时的分布式事务问题，进而导致数据出现不一致，所以需要根据不同场景选择合适的分布式事务模式。

6．可观测架构。可观测架构包括 Logging、Tracing、Metrics 三方面。Logging 信息由开发者提供，包含多个级别的详细跟踪信息；Tracing 更加适用于分布式场景，包含从前端到后端的完整调用链路跟踪信息；Metrics 提供对系统量化的多维度度量。

7．事件驱动架构。事件驱动架构本质上是应用/组件间的集成架构模式。事件驱动架构不仅用于（微）服务解耦，还可应用于如下场景：①增强服务韧性；②CQRS 命令查询的责任分离；③数据变化通知；④构建开放式接口；⑤事件流处理；⑥基于事件触发的响应。

备考点拨

本考点学习难度星级：★★★（困难），考试频度星级：★★☆（中频）。

本考点考查云原生架构的 7 种架构模式，这 7 种架构在考纲中只是蜻蜓点水，想要彻底理解这 7 种架构模式有些困难，所以学习范围和深度依然回归通过考试的目标，每个架构只需要大概明白意思即可。

考题精练

1．（　　）架构中组件不直接调用，而是由其他组件触发调用。

A．面向对象　　　　　　　　　　B．分层
C．事件驱动　　　　　　　　　　D．客户机/服务器

【解析】答案为 C。事件驱动架构的基本原理是组件并不直接调用操作，而是触发一个或多个事件。

第 5 章
信息系统治理考点精讲及考题实练

5.1 章节考情速览

提到"治理"这个词,往往给人留下的印象是高端或者务虚等,治理往往是高层领导最关注的内容,更多会是在原则、方针或者大方向上的努力,所以信息系统治理内容偏管理,而且是高级管理,学习起来略感枯燥乏味,不过信息系统治理没有多少"技术"含量,对于无技术基础的考生相对友好,治理方法论重点围绕 IT 治理体系框架展开,所以本章的备考技巧在于框架图,在备考过程中,头脑中一定要牢记 IT 治理体系框架图,在备考过程中始终把握主线,有助于考点记忆。提到考点记忆,虽然治理的话题并不日常,但是依然可以在日常工作中找到体现点,所以另外一个本章的备考策略是结合日常工作来尽量理解,在理解中记忆。

信息系统治理按照往年的考试经验看,一般会考查 4 分左右,而且主要在基础知识科目进行考查,虽然考纲中也把本章纳入应用技术科目的考查范围,但是大概率还是以基础知识科目考查为主,可能在应用技术题的某个局部出一道题。

5.2 考点星级分布图

本章涉及的主要考点分布及难度与频度双星级如图 5-1 所示。

信息系统治理考点

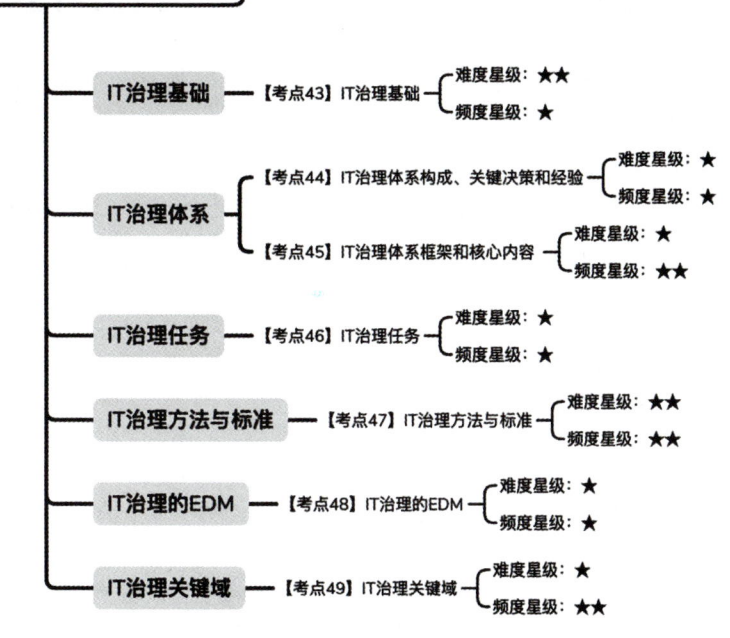

```
信息系统治理考点
├── IT治理基础 ──【考点43】IT治理基础  难度星级：★★  频度星级：★
├── IT治理体系 ──【考点44】IT治理体系构成、关键决策和经验  难度星级：★  频度星级：★
│              └【考点45】IT治理体系框架和核心内容  难度星级：★  频度星级：★★
├── IT治理任务 ──【考点46】IT治理任务  难度星级：★  频度星级：★
├── IT治理方法与标准 ──【考点47】IT治理方法与标准  难度星级：★★  频度星级：★★
├── IT治理的EDM ──【考点48】IT治理的EDM  难度星级：★  频度星级：★
└── IT治理关键域 ──【考点49】IT治理关键域  难度星级：★  频度星级：★★
```

图 5-1　本章考点及星级分布

5.3　核心考点精讲及考题实练

【考点 43】IT 治理基础

◎ 考点精华

驱动组织开展 IT 治理因素包括：①确保组织投资 IT 有效性；②IT 是知识高度密集型领域，价值发挥弹性大；③IT 是各领域高质量发展的重要基础；④IT 为组织提供大量新的发展空间和业务机会；⑤IT 治理能够促进 IT 价值挖掘和融合利用；⑥IT 价值需要良好的价值管理及场景化的业务融合应用；⑦高级管理层的管理幅度有限，需采用明确责权利和清晰管理确保 IT 价值；⑧成熟度较高的组织以不同的方式治理 IT，获得了领域或行业领先的业务发展效果。

IT 治理的内涵体现在 5 方面：①IT 治理作为组织上层管理的组成部分，由组织治理层或高级管理层负责；②IT 治理强调数字目标与组织战略目标保持一致；③IT 治理保护利益相关者的权益，对风险进行有效管理；④IT 治理是一种制度和机制；⑤IT 治理的组成部分包括管理层、组织结构、制度、流程、人员、技术等多个方面。

IT 治理主要目标包括：与业务目标一致、有效利用信息与数据资源、风险管理。

1. 与业务目标一致。IT 治理从组织目标和数字战略中抽取需求，形成总体 IT 治理框架和系统整体模型，保证信息技术开发利用跟上持续变化的业务目标。

2. 有效利用信息与数据资源。通过 IT 治理对信息与数据资源的管理职责进行有效管理，保证投资回收，并支持决策。

3. 风险管理。通过制定信息与数据资源的保护级别，强调对关键信息与数据资源，实施有效监控和事件处理。

IT 治理实践管理层次分为三层：最高管理层、执行管理层、业务与服务执行层。

1. 最高管理层主要职责：证实 IT 战略与业务战略是否一致；证实通过明确的期望和衡量手段交付 IT 价值；指导 IT 战略、平衡支持组织当前和未来发展的投资；指导信息和数据资源的分配。

2. 执行管理层主要职责：制定 IT 的目标；分析新技术的机遇和风险；建设关键过程与核心竞争力；分配责任、定义规程、衡量业绩；管理风险和获得可靠保证等。

3. 业务与服务执行层主要职责：信息和数据服务的提供和支持；IT 基础设施的建设和维护；IT 需求的提出和响应。

🔖 **备考点拨**

本考点学习难度星级：★★☆（简单），考试频度星级：★☆☆（低频）。

本考点考查了 IT 治理的驱动因素、内涵、目标和管理层次，读起来容易但是理解起来比较抽象，毕竟治理不同于管理，属于更高的范畴。4 个考点中驱动因素和内涵达到理解的程度即可，IT 治理的 3 个目标和 3 级管理层次的名称需要掌握，对 3 级管理层次需要达到理解的程度。

🔗 **考题精练**

1. (　　) 不属于 IT 治理的三大主要目标。
　　A．与业务目标一致　　　　　B．质量控制
　　C．有效利用信息与数据资源　D．风险管理

【解析】答案为 B。本题考查 IT 治理，IT 治理主要目标包括：与业务目标一致、有效利用信息与数据资源、风险管理。

【考点44】IT 治理体系构成、关键决策和经验

🔖 **考点精华**

IT 治理的核心是关注 IT 定位和信息化建设与数字化转型的责权利划分。IT 治理体系构成如图 5-2 所示，包括 IT 定位：IT 应用的期望行为与业务目标一致；IT 治理架构：业务和 IT 在治理委员会中的构成、组织 IT 与各分支机构的 IT 权责边界等；IT 治理内容：决策、投资、风险、绩效和管理等；IT 治理流程：统筹、评估、指导、监督；IT 治理效果（内外评价）。

IT 治理关键决策如图 5-3 所示，包括 IT 原则、IT 架构、IT 基础设施、业务应用需求、IT 投资和优先顺序。五项关键决策彼此间的关系是：IT 原则驱动 IT 整体架构的形成，IT 整体架构决定 IT 基础设施，IT 基础设施确定的能力决定基于业务应用需求的构建，IT 投资和优先顺序被 IT 原则、IT 架构、IT 基础设施和业务应用需求驱动。

```
IT治理的目标是什么？   →   业务目标与IT一致
IT治理由谁来做？       →   IT组织架构
IT治理做什么？         →   决策、投资、风险、绩效、管理       } IT治理
IT治理怎么做？         →   统筹、评估、指导、监督
IT治理做的效果如何？   →   内外评价
```

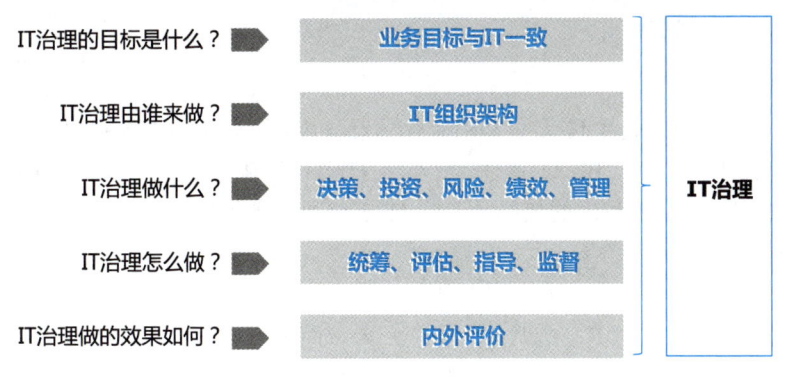

图 5-2　IT 治理体系构成

IT 原则的决策	组织高层关于如何使用IT的陈述	
IT架构的决策 组织从一系列政策、关系以及技术选择中捕获的数据、应用和基础设施的逻辑，以达到预期和商业、技术的标准化和一体化	业务应用需求决策 为购买或内部开发IT应用确定业务需求 IT基础设施决策 集中协调、共享IT服务可以给组织的IT能力提供基础	IT投资和优先顺序决策 关于应该在IT的哪些方面投资以及投资多少的决策，包括项目的审批和论证技术

图 5-3　IT 治理关键决策

建立 IT 治理机制的 3 点原则为：①简单；②透明；③适合。IT 治理机制的经验如下：

1．吸纳有才干的业务经理加入 IT 指导委员会，负责组织范围的 IT 治理决策，并在 IT 原则中加入严格的成本控制。

2．谨慎管理组织的 IT 架构和业务架构，以降低业务成本。

3．设计严格的架构例外处理流程，使昂贵的例外最小化并从中不断学习。

4．建立集中化的 IT 团队，管理基础设施、架构和共享服务。

5．应用连接 IT 投资和业务需求的流程，增加透明度，权衡中心和各运营部门或团队的需求。

6．设计需要对 IT 投资进行集中协作和核准的 IT 投资流程。

7．设计简单的费用分摊和服务水平协议机制，明确分配 IT 开支。

备考点拨

本考点学习难度星级：★☆☆（简单），考试频度星级：★☆☆（低频）。

本考点考查 IT 治理体系的构成、关键决策以及原则经验。考点的理解门槛不高，但是相对比较抽象，可以通过重复记忆的方式进行掌握。IT 治理的核心关注责权利的划分；IT 治理的关键决策，首先需要决策大的原则，有了大原则之后，就可以向上决策架构，向下决策基础设施，对外决策业务应用需求，对内决策投资和优先顺序，可以参考这样的逻辑理解记忆；建立 IT 治

理机制的原则和经验了解即可。

考题精练

1. （　　）的核心是关注 IT 定位和信息化建设与数字化转型的责权利划分。
   A．IT 技术　　　　B．IT 治理　　　　C．IT 管理　　　　D．IT 架构

【解析】答案为 B。IT 治理的核心是关注 IT 定位和信息化建设与数字化转型的责权利划分，通过排除法也可以选出正确答案。

2. （　　）不是建立 IT 治理机制的原则。
   A．公平　　　　　B．透明　　　　　C．简单　　　　　D．适合

【解析】答案为 A。建立 IT 治理机制的原则包括：①简单。机制应该明确地定义特定个人和团体所承担的责任和目标。②透明。有效的机制依赖于正式的程序。对于那些被治理决策影响或是想要挑战治理决策的人，机制如何工作需要非常清晰。③适合。机制鼓励处于最佳位置的个人制定特定决策。

【考点 45】IT 治理体系框架和核心内容

考点精华

IT 治理体系框架如图 5-4 所示，包括：IT 战略目标、IT 治理组织、IT 治理机制、IT 治理域、IT 治理标准和 IT 绩效目标，形成一整套 IT 治理运行闭环。

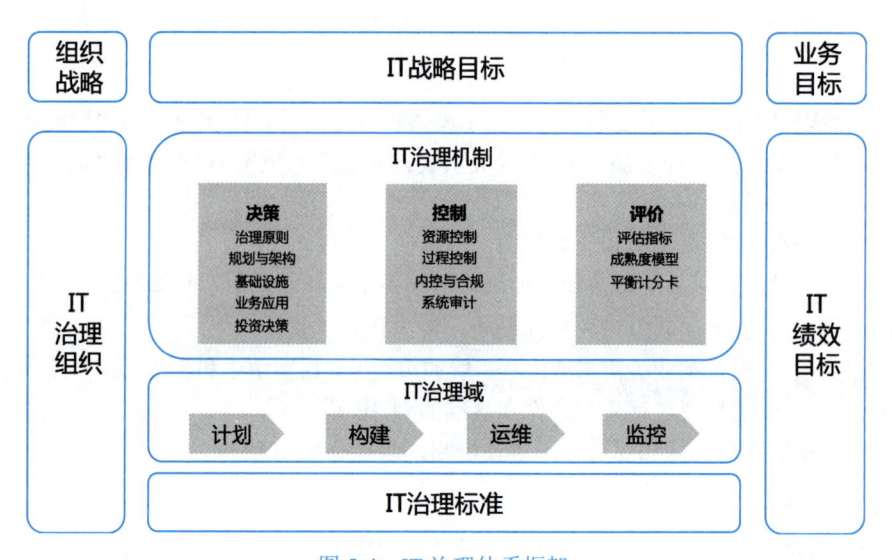

图 5-4 IT 治理体系框架

IT 治理核心内容包括：组织职责、战略匹配、资源管理、价值交付、风险管理和绩效管理。

1. 组织职责。明确组织信息部门和业务部门间的关系和责任，正确划分信息系统的所有者、建设者、管理者和监控者。

2. 战略匹配。战略匹配是IT为组织贡献业务价值的重要驱动力。

3. 资源管理。确保用户对组织的应用系统和基础设施有良好的理解和应用，优化IT投资、IT资源的分配，做好人员的培训、发展计划，以满足组织的业务需求。

4. 价值交付。通过对IT项目全生命周期的管理，确保IT能够按照组织战略实现预期的业务价值。

5. 风险管理。确保IT资产的安全和灾难的恢复、组织信息资源的安全以及人员的隐私安全。

6. 绩效管理。绩效管理所采用的工具如平衡积分卡，将组织战略目标转化成各职能部门或团队具体的业务活动的目标，保证组织战略目标实现。

备考点拨
本考点学习难度星级：★☆☆（简单），考试频度星级：★★☆（中频）。

本考点考查IT治理体系框架和核心内容，IT治理体系框架的备考中心就是理解框架图，掌握框架图中的6个组成组件，理解每个组件的定位价值所在；IT治理的核心内容同样是6项，这6项的重要程度相对低于框架6组件。

考题精练
1. 以下不属于IT治理核心内容的是（ ）。
   A．组织职责　　　　　　　　B．战略匹配
   C．资源优化　　　　　　　　D．项目管理

【解析】答案为D。IT治理核心内容包括组织职责、战略匹配、资源管理、价值交付、风险管理和绩效管理。资源管理包括资源优化等内容，而项目管理不属于IT治理核心内容。

【考点46】IT治理任务

考点精华
组织开展IT治理活动的5个任务：

1. 全局统筹。全局统筹重点包括：① 制订满足可持续发展的IT蓝图；② 实施科学决策、集约管理的策略；③ 建立适应内外部信息环境变化的持续改进和创新机制。

2. 价值导向。组织需要建立价值递送规则，确保利益相关者明确相应的权利和义务，包括：① 认可信息技术、信息系统和数据在组织中的价值；② 识别投资目录，并以相应的方式进行评估和管理；③ 对关键指标进行设定和监督，并对变化和偏差做出及时回应；④ 权衡实施成本与预期效益，并随组织内外部环境的变化及时调整。

3. 机制保障。机制保障重点聚焦在：① 指导建立规范过程管理和痕迹管理，并向利益相关者公开质量设定举措；② 评审IT管理体系的适宜性、充分性和有效性；③ 审计IT完整性、有效性和合规性；④ 监督由审计和管理评审提出的改进内容的实施。

4. 创新发展。组织可以建立支持创新机制体系，包括：① 创造基于业务团队与IT团队的深度沟通以及对内外部环境感知和学习的技术创新环境；② 确保技术发展、管理创新、模式革新的协调联动；③ 对组织创新能力进行评估，并对关键创新要素进行分析和评价；④ 通过促进和

创新有效抵御风险，并确保创新是组织文化的组成部分。

5. 文化助推。文化助推包括：①建立与IT发展相适应的组织文化发展策略；②营造包括知识、技术、管理、情操在内的积极向上的文化氛围；③根据组织内部环境的变化，评估并改进组织文化的管理。

📣备考点拨

本考点学习难度星级：★☆☆（简单），考试频度星级：★☆☆（低频）。

本考点考查IT治理的5项任务，5项任务记住每项任务的名字即可，进一步细分的重点和聚焦点可以多读几遍，尝试达到理解程度，无须一字不差地记住。

📝考题精练

1. IT治理活动的主要任务聚焦在全局统筹，价值导向，机制保障，创新发展，文化助推五个方面，其中"指导建立规范过程管理和痕迹管理，并向利益相关者公开质量设定举措"属于（　　）内容。

　　A．机制保障　　　B．创新发展　　　C．价值导向　　　D．全局统筹

【解析】答案为A。机制保障是指组织应对自身发展进行有效管控，保证IT需求与实现的协调发展，并使IT安全和风险得到有效的识别、管理、防范和处置。组织可以根据相关法律法规、行业管理和上级监管机构发布的规范文件要求，制定本组织的信息技术治理制度并实施，重点聚焦在：①指导建立规范过程管理和痕迹管理，并向利益相关者公开质量设定举措；②评审IT管理体系的适宜性、充分性和有效性；③审计IT完整性、有效性和合规性；④监督由审计和管理评审提出的改进内容的实施。

【考点47】IT治理方法与标准

📘考点精华

IT治理实施框架

IT治理方法与标准比较典型的是信息技术服务标准（Information Technology Service Standards，ITSS）库中IT治理系列标准、信息和技术治理框架（Control Objectives for Information and related Technology，COBIT）和IT治理国际标准（ISO/IEC 38500）。

1. ITSS中的IT治理实施框架如图5-5所示，包括治理的实施环境、实施过程和治理域。

（1）实施环境包括组织的内外部环境和促成因素。

（2）实施过程规定了IT治理实施的方法论，包括统筹和规划、构建和运行、监督和评估、改进和优化。

（3）ITSS标准定义的IT治理框架包含信息技术顶层设计、管理体系和资源三大治理域。①顶层设计治理域包含信息技术的战略，以及支撑战略的组织和架构；②管理体系治理域包含信息技术相关的质量管理、项目管理、投资管理、服务管理、业务连续性管理、信息安全管理、风险管理、供方管理、资产管理和其他管理；③资源治理域包含信息技术相关的基础设施、应用系统和数据。

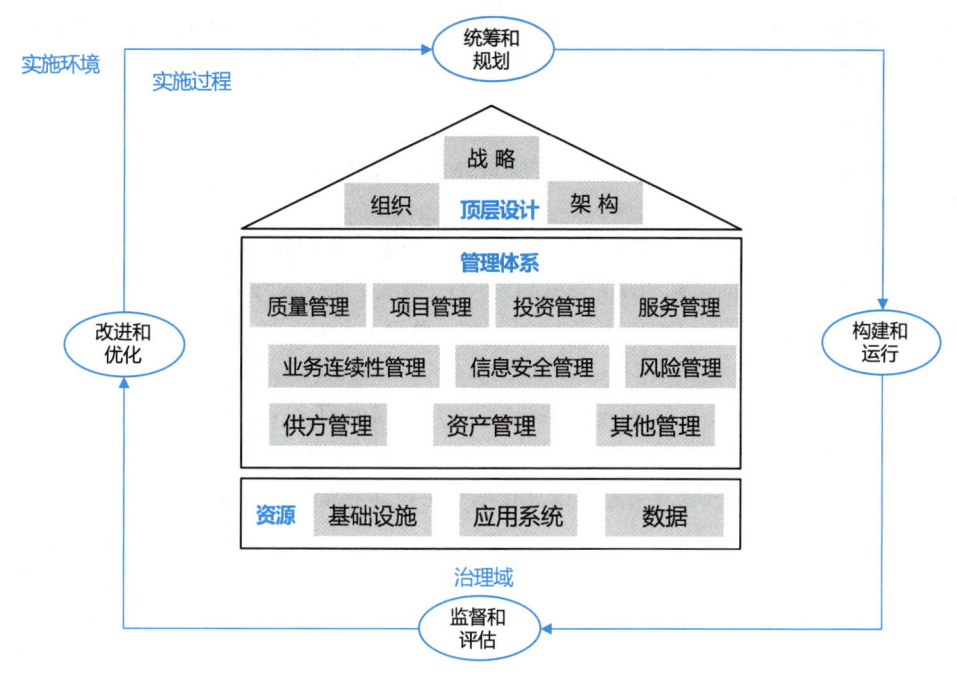

图 5-5　IT 治理实施框架

2. **COBIT 框架对治理和管理的区分**：①治理确保对利益干系人的需求、条件和选择方案进行评估，以确定全面均衡、达成共识的组织目标；通过确定优先等级和制定决策来设定方向；根据议定的方向和目标监控绩效与合规性。②管理是指按治理设定的方向计划、构建、运行和监控活动，以实现组织目标。

在大多数组织中，治理流程通常由董事会和执行管理层负责，而管理流程则在高级和中级管理层的职责范围内。治理目标与治理流程有关，而管理目标与管理流程有关。

COBIT 治理系统设计工作流程：①了解组织环境和战略；②确定治理系统的初步范围；③优化治理系统的范围；④最终确定治理系统的设计。

3. **IT 治理国际标准三个主要任务**：评估、指导和监督。

（1）评估。治理机构应审查和判断当前和未来的使用，包括计划、建议和供应安排。治理机构应考虑作用于组织的外部或内部压力，还应考虑当前和未来的业务需要。

（2）指导。治理机构应负责战略和政策的编制和执行。战略应该为 IT 领域的投资设定方向以及 IT 应该实现的目标。政策应在使用 IT 时建立良好的行为。

（3）监督。治理机构应通过适当的测量系统来监测 IT 的表现。

🕮 **备考点拨**

本考点学习难度星级：★★☆（适中），考试频度星级：★★☆（中频）。

本考点考查三大 IT 治理的方法和标准，其备考重要程度按顺序递减。ITSS 标准中的 IT 治理框架，可以结合框架图来理解学习，最外圈是 IT 治理的 4 步实施过程，中间"房子"的"房顶"

是顶层设计治理域，"房子主体"是管理体系治理域，"地基"是资源治理域；COBIT 框架对治理和管理的区分需要掌握；另外还需要了解 IT 治理国际标准的三个主要任务。

考题精练

1．COBIT 2019 核心模型中的治理和管理目标分为五个领域，（　　）领域是由董事会和执行管理层负责。

  A．评估、指导和监控（EDM） B．调整、规划和组织（APO）
  C．内部构建、外部采购和实施（BAI） D．交付、服务和支持（DSS）

【解析】答案为 A。根据 COBIT 核心模型可知，董事会和执行管理层负责的是评估、指导和监控（EDM）领域。

2．GB/T 34960.1 中定义了 IT 治理框架，（　　）不属于 IT 治理框架的三大治理域。

  A．管理体系 B．技术体系 C．顶层设计 D．资源

【解析】答案为 B。IT 治理框架包含信息技术顶层设计、管理体系和资源三大治理域。

【考点 48】IT 治理的 EDM

考点精华

EDM 分别是评估（Evaluate）、指导（Direct）和监视（Monitor），治理组织可以通过 EDM 进行 IT 治理，同时还可以结合 IT 治理的六原则，即职责分工、IT 支持组织发展、可获得性、可用性、合规性、以人为本。

EDM 的具体过程如下：

1．评估现在和将来对 IT 的利用情况。利用情况包括内外部的策略、建议和供给安排等。评估时需要考虑业务的内外部压力以及业务需求、组织目标和战略或意图的特定目标等。

2．对策略和方针的准备事项和实施进行指导。策略设定 IT 项目运作的投资方向，方针确定应用 IT 的行为规则。治理组织通过要求管理者提供及时的信息、符合组织的指导以及符合良好治理的 6 项原则，鼓励组织内良好的 IT 治理文化从而保证 IT 使用符合业务目标。

3．监视方针的符合性，以及对应计划的实际绩效。领导者通过测量体系监视 IT 绩效，确保 IT 符合外部义务和内部实际工作要求。

备考点拨

本考点学习难度星级：★☆☆（简单），考试频度星级：★☆☆（低频）。

本考点考查 IT 治理的 EDM，是一个较小的考点，需要掌握 EDM 分别对应的 3 个词汇，以及背后的含义。

考题精练

1．在 IT 治理的 EDM 中，"评估（Evaluate）"环节的工作不包括（　　）。

  A．评估现在和将来对 IT 的利用情况 B．暂时不考虑业务内外部压力
  C．考虑组织目标 D．考虑战略意图特定目标

【解析】答案为 B。在"评估（Evaluate）"环节，需要评估现在和将来对 IT 的利用情况，并且要考虑业务的内外部压力、业务需求、组织目标和战略或意图的特定目标等，不能暂时不考虑业务的内外部压力。

2．在 IT 治理中，策略和方针的作用描述正确的是（　　）。
　　A．策略设定 IT 项目运作的投资方向，方针确定应用 IT 的行为规则
　　B．策略确定应用 IT 的行为规则，方针设定 IT 项目运作的投资方向
　　C．策略和方针都用于限制 IT 的使用范围
　　D．策略和方针与 IT 项目的投资和行为规则无关

【解析】答案为 A。在 IT 治理中，策略设定 IT 项目运作的投资方向，方针确定应用 IT 的行为规则。

3．IT 治理的六原则不包括（　　）。
　　A．职责分工　　B．安全性　　C．可用性　　D．以人为本

【解析】答案为 B。IT 治理的六原则是职责分工、IT 支持组织发展、可获得性、可用性、合规性、以人为本，不包括安全性。

【考点 49】IT 治理关键域

IT 治理关键域的顶层设计

考点精华

IT 治理框架包括顶层设计、管理体系和资源 3 个治理关键域，分别如下：

1．顶层设计的治理包括信息技术战略以及支撑战略的组织和架构。

（1）战略。组织战略是组织策划具体行动计划的起点。IT 战略是业务战略的有机组成部分，建立 IT 战略与业务战略统一的机制，保证业务战略目标实现，是 IT 治理的核心目标之一。

战略目标是组织在一定的战略期内总体发展的总水平和总任务，组织战略目标具有多元化特点，包含经济性目标和非经济性目标，也包含定量目标和定性目标。战略目标的制定要明确对象和时间范围，定量和定性相结合，短、中、长期目标衔接并协调好。不同类型的组织，其战略目标的组成和覆盖领域不同。

组织战略类型包括：①发展型战略。是指组织从现有战略水平向更高一级目标发展的战略。②稳定型战略。是指组织在战略期内保持战略起点的运行绩效范围和水平的战略，通常风险较低，往往发生在组织对过去感觉满意，或者受限于运行环境和内部条件时。③紧缩型战略。是指组织从当前战略运行领域和基础水平收缩撤退，与战略起点偏离较大的战略。紧缩型战略作为消极的发展战略，往往作为短期过渡战略使用。④其他类型战略。如复合型战略、联盟战略、成本领先战略、差异化战略、集中化战略等。

组织的战略特性有 7 点，分别是：全局性、长远性、纲领性、指导性、竞争性、风险性和相对稳定性。其中相对稳定性是指组织战略是长远规划，实现需要比较长的时间，因此要保持相对稳定，但是如果内外部环境发生重大变化，组织战略也需要相应调整。

在分析和回顾战略实施过程中进行创新和改进的要素包括：①内外部发展环境对战略规划的

影响；②在业务增长、发展趋势等方面的预测及其与实际的差异；③提升业务增长和盈利的措施；④竞争优势和发展水平分析及改进措施；⑤风险分析及改进措施；⑥战略绩效管理体系和人力资源系统的整合优化。

（2）组织。组织需要建立 IT 治理实施的机制和机构，IT 治理机制包括授权机制、决策机制和沟通机制；IT 治理机构包括信息技术战略委员会、信息技术管理和服务机构、业务部门、风险管理部门、审计监督部门等。IT 治理中的 IT 组织，是指组织中参与 IT 决策与管理的所有人员的集合。

组织愿景是在汇集组织每个员工个人心愿的基础上形成的全体员工共同心愿的美好愿景，愿景需要避免笼统宽泛的陈述，表述应尽量鲜明和形象化，使其可靠且易于传达。

组织使命是管理者为组织确定的较长时期的业务发展的总方向、总目的、总特征和总的指导思想，涵盖的要素包括：①产品或服务；②客户和服务对象；③行业或领域；④公众形象；⑤自我认知。

组织文化是组织发展过程中凸显的精神特质与内涵，是组织发展的原动力。组织文化有两个基本特征：①组织文化具有浓厚的文化属性和良好的执行性；②组织文化提出组织发展涉及的制度、行为等措施，为日常工作提供具体的实践方法。

（3）架构。组织的信息技术架构要与战略目标、IT 治理目标保持一致，组织对信息技术架构的指导、评估和监督主要包括：①指导信息技术架构的建立，并对规划、设计、实施、服务等过程进行评估和监督；②评估信息技术发展内外部环境的变化，并对信息技术架构进行持续改进；③建立与信息技术架构相适应的管理体系，并进行评估和持续改进。

2. 管理体系。管理体系主要包括如下 10 个方面：

（1）质量管理。质量管理更加关注过程质量，侧重于在过程中提前发现和预防错误及缺陷的发生，从而实现以下目标：①快速交付成果；②尽早识别缺陷并采取预防措施，避免或减少返工和报废。

（2）项目管理。组织需要建立项目管理机制。

（3）投资管理。IT 投资治理的解决思路有 3 点：①对业务需求进行治理；②建立项目投资决策机制和流程；③从技术层面利用多项目管理技术为需求排序，同时管理多个并行项目。

（4）服务管理。IT 服务管理的活动包括:服务台、事件管理、问题管理、变更管理、配置管理、发布管理、服务级别管理、财务管理、容量管理、服务连续性管理和可用性管理。

（5）业务连续性管理。业务连续性管理包括业务连续性管理框架、应急管理与灾难恢复。

（6）信息安全管理。信息安全管理不同于信息安全治理，信息安全治理是基础制度安排，信息安全管理的目标是组织信息及信息系统的安全运营，提供管理程序、技术和保证措施。

（7）风险管理。组织要建立信息技术风险管理机制，确保风险降低到组织可接受的程度。

（8）供方管理。组织要建立供方管理机制，加强治理结构的建设，提高实现双赢的可能性。

（9）资产管理。同实物资产相比，信息技术资产相对比较分散，而且可以在没有成本的情况下进行复制，组织需要建立信息技术资产应用、资产财务、资产有效性的管理体系。

（10）其他管理。如变更管理、预算管理、需求管理、绩效管理等。

3. 资源。资源包括基础设施、应用系统和数据 3 部分。组织需要制订信息技术基础设施规划、应用系统设计、开发、变更和测试的保障机制，建立数据治理框架及机制。

备考点拨

本考点学习难度星级：★☆☆（简单），考试频度星级：★★☆（中频）。

本考点考查 IT 治理关键域。这个考点需要记忆的内容相对比较多，基本上都是治理域相关的概念。顶层设计、管理体系和资源 3 个治理关键域是必须要记住的，如果考到就是送分题，其次不同治理域下面的分类以及细分概念需要进一步了解和掌握，其理解的门槛不高，主要是熟记。

考题精练

1. 组织战略类型中，风险较低的战略是（　　）。
   A．发展型战略　　　　　　　B．稳定型战略
   C．紧缩型战略　　　　　　　D．复合型战略

【解析】答案为 B。稳定型战略是指组织在战略期内保持战略起点的运行绩效范围和水平的战略，通常风险较低。

2. 质量管理中，质量管理更加关注的是（　　）。
   A．过程质量　　　　　　　　B．最终产品质量
   C．质量能力　　　　　　　　D．服务质量

【解析】答案为 A。质量管理更加关注过程质量，侧重于在过程中提前发现和预防错误及缺陷的发生。

3. IT 服务管理的活动不包括（　　）。
   A．服务台　　　　　　　　　B．知识管理
   C．变更管理　　　　　　　　D．发布管理

【解析】答案为 B。IT 服务管理的活动包括服务台、事件管理、问题管理、变更管理、配置管理、发布管理、服务级别管理、财务管理、容量管理、服务连续性管理和可用性管理，不包括知识管理。

第6章 信息技术服务管理考点精讲及考题实练

6.1 章节考情速览

信息技术服务管理章节，学习起来会感觉到有些平淡，因为比较偏理论，但不是涉及大量技术的理论，大概率能够看懂，但很可能学完之后不会留下特别深刻的感觉和印象。对于这种既没有深奥技术，也没有生动场景的章节，可能最好的学习方法是记忆。从考试大纲角度看，这一章是相对的重点。建议学有余力的同学，能够尽可能多地记忆，特别是在考前突击记忆，利用短期记忆优势通过考试。

信息技术服务章节包含了IT服务基础特征、IT服务生命周期、IT服务质量管理3个主要的知识块，其中IT服务生命周期属于考试热点，不过考点中涉及大量、难以记忆的列表项，列表项通常是记忆的难点，建议针对列表项类型的考点，采用先记"关键词"，之后用自己的话进行丰富的策略，毕竟如果本章考点以选择题形式出现，关键词可以帮你选出正确选项，即使在应用技术题中出现，关键词＋理解扩展的答题方法也能够让你得到大部分的分数。

信息技术服务管理结合考纲和往年考试经验，一般在基础知识科目中会考查3分左右。

6.2 考点星级分布图

本章涉及的主要考点分布及难度与频度双星级如图6-1所示。

```
信息技术服务管理考点
├── IT服务基础特征
│   ├── 【考点50】服务和IT服务的特征 — 难度星级：★ / 频度星级：★
│   └── 【考点51】服务的内涵与外延 — 难度星级：★ / 频度星级：★
├── IT服务生命周期
│   ├── 【考点52】IT服务生命周期与战略规划 — 难度星级：★ / 频度星级：★★
│   ├── 【考点53】设计实现 — 难度星级：★ / 频度星级：★★
│   ├── 【考点54】运营提升 — 难度星级：★ / 频度星级：★★
│   ├── 【考点55】退役终止 — 难度星级：★ / 频度星级：★
│   └── 【考点56】监督管理 — 难度星级：★ / 频度星级：★★
└── IT服务质量管理
    ├── 【考点57】IT服务质量管理过程 — 难度星级：★★ / 频度星级：★★
    └── 【考点58】服务质量评价模型和管理活动 — 难度星级：★ / 频度星级：★
```

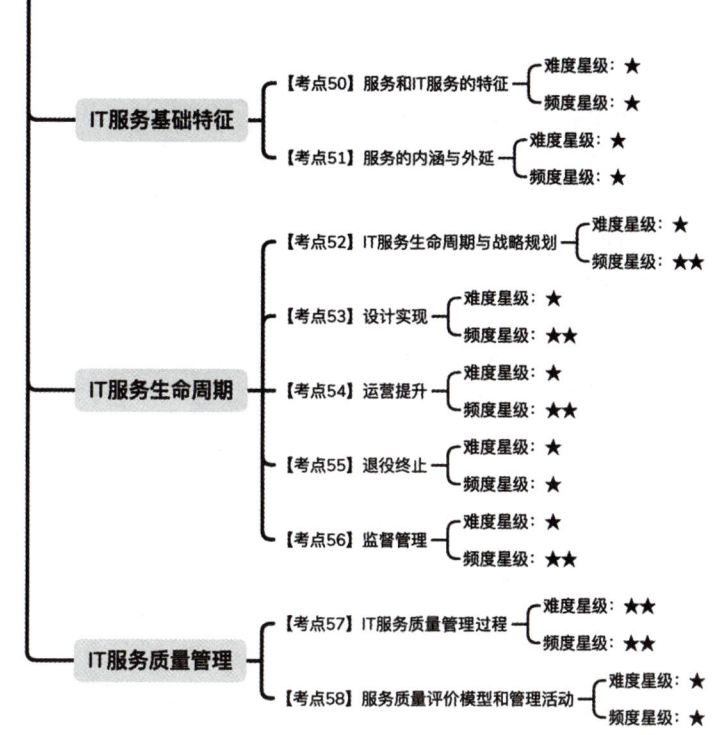

图 6-1　本章考点及星级分布

6.3　核心考点精讲及考题实练

【考点 50】服务和 IT 服务的特征

考点精华

1. 服务的特征包括：无形性、不可分离性、可变性和不可储存性。

（1）无形性。无形性指服务是抽象和无形的。需求方在购买之前一般无法看到、感觉到或触摸到，所以服务不容易展示或沟通交流，因此需求方难以评估质量。

（2）不可分离性。不可分离性又叫同步性，指生产和消费同时进行，需求方只有参与到服务的生产过程中才能享受服务。这一特性决定了服务质量管理对供应方的重要性。

（3）可变性。可变性也叫异质性，指服务质量水平受到多因素影响经常发生变化。同一服务的品质因操作者不同而不同，即使是同一操作者，由于时间、地点与心态的变化，服务质量也会随之变化。

（4）不可储存性。不可储存性也叫易逝性、易消失性，指服务无法被储藏起来以备将来使用等。

2. IT 服务业具有高知识和高技术含量、高集群性、服务过程的交互性、服务的非独立性、知识密集性、产业内部呈金字塔分布、法律和契约的强依赖性以及声誉机制八大特征。

（1）高知识和高技术含量。IT 服务业具有人力资源、技术、知识密集的特点，IT 服务业向需求方转移高度专业化的知识，是区别于其他服务业的显著特征。

（2）高集群性。IT 服务业在空间上具有高集群性，集中在大型中心城市的特点，为 IT 服务业发展提供了良好的条件。

（3）服务过程的交互性。想要实现隐性知识的传播，需要需求方参与服务过程，并与专业人员进行大量互动。

（4）服务的非独立性。IT 服务涉及多领域知识，促使 IT 服务业与高等院校、科研机构形成联盟、相互合作。

（5）知识密集性。个人知识是 IT 服务业的关键资源，缺乏高素质人才，IT 服务业就会成为无本之木。

（6）产业内部呈金字塔分布。IT 服务产品差异性较大、进入壁垒较低。行业内部呈金字塔分布，也就是存在少数大型组织和多数小型组织。

（7）法律和契约的强依赖性。IT 服务通过签订服务协议确定服务事项，因此 IT 服务业与法律和契约间具有强依赖关系。

（8）声誉机制。IT 服务业的需求方事先无法观察供应方的服务质量，所以主要依靠供应方声誉来决定购买意愿。因此声誉机制对 IT 服务业发展起决定作用。

备考点拨

本考点学习难度星级：★☆☆（简单），考试频度星级：★☆☆（低频）。

本考点考查服务的特征和 IT 服务的特征，对服务特征的理解可以结合指尖疯的培训课程来理解，首先，培训课程是无形的，在购买之前很难完整体验到；其次，培训中的直播课是生产和消费同时进行、不可分离的；然后，即使是同一位老师多次讲同样的内容，可能每次培训的状态效果都不一样，这就是服务的可变性；最后，服务是不可存储的，比如直播培训服务，过了时间点就结束了。这样理解下来是不是更容易一些？IT 服务的特征有 8 点，相比服务的特征数量直接翻倍，这么多特征不用完全达到默写的程度，把备考的重心放在对 8 点特征的理解上。

考题精练

1. （　　）不属于服务的基本特征。
   A．有形性　　　　　　　　　B．不可分离性
   C．可变性　　　　　　　　　D．不可储存性

【解析】答案为 A。服务的特征包括：无形性、不可分离性、可变性和不可储存性。需求方在购买之前一般无法看到、感觉到或触摸到，所以服务不容易展示或沟通交流，存在无形性的特征。

【考点 51】服务的内涵与外延

考点精华

IT 服务除了具备服务的基本特征，还具备本质特征、形态特征、过程特征、阶段特征、效益特征、内部关联性特征、外部关联性特征等。

1. 本质特征。IT 服务的组成要素包括人员、过程、技术和资源。由具备匹配知识、技能和经验的人员，合理运用资源，并通过规定过程向需求方提供 IT 服务。

2. 形态特征。服务形态有 IT 咨询服务、设计与开发服务、信息系统集成服务、数据处理和运营服务、智能化服务及其他 IT 服务等。

3. 过程特征。IT 服务从项目级、组织级、量化管理级、数字化运营逐步发展，具有连续不断和可持续发展的特征。

4. 阶段特征。IT 服务无终极目标，需要抓重点、分层次、分阶段地推进 IT 服务。

5. 效益特征。IT 服务从整体上提高组织核心竞争力和管理水平，效益是多方面的。

6. 内部关联性特征。IT 服务不仅依赖于技术创新，更依赖于业务模式创新，保持技术创新和业务模式创新的相互促进、有机融合，从机制上为 IT 服务发展创造条件。

7. 外部关联性特征。IT 服务依赖国民经济和良性竞争市场环境的形成，依赖社会信息网络的不断进步，依赖政府政策支撑、配套人才培养和产业链上下游组织 IT 应用的逐渐完善。

IT 服务是"面向 IT 的服务"和"IT 驱动的服务"等服务形态模式的总和。面向 IT 的服务包括以信息技术为手段提供支持需方业务活动的服务，以及需方自行开展的信息技术服务，包括咨询设计、集成实施和运行维护三类 IT 服务。IT 驱动的服务侧重于业务应用，是利用信息技术对组织业务的模式、流程和技术进行变革，实现业务"以客户为中心"的转变，同时快速提升业务的竞争力水平，包括云服务、数据服务和互联网服务三类。

备考点拨

本考点学习难度星级：★☆☆（简单），考试频度星级：★☆☆（低频）。

本考点考查服务的内涵与外延，具体而言是 IT 服务的 7 个特征和 IT 服务的 2 类组成，IT 服务的特征和组成以了解和理解为主，7 项服务特征通常不要求默写；IT 服务的 2 类组成除了需要掌握之外，还需要知道每一类组成的 3 类服务，这里可能会给你提供一类服务，比如云服务，判断其是面向 IT 的服务，还是 IT 驱动的服务。

考题精练

1. IT 服务的本质特征中，组成要素不包括（   ）。

    A. 人员   B. 资金   C. 过程   D. 资源

【解析】答案为 B。IT 服务的本质特征中，组成要素包括人员、过程、技术和资源，不包括资金。

2. （   ）不属于 IT 服务的形态特征中的服务形态。

    A. IT 咨询服务   B. IT 金融服务

    C. 信息系统集成服务   D. 数据处理和运营服务

【解析】 答案为 B。IT 服务的形态特征包括 IT 咨询服务、设计与开发服务、信息系统集成服务、数据处理和运营服务、智能化服务及其他 IT 服务等，不包括 IT 金融服务。

3．IT 服务的过程特征是从（　　）逐步发展的。

　　A．项目级、组织级、量化管理级、数字化运营
　　B．个人级、部门级、组织级、行业级
　　C．基础级、中级、高级、特级
　　D．技术级、业务级、战略级、生态级

【解析】 答案为 A。IT 服务从项目级、组织级、量化管理级、数字化运营逐步发展，具有连续不断和可持续发展的特征。

【考点 52】IT 服务生命周期与战略规划

考点精华

IT 服务生命周期是指 IT 服务从战略规划、设计实现、运营提升到退役终止的演变，同时伴随着监督管理的不断完善，如图 6-2 所示。

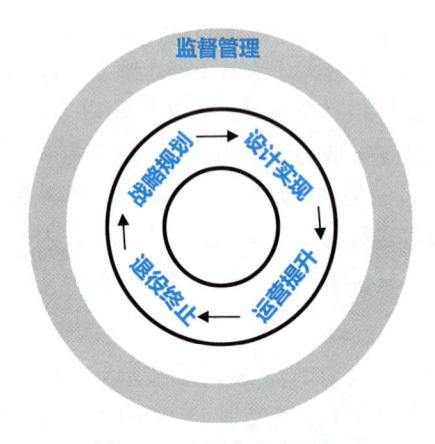

图 6-2　IT 服务生命周期

战略规划从组织战略出发，以需求为中心，参照 ITSS 对 IT 服务进行战略规划，为 IT 服务设计实现做好准备，确保提供满足供需双方需求的 IT 服务。

1．规划活动。服务战略规划需考虑服务目录、组织架构和管理体系、指标体系和服务保障体系，以及内部评估机制。

（1）服务目录定义了供应方提供服务的全部种类及服务目标，这些服务包括正在提供的和能够提供的全部服务。服务目录的定义需要结合自身业务能力、客户需求以及内外部环境策划 3 个因素。

（2）规划如何建立组织架构和服务保障体系来支持服务目录中内容的实施。根据组织总体战略目标和组织治理架构确立组织架构，考虑到组织架构稳定周期相对较长，所以需要确保一定时

期内对 IT 服务能力的支撑，通过两种方式实现：一是参照当前的组织结构定义服务内容；二是先根据业务目标确定服务内容，再据此设立或优化当前组织架构。

（3）在组织架构基础上确定制度保障，固化 IT 服务保障能力。制度体系既包括组织级制度，如质量、财务、安全、人力资源等，也包括 IT 服务本身的制度，如行为规范、数据质量等。对人员、资源、技术和过程四要素涉及的策划内容，也需包含在服务保障体系中。

（4）任何 IT 服务的服务绩效都可以通过绩效指标来衡量，通过制定服务指标体系，衡量 IT 服务实施的绩效，检查供应方是否达到目标。

战略规划阶段的关键成功因素主要包括：①确保全面考虑业务战略、团队建设、管理过程、技术研发、资源储备的战略规划；②确保战略规划的内容和结果得到决策层、管理层的承诺和支持；③确保战略规划的内容和结果得到相关干系人的理解和支持；④对战略规划的内容和结果进行测量、分析、评审和改进。

2. 规划报告。战略规划报告针对确定的服务目录、服务级别和业务需求来确立组织架构、服务保障体系和能力要素建设，是战略规划阶段的核心成果之一。战略规划报告的确立、发布和实施遵循的原则包括：

（1）遵从政策法规要求，满足法规过程、技术标准、行业规范及指导组织意见。
（2）关键业务优先原则，有限的能力要素须保证关键业务过程的支持和恢复。
（3）风险管理原则，有效分析和管理风险，建立风险无处不在的意识。
（4）面向体系化的管理原则，制订和实施完善的能力管理，并遵从过程进行活动和管理。
（5）质量管理原则，遵循计划、实施、检查、改进的质量管理周期过程。
（6）成本合理原则，对于能力管理，做到成本和能力的平衡、需求与提供的平衡。

📖 备考点拨

本考点学习难度星级：★☆☆（简单），考试频度星级：★★☆（中频）。

本考点考查 IT 服务生命周期及战略规划，在任何管理学的方法论中，第一步都是做规划，而且规划要从战略做起才符合方法论的要求，IT 服务管理也是如此。服务目录是服务管理的特色，因为服务是面向外部的，有了一部外部可以查阅的目录自然体验极佳，服务目录就像菜单一样，列出了正在提供的和能够提供的全部服务，外部服务需求方就可以像点菜查看菜单一样，查看服务目录来获取所需要的服务。良好的服务提供离不开组织架构和管理体系的支撑，同样，服务到底做得好还是不好，需要能够拿出具有高说服力的证据，这个证据最好是客观的，因此需要服务指标体系，最后还需要有配套的服务保障体系；服务战略规划输出的是规划报告，规划报告是战略规划阶段的核心成果之一，规划报告的 6 点原则了解即可。

📝 考题精练

1. 服务目录的定义需要结合（　　）3 个因素。
    A．自身业务能力、客户需求、服务发展趋势
    B．客户需求、内外部环境策划、服务发展趋势

C. 自身业务能力、客户需求、内外部环境策划
D. 客户需求、公司战略、内外部环境策划

【解析】答案为 C。服务目录的定义需要结合自身业务能力、客户需求以及内外部环境策划 3 个因素。

【考点 53】设计实现

考点精华

IT 服务生命周期的设计实现

设计实现依据战略规划，定义 IT 服务的体系结构、组成要素、要素特征以及要素之间的关联关系，建立管理体系、部署专用工具以及服务解决方案。

1. 服务设计。组织基于业务战略、运营模式及业务流程特点，设计与开发服务，以确保满足需求方的需求。

服务设计的输出通常会形成文档化信息，包括：①服务名称、适用范围和交付内容；②完成服务部署所需的组织方式；③服务质量度量指标或服务级别定义；④服务交付验收标准；⑤服务交付方式及成果说明；⑥服务计量和计费方式。

在服务设计过程中，需要识别和控制的风险有：技术风险、管理风险、成本风险和不可预测风险。

（1）技术风险。技术风险包括技术工具确认、技术支持过程确认、技术要求变更、关键技术人员变更等。

（2）管理风险。管理风险包括资源及预算是否到位、范围是否可控、边界是否清晰、内容是否满足需求、终止标准是否可衡量可达到等。

（3）成本风险。成本风险包括人力、技术、工具及设备、环境、服务管理等成本是否可控。

（4）不可预测风险。不可预测风险包括火灾、自然灾害、重大信息安全事件等。

2. 服务部署。作为服务设计与服务运营的中间活动，服务部署将服务设计中的所有要素导入组织环境，为服务运营打下基础，服务部署根据服务设计方案，落实设计开发服务，建立服务管理过程和制度规范并完成服务的交付。服务实施不仅可以对某个项目的服务需求进行部署实施，也可以对整体服务需求进行部署实施。

部署实施分为计划、启动、执行和交付 4 个阶段。服务部署的关键成功因素主要包括：①确定可度量的里程碑、交付物以及交付物的验收标准；②对服务资源的准确预测并确保资源的可用性和连续性；③管理和统一服务相关干系人的期望；④服务目标清晰；⑤形成标准操作程序或作业指导书。

备考点拨

本考点学习难度星级：★☆☆（简单），考试频度星级：★★☆（中频）。

本考点考查服务设计及部署，服务设计的构成内容和潜在风险以理解为主。服务部署位于服务设计和服务运营的中间，分为计划、启动、执行和交付 4 个阶段，这 4 个阶段很好理解，对应的服务部署 5 个关键成功因素也是以了解和理解为主。

考题精练

1. 在服务设计过程中，需要识别和控制的风险不包括（　　）。
   A．技术风险　　　B．客户风险　　　C．管理风险　　　D．不可预测风险

【解析】答案为 B。在服务设计过程中，需要识别和控制的风险有：技术风险、管理风险、成本风险和不可预测风险。

【考点 54】运营提升

考点精华

IT 服务生命周期的运营提升

运营提升采用过程方法实现业务运营与 IT 服务运营相融合，评审 IT 服务满足业务运营的情况以及缺陷，提出优化提升策略及方案，对 IT 服务进行进一步规划。服务运营阶段占服务整体生命周期的比重为 80% 左右，不仅影响组织运行效率和效益，也影响需求方对服务的感知及供需双方未来合作的连续性。

1. 运营活动的相关活动包括：①根据服务部署成果实施管理活动，输出符合要求的服务；②建立正式、非正式的沟通渠道，获取用户反馈并保留记录文档；③持续控制服务范围、服务级别协议、关键里程碑、交付物等；④建立服务运营的投诉管理机制；⑤建立服务交付成果及交付质量评价机制；⑥与外部供应方明确技术、资源、质量、时间等各项要求。

2. 要素管理的相关活动包括：①完成人员细化管理并开展培训，通过绩效考核制度确保人员具备应有的能力；②对服务涉及的技术进行管理，包括前瞻性研究、知识显性化管理、自研或购买服务效率提升工具、技术评估优化等；③提供、配置、评估、优化和维护各类资源，确保资源合理利用；④对服务过程实施监控、测量、评估和考核，并对相关记录有效管理。

3. 监督与测量的相关活动包括：①确定测量方式、标准、频率、时间及地点；②监督服务过程和结果，包括建立监督组织及职责、建立阈值基线、采集数据、建立预警机制、建立纠正措施启动机制等；③分析测量结果并提出改进建议；④根据分析和改进成果定期评价服务。

4. 风险控制的相关活动包括：①识别人员、资源、技术及过程的风险和机遇；②识别导致服务中断的风险，制订措施确保服务连续性；③对服务运营风险采取措施降低影响；④控制风险，监视服务级别协议完成情况，分析不达标条款，提出解决方案，转移、回避或者接受风险。

备考点拨

本考点学习难度星级：★☆☆（简单），考试频度星级：★★☆（中频）。

本考点考查服务运营。服务运营关注的是业务，其实整体的 IT 服务关注的都是业务，服务的都是业务，这一点在学习的时候要时刻牢记。服务运营的考点，有大量的活动，比如运营相关的 6 项活动、要素管理相关的 4 项活动、监督测量相关的 4 项活动、风险控制相关的 4 项活动，这么多活动基本上都是看到后马上就会认同的、普遍的、正确的描述，虽然好处是理解起来容易，但是缺点是记忆起来有些难，我所总结的记忆窍门是提炼关键词，比如要素管理的 4 项活动，关键词很明显就是 4 个要素：人员、过程、技术和资源。再比如风险控制活动的关键词是：要素风险、中断风险、运营风险和服务级别协议（Service Level Agreement，SLA）风险。建议考生自己总结

关键词出来，一方面可能会总结得更好，另一方面自己总结记得更牢。关键词总结出来之后就可以在理解中记忆，但是也没有必要全部记住，尽量熟悉就好。

考题精练

1. 运营提升中，服务运营阶段占服务整体生命周期的比重约为（　　）。

　　A．50%　　　　　　B．60%　　　　　　C．80%　　　　　　D．90%

【解析】答案为 C。服务运营阶段占服务整体生命周期的比重为 80% 左右。

2. 风险控制中，识别导致服务中断的风险后，应该（　　）。

　　A．制订措施确保服务连续性　　　　　　B．暂时忽视风险，继续保持正常运营
　　C．先记录风险，暂时不采取行动　　　　D．认真观察，等待风险发生时处理

【解析】答案为 A。风险控制中，识别导致服务中断的风险后，应该制订措施确保服务连续性，而不是忽视风险等其他选项中的做法。

3. 运营活动中，不包括（　　）。

　　A．根据服务部署成果实施管理活动，输出符合要求的服务
　　B．对服务过程实施监控、测量、评估和考核，并对相关记录有效管理
　　C．持续控制服务范围、服务级别协议、关键里程碑、交付物等
　　D．建立服务运营的投诉管理机制

【解析】答案为 B。运营活动包括根据服务部署成果实施管理活动等选项中的内容，不包括对服务过程实施监控、测量、评估和考核，并对相关记录有效管理，因为这个属于要素管理的相关活动。

【考点 55】退役终止

考点精华

IT 服务生命周期的退役终止

服务生命周期最后阶段的退役终止需要完成如下 4 项工作，从而确保服务退役终止过程的顺利实施。

1. 制订服务终止计划。终止服务时需要有书面的服务终止计划，其内容包括：①终止适用的条件；②终止的目标与成功要素；③其他各方执行流程的控制；④所有相关方的角色与职责；⑤约束、风险与问题；⑥里程碑和交付物；⑦活动分解和活动描述；⑧约定的服务终止与责任终止的完成标准；⑨服务对需方不再有效的时间，服务终止的时间；⑩要终止的服务和其他服务之间的接口将如何由其他服务处理；⑪安排信息安全审查，包括敏感信息的删除等；⑫确保任何悬而未决的事件、问题、用户请求和变更请求的具体内容已与需方达成共识，与需方的协议包括由此产生的任何行动。

2. 评估服务终止风险。在服务退役终止过程中，面临的风险包括数据风险、业务连续性风险、法律法规风险和信息安全风险。

（1）数据风险包括：①数据泄露：数据被恶意获取、转移和发布；②数据篡改：造成数据破坏的修改、增加和删除；③数据滥用：数据超范围、超用途、超时间使用；④违规传输：数据未

按照规定擅自进行传输；⑤非法访问：数据遭未授权访问。

（2）业务连续性风险包括：①服务人员变动风险：在服务项目完全终结之前，团队成员特别是关键岗位的人员离职，可能导致服务质量下降，给客户业务连续性带来风险；②服务信息同步风险：如果现有服务项目将由客户接管或更换服务供应商，双方团队将面临复杂而烦琐的项目移交工作，由此可能产生服务信息同步风险，进而给客户业务连续性带来风险。

（3）法律法规风险。组织在服务过程中涉及的合同、协议、知识产权、商业秘密等，可能存在法律风险。

（4）信息安全风险。IT 服务人员在日常工作中除了可能接触信息系统中大量的客户数据、隐私数据、商业数据之外，也会接触到客户内部的文件材料，如果监督管控和保密培训不到位，可能导致数据和信息的对外泄密。

3. 释放并回收资源。在服务退役终止过程中，需要做好文件归档、财务资源回收、人力资源回收和基础设施回收工作。

（1）文件归档。通常包括内容如下：①服务日志；②项目计划；③项目来往函件；④项目会议记录；⑤项目进展报告；⑥合同文档；⑦技术文件；⑧其他信息。

（2）财务资源回收。服务项目结束时，应及时撤销账目编码，从而确保没有人能够在项目结束后凭项目账目编码支付工资和采购材料等。

（3）人力资源回收。服务退役终止后，组织应根据服务终止计划及时把服务团队成员送回到服务项目管理部门。

（4）基础设施回收。服务运营中投入的设备或工具，应做好回收工作，使其可被其他服务项目获得。

4. 项目数据处置。在服务退役终止阶段，组织应与客户明确所有服务数据、项目文档等信息资产的所有权，以便对信息资产进行转移或清除，必要时还需对存储介质进行清除或销毁。

备考点拨

本考点学习难度星级：★☆☆（简单），考试频度星级：★☆☆（低频）。

本考点考查服务声明周期中的退役终止，退役终止一共需要做 4 件工作，每年工作包含的内容相对比较多，备考需要首先掌握内容的关键项，比如终止风险需要掌握 4 类风险关键项，其次才是对内容关键项的理解，比如业务连续性风险可能会由服务人员变动或者服务信息同步带来，而之所以会发生服务人员变动或者服务信息同步，就在于终止时跨团队的交接。与此类似的还有资源的释放及回收，同样包含的内容关键项比较多，需要重点掌握。

考题精练

1. 服务终止计划的内容不包括（　　）。
  A. 终止适用的条件　　　　　　　　B. 市场调研情况
  C. 所有相关方的角色与职责　　　　D. 里程碑和交付物

【解析】答案为 B。服务终止计划包括终止适用的条件、所有相关方的角色与职责、里程碑和交付物等内容，不包括市场调研情况。

2. 服务退役终止过程中的数据风险不包括（　　）。
　　A．数据泄露　　　　　　　　B．数据失真
　　C．数据篡改　　　　　　　　D．数据滥用
【解析】答案为 B。服务退役终止过程中的数据风险包括数据泄露、数据篡改、数据滥用等，不包括数据失真。

3. 服务退役终止过程中，文件归档不包括（　　）。
　　A．服务日志　　　　　　　　B．员工信件
　　C．项目计划　　　　　　　　D．合同文档
【解析】答案为 B。服务退役终止过程中，文件归档通常包括服务日志、项目计划、合同文档等内容，不包括员工信件。

【考点 56】监督管理

考点精华

IT 服务生命周期的监督管理

不同于前面介绍的生命周期各阶段，监督管理没有明显的开始和结束时间，而是持续贯穿 IT 服务全生命周期。监督管理环节的活动包括 5 项，分别如下：

1. 服务风险管理。IT 服务提供过程中可能会遇到人员、技术、资源、过程和其他一共 5 方面的风险：①人员风险 比如人员流动导致服务质量波动大、人员误操作导致业务数据丢失的风险；②技术风险 比如采用的发现问题技术和服务对象不匹配；③资源风险 比如备品备件失效、服务工具失效等；④过程风险 比如过程规定不完善；⑤其他风险 比如服务范围蔓延等。

2. 服务测量。服务改进的基础是服务测量，依赖于服务测量获得的各种数据，服务测量的活动包括人员测量、资源测量、技术测量、过程测量 4 个方面。

（1）人员测量。人员是提供 IT 服务的基础，对人员的测量关注培训管理、招聘管理、绩效管理、储备管理、岗位职责管理、工作量管理等，对应包含如下测量活动：①识别备份工程师对项目的满足度和可用性；②测量人员招聘需求匹配率；③收集培训的应用情况；④人员能力测量；⑤服务工作量测量；⑥岗位职责更新情况；⑦人员绩效考核分配机制测量；⑧实时监控团队工作状态。

（2）资源测量。资源测量是对工具、服务台、知识库、备件库等资源进行测量，周期性统计项目的资源健康状态和使用情况。

（3）技术测量。技术测量活动包括：①识别研发规划；②识别研发成果；③技术手册及标准作业程序（Standard Operating Procedure，SOP）统计；④应急预案实施统计；⑤监控点和阈值统计。

（4）过程测量。过程测量活动至少覆盖服务管控和服务执行两个层次：①服务管控测量 指服务级别分析，是从业务和用户视角测量服务过程，关注服务交付结果；②服务执行测量 包括事件统计分析、问题统计分析、变更与发布统计分析、配置统计分析等，从技术视角测量服务过程，关注具体服务过程和细节。

3. 服务质量管理。服务质量管理过程包括质量策划、质量控制、质量保证、质量改进。

4. 服务回顾。服务回顾是回顾各种服务测量数据，作后续活动的参考和依据。

与客户的回顾内容包括：①服务合同执行情况；②服务目标达成情况；③服务绩效（服务级别协议）、成果；④满意度调查；⑤服务范围、工作量；⑥客户业务需求的变化；⑦服务中存在的问题及行动计划；⑧上一次会议中制订的行动计划的进展汇报。

团队内部的回顾内容包括：①上周期工作计划回顾；②本周期内遇到的特殊或疑难工单；③讨论本周期内未解决的工单；④各小组工作简报；⑤本周期的问题回顾；⑥本周期内的工程师KPI总结；⑦下周期工作计划安排。

5. 服务改进。服务改进的生命周期活动包括服务改进设计、服务改进实施和服务改进验证，其中服务改进设计的活动包括：①定义服务改进目标；②识别服务改进输入；③制订服务改进计划；④确认服务改进职责。

📢 备考点拨

本考点学习难度星级：★☆☆（简单），考试频度星级：★★☆（中频）。

本考点考查生命周期中的监督管理。监督管理涉及风险、测量、质量、回顾和改进5部分内容，服务风险需要掌握风险的分类，特别是其中的举例，要知道不同的举例属于哪一类风险；服务测量中提到了测量活动，需要尽量理解，达到眼熟的程度，这里需要额外提醒的是过程测量中，服务管控和服务执行的区别需要掌握；服务回顾需要了解客户回顾和内部回顾在内容上的不同。

📝 考题精练

1. 监督管理环节贯穿IT服务全生命周期，（　　）不属于服务风险管理中提到的风险。

   A．人员流动导致服务质量波动大　　B．市场竞争风险
   C．备品备件失效　　　　　　　　　D．过程规定不完善

【解析】答案为B。服务风险管理包括人员风险、技术风险、资源风险、过程风险和其他风险，人员流动导致服务质量波动大属于人员风险，备品备件失效属于资源风险，过程规定不完善属于过程风险，市场竞争风险未在服务风险管理提及的这几类中。

2. 服务测量中，人员测量不包括（　　）。

   A．识别备份工程师对项目的满足度和可用性
   B．人员背景调查
   C．收集培训的应用情况
   D．人员能力测量

【解析】答案为B。人员测量包括识别备份工程师对项目的满足度和可用性、收集培训的应用情况、人员能力测量等活动，不包括人员背景调查。

3. 过程测量活动至少覆盖（　　）层次。

   A．服务管控和服务执行　　　　　B．服务规划和服务交付
   C．服务设计和服务运营　　　　　D．服务采购和服务售后

【解析】答案为A。过程测量活动至少覆盖服务管控和服务执行两个层次。

【考点 57】IT 服务质量管理过程

◉ 考点精华

IT 服务质量管理过程包括质量策划、质量控制、质量保证和质量改进,分别如下:

1. **质量策划**。IT 质量策划是用于指导质量控制、质量保证和质量改进的活动,是连接质量方针和质量管理活动之间的桥梁。

质量策划的输入包括:①质量方针或上级质量目标要求;②顾客和相关方的需求期望;③与策划内容有关的业绩或成功经历;④存在的问题或难点;⑤过去的经验教训;⑥质量管理体系明确规定的要求或程序。

质量策划的内容包括:①设定质量目标;②确定达到目标的途径,也就是确定达到目标的过程,过程可能是链式的,也可能是并列的,还可能是以上两种方式的混合;③确定相关的职责和权限,这是质量策划的难点和重点;④确定所需的其他资源,并不是所有的质量策划都需要人员、设施、材料、信息、经费、环境等资源,只有新增的、特殊的、必不可少的资源,才需要纳入质量策划中;⑤确定实现目标的方法和工具,并不是所有的质量策划都需要,但如果某项质量职能或过程是新的工作,或者是需要改进的工作,就需要确定其使用的方法和工具;⑥确定其他的策划需求,比如完成时间、检查考核方法、业绩指标评价、奖励方法、所需文件记录等,其中只有完成时间必不可少。

质量策划的输出是质量计划,包括:①质量策划原因及差距分析;②质量目标设定;③确定的具体工作措施及负责部门或人员;④确定的资源、方法和工具;⑤确定的其他内容(其中质量目标和各项措施完成时间必不可少)。

2. **质量控制**。质量控制通过观察记录管理数据,分析生产过程的质量问题,及时采取措施消除造成质量问题的隐患,使生产处于稳定状态。质量控制范围包括生产技术过程和质量管理过程;硬件类产品的生产技术过程指产品的设计、工艺、制造、检验等过程,服务类产品的生产技术过程指具体的服务过程;质量管理过程指管理职责、资源、测量分析、改进以及各种评审活动。质量检验、测试等属于质量控制的重要活动。

质量控制的关键是确保所有质量过程和活动始终处于完全受控状态,一旦发现问题应及时采取措施恢复受控状态,所以质量控制的基础是过程控制。无论生产过程还是管理过程,都需要严格按照程序规范,控制好每个过程。

3. **质量保证**。质量保证和质量控制都是质量管理活动的组成部分,都以满足质量要求为目的;不过质量控制侧重于如何满足质量要求,比如对供方进行的评价选择是为了确保采购产品满足要求;而质量保证侧重于为满足质量要求提供使对方信任的证据,比如向顾客提供组织对供方评价的记录。

质量保证工作内容包括制订质量保证计划、检查过程与产品质量、编制质量保证工作报告和问题跟踪与持续改进。其中质量保证计划包括内容如下:①质量保证的目的;②质量保证的检查范围;③质量保证检查的时间或周期;④质量保证检查的依据;⑤质量保证人员的职责和分工。

4. 质量改进。质量改进是变革和突破的过程，改进的对象既包括产品或服务的质量，也包括各部门的工作质量，其中产品质量改进是改进产品自身的缺陷，或改进相关工作的缺陷。

质量改进与质量控制的区别如下：①质量控制是质量改进的前提，质量改进是质量控制的方向。控制意味着维持质量水平，是对"今天"的要求；质量改进意味着突破提高，是为"明天"的需要。②质量控制是日常工作，可纳入"操作规程"中贯彻执行；质量改进是阶段性工作，不能纳入"操作规程"，只能纳入"质量计划"中，通常以专题改进项目的形式进行。

质量改进项目的选择重点应是长期性缺陷，选择改进项目需要考虑4点：①市场质量竞争最敏感的项目；②质量指标达不到规定"标准"的项目；③产品或服务质量低于行业先进水平的项目；④其他项目，如质量成本高、用户意见集中、索赔诉讼、影响产品信誉的项目等。

质量改进实施方法有2种，分别是PDCA实施方法和DMAIC方法。PDCA实施方法的7个步骤如下：①明确问题；②掌握现状；③分析问题原因；④拟定和实施对策；⑤确认效果；⑥防止问题再发生并标准化；⑦总结。DMAIC方法是6σ管理中流程改善的工具，由定义（Define）、测量（Measure）、分析（Analyze）、改进（Improve）、控制（Control）5个实施步骤构成。

备考点拨

本考点学习难度星级：★★☆（适中），考试频度星级：★★☆（中频）。

本考点考查IT服务质量管理过程，每个过程都有较多对应的细分出题点。质量策划过程需要掌握其输入、内容和输出；质量控制过程需要掌握硬件类和服务类产品的生产技术过程举例，以及质量管理过程；质量保证过程可以和质量控制过程对比学习，重点掌握其区别；同样，质量改进过程也可以和质量控制过程进行对比学习。除此之外，关于改进项目的选择四要素、PDCA实施方法和DMAIC方法也需要掌握。

考题精练

1. 质量策划的输入不包括（　　）。

   A．质量方针或上级质量目标要求　　B．竞争对手的质量策略
   C．与策划内容有关的业绩或成功经历　D．过去的经验教训

【解析】答案为B。质量策划的输入包括质量方针或上级质量目标要求、与策划内容有关的业绩或成功经历、过去的经验教训等，不包括竞争对手的质量策略。

2. 质量控制的基础是（　　）。

   A．过程控制　　B．最终检验　　C．生产环节的参与　　D．服务反馈

【解析】答案为A。质量控制的关键是确保所有质量过程和活动始终处于完全受控状态，一旦发现问题应及时采取措施恢复受控状态，所以质量控制的基础是过程控制。

3. 质量保证侧重于（　　）。

   A．为满足质量要求提供使对方信任的证据

   B．关注内部质量提升

   C．满足质量要求

   D．质量检验

【解析】 答案为 A。质量保证侧重于为满足质量要求提供使对方信任的证据，质量控制侧重于如何满足质量要求。

【考点 58】服务质量评价模型和管理活动

IT 服务质量评价模型

考点精华

IT 服务质量评价来自于 IT 服务供方、IT 服务需方和第三方的需要。IT 服务供方需要通过对服务过程能力和服务质量的量化，以最符合成本的方式提供 IT 服务产品；IT 服务需方需要通过对供方 IT 服务能力的量化来评价选择供应商，同时通过对服务质量的量化来验证服务等级满足程度；IT 服务第三方需要通过对供方服务能力和实际服务绩效的量化考评作为授予签质和颁发证书的依据。

信息技术服务质量模型定义了服务质量的 5 类特性：安全性、可靠性、响应性、有形性和友好性。每类服务质量特性进一步细分为子特性，如图 6-3 所示。

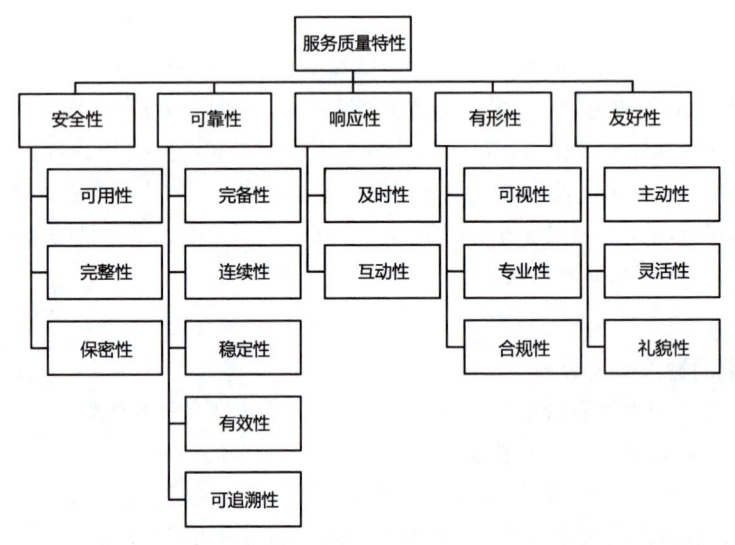

图 6-3　信息技术服务质量模型

运维服务质量管理包括运维服务质量策划、运维服务质量检查、运维服务质量改进 3 项活动。

1. 运维服务质量策划。运维服务质量负责人和运维业务负责人进行运维服务质量策划的内容包括：①确定运维服务质量的目标；②确定运维服务质量管理的活动，常见的活动形式包括：项目质量保证、用户满意度管理、客户投诉管理、日常检查、质量文化和质量教育、体系内部审核及管理评审；③确定运维服务质量管理相关的职责和权限；④确定时间安排和频率周期；⑤形成质量策划文件后正式发送给相关方。

2. 运维服务质量检查。质量人员进行质量检查时，常见的质量检查和实施活动包括：①进行满意度调查；②运维各项目质量保证工作实施；③内审；④管理评审；⑤日常检查；⑥质量文化培训等。运维服务质量负责人和运维业务负责人需要定期关注质量检查的执行状况，关注方式可以是正式的，也可以是非正式的，比如：①定期召开质量会议；②定期质量报告；③不定期的邮件质量问题沟通。

3. 运维服务质量改进。运维服务质量负责人和运维业务负责人针对当前质量问题确定质量改进方向和目标。虽然具体改进工作由质量人员落实，但最终结果需要运维服务质量负责人和运维业务负责人决定并掌控，避免改进工作流于形式。

📢备考点拨

本考点学习难度星级：★☆☆（简单），考试频度星级：★☆☆（低频）。

本考点考查服务质量评价模型和运维服务质量管理活动，质量模型用于定义服务质量的各项特性，分为5类：安全性、可靠性、响应性、有形性和友好性，每类服务质量特性进一步细分为若干个子特性，需要记住5类的特性，子特性了解定义即可，这些子特性基本上通过名字就能大概了解，如果选择题的题干描述了一段定义，考查是哪个子特性，可以使用排除法拿到分数。运维服务质量管理的3项活动，需要掌握分别的活动内容，以及在这之中运维服务质量负责人和运维业务负责人的职责。

🔗考题精练

1. IT服务供方进行服务质量量化的目的是（ ）。

    A．以最符合成本的方式提供IT服务产品

    B．评价选择供应商

    C．验证服务等级满足程度

    D．作为授予签质和颁发证书的依据

【解析】答案为A。IT服务供方需要通过对服务过程能力和服务质量的量化，以最符合成本的方式提供IT服务产品；IT服务需方是评价选择供应商及验证服务等级满足程度；IT服务第三方是将量化考评作为授予签质和颁发证书的依据。

2. 信息技术服务质量模型中，不包含（ ）。

    A．安全性　　　　B．高效性　　　　C．响应性　　　　D．有形性

【解析】答案为B。信息技术服务质量模型定义了服务质量的5类特性：安全性、可靠性、响应性、有形性和友好性，不包含高效性。

3. 运维服务质量负责人和运维业务负责人关注质量检查执行状况的非正式方式不包括（ ）。

    A．定期召开质量会议　　　　　　B．不定期的邮件质量问题沟通

    C．私下交流探讨　　　　　　　　D．以上都不是

【解析】答案为A。定期召开质量会议属于正式的关注方式，非正式的关注方式有不定期的邮件质量问题沟通、私下交流探讨等。

第 7 章
软件开发过程管理考点精讲及考题实练

7.1 章节考情速览

软件开发过程管理章节的内容相对较多，考点逻辑按照软件工程的流程方法论展开，所以本章节的备考策略是按照流程去理解和学习，软件工程大的流程分为软件需求、软件设计、软件实现、部署交付这4个知识块，这4个知识块也是本章的备考重点。除了明显的软件工程大流程之外，对软件开发过程起到支持作用的还有配置质量等管理、软件过程能力成熟度和软件工厂。工程学的内容不同于之前的架构、也不同于之后的各类信息系统管理，工程学通常不会涉及太多的具体技术，也不会涉及具体操作，所以软件开发过程管理章节的理解难度不是很大，在理解中学习会让这一章事半功倍。

软件开发过程管理内容较多，所以可供考查的考点也比较多，参考过去经验看，预计会考查5分左右，以基础知识科目考查为主，偶尔也会在应用技术题中以理论作答题出现。

7.2 考点星级分布图

本章涉及的主要考点分布及难度与频度双星级如图 7-1 所示。

软件开发过程管理考点

- **软件需求**
  - 【考点59】软件开发活动、职责与过程模型 — 难度星级：★★　频度星级：★★
  - 【考点60】需求3层次和QFD 3类需求 — 难度星级：★　频度星级：★★★

- **软件设计**
  - 【考点61】结构化分析 — 难度星级：★★　频度星级：★★★
  - 【考点62】面向对象分析 — 难度星级：★★　频度星级：★★★
  - 【考点63】SRS和需求确认变更与跟踪 — 难度星级：★　频度星级：★★
  - 【考点64】结构化设计 — 难度星级：★★　频度星级：★★
  - 【考点65】面向对象设计 — 难度星级：★★　频度星级：★★
  - 【考点66】统一建模语言（UML）— 难度星级：★★　频度星级：★

- **软件实现**
  - 【考点67】设计模式与软件编码 — 难度星级：★★★　频度星级：★
  - 【考点68】软件测试 — 难度星级：★　频度星级：★★

- **部署交付**
  - 【考点69】持续交付和持续部署 — 难度星级：★★　频度星级：★★★

- **全过程管理关注**
  - 【考点70】软件配置管理 — 难度星级：★★　频度星级：★
  - 【考点71】软件质量管理 — 难度星级：★★　频度星级：★★
  - 【考点72】工具管理 — 难度星级：★★　频度星级：★★

- **软件过程能力成熟度**
  - 【考点73】软件过程能力成熟度 — 难度星级：★　频度星级：★

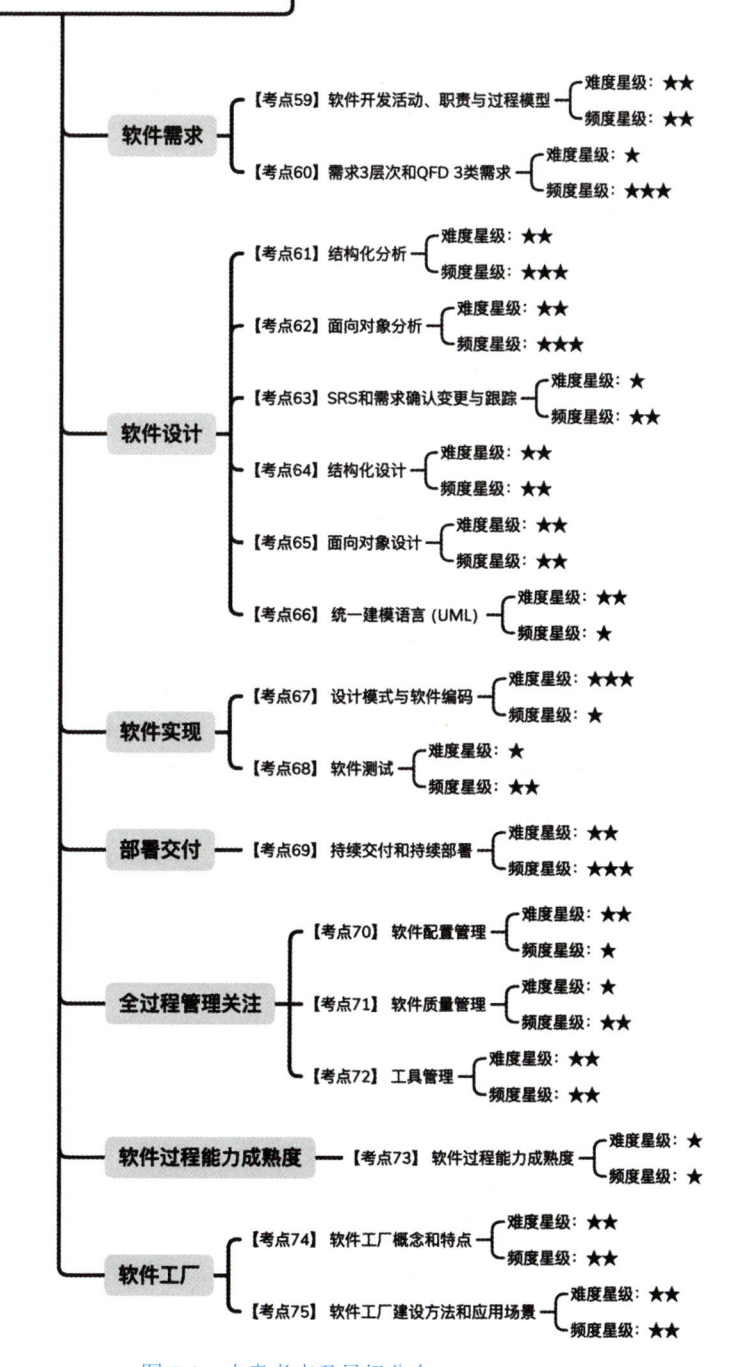

- **软件工厂**
  - 【考点74】软件工厂概念和特点 — 难度星级：★★　频度星级：★★
  - 【考点75】软件工厂建设方法和应用场景 — 难度星级：★★　频度星级：★★

图 7-1　本章考点及星级分布

7.3　核心考点精讲及考题实练

【考点 59】软件开发活动、职责与过程模型

软件开发活动、职责与过程模型

🔵 考点精华

软件开发过程包括 6 个关键活动：①需求分析：通过与客户沟通，了解需求并制订需求文档；②系统设计：设计系统架构、接口、数据模型和算法，并制订设计文档；③编码：根据设计文档编写代码，实现系统功能；④测试：对系统进行测试，确保功能正确、性能良好和安全稳定；⑤部署：将系统部署到生产环境；⑥维护：对系统进行监控、备份、恢复和更新。

管理工程师在软件开发过程中的职责如下：①项目计划：确定目标、范围、时间、成本和质量要求，制订项目计划；②项目组织：确定组织结构，分配资源，确定成员职责；③项目执行：根据项目计划和组织结构，实施项目各项活动；④项目控制：监控项目进度和性能，确保按计划进行；⑤项目结束：完成所有活动，交付项目产出，评估项目绩效。

开发过程模型包括瀑布模型、迭代模型、增量模型、螺旋模型、敏捷模型 5 类，其定义、优缺点见表 7-1。

表 7-1　开发过程模型

开发过程模型	定义	优点	缺点
瀑布模型	瀑布模型包含需求分析、系统设计、编码、测试、部署、维护等一系列连续的阶段，每个阶段都有明确的任务和目标，而且依赖前一个阶段的完成	易于理解和管理，有助于确保质量和项目管理，适用于需求稳定、项目相对简单的情况	• 不适用于需求不明确或可能变化的项目； • 不适合大型和复杂的项目； • 后期发现问题将导致阶段回撤，进而导致时间和成本的增加
迭代模型	将开发过程分为一系列重复迭代的模型，每个迭代完成后，均可以得到可运行的系统	• 更灵活地应对需求的变化； • 更早地发现和解决问题，降低风险； • 适用于需求不稳定、项目相对复杂的情况	• 需要更多的管理控制； • 可能产生较多的文档； • 可能导致项目时间和成本的增加
增量模型	将开发过程分为一系列增量的模型，每个增量完成后，可以得到具有部分功能的系统	• 可以逐步交付系统的功能； • 更早地发现和解决问题，降低风险； • 适用于需求不稳定、项目相对复杂的情况	• 需要更多的管理和控制； • 需要在项目开始时确定所有的需求； • 可能导致项目时间和成本的增加

续表

开发过程模型	定义	优点	缺点
螺旋模型	将开发过程分为一系列迭代的模型，并在每个迭代进行风险分析。每个迭代完成后，可以得到可运行的系统	• 更灵活地应对需求的变化； • 在每个迭代进行风险分析，降低风险； • 适用于需求不稳定、项目相对复杂、风险较高的情况	• 需要更多的管理和控制； • 可能产生较多的文档； • 可能导致项目时间和成本的增加
敏捷模型	强调灵活性和快速响应变化的开发模型，包括 Scrum、Kanban、极限编程（XP）等	• 可以灵活应对需求变化，提高项目适应性； • 强调团队协作和持续改进； • 适用于需求不稳定、项目相对复杂、时间敏感的情况	• 需要团队有较高的自我管理能力； • 可能不适合需求明确、项目相对简单的情况； • 可能不适合大型和复杂的项目

备考点拨

本考点学习难度星级：★★☆（适中），考试频度星级：★★☆（中频）。

本考点考查软件开发过程的一些基本概念，除了软件开发的 6 个关键活动和管理工程师的 5 项职责之外，重点是 5 类开发过程模型的定义和区别，最常出题的方式是给出一段描述，判断其是哪一种开发过程模型，或者通过张冠李戴的方式让你判断关于优缺点的描述是否正确。由此可见，开发过程模型的备考重在理解，而非死记硬背，理解不同开发过程模型的优缺点差异。

考题精练

1. （　　）适用于需求稳定、项目相对简单的情况。

　　A．瀑布模型　　　B．迭代模型　　　C．增量模型　　　D．敏捷模型

【解析】答案为 A。瀑布模型易于理解和管理，有助于确保质量和项目管理，适用于需求稳定、项目相对简单的情况；迭代模型、增量模型、敏捷模型适用于需求不稳定、项目相对复杂的情况。

2. 迭代模型的优点不包括（　　）。

　　A．更灵活地应对需求的变化

　　B．更早地发现和解决问题，降低风险

　　C．适用于需求不稳定、项目相对复杂的情况

　　D．不需要太多的管理控制

【解析】答案为 D。迭代模型的优点是更灵活地应对需求的变化、更早地发现和解决问题、降低风险、适用于需求不稳定和项目相对复杂的情况，但需要更多的管理控制。

3. 增量模型的缺点不包括（　　）。

　　A．需要更多的管理和控制　　　　　　B．需要在项目开始时确定所有需求

　　C．可能导致项目时间和成本的增加　　D．不适用于大型和复杂的项目

【解析】答案为 D。增量模型需要更多的管理和控制、需要在项目开始时确定所有需求、可能导致项目时间和成本的增加。

【考点 60】需求 3 层次和 QFD 3 类需求

🔷 考点精华

需求包括业务需求、用户需求和系统需求 3 个层次，3 个不同层次的需求从目标到具体，从整体到局部，从概念到细节。

1. 业务需求。业务需求是对系统、产品高层次的目标要求，来自项目投资人、业务部门、购买产品的客户、市场营销部或产品策划部。通过业务需求可以确定项目视图和范围，为后续的设计开发奠定基础。

2. 用户需求。用户需求描述用户具体目标，是用户要求系统必须完成的任务和想达到的结果，用户需求构成了用户原始的需求文档。用户需求体现了产品能给用户带来的价值，描述了用户使用系统做什么，通常使用用户访谈和问卷调查等方式获取用户需求。

3. 系统需求。系统需求从系统角度说明软件需求，系统需求包括功能需求、非功能需求和约束。功能需求也称行为需求，通过系统特性进行描述，说明了必须在系统中实现的软件功能；非功能需求指系统必须具备的属性或品质，又可细分为软件质量属性和其他非功能需求，包括产品必须遵从的标准、规范和合约；约束是指在软件产品设计和构造上的限制，比如设计约束和过程约束。

质量功能部署（Quality Function Deployment，QFD）将软件需求分为 3 类，分别是常规需求、期望需求和意外需求。

1. 常规需求。常规需求是用户认为系统应该做到的功能或性能，实现得越多，用户越满意。
2. 期望需求。期望需求是用户想当然认为系统应具备的功能或性能，但不能正确描述，如果期望需求没有实现，用户会感到不满意。
3. 意外需求。意外需求也称兴奋需求，是用户范围外的功能或性能，实现意外需求用户会更高兴，不实现也不影响购买决策。意外需求控制在开发人员手中，开发人员可以选择实现更多的意外需求，也可以出于成本或周期考虑，选择不实现任何意外需求。

🔷 备考点拨

本考点学习难度星级：★☆☆（简单），考试频度星级：★★★（高频）。

本考点考查需求 3 层次和 QFD 3 类需求。需求可以从两个维度分两大类，一个维度是层次维度，从层次维度分为业务需求、用户需求和系统需求；另一个维度是 QFD 维度，也就是质量功能部署维度，也可以分成三类。QFD 是将用户要求转化成软件需求的技术，最终是提升用户满意度。QFD 将软件需求分成常规需求、期望需求和意外需求。这几类需求的名字以及对应的特点需要掌握，曾经多次考查过。

🔷 考题精练

1. 需求的 3 个层次从目标到具体的顺序是（　　）。
   A．业务需求 - 用户需求 - 系统需求　　B．系统需求 - 用户需求 - 业务需求
   C．用户需求 - 业务需求 - 系统需求　　D．业务需求 - 系统需求 - 用户需求

【解析】答案为 A。需求包括业务需求、用户需求和系统需求 3 个层次，从目标到具体的顺

序是业务需求 - 用户需求 - 系统需求。

2．系统需求中的功能需求也被称为（　　）。

A．行为需求　　　B．质量属性需求　　C．设计约束需求　　D．过程约束需求

【解析】答案为 A。系统需求中的功能需求也称行为需求，通过系统特性进行描述，说明了必须在系统中实现的软件功能。

3．质量功能部署（QFD）中，（　　）是用户想当然认为系统应具备的功能或性能，但并不能正确描述。

A．常规需求　　　B．期望需求　　　C．意外需求　　　D．以上都不是

【解析】答案为 B。期望需求是用户想当然认为系统应具备的功能或性能，但并不能正确描述，如果期望需求没有实现，用户会感到不满意。

【考点 61】结构化分析

◉ 考点精华

在需求获取阶段获得的需求杂乱无章，需要分析人员把杂乱的用户要求和期望转化为用户需求，这是需求分析要做的工作。

结构化分析（Structured Analysis，SA）建立模型的核心是数据字典。围绕数据字典核心，有 3 个层次的模型，分别是数据模型、功能模型和行为模型。一般用实体关系图（E-R 图）表示数据模型，用数据流图（Data Flow Diagram，DFD）表示功能模型，用状态转换图（State Transform Diagram，STD）表示行为模型。

DFD 需求建模方法属于结构化分析，也称过程建模和功能建模法，DFD 从数据传递加工角度，利用图形符号逐层描述系统部件功能和数据传递情况，从而说明系统的功能。DFD 需求建模方法的核心是数据流，从应用系统数据流入手，以图形方式描述具体业务系统中的数据处理过程和数据流。

DFD 建模方法首先抽象具体应用的主要业务流程，通过分析输入、分析系统业务流程，把要解决的问题清晰展现出来，为后续设计、编程及实现系统功能打下基础。DFD 方法由 4 种基本元素（模型对象）组成，分别是数据流、处理 / 加工、数据存储和外部项。

1．数据流用箭头表示数据流向，在箭头上标注信息说明或数据项。
2．处理表示对数据进行加工和转换，在 DFD 中使用矩形框表示。
3．数据存储表示用数据库形式或者文件形式存储数据。
4．外部项也称数据源或数据终点，在 DFD 中用圆角框或者平行四边形框表示。

DFD 用来描述系统的功能需求，具体的建模过程及步骤有 5 步：①明确目标，确定系统范围；②建立顶层 DFD；③构建第一层 DFD 分解图；④开发 DFD 层次结构图；⑤检查确认 DFD。经过 5 步建模之后，顶层图被逐层细化成为最终的 DFD 层次结构图。层次结构图中的上一层是下一层的抽象，下一层是上一层的细化，最后一层中的每个处理都面向具体描述，即一个处理模块仅描述解决一个问题。

数据字典（Data Dictionary）对数据的数据项、数据结构、数据流、数据存储、处理逻辑等进行描述，对数据流图中各个元素进行详细说明，数据字典是用户可以访问的记录数据库和应用程序元数据的目录。

数据字典作为分析阶段的工具，包括数据项、数据结构、数据流、数据存储、处理过程等。

1. 数据项：数据项是不可再分的数据单位，若干个数据项可以组成一个数据结构。数据项的描述包括数据项名、含义说明、别名、数据类型、长度、取值范围、取值含义及与其他数据项的逻辑关系等。其中取值范围、与其他数据项的逻辑关系定义了数据的完整性约束条件，是设计数据检验功能的依据。

2. 数据结构：数据结构由若干个数据项组成，也可以由若干个数据结构组成，或由若干个数据项和数据结构混合组成。对数据结构的描述包括数据结构名、含义说明和组成等。

3. 数据流：数据流是数据结构在系统内的传输路径。对数据流的描述包括数据流名、说明、数据流来源、数据流去向、组成、平均流量、高峰期流量等。

4. 数据存储：数据存储是数据结构保存的地方，是数据流的来源和去向。对数据存储的描述包括数据存储名、说明、编号、流入数据流、流出数据流、组成、数据量、存取方式等。

5. 处理过程：数据字典中只需描述处理过程的说明性信息，包括处理过程名、说明、输入数据流、输出数据流、处理简要说明等。

备考点拨

本考点学习难度星级：★★☆（适中），考试频度星级：★★★（高频）。

本考点考查结构化分析，结构化分析是需求分析的一种方法（另外一种是面向对象分析）。需求分析是把杂乱无章的用户要求，转化成用户需求的过程。结构化分析（SA）的核心是数据字典，围绕数据字典核心，会分别生成数据模型、功能模型和行为模型，数据模型使用实体关系图（E-R图）表示，功能模型使用数据流图（DFD）表示，行为模型使用状态转换图（STD）表示，这些是考点的关键，需要掌握透彻。DFD方法的4种基本元素需要掌握，DFD的建模过程和后面项目管理章节要介绍的WBS过程很类似，包含了5步，5步完成后可以得到类似千层蛋糕的DFD层次结构图；数据字典最重要的作用是作为分析阶段的工具，有点像WBS字典对WBS的作用。

考题精练

1. 结构化分析3个层次模型的图形不包括（　　）。
   A．实体关系图　　　B．数据流图　　　C．状态转换图　　　D．关联图

【解析】答案为D。结构化分析（SA）分别生成数据模型、功能模型和行为模型，数据模型使用实体关系图（E-R图）表示，功能模型使用数据流图（DFD）表示，行为模型使用状态转换图（STD）表示。

【考点62】面向对象分析

考点精华

面向对象分析（Object-Oriented Analysis，OOA）模型包含5个层次，分别是主题层、对象类

层、结构层、属性层和服务层，还包含 5 个活动，分别是标识对象类、标识结构、定义主题、定义属性和定义服务。OOA 定义了两种对象类结构，分别是分类结构和组装结构，分类结构是一般与特殊的关系，组装结构是整体与部分的关系。

OOA 的基本原则包括抽象、封装、继承、分类、聚合、关联、消息通信、粒度控制和行为分析。

1. 抽象：抽象是丢弃事物的个别、非本质特征，抽取事物的共同、本质性特征。抽象原则包括过程抽象和数据抽象两方面，过程抽象是指完成确定功能的操作序列，数据抽象强调把数据（属性）和操作（服务）结合为不可分的系统单位（对象），数据抽象是 OOA 的核心原则。

2. 封装：封装把对象的属性和服务结合为不可分的系统单位，并尽可能隐蔽对象内部细节。

3. 继承：继承是指特殊类的对象拥有对应一般类的全部属性与服务，所以特殊类就不用再重复定义一般类中已经定义好的内容，由此可见继承原则的好处是确保系统模型更加简练清晰。

4. 分类：分类是把具有相同属性和服务的对象划分为同一类，用类作为这些对象的抽象描述。

5. 聚合：聚合又称组装，是把复杂的事物看成多个简单事物的组装体。

6. 关联：关联是通过一个事物联想到另外的事物，这是因为两类事物之间本来就存在联系。

7. 消息通信：要求对象之间只能通过消息进行通信，不允许在对象之外直接存取内部属性。

8. 粒度控制：粒度控制原则是指考虑全局时注意大的组成部分，暂时不考虑具体细节；考虑某部分细节时，暂时不考虑其余部分。

9. 行为分析：行为分析原则指事物的行为存在复杂性，各种行为相互依赖、相互交织。

OOA 的 5 个基本步骤如下：

1. 确定对象和类：对象是对数据及其处理方式的抽象，反映了系统保存处理现实世界事物信息的能力。类是多个对象共同属性和方法集合的描述，包含了在类中建立新对象的描述。

2. 确定结构：结构指问题域的复杂性和连接关系。类成员结构反映泛化 - 特化关系，整体 - 部分结构反映整体和局部间的关系。

3. 确定主题：主题指事物的总体概貌和总体分析模型。

4. 确定属性：属性是数据元素，在对象存储中指定，用来描述对象或分类结构的实例。

5. 确定方法：方法是收到消息后必须进行的处理方法，同属性一样在对象存储中指定。

📣 备考点拨

本考点学习难度星级：★★☆（适中），考试频度星级：★★★（高频）。

本考点考查面向对象分析，面向对象分析考点主要是 2 个：一个是基本原则；另一个是基本步骤。面向对象的基本原则比较多，不过如果学过编程，理解起来很容易，这些基本原则分别是抽象、封装、继承、分类、聚合、关联、消息通信、粒度控制和行为分析。整体上看面向对象分析的 5 个基本步骤，首先就是确定对象和类，这是源自客观世界的基本组成单位，之后是确定结构和主题，类似于把框架和模型定下来，最后是分别确定不同类的属性和方法。

🔗 考题精练

1. （   ）不是 OOA 模型的层次。

    A．主题层   B．操作层   C．属性层   D．服务层

【解析】答案为 B。OOA 模型包含主题层、对象类层、结构层、属性层和服务层 5 个层次，并不存在操作层。

【考点 63】SRS 和需求确认变更与跟踪

◎ 考点精华

软件需求规格说明书（Software Requirement Specification，SRS）是需求分析的最终结果，软件需求规格说明书使项目干系人与开发团队对系统有共同理解，成为开发工作的基础。SRS 是软件开发最重要的文档之一，任何规模和性质的软件项目都不应该缺少。SRS 包括范围、引用文件、需求、合格性规定、需求可追踪性、尚未解决的问题、注解和附录。

正因为 SRS 如此重要，所以有必要对 SRS 的正确性进行验证，确保需求符合良好特征，这就称为 SRS 的需求验证，也称需求确认。一般通过需求评审和需求测试工作来对 SRS 进行需求验证，需求评审是对 SRS 进行技术评审，从而在需求开发阶段以较低代价解决可能的问题。

1. 需求验证确定的内容包括：
（1）SRS 正确描述了满足项目干系人需求的系统预期行为和特征。
（2）SRS 中的软件需求是从系统需求、业务规格和其他来源中正确推导而来的。
（3）需求是完整的和高质量的。
（4）需求的表示在所有地方都是一致的。
（5）需求为继续进行系统设计、实现和测试提供了足够的基础。

2. 变更控制过程包含如下 3 步：
（1）问题分析和变更描述：提出变更提议后，需要对变更提议进行进一步的分析并检查有效性，从而产生更加明确的需求变更提议。
（2）变更分析和成本计算：接受变更提议后，需要对需求变更提议进行影响分析和评估，变更成本计算包括变更引起的所有改动成本。
（3）变更实现：在传统计划驱动模型中，变更的实现需要回溯到需求分析阶段，重新做对应的需求分析、设计和实现步骤；在敏捷开发模型中，会将需求变更纳入下一次迭代中实现。

变更控制过程跟踪已建议变更的状态，确保已建议的变更不会丢失或疏忽。一旦确定了需求基线，所有已建议的变更都必须遵循变更控制过程。变更控制过程不是给变更设置障碍，通过变更控制过程可以确保采纳合适的变更，确保变更产生的负面影响降到最低。

3. 常见的需求变更策略包括以下 6 点：
（1）需求变更必须遵循变更控制过程。
（2）未获得批准的变更，不能执行设计和实现工作。
（3）由项目变更控制委员会决定实现哪些变更。
（4）项目风险承担者应该了解变更的内容。
（5）不能从项目配置库中删除或者修改变更请求的原始文档。
（6）每个集成的需求变更必须能跟踪到经核准的变更请求。

变更控制委员会（Change Control Board，CCB）负责裁定接受哪些变更，CCB 由项目涉及的多方成员共同组成，通常包括用户和实施方的决策人员。CCB 是决策机构，不是作业机构，通常 CCB 的工作是通过评审手段来决定项目是否能变更，但不提出变更方案。

需求跟踪矩阵是一份跟踪每个需求同系统元素之间联系的文档，具体而言，在需求跟踪矩阵中建立和维护了"需求 - 设计 - 编程 - 测试"之间的一致性联系，提供了从需求到产品实现整个过程的跟踪能力，所以需求跟踪有助于对变更的影响分析，有助于确认和评估需求变更所必需的工作。

通过需求跟踪，能够确保所有的工作成果符合用户需求，需求跟踪有正向跟踪和逆向跟踪两种方式。正向跟踪是检查 SRS 中的每个需求是否都能在后续工作成果中找到对应点，逆向跟踪是检查设计文档、代码、测试用例等工作成果是否都能在 SRS 中找到出处。正向跟踪和逆向跟踪合称为双向跟踪，无论采用何种跟踪方式，都需要建立与维护需求跟踪矩阵。

备考点拨

本考点学习难度星级：★☆☆（简单），考试频度星级：★★☆（中频）。

本考点考查软件需求规格说明书、需求确认、需求跟踪和需求变更。需求规格说明书是软件需求分析的最终结果，不论项目规模大小，SRS 都不能少，这里有可能会出判断题；需求跟踪是双向的，通过一正一逆双向跟踪，我们在对需求变更进行影响分析的时候就非常方便，顺藤摸瓜就找出了变更的影响范围和需要做的工作；提到变更管理，最重要的是变更控制过程，变更控制过程是重点，基础知识和应用技术都可能会考查到。

考题精练

1. 常见的需求变更策略不包括（　　）。
    A. 需求变更必须遵循变更控制过程
    B. 当变更申请处理完成并关闭后，可以从项目配置库中删除原始文档
    C. 每个集成的需求变更必须能跟踪到经核准的变更请求
    D. 由项目变更控制委员会决定实现哪些变更

【解析】答案为 B。常见的需求变更策略包括以下 6 点：①需求变更必须遵循变更控制过程；②未获得批准的变更，不能执行设计和实现工作；③由项目变更控制委员会决定实现哪些变更；④项目风险承担者应该了解变更的内容；⑤不能从项目配置库中删除或者修改变更请求的原始文档；⑥每个集成的需求变更必须能跟踪到经核准的变更请求。

【考点 64】结构化设计

考点精华

结构化设计（Structured Design，SD）以 SRS 和 SA 阶段所产生的 DFD 和数据字典等文档为基础，是自顶向下、逐层分解、逐步求精和模块化的过程。SD 将系统划分为模块，是面向数据流的方法，目的在于确定软件结构。

1. 模块是组成系统的基本单位，可以自由组合、分解和变换，具有如下 4 个特点：

（1）信息隐藏与抽象。信息隐藏采用封装技术，将模块实现细节隐藏起来，让模块接口尽量简单化。这样模块之间相对独立，易于理解和实现维护。

（2）模块化。模块具有功能、逻辑和状态 3 个基本属性。功能描述模块"做什么"，逻辑描述模块"怎么做"，状态描述模块使用的环境和条件。模块又分为内外部特性，外部特性指模块名、参数表和影响，内部特性指程序代码和使用的数据。软件设计阶段通常先确定模块外部特性，再确定内部特性。对于模块外部的调用者而言，只需要了解模块的外部特性就够了，不用了解其内部特性。

（3）耦合。耦合表示模块间的联系程度。紧密耦合表示模块间联系紧密，松散耦合表示模块之间联系松散，非直接耦合则表示模块之间无直接联系。模块的耦合类型分 7 种，按照耦合度从低到高分别为：非直接耦合、数据耦合、标记耦合、控制耦合、通信耦合、公共耦合、内容耦合。

（4）内聚。内聚是从功能角度度量模块内的联系，表示模块内部代码之间联系的紧密程度，一个好的内聚模块应当只做目标单一的一件事。模块的内聚类型也分 7 种，根据内聚度从高到低分别为：功能内聚、顺序内聚、通信内聚、过程内聚、时间内聚、逻辑内聚、偶然内聚。

系统结构图（Structure Chart，SC）也称模块结构图，作为概要设计阶段的工具，反映了系统的功能实现和模块间的联系与通信，包括各模块间的层次结构和系统的总体结构。

详细设计必须遵循概要设计来进行，详细设计方案的更改，不得影响到概要设计方案，如果需要更改概要设计，必须经过项目经理同意。详细设计的目标既包含实现模块功能的算法逻辑正确，也包含算法描述简明易懂。详细设计对应的交付物详细设计文档，主要描述了模块的详细设计方案说明。

2. 详细设计的表示工具有图形工具、表格工具和语言工具 3 种。

（1）图形工具。图形工具能够把过程细节描述出来，具体的图形工具有业务流程图、程序流程图、问题分析图（Problem Analysis Diagram，PAD）、NS 流程图等。

1）业务流程图用于描述管理系统内各单位、人员之间的业务关系、作业顺序和管理信息流向。业务流程图的绘制按照业务的实际处理步骤和过程进行，帮助分析人员找出业务流中的不合理流向。

2）程序流程图又称程序框图，是使用最广泛的程序逻辑结构描述工具。程序流程图用方框表示处理步骤，用菱形表示逻辑条件，用箭头表示控制流向。优点是结构清晰、易于理解、易于修改，缺点是只能描述执行过程而不能描述有关的数据。

3）问题分析图可以用来取代程序流程图，因为比程序流程图更直观、结构更清晰。PAD 最大的优点是能够反映和描述自顶向下的历史和过程。PAD 提供了 5 种基本控制结构图示，允许递归使用。

4）NS 流程图也称盒图或方框图，是强制使用结构化构造的图示工具。NS 流程图的功能域明确，不能任意转移和控制，容易确定局部和全局数据的作用域，容易表示嵌套关系及模板的层次关系。

（2）表格工具用表格描述过程的细节，可以在表格中列出各种可能的操作和相应的条件。

（3）语言工具。可以使用伪码或 PDL（Program Design Language）等高级语言来描述过程细节，PDL 也叫伪码或结构化语言，用于描述模块内部的具体算法，帮助开发人员进行较为精确的交流。PDL 语法是开放式的，外层语法确定，内层语法不确定。PDL 的优点是可以作为注释直接插在源程序中，可以自动由 PDL 生成程序代码。PDL 的缺点是没有图形工具形象直观，描述复杂问题时不如判定树清晰简单。

备考点拨

本考点学习难度星级：★★☆（适中），考试频度星级：★★☆（中频）。

本考点考查结构化设计，共有模块结构和详细设计 2 个子考点。之前提到的需求分析阶段解决做什么的问题，软件设计阶段解决怎么做的问题。详细设计和概要设计之间的关系是，详细设计必须遵循概要设计来进行，即概要设计要领导详细设计，这个想想也就明白了，否则概要设计不是白做了吗？所以如果想要改详细设计方案，那么尽量不要影响概要设计方案，如果不得不影响到概要设计，必须经过项目经理同意才行。详细设计的表示工具有 3 种，这些工具和图形的特点，以及由此延伸出来的优缺点需要掌握。

考题精练

1. 结构化详细设计的表示工具不包括（　　）。
   A．文本工具　　　B．表格工具　　　C．图形工具　　　D．语言工具

【解析】答案为 A。结构化详细设计的表示工具有图形工具、表格工具和语言工具 3 种。

【考点 65】面向对象设计

考点精华

面向对象设计（Object-Oriented Design，OOD）的基本思想包括抽象、封装和可扩限性，可扩展性通过继承和多态实现。OOD 对类和对象进行设计，解决同时提高软件可维护性和可复用性的核心问题，OOD 中可维护性的复用以设计原则为基础。

1. 常用的 OOD 原则包括 7 个，如下所示。

（1）单职原则：一个类有且仅有一个引起它变化的原因，否则类应该被拆分成多个。

（2）开闭原则：对扩展开放，对修改封闭。当需求改变时，在不修改现有源码的前提下，可以通过扩展模块功能满足新需求。

（3）里氏替换原则：里氏替换原则是指子类可以替换父类，也就是子类可以扩展父类功能，但无法改变父类原有功能。

（4）依赖倒置原则：依赖于抽象，而不是具体实现，针对接口编程，而不是针对实现编程。

（5）接口隔离原则：使用多个专门接口比使用单一的总接口更好。

（6）组合重用原则：尽量使用组合而不是继承关系来达到重用目的。

（7）迪米特原则：又叫最少知识法则，指一个对象应当对其他对象尽可能少了解，目的是降低类之间的耦合度，提高模块的相对独立性。

2. OOD 中的类分 3 种类型，分别是实体类、控制类和边界类。

（1）实体类。实体类对应需求中的实体，在实体类中保存需存储在永久存储体中的信息。由此可见，实体类都是永久性的类，实体类的属性和关系是长期需要的，甚至在系统的全生命周期都需要。对用户而言，实体类是最有意义的类，通常使用名词的形式采用业务领域术语进行实体类命名，可以从 SRS 中与数据库表对应的名词入手来识别实体类。实体类一定有属性，但不一定有操作。

（2）控制类。控制类用于控制用例工作，命名通常使用动宾结构的短语。控制类用于对控制行为进行建模，控制类的实例是控制对象，控制对象通常控制其他对象，因此它们的行为具有协调性。

控制类将用例的特有行为进行封装，控制对象的行为与特定用例的实现相关，系统执行用例时，就会产生控制对象，用例执行完毕后控制对象会消亡。控制类没有属性，但一定有方法。

（3）边界类。边界类用于对外部环境与系统内部的交互进行建模，也就是用于系统接口与系统外部进行交互，边界类封装了用例内外流动的信息或数据流。边界类位于系统与外界的交接处，包括窗体、报表、打印机和扫描仪等硬件接口，以及与其他系统的接口。可以通过检查用例模型的方式找到并定义边界类，每个参与者和用例交互至少要有一个边界类，在系统设计时产生的报表可以作为边界类来处理。边界对象将系统与其外部环境的变更分开，从而变更不会对系统其他部分带来影响。边界类既有属性也有方法。

📖 备考点拨

本考点学习难度星级：★★☆（适中），考试频度星级：★★☆（中频）。

本考点考查面向对象设计。面向对象设计的基本思想是：抽象、封装、继承和多态，这个需要掌握，过去曾经考查过。还需要掌握的是面向对象的 7 个原则，同样过去也曾经考查过。在面向对象设计中，类可以分为 3 种类型：实体类、控制类和边界类。对这 3 种类的理解和掌握可以借助工作生活中的例子，比如如果要开发一套课程，那么课程就是实体，对应的就是实体类，课程在视频网站播放时，倍速播放用例对应的控制类是倍速播放控制器，而培训课程播放系统用来打印课件的接口，就属于边界类范畴。不同类的特点、是否有属性和方法等可以对比着学习记忆，效果会更好一些。

🔗 考题精练

1. 一个对象应当对其他对象尽可能少了解，这是面向对象设计的（　　）原则。
   A．单职　　　　B．开闭　　　　C．迪米特　　　　D．接口隔离

【解析】答案为 C。迪米特原则又叫最少知识法则，指一个对象应当对其他对象尽可能少了解，目的是降低类之间的耦合度，提高模块的相对独立性。

【考点 66】统一建模语言（UML）

🔗 考点精华

统一建模语言（Unified Modeling Language，UML）是一种建模语言，不仅支持面向对象分

统一建模语言（UML）

析法（OOA）和面向对象设计（OOD），还支持从需求分析开始的软件开发全过程。UML 结构包括构造块、规则和公共机制 3 个部分。

1. 构造块。UML 有 3 种基本构造块，分别是事物（thing）、关系（relationship）和图（diagram）。

（1）事物也叫建模元素，是 UML 模型中最基本的面向对象构造块，包括结构事物、行为事物、分组事物和注释事物。

（2）关系用来连接事物，主要有依赖、关联、泛化和实现 4 种关系：

- 依赖（Dependency）是两个事物间的语义关系，一个事物发生变化会影响另一个事物的语义。
- 关联（Association）是指一种对象和另一种对象有联系。
- 泛化（Generalization）是一般元素和特殊元素之间的分类关系，特殊元素的对象可替换一般元素的对象。
- 实现（Realization）连接不同的模型元素（类），其中一个类指定了另一个类保证执行的契约。

（3）图是多个相关联事物的集合。UML 2.0 包含了 14 种图，分别是类图、对象图、构件图、组合结构图、用例图、顺序图、通信图、定时图、状态图、活动图、部署图、制品图、包图和交互概览图。

2. 规则规定了构造块如何放在一起，包括命名、范围、可见性、完整性和执行。

3. 公共机制是达到特定目标的公共 UML 方法，主要包括规格说明、修饰、公共分类和扩展机制 4 种。

4. UML 视图包括逻辑视图、进程视图、实现视图、部署视图和用例视图 5 个系统视图。

（1）逻辑视图。逻辑视图也叫设计视图，侧重点在于如何得到功能，逻辑视图用系统静态结构和动态行为来展示系统内部的功能如何实现。

（2）进程视图。进程视图是逻辑视图的一次执行实例，是可执行线程和进程作为活动类的建模。

（3）实现视图。实现视图对组成系统的物理代码文件和构件进行建模。

（4）部署视图。部署视图表示软件到硬件的映射和分布，指把构件部署到一组物理节点上。

（5）用例视图。用例视图从外部角色视角展示系统功能，是最基本的需求分析模型。

备考点拨

本考点学习难度星级：★★☆（适中），考试频度星级：★☆☆（低频）。

本考点考查统一建模语言（UML），UML 非常强大而且学起来很简单、普遍适用。UML 是一种建模语言，它的作用域并不只是需求分析和需求设计，并不只是做面向对象分析或者面向对象设计，它支持从需求分析开始的软件开发的全过程，从整体上看，UML 结构包含构造块、规则还有公共机制 3 个部分。UML 的 3 个相关考点分别是 4 类关系、14 种图和 5 个视图。UML 2.0 里面有 14 种图，针对每种图都详细记忆不太现实、性价比较低。时间有限的情况下，建议重点理解 6 个图，分别是类图、对象图、用例图、顺序图、状态图和活动图，这 6 个图在项目实战中用得相对比较多，曾经考过一两次。

📝 考题精练

1. 统一建模语言（UML）属于（　　）。
   A．软件需求工具　　　　　　　　B．软件开发语言
   C．软件编译工具　　　　　　　　D．软件测试工具

   【解析】答案为 A。可以通过排除法选择答案，软件需求工具包括需求建模工具和需求追踪工具，UML 属于建模工具。

2. UML 适用于（　　），是为支持（　　）过程而设计的，强调在软件开发中对架构、框架、模式和组件的重用。
   A．分布式建模　面向对象　　　　B．分布式建模　结构化
   C．可视化建模　面向对象　　　　D．可视化建模　结构化

   【解析】答案为 C。UML 是一种可视化的建模语言，而不是编程语言。UML 标准包括相关概念的语义、表示法和说明，提供了静态、动态、系统环境及组织结构的模型。比较适合用于迭代式的开发过程，是为支持大部分面向对象开发过程而设计的，强调在软件开发中对架构、框架、模式和组件的重用。

【考点 67】设计模式与软件编码

📖 考点精华

设计模式有助于人们复用成功的软件设计，根据处理范围不同，设计模式分为类模式和对象模式。类模式处理类和子类之间的关系，在编译时就被确定下来，属于静态关系；对象模式处理对象之间的关系，这些关系在运行时刻变化，更具动态性。

根据目的和用途不同，设计模式分为创建型模式、结构型模式和行为型模式三种。创建型模式用于创建对象，包括工厂方法模式、抽象工厂模式、原型模式、单例模式和建造者模式等；结构型模式用于处理类或对象的组合，包括适配器模式、桥接模式、组合模式、装饰模式、外观模式、享元模式和代理模式等；行为型模式用于描述类或对象的交互以及职责分配，包括职责链模式、命令模式、解释器模式、迭代器模式、中介者模式、备忘录模式、观察者模式、状态模式、策略模式、模板方法模式、访问者模式等。

在软件编码方面，程序设计风格包括 4 方面：源程序文档化、数据说明、语句结构和输入 / 输出方法。编码效率包括如下 4 类：

1. 程序效率：程序的效率指程序的执行速度，以及程序占用的内存空间。

2. 算法效率：源程序的效率与详细设计阶段确定的算法效率直接相关，所以算法效率反映为程序的执行速度和对存储容量的要求。

3. 存储效率：提高存储效率的关键是程序简单化，考虑到存储容量对软件设计和编码制约很大，所以可以选择能够生成较短目标代码且存储压缩性能优良的编译程序，或者采用汇编程序。

4. I/O 效率：操作人员能够方便、简单地输入数据，则说明面向人的输入 / 输出是高效率的。面向设备的输入 / 输出效率，主要考虑设备本身的性能。

备考点拨

本考点学习难度星级：★★★（困难），考试频度星级：★☆☆（低频）。

本考点考查设计模式与编码效率。设计模式是为了复用前人成功的软件设计，需要掌握其根据处理范围和目的用途进行的设计模式分类，至于不同设计模式包含的具体模式，仅作了解即可。编码效率有 4 方面的效率，内容较少，理解掌握即可。

考题精练

1. 编码效率不包含（　　）。
   A．算法效率　　　　B．存储效率　　　　C．I/O 效率　　　　D．测试效率

【解析】答案为 D。编码效率包括如下 4 类：程序效率、算法效率、存储效率和 I/O 效率。

【考点 68】软件测试

考点精华

软件测试方法分为静态测试和动态测试。

1．静态测试。执行静态测试时，被测试程序不在机器上运行，只是依靠分析源代码的语句、结构、过程等来检查是否有错误，通过对需求规格说明书、设计说明书以及源程序做结构分析和流程图分析找出错误。静态测试包括对文档的静态测试和对代码的静态测试。对文档的静态测试主要以检查单的形式进行，对代码的静态测试采用桌前检查（Desk Checking）、代码走查和代码审查的方式。使用这种方法能够发现 30%～70% 的逻辑设计和编码错误。

2．动态测试。动态测试在计算机上实际运行程序进行软件测试，将运行结果与预期结果进行对比分析，动态测试包含白盒测试和黑盒测试 2 种方法。

白盒测试又称结构测试，主要用于单元测试。白盒测试将程序看作透明的白盒，测试人员清楚程序结构和处理算法，所以可以按照程序内部逻辑设计测试用例，使用静态测试的方法也可以实现白盒测试。

黑盒测试又称功能测试，黑盒测试将程序看作不透明的黑盒，完全不考虑程序的内部结构和处理算法，只是根据需求规格说明书设计测试用例，关注程序功能是否能按规范说明无误运行。

《计算机软件测试规范》（GB/T 15532）中，将软件测试分为单元测试、集成测试、确认测试、系统测试、配置项测试和回归测试。

1．单元测试是对软件模块进行测试，测试对象是可独立编译或汇编的程序模块、软件构件或软件中的类。

2．集成测试是对组装起来的模块同时进行测试。

3．确认测试验证软件功能、性能及其他特性是否与用户需求一致。

4．系统测试针对完整的、集成的计算机系统，是在完全真实的工作环境下，测试完整的软件配置项能否和系统正确连接并满足要求。

5．配置项测试的对象是软件配置项，检验软件配置项与 SRS 是否一致。

6．回归测试是在变更后，测试变更的正确性，以及软件原有正确的功能、性能等是否受到

变更的损害或影响。

📢 备考点拨

本考点学习难度星级：★☆☆（简单），考试频度星级：★★☆（中频）。

本考点考查软件测试。软件测试涉及的分类和专业术语比较多，需要熟悉和掌握不同专业术语的名字和定义，建议考生自己动手在白纸上把不同的分类用思维导图或者分解图的形式画出来，这样就能够对不同测试类型的关系一目了然，然后在此基础上掌握对应测试的定义和作用。

🔗 考题精练

1.（　　）用于验证软件功能、性能及其他特性是否与用户需求一致。
   A．集成测试　　　B．确认测试　　　C．系统测试　　　D．回归测试

【解析】答案为 B。确认测试验证软件功能、性能及其他特性是否与用户需求一致。

【考点 69】持续交付和持续部署

持续交付和持续部署

🔑 考点精华

持续交付是完全自动化的过程，业务开发完成后，持续交付可以做到一键部署。

1. 持续交付作为更完善的解决传统软件开发流程的方案，体现在：
   （1）需求阶段抛弃了传统需求文档的方式，使用便于理解的用户故事。
   （2）在开发测试阶段做到持续集成，让测试人员尽早进入项目测试。
   （3）在运维阶段打通开发和运维间的通路，保持开发环境和运维环境统一。

2. 持续交付的优势包括：
   （1）有效缩短代码提交到正式部署上线的时间，降低部署风险。
   （2）自动、快速提供反馈，及时发现和修复缺陷。
   （3）让软件在整个生命周期内都处于可部署状态。
   （4）简化部署步骤，软件版本更加清晰。
   （5）让交付过程成为可靠、可预期、可视化的过程。

使用 2 个指标评价互联网公司的软件交付能力：①仅涉及一行代码的改动需要花费多少时间可以部署上线，这是核心指标；②开发团队是否在以一种可重复、可靠的方式执行软件交付。

软件部署模式分为面向单机软件的部署模式、集中式服务器应用部署和基于微服务的分布式部署。面向单机软件的部署模式适用于运行在操作系统之上的单机软件，如软件安装、配置和卸载；集中式服务器应用部署适用于用户访问量小、硬件环境要求不高的情况；基于微服务的分布式部署适用于用户访问量大、并发性要求高的云原生应用，通常要借助容器和 DevOps 技术进行持续部署集成。

容器技术是目前部署中最流行的技术，使用容器部署不但继承和优化了虚拟机部署优点，而且很好地解决了第三方依赖库的重构问题，容器部署就像一个集装箱，直接把所有需要的内容全部打包复制和部署。

3．相比传统虚拟机技术，容器技术的主要优点包括：

（1）容器技术上手简单、体积很小、架构轻量级。

（2）容器技术集合性更好，更容易对环境和软件进行打包复制和发布。

部署目的不是部署一个可工作的软件，而是部署一套可正常运行的环境，持续部署管理需要遵循如下原则：

- 部署包来自统一的存储库。
- 所有环境使用相同的部署方式。
- 所有环境使用相同的部署脚本。
- 部署流程编排阶梯式晋级，在部署中设置多个检查点，一旦发生问题则有序回滚。
- 整体部署由运维人员执行。
- 仅通过流水线改变生产环境，防止配置漂移。
- 不可变服务器。
- 部署方式采用蓝绿部署或金丝雀部署。

4．完整的镜像部署包括 3 个环节：Build-Ship-Run。

（1）Build 跟传统编译类似，将软件编译成 RPM 包或者 Jar 包。

（2）Ship 将所需的第三方依赖和第三方插件安装到环境中。

（3）Run 是在不同的地方启动整套环境。

部署包一旦制作完成，以后每次需要变更软件或者第三方插件升级时，就不再需要重新打包，直接更新部署包即可。

部署原则中提到了蓝绿部署和金丝雀部署。蓝绿部署是在部署时准备新旧两个部署版本，通过域名解析切换方式将用户使用环境切换到新版本。出现问题时可以快速将用户环境切回旧版本。金丝雀部署是有新版本发布时，先让少量用户使用新版本，观察新版本是否存在问题，如果出现问题，就及时处理并重新发布，如果一切正常，再逐步将新版本发布给所有用户。

备考点拨

本考点学习难度星级：★★☆（适中），考试频度星级：★★★（高频）。

本考点考查持续交付和持续部署。持续交付是完全自动化的，靠人工做持续交付成本太高，所以持续交付往往是一键部署，让代码快速、安全地部署到生产环境里。部署层次分 3 个环节，Build、Ship 和 Run。这个考点的理解，可以想象成货运集装箱。首先部署时，先要 Build，先要创建，先要把软件编译成 Jar 包这样的可执行程序，对源代码进行编译就是创建 Build。Build 完成之后要去装载，就像装到了集装箱里，装载 Ship 是将第三方依赖和第三方插件安装到环境里。装到集装箱后，就要把集装箱放到船上运出去，运出去后开始正式运行，就是 Run，在不同的地方启动整套环境。部署完成、制作完成部署包之后，插件再要升级的时候，就不需要重新打包，直接更新部署包就行，很方便。容器部署就像货运集装箱，把所有东西和需要的内容全部放到集装箱里然后运出去。不可变服务器还有两个部署：蓝绿部署和金丝雀部署，这两个部署的区别学习时需要额外留意。

考题精练

1. （　　）是指当有新版本发布的时候，先让少量用户使用新版本，并且观察新版本是否存在问题。如果出现问题，就及时处理并重新发布；如果一切正常，就稳步地将新版本适配给所有的用户。

A．蓝绿部署　　　B．金丝雀部署　　　C．虚拟机部署　　　D．持续部署

【解析】答案为 B。在部署原则中提到两大部署方式为蓝绿部署和金丝雀部署。蓝绿部署是指在部署的时候准备新旧两个部署版本，通过域名解析切换的方式将用户使用环境切换到新版本中，当出现问题的时候，可以快速地将用户环境切回旧版本，并对新版本进行修复和调整。金丝雀部署是指当有新版本发布的时候，先让少量用户使用新版本，并且观察新版本是否存在问题。如果出现问题，就及时处理并重新发布；如果一切正常，就稳步地将新版本适配给所有的用户。

【考点 70】软件配置管理

考点精华

软件配置管理（Software Configuration Management，SCM）的目标是标识和控制变更、确保变更正确实现并报告变更，软件配置管理的核心内容包括版本控制和变更控制。

1. 版本控制（Version Control）。版本控制是对开发过程中代码、配置及说明文档等文件变更的管理。版本控制最主要的 2 个功能是追踪文件变更和并行开发。每次文件改变都需要增加文件的版本号；版本控制有效解决版本同步以及不同开发者间的开发通信问题，提高协同开发效率。

2. 变更控制（Change Control）。变更控制的目的不是控制变更发生，而是对变更管理和确保变更有序进行。引起变更有 2 个因素，第 1 个是来自外部的变更要求，比如客户提出的修改；第 2 个是来自内部的变更要求，比如缺陷修复引起的变更，2 个因素中更难处理的是来自外部的变更要求。

软件配置管理活动包括软件配置管理计划、软件配置标识、软件配置控制、软件配置状态记录、软件配置审计、软件发布管理与交付等活动。

（1）软件配置管理计划：通过了解组织结构环境和单元间的联系，明确软件配置控制任务，制订软件配置管理计划。

（2）软件配置标识：软件配置标识识别要控制的配置项，并为配置项及其版本建立基线。

（3）软件配置控制：软件配置控制关注软件生命周期中的变更管理。

（4）软件配置状态记录：标识、收集、维护并报告配置管理的配置状态信息。

（5）软件配置审计：独立评价软件产品和过程是否遵从既定的规则、标准、指南、计划和流程等。

（6）软件发布管理与交付：通过软件库，创建特定的交付版本并发布。

备考点拨

本考点学习难度星级：★★☆（适中），考试频度星级：★☆☆（低频）。

本考点考查软件配置管理，配置管理包含了一系列活动，要做配置管理计划、分配标识、对

配置进行控制、记录状态、还要做审计、软件发布等活动，但是其中的核心内容是版本控制和变更控制。这个考点的内容不多，难度不大。

考题精练

1．（　　）属于版本控制最主要的两个功能之一。
　　A．配置标识　　　B．配置状态记录　　C．并行开发　　　D．版本交付
【解析】答案为 C。版本控制最主要的 2 个功能是追踪文件变更和并行开发。

【考点 71】软件质量管理

考点精华

影响软件质量的因素有 3 组，分别是产品运行、产品修改和产品转移，分别反映用户在使用软件产品时的 3 种不同倾向，如图 7-2 所示。软件质量保证通过对软件产品和活动进行评审和审计来验证软件是否满足质量标准，软件质量保证组在项目开始时就参与建立计划、标准和过程。

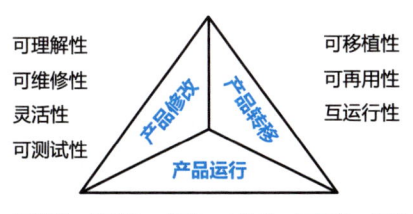

图 7-2　影响软件质量的因素

软件质量保证使软件过程对管理人员可见，给管理者提供预定义的软件过程保证，质量保证的关注点集中于在一开始就避免缺陷产生。质量保证的主要目标是：

1．事前预防工作，例如着重缺陷预防而不是缺陷检查。
2．尽量在刚刚引入缺陷时将其捕获，而不是让缺陷扩散到下个阶段。
3．作用于过程而不是最终产品，因此有可能会带来广泛影响与巨大收益。
4．贯穿于所有的活动之中，而不是集中一点。

软件质量保证以独立审查方式，从第三方角度监控软件开发任务执行，软件质量保证（Software Quality Assurance，SQA）组织保证如下内容的实现：①选定的开发方法被采用；②选定的标准和规程得到采用并遵循；③进行独立审查；④偏离标准流程的问题得到及时处理；⑤每个软件任务得到实际执行。

软件质量保证的任务包括：SQA 审计与评审、SQA 报告、处理不合格问题。

1．SQA 审计与评审。SQA 审计是根据组织标准对软件工作产品、工具和设备的审计，保证软件活动与既定的软件过程一致，确保软件过程得到遵守。

2．SQA 报告。SQA 报告的发布遵循 3 个原则：①SQA 能够和高管直接沟通；②SQA 报告必须发布给软件工程组，不必发布给项目管理人员；③向关心软件质量的人发布 SQA 报告。

3. 处理不合格问题。SQA 要对工作过程中发现的问题及时处理，并向有关人员及高管反映。

备考点拨

本考点学习难度星级：★☆☆（简单），考试频度星级：★★☆（中频）。

本考点考查软件质量管理。如果想要提升软件质量，就需要了解影响软件质量的因素有哪些，从管理视角把影响因素分成了 3 组，分别是产品运行、产品修改和产品转移。解决影响软件质量的因素需要软件质量保证（SQA），软件质量保证是通过建立一套方法，关注在一开始就避免缺陷的发生，同时确保软件过程对管理人员可见。质量保证的目标体现了质量保证的特点，这些特点是很好的出题点，4 个特点中的任何一个都可以以判断题的形式出现，建议一并掌握。软件质量保证的任务有 3 条，分别是 SQA 审计与评审、SQA 报告和处理不合格问题，其中 SQA 报告发布的 3 个原则同样需要掌握。

考题精练

1. 关于 SQA 报告的描述，错误的是（　　）。
   A．SQA 报告必须发布给软件工程组和项目管理人员
   B．SQA 能够和高管直接沟通
   C．需要向关心软件质量的人发布 SQA 报告
   D．SQA 报告属于软件质量保证 3 个任务中的一个

【解析】答案为 A。SQA 报告必须发布给软件工程组，不必发布给项目管理人员。

【考点 72】工具管理

考点精华

管理工具能够提升开发效率和质量，减少人为错误和纰漏，常用的管理工具见表 7-2。

表 7-2　常用的管理工具

工具大类	工具子类	工具覆盖内容	工具清单
项目管理工具	进度管理	包括进度的计划、执行、监控和调整等	Microsoft Project、JIRA、Trello
	任务管理	包括任务的分配、执行、监控和调整等	JIRA、Trello、Asana
	资源管理	包括人员、设备、材料的分配等	Microsoft Project、Smartsheet、Resource Guru
	风险管理	包括风险的识别、分析、评估和应对等	RiskyProject、SAP Risk Management、Spiceworks
版本管理工具	版本管理	包括版本的创建、提交、合并和回退等	Git、Subversion、Mercurial
	分支管理	包括分支的创建、合并和删除等	
	冲突管理	包括冲突的识别、解决和测试等	

续表

工具大类	工具子类	工具覆盖内容	工具清单
代码审查工具	代码比较	对代码进行比较，识别代码的更改和差异	Beyond Compare、WinMerge、Meld
	代码审查	包括代码的规范性、完整性、可读性、可维护性和性能等	Crucible、CodeCollaborator、Review Board
	代码分析	包括代码的结构、复杂度、重复度和依赖性等	SonarQube、Codacy、CodeClimate
自动化测试工具	功能测试	包括代码的输入、输出和处理等	Selenium、TestComplete、Ranorex
	性能测试	包括代码的速度、响应时间和负载等	JMeter、LoadRunner、BlazeMeter
	安全测试	包括代码的漏洞、威胁和风险等	OWASP ZAP、Burp Suite、Veracode
持续集成和持续交付工具	持续集成	包括代码的合并、构建、测试和部署等	Jenkins、Travis CI、CircleCI
	持续交付	包括代码的部署、配置、监控和优化	Jenkins、GoCD、Spinnaker

备考点拨

本考点学习难度星级：★★☆（适中），考试频度星级：★★☆（中频）。

本考点考查常见的软件开发工具，工欲善其事，必先利其器，从项目管理到版本管理，从代码审查到自动化测试再到持续集成交付，已经形成了较为成熟的工具集，对这些工具集了解其属于哪一类即可。

考题精练

1. 用于进度管理的项目管理工具不包括（　　）。
   A．Microsoft Project　　　　　　B．WPS Office
   C．JIRA　　　　　　　　　　　　D．Trello

   【解析】答案为 B。进度管理工具包括 Microsoft Project、JIRA、Trello，WPS Office 的主要功能不是进度管理。

【考点 73】软件过程能力成熟度

考点精华

《软件过程能力成熟度模型》（Software Capability Maturity Model，CSMM）由 4 个能力域、20 个能力子域、161 个能力要求组成。

1. 治理能力域：确定组织战略、产品方向、组织业务目标，并确保目标实现。包括战略与治理、目标管理能力子域。

2. 开发与交付能力域：确保通过软件工程过程交付满足需求的软件，为顾客与利益相关方增加价值。包括需求、设计、开发、测试、部署、服务、开源应用能力子域。

3. 管理与支持能力域：覆盖软件开发项目的全过程，确保软件项目按照既定成本、进度和质量交付，满足客户与利益相关方要求。包括项目策划、项目监控、项目结项、质量保证、风险管理、配置管理、供应商管理能力子域。

4. 组织管理能力域：对软件组织能力进行综合管理。包括过程管理、人员能力管理、组织资源管理、过程能力管理能力子域。

CSMM 的 5 个软件过程能力成熟度等级如下所示。
1 级（初始级）：软件过程和结果具有不确定性。
2 级（项目规范级）：项目基本可按计划实现预期结果。
3 级（组织改进级）：在组织范围内稳定实现预期的项目目标。
4 级（量化提升级）：在组织范围内量化管理和实现预期组织和项目目标。
5 级（创新引领级）：通过技术和管理创新，实现组织业务目标持续提升，引领行业发展。

备考点拨

本考点学习难度星级：★☆☆（简单），考试频度星级：★☆☆（低频）。

本考点考查软件过程能力成熟度，软件过程能力成熟度主要是 CSMM 模型，CSMM 模型定义了 4 个能力域、20 个能力子域、161 个能力要求，重点掌握到能力域就好，4 个能力域分别为治理、开发与交付、管理与支持、组织管理。另外还需要掌握 CSMM 的 5 个软件过程能力成熟度等级名称及特点。

考题精练

1. 在组织范围内稳定实现预期的项目目标，是 CSMM 的 5 个软件过程能力成熟度等级中的（　）。

A．项目规范级　　　　　　　　　B．组织改进级
C．量化提升级　　　　　　　　　D．创新引领级

【解析】答案为 B。3 级（组织改进级）是在组织范围内稳定实现预期的项目目标。

【考点 74】软件工厂概念和特点

考点精华

软件工厂的核心思想是把软件开发看作工业化的生产线，用户只需简单选择不同的模板和数据模型，平台就能按用户需求自动化生产出所见即所得的软件产品。可见软件工厂强调的是规模化、标准化、自动化和协作，通过统一的开发流程、规范的编码标准和代码复用，提高软件开发的效率、质量和可控性，适用于大规模软件开发项目和组织，尤其适合快速交付、高质量和可扩展性的场景。

软件工厂由专业人员、基础设施和硬件、工具和技术、流程规范和方法论、质量管理五方面构成：①专业人员是软件工厂的核心资源，包括软件开发和测试工程师、项目经理和产品主管等；②基础设施和硬件是软件工厂顺利运行的基石，包括终端计算机、服务器、网络设备等；③工具和技术是软件工厂的辅助工具和支持系统，包括集成开发环境（Integrated Development Environment，IDE）、自动化测试工具、版本控制系统、编程语言和数据库等；④流程规范和方

软件工厂概念和特点

法论是软件工厂的运作指南，比如 DevSecOps 开发模式将安全性和运维纳入软件开发过程；⑤质量管理是软件工厂交付质量的保证机制，包括软件测试、代码审查、性能测试等。

与传统开发对比，软件工厂具有敏捷交付、流水线作业、安全可控和协同开发 4 个特点，分别如下：

1. 敏捷交付。敏捷交付强调迭代、协作和自组织，能够快速响应变化并持续交付软件产品。敏捷交付的关键实践原则有如下 8 项：

（1）敏捷开发方法。Scrum、Kanban 等敏捷开发方法是敏捷交付的基础，强调团队自组织和协作，以短周期迭代开发快速响应变化。

（2）用户需求和产品回溯日志。用户需求从用户角度对功能和价值进行简短描述，产品回溯日志是优先级排序的需求列表，根据产品回溯日志进行迭代开发。

（3）迭代开发。敏捷交付的迭代周期通常为 2～4 周的短周期。

（4）自动化测试。通过自动化执行功能、性能和安全等方面的测试，从而提高测试效率和质量。

（5）持续集成和持续交付（CI/CD）。持续集成是频繁将代码集成到共享代码库，并通过自动化构建和测试验证代码质量。持续交付是在持续集成基础上，通过自动化部署和发布实现快速交付。

（6）产品质量和用户反馈。敏捷交付通过持续测试验证和问题修复关注产品质量，通过倾听用户反馈优化产品功能。

（7）团队协作和沟通。可以通过日常站会、迭代评审会和冲刺回顾会等形式强化沟通协作。

（8）可视化和透明度。使用看板、迭代仪表盘和信息可视化工具，将项目进展状态和问题等进行可视化展示。

2. 流水线作业。流水线作业指将软件开发过程划分为流水线上的不同的环节，每个环节都有明确的输入和输出，环节之间通过任务流转实现衔接。流水线作业包括内容如下：①环节划分：将软件开发过程划分为需求分析、设计、编码、测试、部署等多个环节，每个环节有明确任务、输入和输出；②任务定义：每个环节中的任务定义包括任务的输入要求、处理规则、输出要求和质量标准等；③流转规则：流转规则是任务从一个环节传递到下一个环节的条件和方式，根据任务状态、依赖关系和质量标准等确定流转规则；④并行处理：将一些独立任务并行处理，能够缩短开发过程时间；⑤自动化支持：使用自动化工具和流程支持任务的自动化处理、流转、测试和部署等；⑥监控和优化：通过监控任务状态和流转情况，对流水线作业的效率和质量进行评估优化。

3. 安全可控。安全可控通过以下 4 种实践原则保障软件系统的安全性：

（1）安全开发实践。安全开发实践包括：①安全需求分析；②安全设计原则，比如最小权限原则、防御性编程、数据加密和身份验证等；③安全编码规范，比如避免使用已知的不安全函数和算法、防止代码注入和跨站脚本攻击（Cross Site Scripting，XSS）等；④安全测试和审计，比如漏洞扫描、代码审查和渗透测试等。

（2）数据和隐私保护。数据和隐私保护包括：①数据加密；②访问控制，比如身份验证、权限管理和访问审计等；③隐私保护，比如匿名化处理、数据最小化原则和明确的隐私政策等。

（3）持续集成和持续交付。CI/CD 包括：①自动构建和测试；②持续部署和发布；③监控和告警。

（4）团队安全培训和安全意识。

4. 协同开发。协同开发的关键实践和原则包括以下 3 种：①团队协作和沟通：可以通过日常站会、迭代评审会和冲刺回顾会促进团队协作和沟通；②共享知识和经验：可以通过文档和知识库、代码审查、技术分享会共享知识和经验；③协同工具和平台：可以通过软件开发过程管理工具、即时通信工具、在线文档协作工具、代码托管和协作平台、团队协作工具、数字协同平台等促进协同开发。

备考点拨

本考点学习难度星级：★★☆（适中），考试频度星级：★★☆（中频）。

本考点考查软件工厂的定义、构成和特点。软件工厂的定义很好理解，通俗讲就是希望把高智力含量的软件开发变成百年前工业时代的流水线作业。软件工厂 5 个构成部分除了要掌握名字之外，还需要知道其在软件工厂中的角色定位。软件工厂的敏捷交付、流水线作业、安全可控和协同开发 4 个特点需要记忆的内容比较多，首先 4 个特点的名字需要牢记，其次不同特点的细分原则要多看多读多理解。

考题精练

1. 软件工厂的核心思想是把软件开发看作工业化的生产线，其强调的特点不包括（　　）。
   A．规模化　　　　B．个性化　　　　C．标准化　　　　D．自动化

【解析】答案为 B。软件工厂强调的是规模化、标准化、自动化和协作，不强调个性化。

2. 敏捷交付的迭代周期通常为（　　）。
   A．2～4 周的短周期　　　　　　　B．1～2 周的短周期
   C．4～6 周的短周期　　　　　　　D．6～8 周的短周期

【解析】答案为 A。敏捷交付的迭代周期通常为 2～4 周的短周期。

3. 持续集成是频繁将代码集成到共享代码库，并通过（　　）验证代码质量。
   A．通过自动化构建和测试　　　　B．通过人工检查
   C．代码规范对比　　　　　　　　D．通过用户试用反馈

【解析】答案为 A。持续集成是频繁将代码集成到共享代码库，并通过自动化构建和测试验证代码质量，不是只通过人工检查、规范对比或用户试用反馈。

【考点 75】软件工厂建设方法和应用场景

考点精华

软件工厂建设方法和应用场景

软件工厂的建设方法包含组织建设、资源部署、业务管理和体系保障 4 种，分别如下：

1. 组织建设。组织建设重要性体现在：①明确分工和责任；②提高团队协作；③提升决策效率；④优化资源配置。

组织建设的策略和最佳实践方法包括：①确定组织结构；②制定明确的岗位和职责；③设计有效的流程和规范；④优化沟通渠道和协作工具；⑤培养领导力和团队文化；⑥定期评估和改进。

2. 资源部署。资源部署的策略和最佳实践方法包括：①项目规划和优先级；②人员分配和技能匹配；③工作量估计和调整；④工具和设备支持；⑤项目管理和协调；⑥优先级和变更管理。

3. 业务管理。软件工厂业务管理的模块包括：①项目管理模块；②资源管理模块；③质量管理模块；④绩效管理模块；⑤沟通与协作模块；⑥数据分析与报告模块。

业务管理实现步骤包括：①确定需求和目标；②选取合适的软件解决方案；③进行系统定制和开发；④进行系统测试和验证；⑤系统部署和培训；⑥监控和维护。

4. 体系保障。体系保障是一个集成框架，包括一系列标准、流程、工具和实践，用来确保软件开发和交付过程的质量和可靠性。①体系保障需要建立质量管理体系，体系涵盖从项目启动到交付的全过程；②体系保障需要制定和实施流程规范，包括项目管理、需求管理、设计开发、测试和交付等方面；③体系保障的组成也包括资源配置，涉及人员、设备和工具的合理配置；④体系保障的核心内容是质量控制，包括代码审查、单元测试、集成测试、系统测试和用户验收测试等；⑤体系保障的关键要素之一是持续改进，涉及流程优化、技术提升、培训和知识共享等方面；⑥体系保障还需要建立完善的文档和记录体系，包括需求规格、设计文档、测试报告和用户文档等。

软件工厂的应用场景主要集中在软件开发组织和软件项目交付 2 个场景。

1. 软件开发组织。软件开发组织的项目类型包括嵌入式软件开发、桌面应用软件开发、Web 应用软件开发、移动应用软件开发等。

其中嵌入式软件开发的软件工厂应用包括：①建立规范化的开发流程和标准化的开发规范，确保过程一致性和质量；②使用版本控制系统管理嵌入式软件源代码和配置文件等资源，有助于团队协作和管理变更；③建立自动化构建和测试环境，提高效率、减少人为错误，并确保质量；④将嵌入式软件拆分为模块，并使用模块化设计和开发方法，提高效率以及可维护性和重用性；⑤建立自动化部署和配置管理流程，减少人为错误、提高部署效率，并确保不同环境中的一致性；⑥将持续集成和持续交付的理念引入嵌入式软件开发中。提高开发效率、减少集成问题，并实现持续高质量交付；⑦利用适合嵌入式软件开发的工具和框架，提供便利开发环境，加速开发和调试过程。

2. 软件项目交付。软件项目交付阶段的内容包括：发布管理、安全性检查和事件响应计划；软件发布后运营阶段的内容包括：安全监控、安全运营、风险评估、应急响应、升级与变更管理、服务与技术支持、运营反馈。

🔖备考点拨

本考点学习难度星级：★★☆（适中），考试频度星级：★★☆（中频）。

本考点考查软件工厂的建设方法和应用场景。除了要掌握 4 种建设方法之外，每种方法的最佳实践方法或步骤等细分内容也需要熟知，这部分内容比较贴近日常工作，理解门槛不算高。软件工程的 2 个应用场景，相对理解起来会稍微难一些，特别是嵌入式软件开发的应用，这部分以记忆为主,但是无需全部记住,能够有印象从选择题中找到正确选项即可。

考题精练

1. 资源部署的策略和最佳实践方法不包括(　　)。
   A．项目规划和优先级　　　　　　B．市场推广
   C．人员分配和技能匹配　　　　　D．工具和设备支持

【解析】答案为 B。资源部署的策略和最佳实践方法包括项目规划和优先级、人员分配和技能匹配、工具和设备支持等,不包括市场推广。

2. 软件工厂业务管理的模块不包括(　　)。
   A．项目管理模块　　　　　　　　B．财务核算模块
   C．质量管理模块　　　　　　　　D．绩效管理模块

【解析】答案为 B。软件工厂业务管理的模块包括项目管理模块、资源管理模块、质量管理模块、绩效管理模块等,不包括财务核算模块。

3. 软件发布后运营阶段的内容不包括(　　)。
   A．安全监控　　　　　　　　　　B．产品研发
   C．风险评估　　　　　　　　　　D．应急响应

【解析】答案为 B。软件发布后运营阶段的内容包括安全监控、安全运营、风险评估、应急响应等,不包括产品研发。

第 8 章 系统集成实施管理考点精讲及考题实练

8.1 章节考情速览

系统集成实施管理的关键词是"集成",也就是把各种软硬件、子系统等集成整合为一个大系统,而且组成部分之间不会"打架",能够很好地协同工作,由此可见,想要真正理解本章的考点,一定要留意集成的目的和意义。信息系统集成实施也有相对清晰的逻辑主线,那就是需求分析、设计开发、实施交付和验证确认,有点类似于前面提到的软件开发过程,不过有本质的区别。除了这条逻辑主线之外,本章也简单提到了起到支持作用的技术管理和资源管理。考虑到逻辑主线的紧耦合度,本书仅仅把这条逻辑主线拆分成需求与开发、交付与确认 2 个考点,避免导致考点的碎片化。本章可以借助系统集成实施示意图进行学习,一整幅大图拆分为 4 个环节都有的分图:需求分析与转化活动示意图、设计开发活动示意图、实施交付活动示意图、验证与确认活动示意图。掌握了这 4 幅图,能够把这 4 幅图拼成一幅大图并理解,基本上就掌握了本章的精华考点。

系统集成实施管理的内容不多,预计会考查 3 分左右,以基础知识科目考查为主,偶尔会在应用技术题中以理论作答题的形式出现。

8.2 考点星级分布图

本章涉及的主要考点分布及难度与频度双星级如图 8-1 所示。

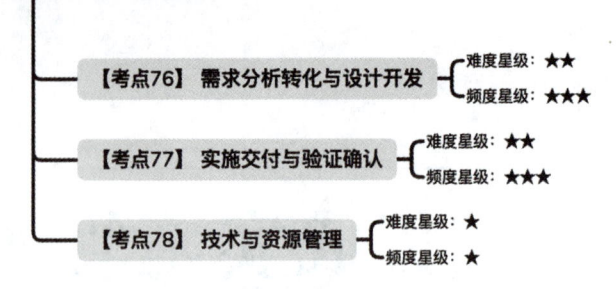

图 8-1　本章考点及星级分布

8.3　核心考点精讲及考题实练

【考点 76】需求分析转化与设计开发

🔘 **考点精华**

系统集成实施管理是将多个不同的软件、硬件和技术子系统整合到完整的系统中，包括需求分析与转化、设计开发、实施交付、验证与确认、配置管理、人员管理、技术管理、资源管理等。

需求分析与转化活动示意图如图 8-2 所示，包括开发客户需求、开发技术需求、分析并确认需求。需求分析与转化涉及选择解决方案所带来的约束，如果需求分析与转化是在项目活动中提供的，则本过程产生的所有需求将由项目管理过程进行需求管理。

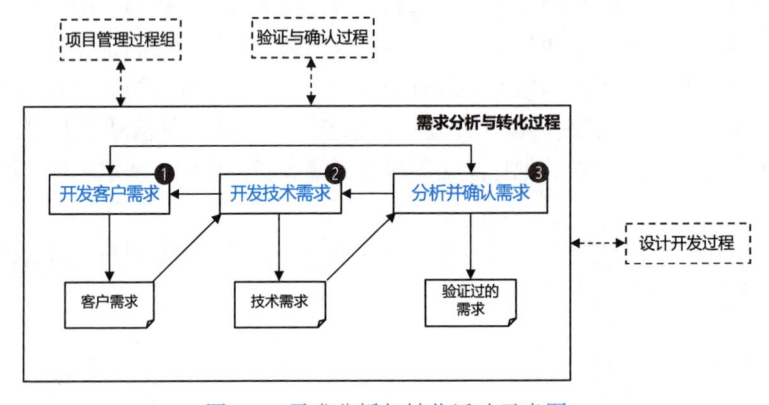

图 8-2　需求分析与转化活动示意图

1. **开发客户需求**。需求分析与转化过程的起始点，不仅要收集客户需求，还需要主动挖掘客户需求，将干系人的期望与需求以纸质或电子文档方式记录保存，关注点分别如下：①划分了优先级的客户需求集合；②需求到功能、对象、测试、问题或其他实体的可追溯性得到文档化；③识别信息缺失和需求冲突；④识别隐含需求；⑤识别客户功能需求与质量属性需求；⑥识别需求约束与限制；⑦识别接口需求。

2. 开发技术需求。将客户需求进行提炼形成技术需求，包括产品与产品组件需求、系统设计需求、集成实施需求、架构需求、功能需求、接口需求、质量需求、性能需求、确定硬件和软件支持环境、设计限制、约束等。

3. 分析并确认需求。确保需求可实现，确认形成需求规格说明书，包含如下 3 部分内容：

（1）需求分析记录。记录需求分析的全过程，确保分析活动的有效性及可回溯性。关注点包括：①分析需求的必要性与充分性的记录；②对已识别的干系人的需要与约束进行分析的记录；③建立并维护的产品与产品组件需求。

（2）需求分配记录。将产品与产品组件需求进行分配，形成技术需求规格说明书，用于开发解决方案。

（3）需求确认记录。对需求的描述应经过客户和干系人的认可和确认。

设计开发的目的是根据需求分析选择合适的软件、硬件和技术，进行系统设计和架构规划，聚焦设计解决方案，并对产品开发进行管理。设计开发活动示意图如图 8-3 所示，包括选择和开发备选解决方案、开发详细设计和实现设计。

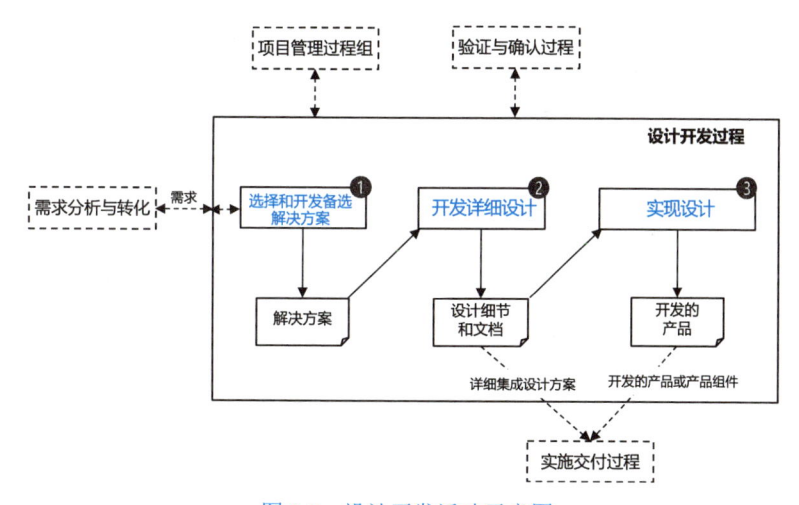

图 8-3　设计开发活动示意图

1. 选择和开发备选解决方案。关注点包括：①开发解决方案的评价准则；②开发备选解决方案；③评估并选择解决方案。

（1）解决方案设计原则。解决方案设计原则需要确保原则的有效性和时效性等。

（2）解决方案的选择。解决方案设计的质量属性包括可靠性、可扩展性、易用性、安全性和可维护性等。

2. 开发详细设计。开发详细设计包括把商用现货集成为产品或产品组件的必要信息，以及通过开发、制造、编码等将设计实现为产品或产品组件的必要信息。

3. 实现设计。实现设计活动包括实现产品或产品组件设计、开发支持文档等，分别如下：

（1）实现产品或产品组件设计。对于软件开发和产品制造类项目，通过正式的技术解决方案，将设计实现为产品或产品组件并进行评估。对于完全使用商用现货产品进行集成的项目，通过正式的技术解决方案，将设计通过安装部署实现为产品或产品组件。对于使用商用现货产品的项目，需评估商用现货产品之间的集成，以及与自制开发的产品或产品组件间的集成。

（2）开发支持文档。商用现货产品需确保产品供应商提供产品的使用手册，以及相关质保、售后服务及技术支持的说明。对于通过自行开发和制造的产品，需开发产品操作使用手册、安装手册以及相关质保、售后服务及技术支持的说明。对于有培训需求的项目，应开发相关培训文档，并对文档的合理性和有效性进行评估。

备考点拨

本考点学习难度星级：★★☆（适中），考试频度星级：★★★（高频）。

本考点考查系统集成实施管理的需求分析转化与设计开发。考点的备考可以结合 2 幅示意图来学习，比如需求分析与转化，可以从示意图中看到，开发客户需求、开发技术需求和分析并确认需求三者之间的关系，进而再结合考点精华掌握分别的关注点、内容等详细考点。本考点理解的门槛不高，重点需要掌握示意图中不同要素的位置以及彼此的关系。

考题精练

1. 需求分析与转化过程的起始点是（　　）。
   A．开发技术需求　　B．分析并确认需求　　C．开发客户需求　　D．需求管理

【解析】答案为 C。开发客户需求是需求分析与转化过程的起始点，不仅要收集客户需求，还需要主动挖掘客户需求等。

2. 以下不属于开发客户需求关注点的是（　　）。
   A．识别信息缺失和需求冲突　　　　B．开发解决方案的评价准则
   C．识别隐含需求　　　　　　　　　D．识别接口需求

【解析】答案为 B。开发解决方案的评价准则是选择和开发备选解决方案的关注点，而不是开发客户需求的关注点，选项 A、C、D 均属于开发客户需求的关注点。

3. 解决方案设计的质量属性不包括（　　）。
   A．可移植性　　B．可靠性　　C．可扩展性　　D．安全性

【解析】答案为 A。解决方案设计的质量属性包括可靠性、可扩展性、易用性、安全性和可维护性等，不包括可移植性。

【考点 77】实施交付与验证确认

考点精华

实施交付的目的是把产品组件组装成产品，或将产品组装为系统，并交付使用。实施交付活动示意图如图 8-4 所示，包括准备产品集成、安装部署并交付。

准备产品集成

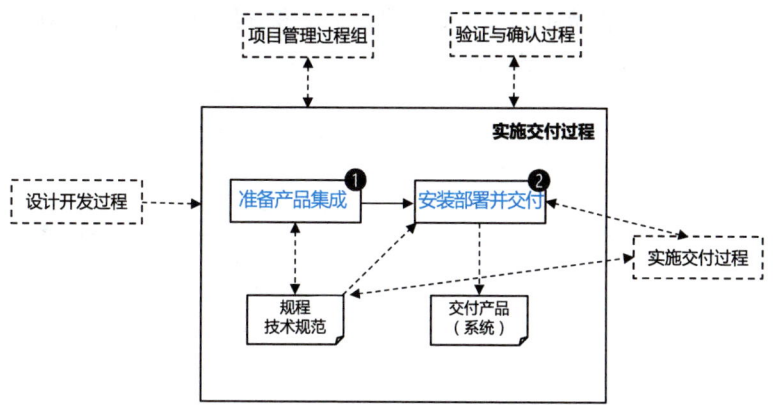

图 8-4　实施交付活动示意图

1. 准备产品集成。准备产品集成指建立并维护产品集成与安装部署的规范和规程，对所需人员和资源进行确定，并对集成接口和可能的异常事项进行管理。活动包括以下 7 个方面：

（1）确定产品集成方式与顺序。集成方式分为自下而上的集成方式、自上而下的集成方式、深度优先的集成方式。

（2）确定相关干系人和技能人员。

（3）确定产品集成的内外部接口。

（4）制定产品集成的步骤、规程和技术规范。

（5）制定安装部署的步骤、规程和技术规范。明确以下内容：①确认部署的规划、方法和部署工具，组织并实施安装、配置和验证过程，对各种变更进行管理；②确认业务配置环境、人员和工具，对业务需求和数据进行分析，获取、确认配置目标和实现方式，组织实施业务配置过程并验证结果；③记录、修正和验证部署过程中的问题。

（6）制定产品、系统、数据迁移的步骤、规程和技术规范。明确以下内容：①确认迁移的规划、方法和迁移工具，组织并实施迁移；②针对数据的一致性、完整性和准确性，与数据提供方达成一致；③分析迁移过程造成的影响，包括对业务、客户体验、运维的影响；④制订迁移流程和回退计划，与干系人明确分工，实施迁移演练；⑤评估迁移风险，制订风险应对计划。

（7）制定交付规程和准则。包括以下内容：①明确产品组件、产品或系统的交付要求及内容；②明确交付过程和跟踪确认方式；③明确对配置内容的交付；④对交付成果进行管理。

2. 安装部署并交付。安装部署并交付是装配经验证的产品组件，交付经集成、验证与确认的产品或系统。包括以下方面：①确定待装配的产品或产品组件得到正确识别，并能够正常运行和提供既定的功能；②装配产品组件或安装部署产品以形成产品或集成的系统；③进行产品、系统、数据迁移；④评价装配后的产品或系统；⑤交付产品或系统。

实施交付活动需要关注集成产品的信息安全管理包括：①对信息安全风险进行识别、评估、处置和改进。信息安全风险活动覆盖物理安全、人员安全、通信和操作安全、系统安全、配置安全和数据安全等；②在需求分析与转化中，明确安全需求和约束，以及实现条件；③必要时委托有资质的第三方测试单位对系统进行安全性测试。

验证与确认的目的是确保选定的工作产品满足需求和预期用途，验证与确认活动示意图如图 8-5 所示，包括准备评估、执行验证与确认。

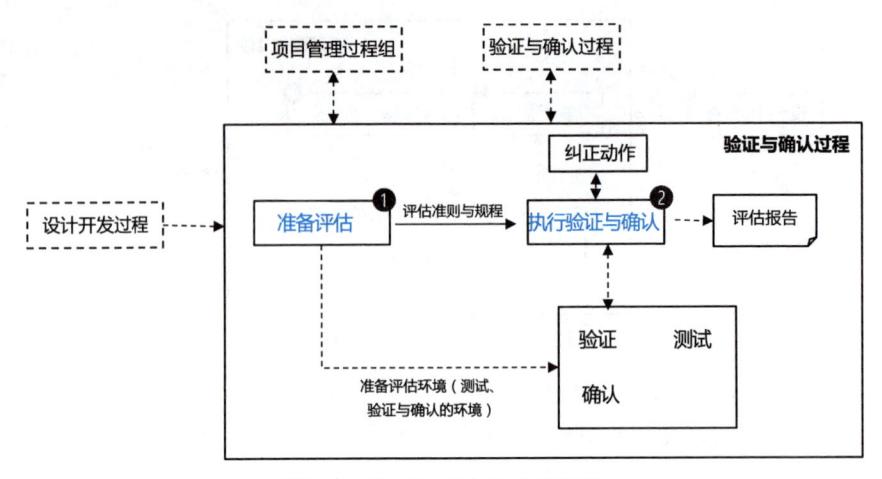

图 8-5　验证与确认活动示意图

1. 准备评估。活动包括确定评估对象、制订评估方法、部署评估环境、明确评估准则与规程等。

（1）确定评估对象。选择待验证的工作产品或选择待确认的产品、产品组件以进行评估。验证是确保"正确地做了事"，也就是要保证做得正确，而确认是确保"做了正确的事"，也就是要保证做的东西正确。

（2）制订评估方法。评估的工作产品、产品与产品组件包括：产品与产品组件的需求与设计、产品与产品组件、用户接口、用户手册、培训材料、过程文档、维护、培训以及支持服务相关的部分、规程和技术规范；评估方式包括：同行（同级）评审、审查、演示、模拟、测试等。对于软硬件系统的集成，最常用的评估方法是测试以及同行（同级）评审。对于系统工程的评估方法还包括原型、建模和模拟等。

（3）部署评估环境。建立评估环境包括：①确定用于评估的环境和所需的工具与设备；②确定参与评估的干系人；③建立评估环境；④获取评估工具和设备。

（4）明确评估准则与规程。建立并维护用于执行验证与确认的评价准则与规程，评价准则与规程的内容可来源于集成产品过程中制定的相关准则、规程和技术规范中的内容。

2. 执行验证与确认。活动包括确定验证对象、分析评估结果等。

（1）确定验证对象。对工作产品进行验证，或对产品（系统）、产品组件进行确认。包括：①依据评估方法、规程执行验证和确认；②对评估中发现的问题和不符合项，依据评估规程进行处理纠正。

（2）分析评估结果。分析评估结果包括：①将验证与确认的实际结果与建立的评价准则对比，确定可接受度；②记录分析结果，作为已经进行评估的证据；③对于每一工作产品，增量式分析所有评估结果，确保需求得到满足。

备考点拨

本考点学习难度星级：★★☆（适中），考试频度星级：★★★（高频）。

本考点考查系统集成实施管理的实施交付和验证确认。考点的备考同样可以结合 2 幅示意图来学习，把示意图学懂了，考点也就掌握了，本考点相对需要记忆的列表项会多一些，重点在于理解列表项之间的前后关系和必要性。

考题精练

1. 在实施交付的准备产品集成活动中，确定产品集成的内外部接口是为了（　　）。

   A．明确人员分工　　　　　　　　B．规范安装部署流程
   C．保障产品组件间的有效连接与协同　　D．制定交付规程和准则

【解析】答案为 C。确定产品集成的内外部接口，主要目的是确保各个产品组件在集成过程中能够准确无误地连接并协同工作，保障整个系统的完整性和功能性。

2. 验证与确认活动中，确定评估对象时，验证和确认的区别在于（　　）。

   A．验证是确保"做了正确的事"，确认是确保"正确地做了事"
   B．验证是确保"正确地做了事"，确认是确保"做了正确的事"
   C．验证针对产品组件，确认针对产品整体
   D．验证针对产品整体，确认针对产品组件

【解析】答案为 B。验证是确保"正确地做了事"，也就是要保证做得正确；而确认是确保"做了正确的事"，也就是要保证做的东西正确。

3. 验证与确认活动的准备评估阶段，部署评估环境不包括（　　）。

   A．确定用于评估的环境和所需的工具与设备
   B．确定评估结果的发布渠道
   C．确定参与评估的干系人
   D．建立评估环境

【解析】答案为 B。部署评估环境包括确定用于评估的环境和所需的工具与设备、确定参与评估的干系人、建立评估环境、获取评估工具和设备等，不包括确定评估结果的发布渠道。

【考点 78】技术与资源管理

考点精华

系统集成过程中的技术管理包括以下 6 个方面：

1. 技术选型和规划。包括对软件、硬件和技术平台的选型规划。
2. 技术标准和规范。确保项目团队遵循统一的技术标准，保证系统稳定性和互操作性。
3. 技术验证和评估。确保技术满足项目要求，如涉及新技术或三方组件还需进行技术风险评估。
4. 技术团队管理。包括对技术团队组建、培训和管理，确保团队成员具备必要的技术能力和知识。

5. 技术支持和解决方案。针对技术难题和问题提供支持和解决方案,确保项目顺利进行。
6. 技术创新和持续改进。推动团队技术不断提升,适应变化的技术环境和市场需求。

系统集成需要对资源进行管理,在系统集成过程中涉及的资源包括以下7个方面:

1. 人力资源。人力资源涉及团队成员分工协作、人员的培训发展。
2. 时间资源。合理安排项目进度和时间表,同时确保对时间的有效分配。
3. 财务资源。资源管理涉及预算编制和监控,确保项目在可控的预算内完成。
4. 技术资源。技术资源包括软件、硬件、工具等。
5. 信息资源。资源管理涉及对信息的采集、整理和共享。
6. 工具资源。包括设计工具、测试工具、过程管理工具和其他工具。
7. 知识资源。知识库的组织规则以知识成果物的分类、分级及权限为基础,同时制定知识成果物的采集发布流程,实现对知识库的管理。

备考点拨

本考点学习难度星级:★☆☆(简单),考试频度星级:★☆☆(低频)。

本考点考查技术与资源管理,内容很少,主要需要掌握技术管理的6个方面和资源管理的7个方面,由于本考点相对独立,故本书依然按照独立考点进行罗列。

考题精练

1. 系统集成技术管理中的技术标准和规范的主要目的是( )。
   A. 加快项目进度 B. 保证系统稳定性和互操作性
   C. 降低项目成本 D. 提高团队技术能力

【解析】答案为B。在系统集成过程中,若项目团队遵循统一的技术标准,则能有效避免因技术差异导致的系统不稳定以及各组件间无法正常交互等问题,从而保证系统稳定性和互操作性。

2. 在系统集成资源管理中,工具资源不包括( )。
   A. 设计工具 B. 决策工具
   C. 测试工具 D. 过程管理工具

【解析】答案为B。系统集成资源管理中的工具资源明确指出包括:设计工具,用于系统设计工作;测试工具,助力系统测试环节;过程管理工具,保障流程管理等以及其他相关工具,但不涉及决策工具。

3. 在系统集成技术管理中,如果涉及新技术或第三方组件,需要重点关注( )。
   A. 技术团队管理 B. 技术创新和持续改进
   C. 技术验证和评估 D. 技术选型和规划

【解析】答案为C。因为技术验证和评估环节的职责在于确保所采用的技术能满足项目要求,当涉及新技术或第三方组件时,其不确定性增加,更需要通过该环节进行技术风险评估,以此判断是否能适配项目。

第 9 章 信息系统运维管理考点精讲及考题实练

9.1 章节考情速览

信息系统运维管理中提到的运维，大部分考生应该不会陌生，简单讲就是在信息系统上线后，对生产环境中正在运转的系统进行日常维护等工作。了解运维的考生，应该知道运维的四要素：人员、过程、资源和技术，这四个要素也是关键指标。四要素就是本章备考的逻辑主线，因为其对运维的重要性非同寻常，运维人员一手抓资源，一手抓技术，按照过程要求，给客户提供相关的运维服务工作。另外运维不同于项目，运维工作有其周期循环，那就是策划、实施、检查和改进。最后本章还介绍了智能运维新技术。以上就组成了本章的三大考点块，分别是运维四要素、运维周期循环和智能运维，其中运维四要素是本章绝对的重点，需要认真备考并掌握。

信息系统运维管理预计会考查 5 分左右，以基础知识科目考查为主，也会在应用技术题中以理论作答题出现。

9.2 考点星级分布图

本章涉及的主要考点分布及难度与频度双星级如图 9-1 所示。

信息系统运维管理考点

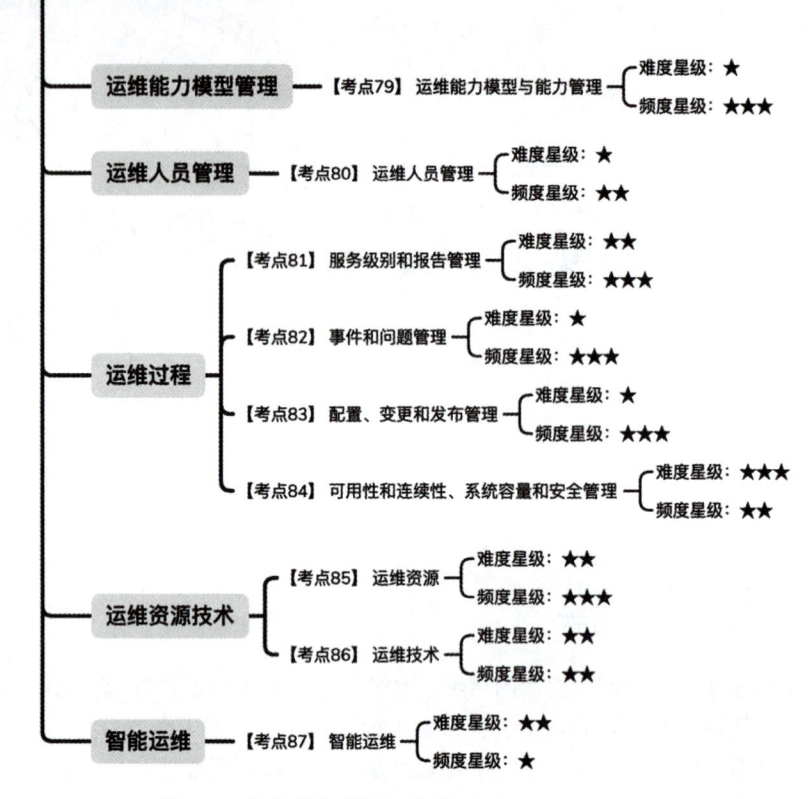

- 运维能力模型管理 ——【考点79】运维能力模型与能力管理（难度星级：★；频度星级：★★★）
- 运维人员管理 ——【考点80】运维人员管理（难度星级：★；频度星级：★★）
- 运维过程
  - 【考点81】服务级别和报告管理（难度星级：★★；频度星级：★★★）
  - 【考点82】事件和问题管理（难度星级：★；频度星级：★★★）
  - 【考点83】配置、变更和发布管理（难度星级：★；频度星级：★★★）
  - 【考点84】可用性和连续性、系统容量和安全管理（难度星级：★★★；频度星级：★★）
- 运维资源技术
  - 【考点85】运维资源（难度星级：★★；频度星级：★★★）
  - 【考点86】运维技术（难度星级：★★；频度星级：★★）
- 智能运维 ——【考点87】智能运维（难度星级：★★；频度星级：★）

图 9-1 本章考点及星级分布

9.3 核心考点精讲及考题实练

【考点 79】运维能力模型与能力管理

◉ 考点精华

运维能力要素包括服务人员、服务技术、服务资源和服务过程。运维能力模型包含治理要求、运行维护服务能力体系（Maintenance Control System，MCS）和价值实现。其中：①治理要求是为实现运维服务绩效、风险控制和合规性目标提出的能力体系建设要求；②MCS 策划、实施、检查和改进运维服务能力方案，其关键指标包括人员、技术、资源和过程；③价值实现是识别内外部用户的服务需求，通过能力、要素、活动的组合完成服务提供，最终为服务需求方和利益相关者实现服务价值。

运维能力管理是围绕能力要素，通过策划、实施、检查和改进等活动，面向运维全生命周期的总体能力管控机制。

1. 策划。运维能力策划是运维能力管理的第一项活动，需要考虑服务目录、组织架构和管理体系、指标体系和服务保障体系，以及内部评估机制。

（1）结合组织业务能力、客户需求以及内外部环境策划服务目录，服务目录定义了组织提供的全部服务种类以及服务目标，包括正在提供和未来提供的内容。

（2）策划建立组织架构和服务保障体系支持服务内容的实施。组织架构稳定周期相对较长，不会频繁变更，可以通过两种方式实现：①定义服务内容时，参照组织当前的组织结构；②根据业务目标确定服务内容后，设立或优化当前的组织架构。

服务保障体系也包括人员、资源、技术和过程四要素涉及的策划内容。在组织架构基础上，通过确定制度体系固化运维服务保障能力。制度体系既包括组织级制度，也包括运维服务本身的制度。

（3）通过制定服务指标体系，衡量运维服务实施绩效，服务指标体系内容包括：①制定各项运维服务目标；②制定目标实施的检查机制，并测量其有效性；③制定服务实施结果的测量指标。

2. 实施。运维能力实施是依照策划阶段建立的体系框架，对体系实施过程进行质量管控，并收集相关信息、数据和资料。实施过程需要建立与客户有效的沟通协调机制，开展实施管理活动并记录，确保实施可追溯、结果可计量评估，同时始终关注服务交付成果。

3. 检查。运维能力检查对服务能力策划内容进行检查测量，是运维服务能力改进的基础。检查通过两方面开展：一是用户满意度调查；二是组织内部检查。

4. 改进。运维服务能力改进的重要输入是服务保障体系中各项指标的测量和检查结果，运维能力改进需要考虑的内容包括：①改进可识别、可计划和可实施；②管理层为改进提供支持；③改进指标可测量、可报告、可沟通；④所有批准改进计划的实施和预定目标的达成。

备考点拨

本考点学习难度星级：★☆☆（简单），考试频度星级：★★★（高频）。

本考点考查运维能力模型和运维能力管理。运维能力模型需要掌握组成的3个部分：治理要求、运行维护服务能力体系和价值实现。运行维护服务能力体系需要掌握关键指标四要素，价值实现需要理解从服务需求到服务提供再到服务价值的三步。运维能力管理包括策划、实施、检查和改进4个活动，需要理解不同活动要做的工作内容。

考题精练

1. 运维能力模型中的运行维护服务能力体系（MCS）的关键指标不包括（　　）。

    A．产品　　　　　　　　　　B．人员
    C．资源　　　　　　　　　　D．过程

【解析】答案为A。运行维护服务能力体系（MCS）的关键指标包括人员、技术、资源和过程，不包括产品。

2. 在运维能力策划活动中，服务目录的策划需要考虑的因素不包括（　　）。

  A．组织业务能力   B．竞争对手的服务目录

  C．客户需求   D．内外部环境

【解析】答案为 B。服务目录的策划需要结合组织业务能力、客户需求以及内外部环境，不包括竞争对手的服务目录。

3. 运维能力检查主要通过（　　）两方面开展。

  A．成本核算和进度监控   B．用户满意度调查和组织内部检查

  C．技术评估和资源盘点   D．服务质量评估和人员绩效评估

【解析】答案为 B。运维能力检查对服务能力策划内容进行检查测量，主要通过用户满意度调查和组织内部检查两方面开展。

【考点 80】运维人员管理

考点精华

  运维人员管理的目的是指导组织根据岗位职责和管理要求"选人做事"，组织应根据运维服务岗位设置提供恰当的人员储备，使用储备人员的场景包括人员离职和人员调岗。**人员离职**包含：①离职人员提前说明，留出了招募新人、岗位交接及培训的时间；②人员突然离职，无法进行完整的工作交接。**人员调岗**出现在组织内部，一般可以提前获悉并进行人员补充及岗位交接培训。

  人员储备过程分为人员储备需求分析、制订人员储备计划、执行监控与优化改进 3 个阶段，分别如下：

  1. **人员储备需求分析**。其中主要考虑 **人员流动性风险、人员容量与技能、骨干与干部培养** 3 个影响因素。

  在开展人员储备需求分析时，需要 **识别关键岗位与人员**，识别关键岗位与人员的步骤如下：①组建工作小组，由人力资源、质量、运维交付以及管理层组成；②确定识别的主要原则和方针；③编制关键岗位和人员识别的主要特征及评价方法；④获取客户意见及客户认定的关键岗位和人员；⑤制订识别实施计划，开展实施工作。

  在开展人员储备需求分析时，还需要 **考虑人员储备方式**，包括增量机动储备、人才梯队储备、持续招聘储备、合作机构储备、岗位角色备份、外联与外协等。

  2. **制订人员储备计划**。人员储备计划的制订一般由 **人力资源部门负责**，包含储备部门信息、储备岗位或人员、储备需求、储备方式、实施责任人、时间属性、完成判断条件、考核指标、变更控制等。

  人员储备计划的制订一共 5 步，分别为：①获取关键岗位和人员的识别结果；②针对每项储备需求明确储备方式；③确定储备方式的具体执行方案和措施；④定义储备计划实施的关键成功要素及考核指标；⑤储备计划得到管理层批准，必要时得到客户批准。

  3. **执行监控与优化改进**。组织需要将储备计划执行情况作为人力资源管理部门绩效，保障措施包括拓展有效的人员获取渠道、提供必要的费用成本支撑、运维服务部门的积极配合、人才

培养机制的有效落实等。

人员储备计划优化考虑如下因素：①对运维服务发展需求的满足程度；②确保运维交付部门的充分参与；③将计划制订和实施管理措施纳入组织的管理评审；④人才招聘或储备的甄选流程合理性；⑤储备计划满足各过程和业务的程度；⑥关键岗位和人员的储备率达成情况。

运维人员分为管理岗、技术支持岗和操作岗 3 种岗位。管理岗负责运维的组织管理；技术支持岗负责运维技术建设以及运维活动中的技术决策；操作岗负责运维活动的执行。具体说明如下：

1. 管理岗负责运维服务的实施管理，包括服务总监、服务项目经理、质量经理等。管理岗的职责有两方面：①对客户运维服务需求的管理，建立与客户的沟通渠道和机制，挖掘整理真实需求；②对运维服务过程和结果的管理。

2. 技术支持岗提供技术支持，包括主机工程师、网络工程师、数据库工程师、应用系统工程师等。技术支持岗的能力要求在于专业技术能力和服务需求响应支持能力。专业技术能力与行业认可的培训、认证相关，服务需求响应支持能力体现在人员工作经验、服务态度和事件响应处理速度上。

3. 操作岗按照运维规范和操作手册，执行运维服务各个过程，包括呼叫中心热线工程师、系统监控工程师、机房值守人员等。操作岗的工作有效性在于运维规范和操作手册的完整、准确，以及操作人员对事件的判断能力及遵循规范手册的执行力度。针对运维规范和操作手册等文件，管理岗需要建立规范和手册的管理机制；技术支持岗对规范和手册的技术层面负责；操作岗确保相关操作按照规范和手册的条目执行。

备考点拨

本考点学习难度星级：★☆☆（简单），考试频度星级：★★☆（中频）。

本考点考查运维人员管理。本考点的重点是人员储备过程的 3 个阶段和运维人员的 3 个岗位。人员储备过程以理解为主，需要掌握相关的步骤；而运维人员的 3 个岗位需要掌握不同岗位的职责，了解不同岗位对应的具体岗位名称。

考题精练

1. 运维人员管理中，使用储备人员的场景不包括（　　）。
   A．人员突然离职　　　　　　　B．人员晋升
   C．人员调岗　　　　　　　　　D．人员提前说明离职

【解析】答案为 B。使用储备人员的场景包括人员离职（包含提前说明和突然离职两种情况）和人员调岗，不包括人员晋升。

2. 人员储备计划的制订一般由（　　）负责。
   A．运维交付部门　　　　　　　B．人力资源部门
   C．质量部门　　　　　　　　　D．管理层

【解析】答案为 B。人员储备计划的制订一般由人力资源部门负责。

3. （　　）主要负责运维服务的组织管理。
   A．操作岗　　　B．技术支持岗　　　C．管理岗　　　D．以上都是

【解析】答案为 C。管理岗负责运维的组织管理，技术支持岗负责运维技术建设以及运维活动中的技术决策，操作岗负责运维活动的执行。

【考点 81】服务级别和报告管理

服务级别管理目标和关键成功因素

◉ 考点精华

运维过程管理通过过程把人员、技术和资源要素进行串接，重点提高运维服务管理水平，确保运维组织"正确做事"。运维过程包括服务级别管理、服务报告管理、事件管理、问题管理、配置管理、变更管理、发布管理、可用性和连续性管理、系统容量管理与运维安全管理。

服务级别管理通过服务级别协议（Service Level Agreement，SLA）、服务绩效监控和报告的不断循环，保证服务能够按照约定目标交付，满足客户的服务需求。具体目标可细化为：①定义、记录、协商、监视、衡量、报告和审查 IT 服务级别；②保持与客户的关系和沟通；③确保为 IT 运维服务制订了具体可衡量的目标；④监视并改进服务质量，提升客户满意度；⑤确保 IT 运维服务人员和用户对服务级别有明确的期望；⑥采取成本合理的主动措施改进服务级别。

服务级别管理过程的输入共 7 项，分别如下：①来自客户的业务战略、计划和财务计划等信息；②来自组织的服务战略、政策与限制因素等信息；③与服务相关的业务影响分析信息；④包含预计变更时间表及变更影响的信息；⑤包含有关业务服务、支持性服务和技术间关系的信息；⑥客户反馈、投诉与赞扬；⑦来自其他过程的建议信息和输入信息。

服务级别管理过程的输出共 7 项，分别如下：①服务目录；②新签署或变更的服务合同；③SLA 的标准文档模板文件；④SLA 服务级别达成度的服务报告；⑤整体服务改进方案或计划；⑥服务质量计划；⑦服务审查会议记录与行动计划。

服务级别管理过程的指标共 4 项，分别如下：①达成及未达成的 SLA 目标数量和百分比；②SLA 应用情况；③SLA 优化情况；④SLA 客观评价成果。

服务级别管理过程的关键成功因素共 3 项，分别如下：①清晰定义服务级别管理过程使命和目标；②具备 IT 和业务经验的优秀服务级别管理过程经理；③管理与客户的接口，把控 IT 服务整体质量。

服务目录是组织对外提供服务的清单，包括服务名称、服务方式、服务类型、服务频率、服务价格等信息。除此之外，服务目录中可能包含了变量及促进因素：①对服务进行统一费用结算；②确定服务使用费或基于服务能力的收费额；③增加一个循环过程中服务消费的数量或单元；④确定相似服务提供时的优先次序；⑤获取新服务或添加附加客户的过程及程序。

服务目录应该以服务客户的语言进行描述，而不是采用技术说明形式。组织可以参考《信息技术服务 分类与代码》（GB/T 29264）对服务进行分类。该标准采用 3 层代码结构，每层采用 2 位数字代码表示。其中第 2、第 3 层中数字为"99"均表示收容类目。

服务级别协议（SLA）是组织和客户之间签订的书面协议，SLA 一般包括：服务概要描述、有效期和 SLA 的变更控制机制、授权细节、对沟通的描述（包括服务报告等）、在一些紧急行动中被预先授权的联系人详细信息、服务时间（正常服务时间、休息日、业务高峰时间等）、双方协定好的计划内停机（停机次数、停机时段、停机时长等）、客户的义务和责任、组织的义务和职责、紧急情况下的恢复优先级顺序和业务降级策略、事件上报和通知过程、投诉程序、服务目标、工作量限制、财务管理细节、术语表、第三方服务提供商和其他相关方提供的服务情况说明、任何 SLA 指定项以外的内容等。

服务报告管理负责及时、准确、完整、可靠地传达服务管理信息，为供需双方管理层高效沟通与有效决策提供报告，分为服务报告规划、服务报告创建和服务报告发布 3 个子过程。具体目标细化为：①统一收集服务衡量信息并计算服务衡量指标；②提供对内衡量的运维分析报告与对外服务的客户报告，并提供服务质量的数据支撑关系；③通过服务衡量和运维能力衡量，完善改进提升计划。

服务报告包括定期报告、不定期报告。报告内容包括：服务级别目标达标情况、期间发生的事情分析总结、工作量特征、重大事件后的绩效报告、趋势信息与预测分析、客户满意度分析等具有反应性、预测性与计划性特点的信息。

服务报告管理过程的输入共 5 项，分别如下：SLA、SLA 需求、客户需求变化、服务合同、IT 运维服务管理各过程提交的报告。

服务报告管理过程的输出共 3 项，分别如下：服务报告策略与原则、服务报告计划、服务报告。

服务报告管理过程的指标共 6 项，分别如下：服务报告过程的完整性、服务报告的及时性、服务报告的准确性、服务报告与客户沟通后的返工率、服务报告按时完成的比例、客户对服务报告的满意度。

服务报告管理过程的关键成功因素共 4 项，分别如下：清晰的服务报告受众、明确的服务报告主题、简洁的服务报告形式、详实的服务报告内容。

备考点拨

本考点学习难度星级：★★☆（适中），考试频度星级：★★★（高频）。

本考点考查运维过程中的服务级别管理和服务报告管理，运维的内容偏记忆，理解难度不大。运维过程包含的管理项较多，几乎每类管理都会涉及输入、输出、指标和关键成功因素，这些内容需要熟读，但是不需要一字不差地全部背下来，能够答对大概意思、能够答出大部分条目即可。为了方便记忆，本书对这些涉及的内容进行了精简、突出了其中的关键句和关键词。

考题精练

1. 在服务目录的变量及促进因素中，确定相似服务提供时的优先次序主要基于（　　）考虑。

  A．服务的技术难度   B．客户的业务需求与重要性排序
  C．服务提供商的资源分配便利性 D．行业通用的服务优先级标准

【解析】答案为 B。服务目录围绕客户需求构建，确定相似服务提供时的优先次序必然要考虑客户的业务需求以及各项业务对客户的重要性排序，以确保优先满足关键业务需求，而不是基于服务的技术难度、服务提供商自身资源分配便利性或行业通用但不一定契合特定客户的标准。

2. 服务报告管理过程中，若要提高服务报告与客户沟通后的有效性，关键在于优化（　　）指标。

A．服务报告的及时性　　　　　　B．服务报告的准确性
C．服务报告过程的完整性　　　　D．服务报告与客户沟通后的返工率

【解析】答案为 D。服务报告与客户沟通后的返工率直接体现了报告与客户需求和期望的契合程度，返工率越低，说明报告越能一次性满足客户需求，沟通越有效。服务报告的及时性、准确性和过程完整性主要侧重于报告自身的质量属性，虽然对沟通有一定影响，但不如返工率能直接反映与客户沟通的有效性。

3. 服务目录应该以服务客户的语言进行描述而不是采用技术说明形式，这是因为（　　）。

A．客户通常缺乏技术理解能力
B．便于客户直观理解服务内容与自身需求的匹配度，促进服务销售与交付
C．技术说明形式不符合行业规范
D．避免竞争对手获取技术信息

【解析】答案为 B。以客户语言描述服务目录能够让客户更轻松、直观地了解服务能为其带来的价值和功能，从而清晰判断与自身需求的契合程度，有利于促进服务的销售推广以及后续的顺利交付。

【考点 82】事件和问题管理

考点精华

事件管理的目的是 有效管理事件，从而快速解决事件，对事件的管理需要完整的过程定义和清晰的责任分工，需要建立相关的机制、规划，并确保有效实施。具体目标可细化为：①快速响应事件请求；②在成本允许的范围内尽快恢复正常服务；③规范并有效记录事件，正确报告进展；④提供管理信息。

事件管理过程的范围包括：故障（如服务不可用、磁盘占用量超限、停机）、服务请求（如申请新的 IT 资源、密码重置、账号资源申请、IT 服务相关请求）和咨询（如服务咨询）。

事件管理过程的活动包括：事件接收记录、分类和初步支持、调查诊断、解决恢复、事件关闭等。

事件管理过程的输入共 5 项，分别如下：①通过管理工具、纸质文件、邮件、电话和传真等提出的事件；②事件经理通过事件分析主动发现的事件；③通过监控系统或日常维护提出的事件；④问题管理给出的解决方案和应急措施；⑤变更管理给出的变更通知。

事件管理过程的输出共 5 项，分别如下：事件处理过程及结果记录、问题管理过程、变更管理请求、客户满意度调查、提交到知识库的知识。

事件管理过程的指标共 7 项，分别如下：事件的总数目、解决事件的平均耗时、规定响应时间内处理完的事件比例、处理事件的平均成本、由一线解决的事件比例、每个服务台员工处理的事件数量、现场/远程解决的事件数目和比例。

事件管理过程的关键成功因素共 5 项，分别如下：① SLA 中明确定义的事件管理目标，合

理控制事件解决预期；②明确定义并划分事件管理过程角色、职责与工作界面；③卓越的服务支持团队，保障事件处理效率与效果；④服务导向意识与技能有效落实在支持人员行为中；⑤提供推动和控制事件管理的整合工具，提高事件规范性。

问题管理的核心是找到根源，减少事件的发生，从而达到优化运维成本、提高运维能效的目的。问题管理过程的范围包括问题控制、错误控制和主动问题管理。事件是否可以纳入问题管理，取决于事件对组织的影响是否在容忍范围内，凡是不能容忍再次发生的事件、故障、问题或者错误，都可以纳入问题管理范畴。

问题管理过程的目标细化为：①将事件和问题对业务的影响减小到最低程度；②查明事件或问题产生的根本原因，制订解决方案和预防措施；③实施主动问题管理，在事故发生之前发现和解决问题。

问题管理过程的输入共 4 项，分别如下：①未彻底解决的事件，需要通过问题管理过程解决；②已解决但需要进行根本原因分析的事件；③对事件趋势分析的结果；④主动发现的尚未发生的新问题。

问题管理过程的输出共 4 项，分别如下：对相关管理过程的通知、关闭的问题单、问题解决方案、重大问题的审核报告。

问题管理过程的指标共 7 项，分别如下：①期间记录的问题总数量；② SLA 目标内解决和未解决的问题百分比；③超出目标解决时间的问题数量和百分比；④主要问题的数量；⑤添加至已知错误数据库的问题数量；⑥已知错误数据库的准确率；⑦策略标准按类别、影响度、严重性、紧急度和优先级进行细分比较。

问题管理过程的关键成功因素共 7 项，分别如下：明确定义角色职责、建立明确的问题创建规则、问题记录单设计合理、明确接口和协同机制、进行主动问题管理、确保经验得到有效总结使用、培训技术人员。

备考点拨

本考点学习难度星级：★☆☆（简单），考试频度星级：★★★（高频）。

本考点考查事件管理和问题管理。事件和问题的关系紧密，事件包含故障、服务请求和咨询，凡是不能容忍的事件，就会成为问题，通过问题管理找到根因，从而彻底解决避免再现。同样的，这个考点依然需要熟悉相关管理的输入、输出、指标和关键成功因素。

考题精练

1. 事件管理过程中，对于一个注重服务质量的企业来说，（　　）指标最能体现其事件处理的及时性。

  A．解决事件的平均耗时 B．规定响应时间内处理完的事件比例
  C．每个服务台员工处理的事件数量 D．处理事件的平均成本

【解析】答案为 B。规定响应时间内处理完的事件比例直接反映了企业在规定时间内处理事件的能力，这是体现事件处理及时性的关键指标。解决事件的平均耗时侧重于事件解决的整体速度，但没有突出是否在规定时间内完成；每个服务台员工处理的事件数量主要体现员工的工作效

率；处理事件的平均成本与成本控制有关，而非及时性。

2．事件管理过程中，为了确保事件管理的有效实施，关键成功因素不包括（　　）。

A．培训技术人员

B．SLA 中明确定义的事件管理目标，合理控制事件解决预期

C．卓越的服务支持团队，保障事件处理效率与效果

D．提供推动和控制事件管理的整合工具，提高事件规范性

【解析】答案为 A。培训技术人员属于问题管理的关键成功因素，并非事件管理的关键成功因素。

3．问题管理过程的输出中，重大问题的审核报告主要用于（　　）。

A．记录问题的详细解决方案

B．通知相关管理过程有问题关闭

C．对重大问题进行全面评估和总结，为决策提供依据

D．将问题添加至已知错误数据库

【解析】答案为 C。重大问题的审核报告是对重大问题进行全面的审查、评估和总结，为后续的管理决策、资源分配、策略调整等提供依据，而不是简单记录解决方案、通知关闭问题或者添加到已知错误数据库。

【考点 83】配置、变更和发布管理

◎考点精华

配置管理不仅管理运维对象的配置项信息，还管理配置项之间的关系。配置管理的核心工作是识别、记录、控制、更新配置项信息，包含配置管理数据库（Configuration Management Database，CMDB）的建立以及准确性维护。配置管理过程的活动包括配置管理规划、配置项识别、配置项控制、配置状态报告、配置验证和审计、配置管理回顾及改进等。

配置管理的目标包括：①所有配置项能被识别和记录；②维护配置项记录的完整性；③其他服务管理过程提供配置项的准确信息；④核实运维对象的配置记录正确性，并纠正错误；⑤配置项当前和历史状态得到汇报；⑥确保运维对象的配置项有效控制和管理。

配置管理过程的输入共 5 项，分别如下：配置管理现状、配置管理需求、配置管理目标、配置管理策略、配置管理程序文件。

配置管理过程的输出共 5 项，分别如下：配置管理计划、配置管理报告、配置管理数据、配置项列表、配置审计报告。

配置管理过程的指标共 8 项，分别如下：①配置项出现错误的比例；②成功通过配置审验的配置项比例；③未经授权的配置数量；④因变更不当而导致的事故和问题数量；⑤批准和实施一项变更需要的时间；⑥因配置项信息不准确导致服务失败的次数；⑦出现已记录的配置不能找到的情形次数；⑧超过给定时间或变更次数的配置项列表。

配置管理过程的关键成功因素共 5 项，分别如下：①提供准确的配置信息；②提供可靠的问

题分析报告和合理的变更请求；③发布管理和变更管理间的良好协调；④明确变更经理的权限和责任；⑤组建合理有效的变更咨询委员会。

变更管理需要维持变更需求和变更影响间的适度平衡，在此期间，高可见性的变更管理过程和公开的沟通渠道特别重要。变更分为主动变更和被动变更，主动变更用于提供业务收益，被动变更用于解决故障、错误和适应变化的环境。

变更管理的目标包括：①确保使用标准的方法过程；②迅速、平衡、负责任地处理变更，将变更影响降到最低；③使变更可以跟踪。

变更管理过程的输入共 5 项，分别如下：变更请求的基本信息、变更请求的描述、引起变更的问题解决方案描述及变更建议、变更配置项信息、计划实施日期。

变更管理过程的输出共 6 项，分别如下：变更审批结果、变更实施计划与方案、关闭的变更请求单、变更过程记录、未达到预期目标的变更、配置项的变更记录。

变更管理过程的指标共 7 项，分别如下：变更总数、变更分级分类占比、变更关闭的数量及比例、变更失败的数量及比例、按计划完成的变更占比、未审批通过的变更占比、由变更引发的事件占比。

变更管理过程的关键成功因素共 10 项，分别如下：①变更实施对服务质量不良影响的减少程度；②由于变更实施而导致的事故减少数量；③定期对变更请求和已实施变更进行评审的情况；④成功的变更管理增加的客户业务效益和满意度提高；⑤单位时间内完成的变更数量；⑥变更实施的频率；⑦被拒绝的变更请求数量；⑧变更撤销数量；⑨变更实施成本；⑩在计划的资源和时间限度内完成变更的数量。

发布由问题修复和 IT 运维服务质量改进组成，不仅包括软件变更、硬件变更，也包括 IT 运维服务管理体系的变更。发布管理应用于设计开发环境、受控测试环境和实际运行环境三种环境中。

发布管理的目标包括：①通过设计监督确保软硬件首次运行成功；②设计实施有效的过程来发布变更；③确保软硬件变更的可追踪和安全，只有正确、被授权、经测试的版本才能安装；④新版本规划和首次运行中，沟通并管理客户期望值；⑤联合变更管理，确定发布内容和首次发布计划；⑥利用配置和变更管理的控制过程，实施 IT 系统的新发布；⑦确认最终软件库中软件正本的拷贝安全可靠，并且在配置管理数据库中得到更新；⑧确保所有运维对象均已得到发布，所有变更安全和可追踪。

发布管理过程的输入共 7 项，分别如下：经过有效授权的变更请求（Request for Change，RFC）、发布包、发布政策、服务资产组件及文档、构建模型和计划、环境要求和规格、各阶段退出和进入标准。

发布管理过程的输出共 8 项，分别如下：发布和部署计划、已完成的发布部署 RFC、服务通知、服务目录更新要求、新测试的服务能力和环境、全新或变更的服务管理文档及报告、服务包、完整准确的配置项列表。

发布管理过程的指标共 4 项，分别如下：①发布过程中没有出现不可接受的错误，从而需要撤销发布的数量；②引起事件的发布百分比；③未经测试的发布百分比；④需要回退的发布百分比。

发布管理过程的关键成功因素共 10 项，分别如下：①所有发布应记录；②所有发布要编号；③发布应进行分类；④发布建立后的每个阶段都有发布负责人负责；⑤发布过程经理关注发布处理情况；⑥定期回顾发布过程处理；⑦有详细全面的测试计划和回退计划；⑧关注发布是否引发事件和问题发生；⑨发布后将发布结果返回；⑩能与事件、问题、变更和配置管理关联。

备考点拨

本考点学习难度星级：★☆☆（简单），考试频度星级：★★★（高频）。

本考点考查配置管理、变更管理和发布管理。配置、变更和发布的关系紧密，所以这 3 个细分考点可以放在一起备考，需要熟悉配置管理、变更管理和发布管理的输入、输出、指标和关键成功因素。这里需要提醒的是，考纲中对发布管理的指标和关键成功因素描述有误，本书进行了互换更正。

考题精练

1. 在发布管理过程中，（　　）的输入对于确保发布合法性和规范性最为关键。
   A．发布包 B．发布政策
   C．构建模型和计划 D．环境要求和规格

【解析】答案为 B。发布政策规定了发布的准则、要求和流程等内容，是确保发布合法、规范的关键依据。发布包主要涉及发布的内容；构建模型和计划侧重于发布的构建和计划安排；环境要求和规格主要针对发布的环境条件，这些都不如发布政策对于合法性和规范性的把控重要。

2. 变更管理中，主动变更和被动变更的主要区别在于（　　）。
   A．主动变更是为了修复问题，被动变更是为了提供业务收益
   B．主动变更是为了提供业务收益，被动变更是为了修复问题
   C．主动变更不需要经过审批，被动变更需要严格审批
   D．主动变更一定不会引发问题，被动变更一定会引发问题

【解析】答案为 B。主动变更用于提供业务收益，被动变更用于解决故障、错误和适应变化的环境，这是两者的主要区别。主动变更也可能引发问题，并且通常也需要经过审批。

【考点 84】可用性和连续性、系统容量和安全管理

考点精华

服务可用性是 IT 服务或配置项在需要时执行约定功能的能力，确保服务达到约定的可用性级别。可用性取决于服务发生故障的频率，以及故障恢复速度，分别表示为平均故障间隔时间（Mean Time Between Failure，MTBF）和平均恢复服务时间（Mean Time to Restore Service，MTRS）。其中 MTBF 用来度量服务发生故障的频率，而 MTRS 用来度量发生故障后服务恢复的速度。

服务连续性是在事件发生后，服务提供者以可接受的预定义级别继续服务的能力。服务连续性取决于服务恢复时间和数据恢复时间两个关键因素，分别表示为恢复时间目标（Recovery Time Objective，RTO）和恢复点目标（Recovery Point Objective，RPO）。其中 RTO 代表在这个最大约

定时间内必须恢复，RPO 代表可容许的数据损失时间段。

可用性管理和连续性管理的区别如表 9-1 所示。

表 9-1　可用性管理和连续性管理的区别

可用性管理	连续性管理
关注高概率风险	关注高影响风险
更加主动	更加被动
减少不必要事件的概率	减少不必要事件的影响
专注技术解决方案	专注组织措施
专注优化	专注创建冗余
不是组织职能的一部分	通常是组织职能的一部分
常态	不可抗力
平均故障间隔时间（MTBF）、平均恢复服务时间（MTRS）、平均服务事件时间	恢复时间目标（RTO）、恢复点目标（RPO）

系统容量管理确保 IT 基础设施的容量以最划算的、适时的方式符合业务需求，为组织业务和技术负责人进行统一的 IT 资源规划提供有力依据。

容量管理的目标包括：①设计并维护恰当且不断更新的容量计划，反映当前和未来的业务需求；②就容量和性能相关问题，为业务和 IT 提供建议和指导；③确保服务性能成果达到或超过性能目标；④协助诊断解决与性能和容量有关的故障问题；⑤评估变更对容量计划、服务和资源的性能及容量带来的影响；⑥成本合理情况下，确保实施主动测量来改进服务性能。

容量管理流程的活动包括：①监控业务活动模式和服务级别计划，生成服务和组件的性能容量的定期与临时报告；②正确理解和预测客户当前和未来的 IT 资源需求；③结合财务管理影响需求管理；④采取调整活动充分使用现有 IT 资源；⑤制订能够满足服务级别协议的容量计划；⑥预先采取提高服务和组件绩效的活动。

在 IT 运维安全管理建设过程中可以依据相关标准，制定运维安全管理体系，构建信息安全管理流程，包括信息安全管理体系策划、风险评估、安全管理体系实施、持续改进等内容。

备考点拨

本考点学习难度星级：★★★（困难），考试频度星级：★★☆（中频）。

本考点考查运维过程的最后 3 个：可用性和连续性管理、系统容量管理和运维安全管理。这 3 个细分考点的内容较少，重点是要掌握可用性和连续性管理的 4 个指标，理解指标的含义和使用，比如已知 MTRS 为 4 小时，需要知道故障在 4 小时内就要恢复。另外一个重点是可用性管理和连续性管理的区别，也需要重点掌握。

考题精练

1. 以下关于可用性管理和连续性管理的描述，正确的是（　　）。

A．可用性管理比连续性管理更关注高影响风险
B．连续性管理比可用性管理更主动
C．可用性管理专注优化，连续性管理专注创建冗余
D．可用性管理通常是组织职能的一部分，连续性管理不是

【解析】答案为C。可用性管理专注技术解决方案、专注优化；连续性管理专注组织措施、专注创建冗余。A选项中可用性管理关注高概率风险而非高影响风险；B选项中可用性管理更加主动；D选项中连续性管理通常是组织职能的一部分，可用性管理不是。

2．平均恢复服务时间（MTRS）主要用于衡量（　　）。

A．服务发生故障的频率　　　　B．服务恢复的速度
C．可容许的数据损失时间段　　D．服务达到约定的可用性级别

【解析】答案为B。平均恢复服务时间（MTRS）用来度量发生故障后服务恢复的速度，平均故障间隔时间（MTBF）用来度量服务发生故障的频率，恢复点目标（RPO）代表可容许的数据损失时间段，而保证服务达到约定的可用性级别是可用性管理整体的目标。

3．对于企业来说，如果希望减少因服务中断造成的重大影响，更应侧重加强（　　）。

A．可用性管理　　　　　　　　B．连续性管理
C．系统容量管理　　　　　　　D．关注技术解决方案

【解析】答案为B。连续性管理关注高影响风险，侧重于在事件发生后以可接受的预定义级别继续服务的能力，也就是着重应对服务中断等带来的重大影响。可用性管理更多关注高概率风险、优化等方面。系统容量管理主要围绕IT基础设施容量与业务需求匹配等。

【考点85】运维资源

◎考点精华

运维资源由人员、过程和技术要素中被固化下来的能力转化而成，包括运维工具、服务台、备件库、运维数据、最终软件库和运维知识等，确保运维组织能"保障做事"。

1．运维工具。运维工具包括过程管理工具、监控工具和专用工具，分别如下：

（1）过程管理工具。使用过程管理工具一是能够固化运维服务过程，二是能够提升组织的工作效率与能力。过程管理工具的逻辑架构一共分为4层。最上层的门户层为工具用户提供了统一访问平台，每个用户都拥有自己独立的访问视图，门户视图包括：客户服务台、自助服务台、智能工作台、管理控制台和移动客户端等；第二层是服务平台层，为门户内容提供业务逻辑支撑。包括事件管理、请求管理、问题管理、变更管理、知识管理、资产配置、供应商管理、巡检计划、服务水平管理等主要过程的设计部署；第三层和第四层分别是基础架构层和外围接口层，描述关联的运维过程管理工具、IT基础架构以及外围组织应用、业务系统和数据库等。

（2）监控工具。常见的监控工具主要包括：①网络监控工具。管理对象包括交换机、网络链路、路由器、负载均衡设备、防火墙和网关等。②主机监控工具。支持对多种操作系统的主机进行监控，管理对象包括PC服务器、小型机等。③数据库监控工具。管理对象包括关系型数据库、

数据仓库等。④中间件监控工具。通过 SNMP 和 JMX 协议实现中间件监控，对关键指标的异常状态进行告警，管理对象包括消息中间件、交易中间件、Web 服务中间件等。⑤存储设备监控工具。支持对主流厂商存储设备的监控管理。⑥备份软件监控工具。支持对主流厂商备份软件的监控与管理。⑦机房动环监控工具。监控范围包括机房内的动力系统、环境系统、安防系统三大方面。⑧业务系统监控工具。业务系统监控工具的规范化成熟度相对最低，通常分为业务系统状态监控工具和业务系统性能监控工具两类。

（3）专用工具。运维人员通过专用工具实现监控工具与过程管理工具无法提供的服务，比如服务器硬件操作的防静电工具、主板故障检测卡、堡垒机、网络流量分析系统等。组织是否要有专用工具，视运维服务需要而定。

工具的日常管理包括工具的日常维护管理、工具运维管理、工具数据管理、工具备件管理、工具培训、工具运行评估、工具使用改进等，分别如下：

（1）工具的日常维护管理包含工具权限维护和日常巡检。

（2）工具运维管理通过监控工具、过程管理工具和专用工具实现对工具的自我管理。

（3）工具数据管理包含对工具业务数据和工具日志数据的管理：业务数据管理是指通过工具实现业务数据的导出、导入、备份与恢复，主要用于存档与备份；日志数据管理是指通过工具实现对工具运行日志的导出、导入、分析、备份与恢复，主要用于审计与评估。

（4）工具备件管理是将工具正常运行所需的备件资源纳入备件管理库。

（5）工具培训包括工具使用培训和工具运维培训。针对工具的普通用户培训，可以采用实际操作的方式进行；针对工具管理员的培训，可以采用实践与文档结合的方式进行。

（6）工具运行评估可以通过定期评估会议的方式进行，参会人员由工具普通用户代表、工具管理员、工具供应商相关人员组成。

（7）工具使用改进通常和工具运行评估报告相结合。

2．服务台。服务台（Service Desk）是服务中与客户沟通交互的重要界面，是运维服务供需双方的"官方"接口和信息发布点，起着"应答机"和"路由器"的功能。

服务台工作内容包括：①基于服务水平要求制定明确的服务质量考核指标；②建立规范的管理制度、管理过程和管理规则；③建立人员培训和人才储备机制；④具备自动化管理工具，支持日常记录的及时性和完整性；⑤具备服务质量持续跟踪和优化机制。

服务台的岗位建设应尽量减少岗位种类，降低管理难度，如热线支持岗、现场支持和驻场服务岗，对除核心系统以外的运维服务提供一线支持。还可以设服务台值班长岗进行统一管理协调。对服务台的技能要求，除专业知识技能外，还应具备客户业务和运维服务两方面的经验能力。

3．备件库。备件库管理包括备件响应方式和级别定义、备件供应商管理、备件出入库管理、备件可用性管理等。

4．运维数据。运维数据不同于业务数据，具有产生源头复杂、标准化程度低、关联对象繁多、消亡速度快等特点。

运维数据包括运维管理数据和运维运行数据两大类；运维管理数据包括：配置管理数据、流程工单数据和运维知识数据；运维运行数据包括：监控指标数据、监控告警数据、运维操作数据、运行日志数据和网络报文数据。

运维数据生存周期包含八大环节，分别如下：①识别环节，建立数据源头和采集数据对照关系，形成数据源头服务目录清单；②采集环节；③传输环节；④加工环节；⑤存储环节；⑥应用环节；⑦维护环节；⑧归档/退役环节。

运维数据安全管理工作包含安全规范标准、分级安全管理策略、可追溯、风险监测、宣贯培训等内容，分别如下：①设定运维数据安全管理的底线；②基于安全底线，制定智能运维场景下的数据安全规范标准；③制定运维数据分级安全管理策略和数据权限分级管理制度；④确保运维数据生存周期各环节过程可追溯、可审计；⑤制定运维数据的风险监测和防范机制；⑥全员宣贯和定期培训。

运维数据质量管理包含质量目标、责任机制、管理过程、技术手段等内容，分别如下：①明确数据质量管理目标，制定具体的管理指标；②建立数据质量管理的责任机制和角色职责，制定数据质量管理规范及监控机制；③明确数据质量管理过程；④研发数据质量相关技术。

5. 运维知识。知识条目的来源包括购买、开发、融合、提炼、网络等，分别如下：①购买。作为最直接、高效的方法，购买的知识往往不能直接使用，需要学习总结后转换成自己的知识库。②开发。成立专业团队组织开发知识，开发团队组成是长期的，但人员并不需要固定，开发人员的变换反而能够促进知识积累。③融合。融合是组织不设专职人员，而是从各岗位抽取人员形成临时组织，融合把观点各异的人结合起来构建形成知识。④提炼。提炼是对运维过程中已解决的典型事件和问题进行整理，形成解决方案后转换为知识。⑤网络。互联网的每个成员既可以是知识使用者也可以是知识提供者，互联网知识并非拿来就能用，还需要保留、提取与加工。

为便于知识条目共享与查询，通常按内容将知识条目分为管理、方法和专业技术三大类。管理类知识包括运维相关的制度、规范、过程、操作规程、表单模板等；方法类知识包括分析问题和解决问题的模型或手段；专业技术类知识指运维中使用的 IT 技术。

知识管理过程包括知识提交过程、知识变更过程和知识删除过程，分别如下：

（1）知识提交过程包含以下活动：①通过知识条目来源的各种方式收集知识素材；②对知识素材进行归类、整理和编辑，转换成可直接使用的知识条目；③过滤和审核提交的知识内容，并对审核通过的知识进行有效性标识；④将已审核的知识进行分类，便于检索查询；⑤将知识条目按类别添加至知识库进行发布。

（2）知识变更过程包含以下活动：①变更发起人提出申请并提交知识审核人；②对提交的知识条目变更方案进行审核和判定，审核通过后提交知识管理员执行变更；③将经过审核的变更知识条目进行重新分类，便于检索查询；④将知识条目按类别添加至知识库进行发布。

（3）知识删除过程包含以下活动：①知识管理员发现或根据反馈，得到需删除的知识；②知识管理员提出知识条目删除申请；③审核人员组织专家对过期知识进行评估并做出删除判定；④知识管理员对废弃区已过期或重复的知识进行销毁。

知识共享涉及知识共享文化、知识共享平台、知识共享权限和知识查询检索 4 个方面。

（1）知识共享文化。组织需要将知识共享形成文化，使员工既是知识提供者，又是知识分享者，促进知识在员工之间的相互交流。

（2）知识共享平台。建立知识共享平台，实现知识提供者和使用者的高效互动，同时快速查询到想要的知识条目。

（3）知识共享权限。解决知识控制与共享的矛盾是知识共享的前提，通过知识共享权限管理，实现组织知识库在可控范围内最大化共享。

（4）知识查询检索。建立完备的命名规则，设定科学的关键字查询系统，通过"多维分类检索"快速定位文档，提升知识的查询检索效率。

知识复用是知识应用的进一步提升，包括知识提炼和知识融合2个方面。通过知识提炼，形成发现或解决问题的手段，将知识点范例固化在工具中，可以实现知识积累与问题处理的自动化。在运维过程中，将知识点与过程执行相关联，不同流程调用不同知识点，实现知识与过程的融合。

备考点拨

本考点学习难度星级：★★☆（适中），考试频度星级：★★★（高频）。

本考点考查运维资源。运维资源是个大考点，包含内容较多，源于其包含了5类资源，其中相对重要的是运维工具、运维数据和运维知识。运维工具需要掌握逻辑架构的四层分别叫什么名字，以及常见的运维工具示例；运维数据需要重点掌握分类和生存周期，了解运维数据安全管理和质量管理的内容；运维知识需要掌握知识条目不同的来源以及各自的特点，了解知识管理的三大过程和知识共享的四个方面。本考点的记忆点相对较多，可以结合考纲进一步深入理解。

考题精练

1. 过程管理工具的逻辑架构中，为门户内容提供业务逻辑支撑的是（　　）。

　　A．门户层　　　　B．服务平台层　　　C．基础架构层　　　D．外围接口层

【解析】答案为B。在过程管理工具的逻辑架构中，服务平台层为门户内容提供业务逻辑支撑，门户层为工具用户提供统一访问平台。

2. 以下关于监控工具的描述，错误的是（　　）。

　　A．网络监控工具管理对象包括交换机、路由器等

　　B．主机监控工具只支持一种操作系统的主机监控

　　C．数据库监控工具管理对象包括关系型数据库等

　　D．机房动环监控工具监控范围包括动力系统等三大方面

【解析】答案为B。主机监控工具支持对多种操作系统的主机进行监控，不是只支持一种操作系统，A选项网络监控工具管理对象正确，C选项数据库监控工具管理对象正确，D选项机房动环监控工具监控范围正确。

【考点86】运维技术

考点精华

运维技术是涵盖IT技术在内的所有运维技术，包括工作手册、思维方法等。运维技术管理通过自有核心技术研发和非自有核心技术的学习，提升运行维护效率，确保运维服务组织能"高效做事"。

运维技术研发管理

技术研发管理过程包括技术研发规划、技术研发实施、技术研发监控、研发成果应用 4 部分，分别如下：

1．技术研发规划。技术研发规划阶段的工作如下所示。

（1）研发需求调研。研发需求的来源可能体现在服务能力改进计划中，是与运维服务有关的各种方法、工具和手段的改进需求。

（2）确定研发目标。技术需求负责人与研发团队一起确定技术研发目标，研发目标需要遵循 SMART 原则。

（3）制订研发方案。研发方案包括研发的技术可行性分析、研发技术路径方案。

（4）投入产出分析。充分评估可能的困难和风险，关键性研发项目要配置足够的资源。

（5）形成立项报告。技术研发负责人形成研发立项报告后提交评审。

（6）评审发布。评审人员包括技术研发决策负责人、技术负责人、服务交付负责人和财务负责人等。

2．技术研发实施。此阶段需要制订实施计划，组织技术研发，产出技术研发成果。

3．技术研发监控。在组织层面监控技术研发过程，对研发质量、成本和进度进行监控。

4．研发成果应用。研发成果应用将研发成果从研发部门转移到使用部门。

运维技术研发通过使用研发成果提高运维服务效率和质量，通过技术研究丰富和拓展服务范围，包括：

1．运维相关的 IT 技术研发。掌握运维服务对象本身的技术是开展运维服务的基本能力。此外，组织对新技术的研究应用可以更好适应运维新需求，如云计算技术、智能终端技术等。

2．技术规范的研发。技术规范包括服务规范和服务提供规范。服务规范规定服务质量标准和服务特性验收标准，以便进行有效的质量控制。服务提供规范也称操作规程或技术操作手册，规定提供服务的方法手段，明确服务过程规范化。

3．发现问题和解决问题相关技术的研发。相关的研发成果可以是人工操作手册，也可以是将经验和方法固化的系统工具。

4．运行维护工具研发。监控工具、过程管理工具和专用工具等工具的使用，能够提升运维服务效能和服务准确性，有效降低服务成本。

5．运维服务产品研发。运维服务产品化是将运维服务有形化、标准化的设计过程，服务产品的研发需要多部门协同配合，共同研发才能完成。

组织技术负责人以及技术研发团队是研发成果的培训者和应用的技术支持者。运维技术应用的关键成功因素包括：①建立运维技术应用的管理机制；②运维技术的实施应用；③对技术应用的适宜性和效果进行检查；④对运维技术不断进行优化和改进。

备考点拨

本考点学习难度星级：★★☆（适中），考试频度星级：★★☆（中频）。

本考点考查运维技术，运维技术的考点比较直白，首先需要掌握技术研发管理过程的 4 个组成部分，其次是运维技术研发包含的内容以及技术应用的关键成功因素。

考题精练

1. 技术研发监控针对（　　）方面进行监控。
   A．研发质量　　　　　　　　B．研发质量、成本和进度
   C．研发进度　　　　　　　　D．研发成本和质量

【解析】答案为 B。在技术研发监控阶段，是在组织层面监控技术研发过程，主要是对研发质量、成本和进度进行监控。

2. 为保证运维服务质量，固化服务行为的技术规范研发必不可少，其中服务规范主要用于（　　）。
   A．规定提供服务的方法和手段　　B．规定服务质量标准和服务特性验收标准
   C．解决所有运维问题　　　　　　D．只是一种形式，没有实际作用

【解析】答案为 B。技术规范包括服务规范和服务提供规范，其中服务规范规定了服务质量标准和服务特性验收标准，以便进行有效的质量控制。A 选项是服务提供规范的作用；C 选项服务规范不能解决所有运维问题；D 选项服务规范是有实际质量控制作用的。

【考点 87】智能运维

考点精华

智能运维是指具备能感知、会描述、自学习、会诊断、可决策、自执行、自适应等人工智能特征的运维服务。智能运维框架由组织治理、智能运维场景实现、能力域三部分构成，其中组织治理包括组织策略、管理方针、组织架构、组织文化、相关方需求和期望；智能运维场景实现包括场景分析、场景构建、场景交付和效果评估 4 个过程；能力域包括数据管理、分析决策、自动控制，每个能力域由若干能力项构成，每个能力项由人员、技术、过程、数据、算法、资源、知识 7 个能力要素构成。

1. 智能运维场景实现的 4 个关键过程如下所示。

（1）场景分析。场景分析通过前期调研评估，确定场景构建方案和计划。遵守要求如下：①明确预期场景实现目标；②评估场景实现的可行性；③识别场景实现的共性需求，优先采用平台化建设思路，避免重复建设；④评估场景对现状的影响并制定风险应对措施；⑤明确场景构建阶段和步骤，混合场景可拆分为多个单一场景分阶段实现；⑥结合场景特点重点评估数据需求；⑦重点评估安全要求；⑧以合理的颗粒度拆解场景涉及的具体活动；⑨确定待建设的能力项和待提升的能力要素；⑩设立可评估或可量化的指标；⑪根据场景分析结论形成场景构建方案和计划。

（2）场景构建。场景构建是按既定方案和计划，开展场景相关能力的建设。遵守要求如下：①研发、优化、建设相关能力项；②根据具体场景进行能力项组合，重点关注能力项的可复用性；③确保场景构建过程可追溯，交付结果可计量或可评估；④重点关注数据质量和模型运行效果；⑤对于涉及自动化和批量操作的场景，增加必要的约束措施，设计安全控制点和回退功能；⑥测试和验证关键场景的高可用性，并制定失效补偿措施；⑦将规则知识、专家经验、模型训练结果等固化到信息系统；⑧关注各系统间的数据打通和流程联动，避免产生数据壁垒；⑨通过敏捷迭

代的方式开展场景构建，运维需求与工具研发紧密融合。

（3）场景交付。场景交付是场景构建完成后，进行实施交付及配套活动的过程。遵守要求如下：①按既定计划完成场景实施交付，交付物包括交付方案、使用手册、应急预案；②开展场景使用、运维、应急处理等培训工作；③开展试点和推广工作；④开展测试验收工作；⑤开展关键指标适配和调优工作。

（4）效果评估。效果评估是场景交付后检查是否达到预期效果，并设定下阶段的迭代目标。遵守要求如下：①建立评估机制，组织相关方开展效果评估；②评估已建场景是否满足既定目标，未达标则开展原因分析；③与利益相关者建立顺畅的沟通渠道；④评估已建场景是否满足运维相关安全要求；⑤制订改进措施和提升计划，并持续改进迭代。

2. 智能运维能力域包括数据管理、分析决策和自动控制3个能力域，分别如下：

（1）数据管理能力域。包括8个能力项：数据建模、元数据管理、数据采集、数据加工、数据存储、质量管理、数据服务、数据安全。

（2）分析决策能力域。包括5个能力项：数据探索、特征提炼、分析决策、可视化、安全可信。

（3）自动控制能力域。包括4个能力项：接入管控、安全管控、过程管控、执行管控。

备考点拨

本考点学习难度星级：★★☆（适中），考试频度星级：★☆☆（低频）。

本考点考查智能运维，智能运维考点围绕框架展开，框架一共3个组成部分，分别是组织治理、智能运维场景实现和能力域，其中的重点是后两个。需要掌握智能运维场景实现的4个关键过程，关键过程需要遵守的要求以理解为主。另外还需要掌握智能运维的3个能力域。

考题精练

1. 场景构建过程中，对于涉及自动化和批量操作的场景，（　　）措施是不必要的。

　　A．增加必要的约束措施　　　　B．设计安全控制点
　　C．设计回退功能　　　　　　　D．暂时不用考虑数据模型运行效果

【解析】答案为D。对于涉及自动化和批量操作的场景，需要增加必要的约束措施，设计安全控制点和回退功能，并且要重点关注数据质量和模型运行效果。

2. 场景交付时，交付物不包括（　　）。

　　A．交付方案　　B．开发文档　　C．使用手册　　D．应急预案

【解析】答案为B。场景交付的交付物包括交付方案、使用手册、应急预案，不包括开发文档。

3. （　　）不属于数据管理能力域。

　　A．数据建模　　B．可视化　　C．数据采集　　D．数据安全

【解析】答案为B。可视化属于分析决策能力域，数据建模、数据采集、数据安全属于数据管理能力域。

第 10 章 云服务及其运营管理考点精讲及考题实练

10.1 章节考情速览

云服务及云服务的运营管理，是近些年随着科技发展和上云企业越来越多而逐渐被重视起来的，各类组织的上云趋势不可逆转，无论是私有云、公有云还是混合云，都会给信息系统管理工程师带来新的挑战，所以云服务的相关知识，以及云服务的运营管理，在未来考试中的重要性会不断提升。本章的备考策略是以云服务运营管理框架图展开的，框架图中列出了云服务运营管理的关键内容，比如云服务规划、云服务交付、云运维、云资源操作和云信息安全等。当然每个关键内容中进一步的细分考点同样也需要掌握。

云服务及其运营管理在基础知识科目中预计会考查 4 分左右，同时也是应用技术科目考查的重点内容。

10.2 考点星级分布图

本章涉及的主要考点分布及难度与频度双星级如图 10-1 所示。

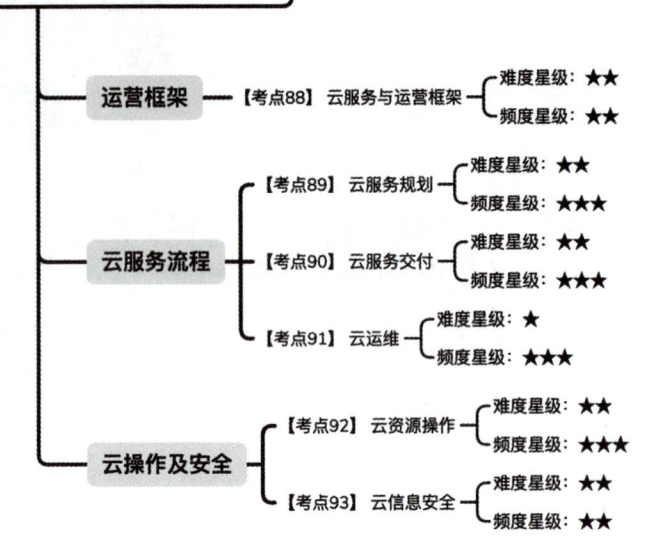

```
云服务及其运营管理考点
├─ 运营框架 ──【考点88】云服务与运营框架 ── 难度星级：★★ / 频度星级：★★
├─ 云服务流程 ┬─【考点89】云服务规划 ── 难度星级：★★ / 频度星级：★★★
│             ├─【考点90】云服务交付 ── 难度星级：★★ / 频度星级：★★★
│             └─【考点91】云运维 ── 难度星级：★ / 频度星级：★★★
└─ 云操作及安全 ┬─【考点92】云资源操作 ── 难度星级：★★ / 频度星级：★★★
                └─【考点93】云信息安全 ── 难度星级：★★ / 频度星级：★★
```

图 10-1　本章考点及星级分布

10.3　核心考点精讲及考题实练

【考点88】云服务与运营框架

云服务运营框架

> **考点精华**
>
> 传统数据中心多被视为技术支撑的关键手段，贯穿生命周期的是"技术属性"。云化发展背景下的数据中心，在"技术属性"基础上被赋予了"服务属性"，数据中心的云化发展面向服务，是从技术转向服务的过程。云计算数据中心特点有 3 方面，分别如下：
>
> 1. 基础环境方面：数据中心基础设施布局从大型、单一设计转型为模块化设计。模块化数据中心的灵活性和扩展能力，能够高性价比满足业务变化需求。
>
> 2. 基础架构方面：资源虚拟化、配置标准化、管理自动化成为云计算数据中心的显著特点，不同于传统数据中心"高可用性"为主的运行模式，云计算数据中心是以"资源服务"为主的运行模式。
>
> 3. 运营管理方面：传统数据中心建设是以技术专业为部门的划分依据，云计算环境下，由于应用系统与基础架构存在紧密联系，所以需要整体考虑运营组织和管理体系建设。
>
> 云计算数据中心所支撑的云服务，具有如下 9 个特征：①随需应变的自助服务；②随时随地用任何网络设备访问；③多人共享资源池；④快速重新部署灵活度；⑤可被监控与量测的服务；

⑥计量付费的服务；⑦基于虚拟化技术快速部署资源或获得服务；⑧减少用户终端的处理负担；⑨降低用户对IT专业知识的依赖。

云服务的9个特征给数据中心带来了4方面挑战：①云服务给数据中心运营带来挑战。运营挑战集中在激增的业务量、随时变化的业务模式、更高更透明的服务级别要求、缩减能耗、运维管理成本严峻等方面。②云服务需要优化数据中心运营成本。云计算数据中心的运营成本集中在能耗及运营管理方面。③云服务正在重塑数据中心的运营架构。④云服务对数据中心运营人才需求提升。

云服务强调"以交付为主线、以服务和资源为重点、以安全和审计为保障"，形成了云服务运营管理框架。以交付为主线是服务交付管理、服务运维管理、资源操作管理的视角，其中服务交付管理是从与用户交互的角度，服务运维管理是从信息系统管理人员交互的角度，资源操作管理是从人员与资源设备交互的角度；以服务和资源为重点，是将云资源与人员管理活动封装成服务的管理活动，并归纳到云服务规划中，将云计算服务资源的规划管理归纳到云资源管理中；以安全和审计为保障，总结了应对云计算技术安全与审计挑战的管理要点。

云服务运营管理框架共有七大领域，分别是云服务规划、云服务交付、云运维、云资源操作、云资源管理、云信息安全和云审计。「★案例记忆点★」

1. 云服务规划。云服务规划对云计算资源进行封装并设计成服务，包含云服务容量管理、云服务可用性管理、业务连续性管理、供应商管理、IT财务管理、资源池管理、云服务产品管理与云架构管理。

2. 云服务交付。云服务交付强化服务计费管理，重点管理资源使用的计费模式。

3. 云运维。云运维强化服务质量管理，包含服务发布管理、服务开通管理、服务运行和服务质量管理。

4. 云资源操作。云资源操作包含计划操作、变更操作、资源供应与任务管理、资源部署/回收和动态管理。

5. 云资源管理。云资源管理是对资源状况的记录，包含资源计量管理、资源服务模型、镜像管理、资产管理和资源监控。

6. 云信息安全。云信息安全包含安全制度、架构安全、资源安全和操作安全4个模块。

7. 云审计。云审计包含云风险和合规审计、云技术和架构审计、云服务和运营审计、云模型和计费审计。

🌐 **备考点拨**

本考点学习难度星级：★★☆（适中），考试频度星级：★★☆（中频）。

本考点考查云服务与运营框架，属于云服务及运营管理的基础介绍。需要理解云服务的特征，并掌握云计算数据中心的特点，相对重要的子考点是云服务运营框架，框架一共包含7个领域，后续考点也会对这些领域进行展开并详细论述。

🔗 **考题精练**

1. 云计算数据中心在基础架构方面，与传统数据中心运行模式的显著区别在于（　　）。

A．传统数据中心以"资源服务"为主，云计算数据中心以"高可用性"为主

B．传统数据中心资源虚拟化程度更高

C．云计算数据中心以"资源服务"为主，传统数据中心以"高可用性"为主

D．云计算数据中心不存在配置标准化特点

【解析】答案为C。在基础架构方面，云计算数据中心的显著特点是资源虚拟化、配置标准化、管理自动化，运行模式是以"资源服务"为主；而传统数据中心是以"高可用性"为主的运行模式。

2．云服务的特征中，"计量付费的服务"这一特征是云服务运营管理框架中（　　）领域重点关注的内容。

A．云服务规划　　　B．云服务交付　　　C．云运维　　　D．云资源管理

【解析】答案为B。云服务交付强化服务计费管理，重点管理资源使用的计费模式，"计量付费的服务"这一特征与之紧密相关。

3．云审计包含的审计类型不包括（　　）。

A．云风险和合规审计　　　　　　B．云技术和架构审计

C．云市场和销售审计　　　　　　D．云服务和运营审计

【解析】答案为C。云审计包含云风险和合规审计、云技术和架构审计、云服务和运营审计、云模型和计费审计，不包括云市场和销售审计。

【考点89】云服务规划

◉ 考点精华

云服务规划承担云战略的功能，负责对云服务战略规划、云技术规划与服务能力改进的管理，包括云架构管理、云服务产品管理、云服务可用性管理、业务连续性管理、资源池管理、云服务容量管理等，分别如下：

1．云架构管理。云架构管理负责信息系统架构、技术规范和技术标准的日常管理，管理目标包括：①统一技术规范，形成技术准入壁垒，降低技术多样性风险；②管理变更对技术架构的变化，保证架构可控性；③跟踪前沿技术，保证技术前瞻性并保护投资。

云架构管理包括应用架构管理、数据架构管理、基础架构管理、技术规范管理和前沿技术研究管理五项管理活动，分别如下：「★案例记忆点★」

（1）应用架构管理。负责设计和维护应用架构，管理活动包括：①业务管理架构和业务需求研究；②应用框架规划和维护；③核心应用架构设计和维护。

（2）数据架构管理。负责设计和维护符合业务需求的数据架构，管理活动包括：①业务管理架构和业务需求研究；②数据架构规划和维护；③数据字典设计和维护。

（3）基础架构管理。结合应用和数据架构，设计和维护信息技术基础架构，管理活动包括：①通信和网络架构规划和维护；②计算能力架构规划和维护；③存储能力架构规划和维护；④平台软件架构规划和维护；⑤数据中心基础环境架构规划和维护。

（4）技术规范管理。结合行业技术现状和前瞻性判断，制定和维护技术规范，管理活动包

括：①通信和网络技术规范制定与维护；②服务器和存储系统技术规范制定与维护；③平台软件技术规范制定与维护；④应用开发和测试技术规范制定与维护；⑤桌面系统技术规范制定与维护；⑥日常操作技术规范制定与维护；⑦数据中心运维规范制定与维护。

（5）前沿技术研究管理。对行业新技术和发展方向进行储备式研究。

2．云服务产品管理。云服务产品管理在云服务运营管理中处于云服务规划层，是对云服务产品全生命周期的管理，描述了两个管理活动：云服务产品规划设计和云服务产品退役管理。

（1）云服务产品规划设计。云服务产品规划设计对云服务产品进行设计和资源包装，形成并描述资源服务。包含的4个子活动如下所示。

1）云服务产品定义。云服务产品分三类：基础设施即服务（Infrastructure as a Service，IaaS）、平台即服务（Platform as a Service，PaaS）和软件即服务（Software as a Service，SaaS）。IaaS向用户提供计算、存储和网络资源等资源服务。PaaS向用户提供平台软件等资源服务，从简单到复杂分成3种服务形态：①单套软件+硬件设施的服务；②包含多套软件和硬件设施的服务；③除了包含多套软硬件设施外，还要完成相关设置，提供直接可以部署应用或服务的环境。SaaS向用户提供业务应用的服务。「★案例记忆点★」

2）云服务成本分析。云服务成本分析通过资源定义分析成本构成，并完成服务定价。云服务产品成本由云服务运营成本和云服务产品研发成本组成。云服务运营成本包括保证云服务产品运行的资产成本（如设备折旧）、人工成本、运营费用（如机房电费）和数据中心行政费用分摊。云服务产品研发成本包括开发阶段投入的人工成本、资产成本（开发测试设备折旧等）和研发中心的行政费用分摊等。

3）服务预测与资源容量规划。通过预测市场容量或内部用户需求规模，规划服务产品所需的资源容量要求。

4）服务衡量指标定义。云服务产品的服务质量包含交付质量承诺和服务运行质量承诺。交付质量指标包括交付成功率和交付速度，交付成功率衡量用户订购云服务产品后按时交付的能力，交付速度衡量指定时间内按产品规格交付资源的能力；服务运行质量包括服务可用性和业务连续性指标。「★案例记忆点★」

（2）云服务产品退役管理。包含4个子活动如下所示：「★案例记忆点★」

1）云服务产品退役审批。需要提出退役申请并执行退役管理流程。退役申请包含：①退役原因分析；②用户影响分析及应对策略；③是否需要以及需要多久的缓冲期。

2）服务目录更新。需要把退役的服务产品从服务目录中删除，但对已申请和使用相关服务产品的用户没有影响。

3）资源释放。资源释放的步骤：①把预留的可分配资源释放到公共资源池；②等所有用户使用周期结束后，把相应资源释放到公共资源池。

4）相关管理活动更新。资源释放后做清理工作，清理相关服务产品在各管理模块中的信息。

3．云服务可用性管理。云服务可用性管理的任务包括：①建立并维持可用性计划；②协助可用性事件问题分析，评估变更对可用性的影响；③测量服务资源性能，驱动服务可用性达标；④确保服务可用性的预防性措施贯彻实施。「★案例记忆点★」

提升可用性从服务可用性与组件可用性两个维度出发，可用性管理的活动分为被动活动和主动活动两类，其中被动活动包括检查、衡量、分析、管理可用性事件、故障和问题；主动活动包括对新服务与变更提供建议、计划、设计原则与评价标准，对正在交付的服务提出提升计划与风险规避策略。

4. 业务连续性管理。业务连续性管理的活动包括：①定义并维护业务连续性计划；②开展影响分析和风险分析，制定业务连续性策略；③通过建立运行机制、提供业务连续性建议、参与变更以及管理有效性测量，确保业务连续性目标达成；④通过协商管理，确保外部资源有效性。「★案例记忆点★」

业务连续性管理生命周期分为启动、需求与策略、实施、日常运营阶段，分别如下：「★案例记忆点★」

（1）启动：包括政策制定、范围与参考条款确定、资源分配、项目组织与项目管理机制设计、项目计划与质量计划确认。

（2）需求与策略：包括业务影响分析、风险分析和策略制定。其中策略制定活动方面，对无法忍受中断的业务采取"降低风险"策略，对于可接受一定时间中断的业务，采取"业务恢复"策略，如人工恢复、互惠协定、冷备份、暖备份、热备份与零中断热备份等。

（3）实施：包括制订业务连续性计划及版本控制分发，灾难恢复的组织设计，执行"降低风险"与"业务恢复"具体措施，对计划进行首轮演练，包括桌面演练、完整演练、分系统演练与场景演练。

（4）日常运营：包括意识与技能培训，业务连续性管理定期评估与审核，业务连续性管理计划定期演练，变更管理，发生灾难场景时迅速响应，恢复最低业务水平并最终重建和完全恢复。

5. 资源池管理。资源池管理包括资源池规划设计、全局资源池规划设计、资源池和资源生命周期管理，分别如下：

（1）资源池规划设计。影响资源池布局规划的5个因素分别是：①安全域。安全域解决多个应用环境在网络上进行逻辑隔离或者物理隔离的需求。②应用框架。应用开发框架把应用分成多个层次，针对应用框架提出的层次化需求是需要考虑的因素。③资源种类。私有云存在多种异构资源带来的资源种类是需要考虑的因素。④服务等级。面对多样化的用户群体和需求，需要提供不同服务等级的资源服务。⑤管理需求。私有云存在的多种管理需求，需要在资源池规划设计中得到体现。「★案例记忆点★」

（2）全局资源池规划设计。全局资源池规划设计站在组织层面把多个数据中心当成一个整体资源池，包含3个层面：①资源层次设计；②基于应用框架、管理需求和安全域划分需求，规划资源层次；③资源池在数据中心和资源层次上的种类和数量设计。

（3）资源池和资源生命周期管理。资源池和资源生命周期管理是对资源从预算、采购、部署到退役的过程管理。子活动包括：①扩容规划、预算和采购；②资源池扩容；③全局资源调拨管理；④资源池和资源退役管理。

6. 云服务容量管理。云服务容量管理更加强调预测敏捷性和成本管控，在预测未来需求基础上，通过容量计划高效率分配资源。容量管理子活动包括：①收集业务、服务、技术和增长需求；②收集性能和容量测量数据；③评估资源和服务当前的使用状况并优化；④评估当前资源需求，提供配置/成本的备选方案；⑤沟通性能和容量信息。「★案例记忆点★」

备考点拨

本考点学习难度星级：★★☆（适中），考试频度星级：★★★（高频）。

本考点考查云服务规划，云服务规划的内容较多，共有6个部分，分别是云架构管理、云服务产品管理、云服务可用性管理、业务连续性管理、资源池管理和云服务容量管理。活动是掌握这6个部分的主线，需要掌握不同管理对应的活动名字，理解不同活动的内容和作用。

考题精练

1．云服务产品规划设计中，云服务成本分析时，云服务产品成本不包括（　　）。

A．云服务运营成本　　　　　　　B．云服务产品研发成本
C．市场推广成本　　　　　　　　D．开发阶段投入的人工成本

【解析】答案为C。云服务产品成本由云服务运营成本（包含保证云服务产品运行的资产成本、人工成本、运营费用和数据中心行政费用分摊等）和云服务产品研发成本（包括开发阶段投入的人工成本、资产成本和研发中心的行政费用分摊等）组成，不包括市场推广成本。

2．业务连续性管理生命周期的需求与策略阶段，对于可接受一定时间中断的业务，采取的策略不包括（　　）。

A．人工恢复　　B．热备份　　C．实时备份　　D．冷备份

【解析】答案为C。对于可接受一定时间中断的业务，采取"业务恢复"策略，比如人工恢复、互惠协定、冷备份、暖备份、热备份与零中断热备份等，不包括实时备份。

3．在资源池规划设计中，影响其布局规划的因素不包括（　　）。

A．市场竞争情况　　B．安全域　　C．应用框架　　D．服务等级

【解析】答案为A。影响资源池布局规划的因素有安全域、应用框架、资源种类、服务等级、管理需求，不包括市场竞争情况。

【考点90】云服务交付

考点精华

服务计费管理

云服务交付管理云服务与最终用户间的交互，处于运营管理最前端，包括服务目录管理、服务水平管理、服务报告管理、服务计费管理和满意度管理，分别如下：

1．服务目录管理。服务目录的产品化特性更加突出，管理过程存在差异，主要体现在：①服务目录定义的完善程度和友好性；②服务目录管理的自动化程度：服务目录不能单纯以纸面方式存在，而是使用自动化和电子化的方式；③服务目录设计与配套服务管理流程的成熟度。

典型的IaaS服务是以服务形式提供硬件资源；PaaS服务分3个层次：第1个层次提供简单的平台软件服务，第2个层次提供多个平台软件服务，第3个层次通过一套完整解决方案提供平台软件服务；SaaS服务提供完整的应用环境。

2．服务水平管理。服务水平管理是定义、协商、订约、检测和评审服务质量水准的流程，

管理目标包括：①通过对云服务绩效的运营流程来维持改进云服务质量；②采取行动消除或改进不符合级别要求的云服务；③提高客户满意度以改善客户关系。

服务水平管理涉及 3 个协议，分别是：服务级别协议（Service Level Agreement，SLA）、运作级别协议（Operational Level Agreement，OLA）和支持合同（Underpinning Contract，UC）。服务级别协议（SLA）协调云服务提供商和云服务客户间的关系；运作级别协议（OLA）协调云服务提供商与内部供应商间的关系；支持合同（UC）协调云服务提供商与外部供应商间的关系。「★案例记忆点★」

3. 服务报告管理。服务报告管理依据服务级别要求，收集信息并计算服务衡量指标，制定用户服务报告和运行管理报告。其管理目标包括：①收集服务信息，计算服务衡量指标；②完成对用户的服务报告，对计费报告提供数据支撑；③完成对内的运行分析报告；④发现数据中心短板，指导提升计划。「★案例记忆点★」

服务报告流程尽量通过工具平台实现，服务报告中的服务质量衡量结果需要输出到"服务计费管理"模块中。服务报告管理分为 3 个子过程，分别是服务报告规划、服务报告撰写和服务报告发布，如下所示。

（1）服务报告规划。活动包括整理服务水平衡量指标、创建服务/运行报告模板、形成指标采集任务、形成报告撰写任务。

（2）服务报告撰写。活动包括指标数据采集、计算服务水平指标和运行能力指标、服务质量和服务水平衡量、撰写服务报告和运行能力报告、报告分析和改进措施。

（3）服务报告发布。活动包括审批服务报告、发布服务报告、发送服务衡量指标给计费管理、签约用户沟通和反馈、优化和定稿。

4. 服务计费管理。服务计费管理包括 4 层内容：①计量层。跟踪和记录资源使用情况。②收集层。收集各域信息以及收费相关事件，转发给记账层处理。在收集层进行数据交换格式和协议标准化。③记账层。对收集层的信息进行聚合，建立服务记账数据集合记录，传递给计费层进行定价。④计费层。使用计费公式将技术价值转换成货币单位，得出记账记录的会话费用。

服务计费管理的管理目标如下：①通过技术与管理手段落实计费与账单的出具；②对实际资源占用进行测量和计费处理，提供服务账单；③将服务质量与计费挂钩，将 SLA 涉及的奖惩条款体现在服务账单中。

服务计费管理包括资源计量、服务质量评估、基于服务合约的计费、生成账单四项管理活动，分别如下：「★案例记忆点★」

（1）资源计量。根据服务内容与计费策略，对相关资源进行采集计量。

（2）服务质量评估。把服务合约中与费用相关的服务质量承诺和评估工作纳入计费管理活动，生成影响服务计费的服务质量调整系数。

（3）基于服务合约的计费。完成资源计量和服务质量评估后，根据收费依据进行计费计算，然后结合服务质量条款进行费用增减计算，形成服务账单原始数据，计费时需要考虑到计费内容的颗粒度。

（4）生成账单。根据计费账期要求和账单提供形式要求，生成服务账单，并提供给财务人员进行后续收费管理。

5. 满意度管理。满意度管理包括客户满意度调查、服务报告与评审、客户投诉管理等活动，分别如下：「★案例记忆点★」

（1）客户满意度调查。客户满意度反映客户的主观感受。满意度调查容易忽略服务级别协议水平、服务提供成本等限制因素，因此对客户的 IT 服务认知、期望值进行综合管理也是业务关系管理的核心工作。客户满意度调查包括客户满意度调查设计、执行、分析和改进四个阶段。

（2）服务报告与评审。云服务供方通过定期服务回顾，如客户服务回顾会议、视频会议、电话会议或第三方机构客户意见收集等方式，保持与客户间的有效沟通。

（3）客户投诉管理。云服务供方须让客户明白，云服务供方欢迎客户就服务进行投诉，而且投诉都将得到妥善记录和处理，为及时应对客户投诉，应该规定客户投诉的升级机制。

备考点拨

本考点学习难度星级：★★☆（适中），考试频度星级：★★★（高频）。

本考点考查云服务交付。云服务交付是客户能够直接感受到的，无论是其中的服务目录、服务水平，还是服务报告、服务计费和满意度。客户能够感受到的内容，往往不会有太高的理解门槛，所以云服务交付的 5 部分内容重点在于记忆。

考题精练

1. 服务水平管理涉及的 3 个协议中，协调云服务提供商与内部供应商间关系的是（　　）。
   A．服务级别协议（SLA）　　　　　B．运作级别协议（OLA）
   C．支持合同（UC）　　　　　　　D．以上都不是

【解析】答案为 B。运作级别协议（OLA）协调云服务提供商与内部供应商间的关系；服务级别协议（SLA）协调云服务提供商和云服务客户间的关系；支持合同（UC）协调云服务提供商与外部供应商间的关系。

2. 服务报告管理中，服务报告撰写阶段的活动不包括（　　）。
   A．指标数据采集　　　　　　　　B．出具最终服务账单
   C．服务质量和服务水平衡量　　　D．撰写服务报告和运行能力报告

【解析】答案为 B。服务报告撰写阶段的活动包括指标数据采集、计算服务水平指标和运行能力指标、服务质量和服务水平衡量、撰写服务报告和运行能力报告、报告分析和改进措施等，出具最终服务账单不属于这个阶段的活动，而是服务计费管理中生成账单等环节的工作。

【考点 91】云运维

考点精华

云运维在云服务运营管理框架中起承上启下的作用，一方面，云运维将用户需求分解成运维管理的行为规范和工作内容，并细化为云资源操作技术要领或运维工具的功能项，同时将资源使用情况进行有效处理并展现给客户，打通"服务 - 运维、运维 - 技术"链路；另一方面，云运维归结成不同的管理流程，规定活动与流程间关系，安排流程角色，设定

相关 KPI。

云运维管理领域包括服务发布管理、服务开通管理、服务运行 3 个模块，分别如下：

1. 服务发布管理。服务发布管理的活动如下 10 项：

（1）发布申请。作为发布管理的起点。由相关人员或团队提出发布请求，按规范记录请求信息，判断信息是否完整及其发布类型，以决定下一步流转。

（2）策划与评审。非紧急发布，由发布经理组织相关团队的技术专家审核发布方案，评估技术可行性和发布风险。

（3）发布培训。新项目投运或重大功能上线前，需要对服务人员和运维人员进行相关培训，以便投运后能够适应生产状况变化。

（4）发布测试。实施投运方案前需要对投运方案进行完整测试，一般在测试环境中进行。

（5）发布沟通。发布经理需要及时将测试情况通报给相关部门，可通过纸质单、电子邮件等方式进行线下线上融合的沟通。

（6）发布推演。发布经理组织所有参与发布人员，在准生产环境中按投运方案执行投运演练，推演后由决策人员做投运前最终审批。

（7）发布执行。发布执行将发布任务统一规划并拆分为若干变更，向变更管理流程提出申请。发布流程关注执行发布通过哪几个变更完成，不关注变更的技术细节。

（8）发布实施。发布拆分为若干变更后，变更流转和执行由变更管理流程控制，发布关联的任何一个变更开始后，可以认为发布正式开始，最后一个变更实施完成后，则认为发布实施结束。

（9）发布验收。发布成功实施后，发布经理通知相关部门进行验收，此环节由外部验收人员对发布的业务层面进行验证，因为在实施阶段，发布经理和实施团队已完成了发布的技术层面验证。

（10）发布总结。发布结束后，需要经过一段时间的观察期，观察期结束后才允许关闭发布，标志发布生命周期的结束。

2. 服务开通管理。服务开通管理的目标包括：①向用户提供请求和获取标准服务的渠道；②向用户明确 IT 部门提供的服务及获取步骤；③向用户交付标准服务；④管理服务交付过程；⑤交付完成后发起配置信息更新。

服务开通管理包括如下 4 项活动：

（1）提出服务请求。用户通过服务目录选择所需服务后，自动生成服务请求工单，服务开通管理根据服务申请内容，从云配置库取得服务模型，获取所需资源种类数量，并从云配置库查询资源是否充足，最后将更新后的工单传递到下一环节。

（2）审批服务请求。审批环节的内容包括：①是否签约用户；②是否拥有足够的授权；③资源池的资源是否足够；④所需资源是否处于可分配状态。审批环节主要采用基于规则的自动审批，不过也支持人工审批，由资源池管理员和资源部门主管负责人审批。「★案例记忆点★」

（3）处理服务请求。服务请求处理环节考虑"云"和"非云"两种情况。对于"非云"请求，处理环节只需生成任务工单，如涉及变更则通过变更流程来管理任务执行，否则只需服务请求管理任务执行即可。

对于"云"请求，首先服务请求流程从云配置库中获取服务模型，生成资源部署模型；然后从资源部署模型出发产生部署指令；最后把指令发布到"任务调度管理"模块中调度执行，此时服务请求流程处于等待状态，直至"任务调度管理"模块完成并返回成功信息，服务请求流程到云配置库中更新交付的资源信息，再把状态信息回送用户。「★案例记忆点★」

（4）关闭服务请求。服务请求执行完成并得到用户确认后进入关闭环节。关闭环节发送客户满意度调查问卷，回收问卷后关闭服务请求工单。

3. 服务运行。服务运行承担保障安全运行的功能，包含七大管理功能模块如下：

（1）监控管理。监控管理分为两个层面的工作：各类资源层面的专业资源监控和数据中心层面的统一监控管理。专业资源监控负责对各类资源运行状况和性能进行监控采集，发现故障及时进行告警处理；统一监控管理通过技术和管理结合的方式对各类告警开展统一管理，其实现目标包括：侦测告警、告警分类、提供服务操作流程和活动入口、为标准和 SLA 提供实际绩效的评估手段更新。

（2）变更管理。变更管理包括：①响应用户业务变更的需求；②通过变更实现业务支撑，同时控制变更风险；③保证变更被记录、评估，通过的变更获得排序、计划、测试、实施和评价；④保证对配置管理项的变更记录到 CMDB 中。「★案例记忆点★」

变更管理活动包括创建变更请求（Request for Change，RFC）、记录 RFC、检查 RFC、评估变更、授权变更、计划更新、协调变更实施、评审和关闭变更记录。

（3）故障管理。故障管理是云/IT 运维管理中使用频率最高的活动，故障管理的目标是尽可能快地恢复正常的服务运营，将故障的负面影响降到最低。

（4）问题管理。问题管理的目标是预防问题的产生及由此引发的故障，消除重复出现的故障，并降低不能预防故障的影响。

（5）知识管理。知识管理的目标是保证合适的信息在合适的时间提供给适当且有能力的人，以帮助其作出明智决策。

（6）云配置管理。云配置管理包含两个数据消费场景：①资源调度。资源调度是某个资源池的资源无法满足要求时，云管理平台从另一个资源池中获取资源。资源调度要求配置管理模型必须建立跨资源池和跨租户的配置关系。②资源调拨。资源调拨是某个资源池的资源无法满足要求时，将另一个资源池的富余物理资源调拨到该资源池中。资源调拨与资源调度的区别是：资源调度是逻辑资源调用，资源调拨是物理资源调用。

云配置管理的目标包括：①通过建立和维护完整且准确的数据集实现 IT 环境的可视化管理；②实现数据中心的数据共享和其他运维管理领域或工具的高阶管理价值；③建立 IT 与业务的关联，实现业务与 IT 资源端到端的联动；④支撑云资源管理的相关活动。「★案例记忆点★」

（7）服务质量管理。信息技术服务质量包括服务要素质量、服务生产质量和服务消费质量等三方面，服务质量管理的活动包括服务质量评价指标体系创建、服务质量指标采集和计算、服务质量评估和服务绩效奖惩等内容。

🕮 备考点拨

本考点学习难度星级：★☆☆（简单），考试频度星级：★★★（高频）。

本考点考查云运维。云运维包含服务发布管理、服务开通管理和服务运行。这个考点的细分项比较多，比如服务发布管理包含了10条，服务运行包含了7条，不过每一条的内容都不多，对于这类考点的备考，建议以记忆为主，记忆要以条目少的内容为主，过多条目的细分考点考到的概率相对不大，这是个通用的备考建议，但是不排除有例外情况发生。

考题精练

1. 在服务发布管理中，发布验收环节主要由（　　）对发布的业务层面进行验证。

　　A. 发布经理　　　B. 实施团队　　　C. 外部验收人员　　D. 技术专家

【解析】答案为C。在发布验收环节，由外部验收人员对发布的业务层面进行验证，因为在实施阶段，发布经理和实施团队已完成了发布的技术层面验证。

2. 服务开通管理中，审批服务请求环节主要采用的审批方式是（　　）。

　　A. 人工审批

　　B. 基于规则的自动审批

　　C. 主要采用基于规则的自动审批，也支持人工审批

　　D. 不需要审批

【解析】答案为C。审批服务请求环节主要采用基于规则的自动审批，不过也支持人工审批，由资源池管理员和资源部门主管负责人审批。

【考点92】云资源操作

考点精华

云资源操作将服务交付和支持中的技术要求具化成技术操作，并分散和落实到云服务日常管理中。一共分为五大管理功能模块，如下所示。

1. 资源供应与任务管理。其管理目标包括：①完成对各类资源自动化部署和配置任务；②对多个资源部署和配置任务进行排程管理。任务调度管理的操作步骤如下：「★案例记忆点★」

（1）部署配置指令拆解。对从服务开通管理获取的指令集进行解包，根据供应者种类和资源种类重新形成指令子集。

（2）部署配置指令发布。把拆解完成的指令子集按照供应者/资源种类方式向资源供应者进行指令发布。

（3）指令执行状态管理。跟踪"供应者"执行情况，决定是否开始串行执行第2段指令，或者执行完成进入第5步。

（4）异常处理。如果在第3步出现异常情况，任务调度管理判断是否可以自动处理，否则告知资源池管理员进行人工介入。

（5）指令执行完成。指令全部成功执行完成后，任务调度管理反馈执行情况给服务开通管理模块。

2. 资源部署/回收。资源部署/回收是直接和各类资源打交道的管理层次，基本是自动化操作执行，其对应的资源如下所示。

（1）服务器资源。服务器部署/回收操作包括虚拟机部署、物理裸机安装、操作系统和补丁

安装及配置等。

（2）网络资源。网络虚拟化操作包括 VLAN 划分、IP 地址池管理、防火墙和负载均衡策略修改等。

（3）存储资源。存储虚拟化操作包括对基于 SMI-S 接口的存储操作进行封装、对存储管理软件提供云存储服务进行封装等。

（4）平台和应用软件资源。平台软件指各类数据库和中间件，以及商业软件的应用平台部分。应用软件指各类自开发的应用软件和购买的商用应用软件。

3．动态管理。云服务管理通过计算资源调度策略，实现资源自我调节和负载均衡，以及资源的灵活分配和按需分配，如下所示。

（1）动态资源优化。动态资源优化需要两只"眼睛"、两只"手"和一个"大脑"来协同工作。两只"眼睛"分别从供给面和需求面对资源进行监测：一只"眼睛"从虚拟化平台角度进行资源监测，了解虚拟环境下资源的总数量和剩余数量；另一只"眼睛"从应用、服务角度进行监测，了解当前所有应用、服务的负载状况以及资源使用情况。一只"手"做宏观调整，调整虚拟化环境中服务器的计算资源；另一只"手"做微观调整，调整某个服务、应用的部分或全部虚拟机计算资源。一个"大脑"是具备性能分析预测、资源动态规划和调度结果输出的算法，协调两只"眼睛"和两只"手"，是动态优化技术的核心。首先通过两只"眼睛"得到虚拟化平台的计算资源使用情况和应用负载情况，然后结合历史信息预测应用未来的负载状况，做出资源分配决策并输出资源调度指令，最后通过两只"手"完成调度，资源分配变化不剧烈时只需第 2 只"手"做微观调整，变化剧烈时需要用上第 1 只"手"。

（2）实时迁移管理。实时迁移是将虚拟机的运行状态从源宿主机硬件平台迁移到目标宿主机硬件平台上，支持源宿主机和目标宿主机硬件平台的异构性，用户几乎不会察觉到任何差异。

实时迁移管理通过源主机和目标主机上虚拟机监视器的相互配合，完成操作系统内存和其他状态信息的复制，复制过程对源虚拟机运行不会产生影响，当最后一部分的内存页面被复制到目标虚拟机监视器后，目标虚拟机开始运行，虚拟机监视器切换源虚拟机与目标虚拟机，源虚拟机的运行被终止，实时迁移过程完成。

4．计划操作。计划操作是对机房环境和软硬件设施进行的定期操作，四类操作如下：

（1）合规巡检。合规巡检是基于行业规范和组织安全审计规则，对服务器、网络、平台和应用软件的关键配置进行检查。安全管理员通过创建检查任务来检查设备是否符合合规策略，合规策略包括一个或多个检查规则，一个检查规则分为不同类型。

（2）常规作业。常规作业是需要定期执行的作业任务，包含服务器常规作业、存储设备常规作业、网络设备常规作业、机房设施常规作业、数据库系统常规作业、中间件常规作业和数据常规作业。

（3）补丁管理。补丁管理对所有操作系统、数据库和中间件平台，集中管理补丁介质，并批量下发补丁。补丁管理分为评估、识别、计划和部署 4 个阶段；补丁分为安全修补程序、重要更新、更新、修补程序、更新汇总、服务包和功能包。「★案例记忆点★」

（4）批处理管理。批处理管理是对业务批处理任务的统一管理。

5. 变更操作。变更操作是与计划操作相对应的操作管理。变更操作由工单驱动操作任务，包括排程、人力资源调度、变更任务执行等管理活动。

📢 备考点拨

本考点学习难度星级：★★☆（适中），考试频度星级：★★★（高频）。

本考点考查云资源操作。云资源操作共有 5 个管理功能模块，资源供应与任务管理、资源部署/回收的内容相对比较精简，掌握大类即可；动态管理中需要掌握两只"眼睛"、两只"手"和一个"大脑"的分工和作用；计划操作需要掌握常规作业和补丁管理的分类；变更操作了解 3 个管理活动即可。

🔗 考题精练

1. 资源部署/回收中，针对网络资源的操作不包括（　　）。
   A．VLAN 划分　　　　　　　　B．IP 地址池管理
   C．虚拟机部署　　　　　　　　D．防火墙和负载均衡策略修改

【解析】答案为 C。在资源部署/回收中，网络资源的网络虚拟化操作包括 VLAN 划分、IP 地址池管理、防火墙和负载均衡策略修改等，虚拟机部署属于服务器资源相关的操作。

2. 补丁管理分为（　　）阶段。
   A．3 个　　　　B．4 个　　　　C．5 个　　　　D．6 个

【解析】答案为 B。补丁管理分为评估、识别、计划和部署 4 个阶段。

3. 变更操作与计划操作的关系是（　　）。
   A．完全相同的操作管理　　　　B．毫无关联的两种操作管理
   C．相对应的操作管理　　　　　D．变更操作包含计划操作

【解析】答案为 C。变更操作是与计划操作相对应的操作管理，二者并非完全相同或毫无关联，也不是变更操作包含计划操作的关系。

【考点 93】云信息安全

◎ 考点精华

云信息安全框架共有安全制度、架构安全、资源安全与操作安全四大管理领域，分别如下：

1. **安全制度**。从政策、制度的角度，安全管理需要重点关注的内容包括安全风险管理、法律及合同遵循、合规性和审计与业务连续性和灾难恢复四方面，分别如下：

（1）**安全风险管理**。组织需要部署适当的组织架构、流程，从而维持有效的信息安全治理、风险管理及合规性。

（2）**法律及合同遵循**。云服务基础设施遍布各地，必须遵守当地的法律法规，否则责任会落在使用云服务的组织上。云服务相关法律问题包括：①功能方面：确定云计算的功能和服务，杜绝产生参与者和利益相关者的法律问题；②司法方面：包括相关法律法规的影响；③合同方面：包括合同结构、条件和环境，以及云计算环境中利益相关者安全问题管理办法。

（3）**合规性和审计**。作为云服务供方，需要注意：①使用特定云服务时的监管法规适用性；

②区分自身、用户和第三方服务商在合规责任上的区别；③各类供方需要提供证明合规所需资料，审计活动应事先计划并由利益相关者批准；④识别适用的法律、法规和合同要求；⑤最大限度降低业务流程中断风险。「★案例记忆点★」

（4）业务连续性和灾难恢复。常规意义上的物理安全、业务连续性计划（Business Continuity Plan，BCP）和灾难恢复（Disaster Recovery，DR）等形成的专业知识与云服务有紧密关系，云服务和配套的基础设施不会消除对于安全的需要，常规安全原则依然存在。

2. 架构安全。从技术架构与整体规划的角度，包括架构安全管理、可移植性和互操作性两方面：

（1）架构安全管理。云平台安全关注物理安全和云操作系统安全。物理安全方面，云基础设施资源是云服务的核心组件，云服务安全重点关注物理安全策略、访问控制和监管要求三方面；云操作系统安全方面，主要关注操作系统补丁管理、操作系统内核安全、应用开发引擎安全和应用接口安全四方面。

（2）可移植性和互操作性。SaaS 情况下，云服务供方关注重点不在应用的可移植性，而是保持或增强旧应用程序的安全功能，以成功完成数据迁移；PaaS 情况下，为达到可移植性，关注重点在于当保存或增加安全控制时，最大限度降低应用重写的数量，同时成功完成数据迁移；IaaS 情况下，关注重点在于应用和数据都能迁移到新的云资源提供商并顺利运行。「★案例记忆点★」

3. 资源安全。从云服务所需管理与使用的技术资源出发，包括虚拟资源安全管理、网络安全、应用安全、数据安全与内容安全五方面：

（1）虚拟资源安全管理。虚拟化技术是云计算框架的基础。虚拟资源安全从 Hypervisor 安全和虚拟机镜像安全方面考虑。其中 Hypervisor 安全是虚拟机管理的窗口，直接影响到虚拟机安全，因此要定期审计并加固；虚拟机镜像需要进行加密，同时与行政控制、数据泄露防护（Data Leakage Prevention，DLP）和审计跟踪手段相结合，避免攻击者访问虚拟机快照中的数据。

（2）网络安全。网络安全重点关注安全域管理和流量管理。对于云安全域管理，需要使用虚拟交换技术和虚拟防火墙技术；对于流量管理，云服务的大带宽流量汇聚，给云计算流控管理带来很大的挑战。当利用率超过 50% 时，丢失和延迟都会增加，而且云性能也会受到影响。

（3）应用安全。云特性使配置管理和配置供应比传统应用程序部署更复杂，需要关注合规性、工具与服务、脆弱性等。其中合规性会影响数据，也会影响应用程序、平台和进程。

（4）数据安全。云数据安全管理是对数据生命周期管理的进一步强化：①数据创建。云服务供方需要对创建的数据进行标志和分类。②数据存储位置。必须保证所有数据，包括所有副本和备份，存储在合同、服务级别协议和法规允许的地理位置。③数据删除或持久性。删除数据时，数据必须彻底有效去除才被视为销毁。④不同用户数据的混合保护。对于不同的用户数据，应区分数据等级并分开存放。存在数据共享时，应对访问权限进行严格且精细化控制。⑤数据备份和恢复重建计划。云服务供方应对用户数据采用多份、异地备份方式进行数据备份。⑥数据发现。重点放在发现数据上，并确保法律和监管当局要求的所有数据可被找回。⑦数据聚合和推理。确保数据拥有者和数据利益相关者的利益，在数据混合和汇总时，避免数据发生任何轻微的泄露。

（5）内容安全。确保公有云存储的信息内容健康且符合法律法规规定。

4. 操作安全。包括人员安全管理、身份与访问管理、加密和密钥管理与安全事件响应四方面：

（1）人员安全管理。人员是云运维管理体系的基础，一方面关注云服务管理内部的人员安全管理；另一方面对第三方进行严格审查和管理，确保第三方提供服务的安全性。

（2）身份与访问管理。包括身份供应/取消、认证、联盟、授权与用户配置文件管理：①身份供应/取消。需要在云端安全和及时地管理用户的报到和离职过程，用户报到即供应，也就是创建和更新账户，用户离职即取消，也就是删除用户账户。②身份认证。组织必须解决与身份认证有关的挑战，例如凭证管理、强认证、委派身份认证，以及跨越所有云服务类型的信任管理。③身份联盟。联盟身份管理使组织能够利用身份提供商认证云用户，因此身份提供商与服务提供商间以安全的方式交换身份属性是重要的要求。④身份授权与用户配置文件管理。

（3）加密和密钥管理。加密方式对云服务供方的依赖性最小，能够减少对运行错误检测的依赖性。密钥存储是密钥管理的核心部分。

（4）安全事件响应。对于云服务供方，安全事件响应策略和程序、收集证据流程、事后处理方式是应急事件响应的主要关注点。

备考点拨

本考点学习难度星级：★★☆（适中），考试频度星级：★★☆（中频）。

本考点考查云信息安全。云信息安全包含了四大管理领域 15 个管理模块，涉及的术语概念比较多，备考起来有一定的难度，毕竟把一本专业书的知识含量放在一小节中，自然会让人感觉晦涩难懂，本考点的备考以记忆为主，可以采用换位思考的策略，比如把自己当成服务供方，代入考点中，思考为何有对应的这几个管理模块，再加上多读多记，留下能够应对考试的印象也并没有那么难。

考题精练

1. 在安全制度方面，云服务相关法律问题分析的司法方面主要关注的是（　　）。

　　A．确定云计算的功能和服务，杜绝产生参与者和利益相关者法律问题

　　B．相关法律法规的影响

　　C．合同结构、条件和环境，以及云计算环境中利益相关者安全问题管理办法

　　D．只关注合同签订情况

【解析】答案为 B。云服务相关法律问题分析中，司法方面主要关注的是相关法律法规的影响。A 选项是功能方面关注的内容，C 选项属于合同方面关注的内容。

2. 网络安全方面，云安全域管理需要使用的技术不包括（　　）。

　　A．虚拟交换技术　　　　　　　　B．虚拟防火墙技术

　　C．传统网络安全设备（防火墙）　　D．以上都不是

【解析】答案为 C。在网络安全中，对于云安全域管理，传统网络安全设备（防火墙）无法满足云安全域的管理需求，需要使用虚拟交换技术和虚拟防火墙技术。

第 11 章
项目管理考点精讲及考题实练

11.1　章节考情速览

项目管理章节应该是信息系统管理工程师相对容易掌握的内容，不涉及 IT 技术而且比较容易理解，备考主线逻辑也非常清晰，分为启动过程组、规划过程组、执行过程组、监控过程组和收尾过程组，相当于软考另外一门考试系统集成项目管理工程师中项目管理部分的浓缩，但是务必要留意，信息系统管理工程师的五大过程组中的过程名字，和其他常见项目管理类考试中的描述差别很大，严格讲应该是进一步挑选和提炼。举个例子，无论是软考高项、中项，甚至是 PMP 考试，规划过程组包含的过程多达 24 个，但是本章的规划过程组只有 4 个过程，分别是制订项目管理计划、估算项目成本、识别项目风险、规划质量管理，仅仅是前者的零头。所以特别是有过软考中高项考试经验的同学不要掉以轻心，还是需要认真备考本章。

项目管理预计会考查 4～5 分，以基础知识科目考查为主，小概率会在应用技术科目中出现。

11.2　考点星级分布图

本章涉及的主要考点分布及难度与频度双星级如图 11-1 所示。

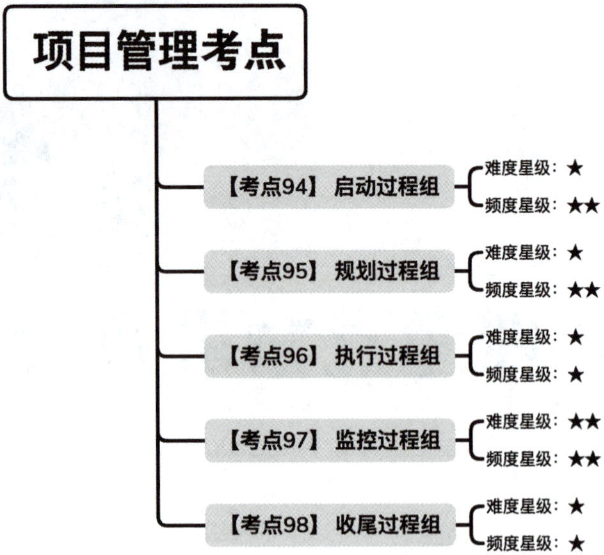

图 11-1　本章考点及星级分布

11.3　核心考点精讲及考题实练

【考点 94】启动过程组

◉ 考点精华

项目是为创造独特的产品、服务或成果而进行的临时性工作。项目会产生一个或多个可交付成果，可交付成果可能是有形的，也可能是无形的。

项目管理过程组不同于项目阶段，项目管理过程组是针对项目管理过程进行的逻辑划分，项目阶段是项目从开始到结束的一系列阶段，以一个或多个可交付成果的完成为结束标志。过程组中的各个过程会在每个阶段按需重复开展，直到达到阶段完工标准。

项目管理过程组一共 5 个，分别为：①启动过程组。定义新项目或现有项目的新阶段，授权开始项目或阶段。②规划过程组。明确项目范围、优化目标，为实现目标制定行动方案。③执行过程组。完成项目管理计划中的工作以满足项目要求。④监控过程组。跟踪、审查和调整项目进展与绩效，识别并启动变更。⑤收尾过程组。正式完成或结束项目、阶段或合同。

启动过程组的作用是确保只有符合组织战略目标的项目才能立项，以及在项目开始时认真考虑商业论证、项目效益和干系人。项目经理可以参与商业论证和项目效益分析，并帮助编写项目章程。启动过程组包括立项管理、制定项目章程、识别干系人和项目启动会议 4 个过程，分别如下：

1. 立项管理。项目立项管理包括项目建议与立项申请、项目可行性研究、项目评估与决策 3 项主要活动，也是项目投资前期的主要活动。初步可行性研究和详细可行性研究可以合二为一，但是详细可行性研究不可缺少，升级改造项目只做初步和详细研究，小项目一般只进行详细研究。

（1）项目建议与立项申请。立项申请又称项目建议书，是项目建设单位向上级主管部门提交项目申请时必需的文件，是对拟建项目的框架性总体设想。项目建议书是项目初期国家或上级主管部门选择项目的依据，也是可行性研究的依据。项目建议书的内容有：①项目的必要性；②项目的市场预测；③项目预期成果的市场预测；④项目建设必需的条件。

（2）项目可行性研究。可行性研究是在项目建议书被批准后，从技术、经济、社会和人员等方面进行研究论证，以最终确定项目是否可行。可行性研究具有预见性、公正性、可靠性、科学性的特点，包括技术可行性分析、经济可行性分析、社会效益可行性分析、运行环境可行性分析以及其他方面的可行性分析。

（3）项目评估与决策。项目评估是在可行性研究基础上，由第三方（国家、银行或有关机构）对拟建项目进行评价论证，判断其是否可行。项目评估的最终成果是项目评估报告，能够为银行贷款决策或行政主管部门的审批决策提供科学依据。

2. 制定项目章程。制定项目章程是编写一份正式批准项目并授权项目经理在项目活动中使用组织资源文件的过程，本过程的主要作用：①明确项目与组织战略目标之间的直接联系；②确立项目的正式地位；③展示组织对项目的承诺。

项目章程用于建立组织内部的合作关系，不能作为合同，在执行外部项目时，通常要用正式合同来达成合作协议。项目经理越早任命越好，最好在制定项目章程时就任命。项目章程可由发起人编制，也可由项目经理与发起机构合作编制。项目章程一旦被批准，就标志着项目正式启动。项目由项目以外的机构启动，例如发起人、项目集或项目管理办公室（Project Management Office，PMO）、项目组合治理委员会主席或其授权代表。项目启动者或发起人具有一定的职权，能为项目获取资金并提供资源。

项目章程记录了项目的高层级信息，具体包括：①项目目的；②可测量的项目目标和成功标准；③高层级需求、高层级项目描述、边界定义及主要可交付成果；④整体项目风险；⑤总体里程碑进度计划；⑥预先批准的财务资源；⑦关键干系人名单；⑧项目审批要求；⑨项目退出标准；⑩委派的项目经理及其职责和职权；⑪发起人或其他批准项目章程人员的姓名和职权。

3. 识别干系人。干系人会受到项目积极或消极的影响，或者能对项目施加积极或消极的影响。有效引导干系人参与的关键是重视所有干系人并保持持续沟通。至少要在以下节点开展干系人相关活动：①项目进入生命周期的不同阶段；②当前干系人不再与项目有关，或者出现了新干系人；③组织内部或更大领域的干系人群体发生重大变化。

识别干系人是定期识别项目干系人，分析和记录他们的利益、参与度、相互依赖性、影响力和对项目成功的潜在影响的过程。本过程的作用是使项目团队能够建立对每个干系人或干系人群体的适度关注。干系人的利害关系组合包括：①兴趣；②权利；③所有权；④知识；⑤贡献。识别干系人管理过程，通常在编制和批准项目章程之前或同时首次开展，之后在项目生命周期中必要时重复开展，至少应在每个阶段开始时，以及项目或组织出现重大变化时重复开展。干系人登记册是识别干系人过程的主要输出，包括身份信息、评估信息和干系人分类。

4. 项目启动会议。项目启动会议的目的是确保项目团队的共识，并确保所有参与者对项目目标和期望有清晰的了解。项目启动会议 作用 包括：①提供共享理解；②确定期望和责任；③建立合作关系；④识别和解决问题；⑤成员对项目具有全面认识，为项目成功打好基础。

项目启动会议 内容 包括：①项目背景；②项目目标和范围；③时间表和里程碑；④角色和职责；⑤沟通和协作计划；⑥项目风险和约束；⑦参与者。与会人员 包括：①项目发起人/赞助人；②项目经理；③项目团队成员；④利益相关者。

备考点拨
本考点学习难度星级：★☆☆（简单），考试频度星级：★★☆（中频）。

本考点考查项目管理过程组中的启动过程组。本考点的内容和软考中高项的项目管理内容相似，但是也有所不同，最明显的是启动过程组中包含的过程，信管考纲中包含 4 个过程，而非 2 个过程，分别是立项管理、制定项目章程、识别干系人和项目启动会议，这也是本考点需要掌握的重点，有过软考中高项经验的同学，在学习本考点时需要留意区别所在。

考题精练
1. 制定项目章程过程的主要作用不包括（　　）。
   A．明确项目与组织战略目标之间的直接联系
   B．确立项目的正式地位
   C．决定项目最终的实际收益
   D．展示组织对项目的承诺

【解析】答案为 C。制定项目章程的主要作用包括明确项目与组织战略目标之间的直接联系、确立项目的正式地位、展示组织对项目的承诺，并不能决定项目最终的实际收益。

2. 识别干系人管理过程，通常在以下（　　）时间节点首次开展。
   A．只在项目生命周期的最后阶段开展　　B．编制和批准项目章程之前或同时
   C．永远不需要重复开展　　　　　　　　D．只在出现重大问题时开展

【解析】答案为 B。识别干系人管理过程，通常在编制和批准项目章程之前或同时首次开展，之后在项目生命周期中必要时重复开展，至少应在每个阶段开始时，以及项目或组织出现重大变化时重复开展。

【考点 95】规划过程组

考点精华

规划过程组中包括制订项目管理计划的组成部分以及用于执行项目的项目文件，项目规划和文件编制是迭代或持续开展的活动，对项目管理计划的持续精细化称为"渐进明细"，本过程组的作用是确定成功完成项目或阶段的行动方案。规划过程组包括 4 个过程，分别如下：

1. 制订项目管理计划。制订项目管理计划是定义、准备和协调项目计划的所有组成部分，并整合为一份综合项目管理计划的过程。本过程的主要作用：生成一份用于确定所有项目工作基础及其执行方式的综合文件。

项目章程 中包含项目高层级信息，可以作为初始项目 规划的起点。项目管理计划可以是概括

的或详细的，至少应规定项目的范围、时间和成本方面的基准，在确定基准之前，对项目管理计划的更新无须遵循正式流程。但是一旦确定了基准，就只能通过实施整体变更控制过程进行更新。

制订项目管理计划时，应征求具备如下领域相关知识的个人或小组意见：①根据需要裁剪项目管理过程，包括过程间依赖关系及过程的输入输出；②根据需要制订项目管理计划的附加部分；③确定过程所需的工具与技术；④编制应包括在项目管理计划中的技术与管理细节；⑤确定项目所需资源与技能水平；⑥定义项目配置管理级别；⑦确定受制于变更控制过程的项目文件；⑧确定项目工作优先级，确保资源在合适的时间分配到合适的工作。

通常利用项目开工会议明确规划阶段的完成，并宣布开始执行阶段，目的是传达项目目标、获得团队承诺，以及阐明干系人角色职责。对于小型项目，项目在启动之后就会开工；对于大型项目，开工会议在项目执行阶段开始时召开；对于多阶段项目，每个阶段开始时都要召开开工会议。

项目管理计划组件包括：①子管理计划：包括范围管理计划、需求管理计划、进度管理计划、成本管理计划、质量管理计划、资源管理计划、沟通管理计划、风险管理计划、采购管理计划、干系人参与计划；②基准：包括范围基准、进度基准和成本基准；③其他组件：包括变更管理计划、配置管理计划、绩效测量基准、项目生命周期、开发方法、管理审查。

2. 估算项目成本。项目成本管理是为了使项目在批准的预算内完成，对成本进行规划、估算、预算、融资、筹资、管理和控制的过程。项目成本管理重点关注完成项目活动所需资源的成本，但同时也考虑项目决策对项目产品、服务或成果的使用成本、维护成本和支持成本的影响。很多组织中，预测分析项目产品的财务效益在项目之外进行，所以项目成本管理需要考虑这些项目外的预测分析工作，并使用通用的财务管理技术。

估算成本是对完成项目工作所需资源成本进行近似估算的过程，主要作用是确定项目所需的资金。成本估算需要覆盖使用的全部资源以及特殊的成本种类，如融资成本（包括利息）、通货膨胀补贴、汇率或成本应急储备。通常用货币单位进行成本估算，有时也采用其他计量单位，如人·时数或人·天数，以消除通货膨胀影响。启动阶段的粗略量级估算区间为 −25% ~ +75%，随着信息越来越详细，确定性估算区间可缩小至 −5% ~ +10%。在项目早期使用类比估算法进行粗略估算，使用参数估算法提高估算准确度，使用自下而上估算法提高估算精确度，使用三点估算法将风险和不确定性纳入考虑。

应急储备是预算的一部分，包含在成本基准内，用来应对已接受或已制定措施的已识别风险，也就是项目的"已知-未知"风险。可以为某个活动建立应急储备，也可以为整个项目建立应急储备，还可以同时建立。应急储备可取成本估算值的某一百分比、某个固定值，或者通过定量分析来确定。

3. 识别项目风险。项目最大的不确定性存在于项目早期，风险是种不确定的事件，一旦发生会对项目目标产生正面或负面影响。项目风险既包括威胁也包括机会。已知风险是已经经过识别和分析的风险，已知风险可管理，但是未知风险无法管理。

识别风险是识别单个项目风险以及整体项目风险来源，并记录风险特征的过程。识别风险是迭代的过程，应鼓励所有项目干系人参与风险识别。本过程的主要作用：①记录单个项目风险以及整体项目风险的来源；②汇总相关信息，以便团队能恰当应对已识别风险。

识别风险可以采用吸取类似项目经验教训的方式，也可以用风险类别（如风险分解结构）作为识别风险框架，进行内外部共同参与的头脑风暴，还可通过访谈识别风险来源，或者通过SWOT分析对项目优势、劣势、机会和威胁进行逐个检查。

识别风险形成的风险登记册记录已识别项目风险的详细信息，内容主要包括：①已识别风险的清单；②风险责任人；③风险优先级排序；④风险概率；⑤风险影响；⑥风险应对策略；⑦风险状态；⑧风险应对结果。

4. 规划质量管理。质量通常指产品质量，广义上的质量还包括工作质量。产品质量是产品的使用价值及属性，工作质量是产品的质量保证。项目质量管理把组织的质量政策应用于规划、管理、控制项目和产品质量要求，以满足干系人的目标，需要兼顾项目管理与项目可交付成果两方面，质量与等级是不同的概念。质量是"一系列内在特性满足要求的程度"，等级是对用途相同但技术特性不同的可交付成果的级别分类。低等级（功能有限）、高质量（无明显缺陷，用户手册易读）的软件产品，适合一般情况下使用，也能被认可。但是高等级（功能繁多）、低质量（许多缺陷，用户手册杂乱无章）的软件产品，功能会无效或低效，不会被使用者接受。

从项目作为一次性活动看，项目质量体现为项目的工作质量；从项目作为一项最终产品看，项目质量体现为项目的产品质量。预防胜于检查，预防错误的成本远低于检查使用中发现并纠正错误的成本。质量管理活动包括质量方针和质量目标以及质量规划、质量保证、质量控制和质量改进。项目合同通常是进行项目质量管理的主要依据。

质量方针是"由组织最高管理者正式发布的组织总质量宗旨和方向"，质量目标从属于质量方针，落实质量方针的具体要求，质量目标必须明确、具体，尽量用定量化语言描述，质量目标应分解到各部门及项目的全体成员，便于实施、检查和考核。

规划质量管理是识别项目及其可交付成果的质量要求、标准，并书面描述项目将如何证明符合质量要求、标准的过程。本过程的主要作用是为在整个项目期间如何管理和核实质量提供指南和方向。质量规划可以使用标杆对照法，标杆项目可以来自组织内部或外部，可以来自同一应用领域或其他应用领域，也允许用不同应用领域或行业的项目进行类比。

质量规划要考虑质量成本，与项目有关的质量成本（Cost of Quality，COQ）包含一致性成本和不一致成本，一致性成本是为规避失败花费的资金，包含预防成本和评估成本，预防成本比如培训，评估成本比如测试、检查、破坏性试验损失；不一致成本是由于失败花费的资金，包含内部失败成本和外部失败成本，内部失败成本比如返工和报废，是项目中发现的失败，外部失败成本比如债务、保修工作和失去业务，是客户发现的失败。

规划质量管理过程中会产生质量管理计划和质量测量指标。质量管理计划可以是正式的或非正式的、非常详细的或高度概括的，应该在项目早期就对质量管理计划进行评审，质量管理计划内容包括：①项目采用的质量标准；②项目的质量目标；③质量角色与职责；④需要质量审查的项目可交付成果和过程；⑤为项目规划的质量控制和质量管理活动；⑥项目使用的质量工具；⑦与项目有关的主要程序。

📢 备考点拨

本考点学习难度星级：★☆☆（简单），考试频度星级：★★☆（中频）。

本考点考查规划过程组，考纲中的规划过程组只包含了4个过程，4个过程的考点密度比较大，而且相对零碎，备考时需要认真对待。制订项目管理计划需要掌握不同类型项目的开工会议召开时机，还需要掌握项目管理计划包含的内容；估算项目成本的重点是应急储备概念；识别项目风险易出选择题，重在理解；规划质量管理中，需要掌握质量与等级的区别，掌握质量成本的分类和举例，考试时能够选对不同例子所归属的质量成本类型即可。

🖊 考题精练

1．在估算项目成本时，（ ）在项目早期可用于进行粗略估算。
   A．类比估算法　　　　　　　　B．参数估算法
   C．自下而上估算法　　　　　　D．三点估算法

【解析】答案为 A。在项目早期可以使用类比估算法进行粗略估算，使用参数估算法提高估算准确度，使用自下而上估算法提高估算精确度，使用三点估算法将风险和不确定性纳入考虑。

2．识别项目风险过程中，以下关于风险的描述，错误的是（ ）。
   A．项目最大的不确定性存在于项目早期
   B．未知风险是可以提前进行有效管理的
   C．风险既包括威胁，也包括促进项目目标的机会
   D．识别风险是迭代的过程，应鼓励所有项目干系人参与

【解析】答案为 B。未知风险是无法提前进行管理的，已知风险是已经经过识别和分析的风险，对已知风险进行规划和寻找应对方案是可行的，A、C、D 选项关于风险的描述都是正确的。

【考点 96】执行过程组

📖 考点精华

执行过程组包括完成项目管理计划中确定的工作，以满足项目要求的一组过程。本过程组的作用是，根据计划执行为满足项目要求、实现项目目标所需的项目工作。执行过程组包括4个过程：项目资源获取、项目团队管理、项目风险应对和管理项目知识，分别如下：

1．项目资源获取。项目资源包括实物资源和团队资源。实物资源包括设备、材料、设施和基础设施；团队资源是人力资源，团队资源管理相对于实物资源管理，包含了技能和能力要求。

获取资源是获取项目所需的团队成员、设施、设备、材料、用品和其他资源的过程。资源来自组织内部或外部，内部资源从职能经理或资源经理处获取，外部资源通过采购过程获得。本过程的作用：①概述和指导资源选择；②将资源分配给相应的活动。

项目管理团队可能没有对资源选择的直接控制权。因此应注意如下事项：①进行有效谈判，并影响能为项目提供资源的人员；②不能获得所需资源时，可能影响项目，降低成功概率，甚至导致项目被取消；③因制约因素无法获得所需资源时，可能不得不使用替代资源。

在正式获取资源前，事先确定项目的实物或团队资源称为预分派，通常发生在：①竞标过程

中承诺分派特定人员进行项目工作；②项目取决于特定人员的专有技能；③前期制定项目章程或其他过程已指定了某些团队成员工作。

获取资源的成果输出包括：①物质资源分配单；②项目团队派工单；③资源日历。

2. **项目团队管理**。项目团队管理包括建设项目团队和跟踪团队绩效。建设项目团队是为了提高团队绩效能力水平，跟踪团队绩效是为了确保团队绩效结果。

建设项目团队的目标包括：①提高团队成员的知识和技能；②提高团队成员之间的信任和认同感；③创建富有生气、凝聚力和协作性的团队文化；④提高团队参与决策的能力。实现团队高效运行的行为有：①使用开放与有效的沟通；②创造团队建设机遇；③建立团队成员间的信任；④以建设性方式管理冲突；⑤鼓励合作型的问题解决方法；⑥鼓励合作型的决策方法等。

项目团队管理应该对团队有效性进行正式或非正式评价，评价团队有效性的指标包括：①个人技能的改进；②团队能力的改进；③团队成员离职率的降低；④团队凝聚力的加强。

3. **项目风险应对**。是执行商定的风险应对计划的过程。本过程的主要作用：①确保按计划执行商定的风险应对措施；②管理整体项目风险敞口、最小化单个项目威胁，最大化单个项目机会。如果选定的策略不完全有效，或者发生了已接受的风险，就需要制订应急计划。同时也需要识别次生风险，次生风险是实施风险应对措施直接导致的风险。

4. **管理项目知识**。管理项目知识是使用现有知识并生成新知识，以实现项目目标的过程。本过程的主要作用：①利用已有的组织知识来创造或改进项目成果；②使当前项目创造的知识可用于组织运营和未来的项目。知识管理最重要的环节是营造相互信任的氛围，激励分享或关注知识，可以联合使用知识管理工具与技术（用于人际互动）以及信息管理工具与技术（用于编撰显性知识）来分享知识。

知识管理工具与技术包括：①人际交往；②实践社区和特别兴趣小组；③会议；④工作跟随和跟随指导；⑤讨论论坛；⑥知识分享活动；⑦研讨会；⑧讲故事；⑨创造力和创意管理技术；⑩知识展会和茶座；⑪交互式培训。通常面对面互动最有利于建立知识管理所需的信任关系，信任关系建立后可以用虚拟互动来维护信任关系。

信息管理工具与技术可以有效促进简单、明确的显性知识分享，包括：①编撰显性知识的方法；②经验教训登记册；③图书馆服务；④信息收集；⑤项目管理信息系统。

知识管理过程中，项目经理可以使用各种人际关系和团队技能，如积极倾听、引导、领导力、人际交往和大局观。作为管理项目知识过程的输出，经验教训登记册在项目早期进行创建。

🐾 备考点拨

本考点学习难度星级：★☆☆（简单），考试频度星级：★☆☆（低频）。

本考点考查项目执行过程组。执行过程组同样包括4个过程，关键词是资源、团队、风险和知识，这些也是项目执行过程中的关键要素。项目资源获取过程是在执行时开展的，但是存在的3种预分派场景需要掌握，另外需要重点掌握资源的分类以及相应的特点，还需要留意项目管理团队可能并没有权力来选择资源，对应就引出谈判等3个注意事项；项目团队管理过程重在理解，需要记忆的内容不多，需要掌握评价团队有效性的4个指标；项目风险应对过程同样重在理解，需要理解次生风险等术语；管理项目知识过程提到了知识管理和信息管理的工具与技术，输出的经验教训登记册等需要掌握。

考题精练

1. 在项目风险应对过程中，次生风险是指（　　）。
   A. 项目原本就存在的风险　　　　B. 实施风险应对措施直接导致的风险
   C. 与选定应对策略完全无关的风险　D. 只在项目收尾阶段才会出现的风险

【解析】答案为 B。次生风险是实施风险应对措施直接导致的风险，如果选定的策略不完全有效，或者发生了已接受的风险，就需要制订应急计划，同时也要识别次生风险。

2. 管理项目知识过程中，（　　）最有利于建立知识管理所需的信任关系。
   A. 通过虚拟互动　　　　　　　　B. 通过编撰显性知识的方法
   C. 面对面互动　　　　　　　　　D. 通过知识管理系统

【解析】答案为 C。通常面对面互动最有利于建立知识管理所需的信任关系，信任关系建立后可以用虚拟互动来维护信任关系。

3. 管理项目知识过程中，作为输出的经验教训登记册通常在（　　）创建。
   A. 项目早期　　　　　　　　　　B. 项目中期
   C. 项目收尾阶段　　　　　　　　D. 随时按需

【解析】答案为 A。作为管理项目知识过程的输出，经验教训登记册在项目早期进行创建。

【考点 97】监控过程组

考点精华

项目监控包括跟踪、审查和调整项目进展与绩效，识别必要的计划变更并启动变更等活动。本过程组的作用是按既定时间间隔、在特定事件发生时或异常情况出现时，对项目绩效进行测量和分析，识别并纠正与项目管理计划的偏差。监控过程组涉及：①评价变更请求并制定响应行动；②建议纠正措施或预防措施；③对照项目管理计划和项目基准，监督进行中的活动；④影响规避变更控制的因素，确保只有经批准的变更才能执行。

监控过程组包括 4 个过程，分别如下：

1. 控制项目质量。控制质量是监督和记录质量管理活动执行结果的过程，目的是在用户验收和最终交付前测量产品或服务的完整性、合规性和适用性。本过程的作用：①核实项目可交付成果和工作已达到干系人的质量要求，可供最终验收；②确定项目输出是否达到预期目的。

控制质量的努力程度和执行程度会因所在行业和项目管理风格而不同。在敏捷或适应型项目中，控制质量活动由所有团队成员在整个项目生命周期中执行。而在瀑布或预测型项目中，控制质量活动由特定团队成员在特定时间点或者项目阶段快结束时执行。

控制质量过程会涉及检查与测试。检查也称审查、同行审查、审计或巡检，可用于检验工作产品是否符合书面标准，也可用于确认缺陷补救。检查可在任何层面上进行，可以检查单个活动成果，也可以检查项目的最终产品。测试是有组织的、结构化的调查，目的是找出产品或服务中存在的错误、缺陷、漏洞或其他不合规问题。测试可以贯穿整个项目，可以在项目的不同部分完成时进行，也可以在项目结束时进行。不同应用领域需要不同测试。例如，软件测试包括单元测试、集成测试、黑盒测试、白盒测试、接口测试、回归测试、α测试等。

控制质量过程中用到的数据表现技术包括4幅图：①因果图。用于识别质量缺陷和错误造成的结果。②控制图。用于确定过程是否稳定，是否有可预测的绩效。规格上限和下限是根据要求制定的，反映允许的最大值和最小值。上下控制界限不同于规格界限，项目经理基于控制界限，识别采取纠正措施的检查点。控制图常用来跟踪批量生产中的重复性活动，也可用来监测成本与进度偏差，帮助确定项目管理过程是否受控。③直方图。直方图按来源或组成部分展示缺陷数量。④散点图。散点图在一支轴上展示计划绩效，另一支轴上展示实际绩效。

控制质量过程形成工作绩效信息、质量控制测量结果和核实的可交付成果。

2. 控制项目范围。控制范围是监督项目和产品的范围状态，管理范围基准变更的过程。本过程的主要作用是在项目期间保持对范围基准的维护。在变更发生时，需要采用控制范围过程来管理变更。未经控制的产品或项目范围的扩大被称为范围蔓延。

在控制范围过程中，使用偏差分析和趋势分析判断项目范围的控制情况。①偏差分析：用于将基准与实际结果比较，确定偏差是否处于临界值区间内或是否有必要采取纠正或预防措施；②趋势分析：审查项目绩效随时间的变化情况，判断绩效正在改善还是正在恶化。

控制范围过程将产生工作绩效信息，工作绩效信息是有关项目和产品范围实施情况的信息，包括变更分类、范围偏差和原因、偏差影响，以及未来范围绩效预测。

3. 控制项目成本。控制成本是监督项目状态，更新项目成本和管理成本基准变更的过程。本过程的作用是在项目期间保持对成本基准的维护，有效控制成本的关键在于管理经批准的成本基准。

成本控制的目标包括：①对变更因素施加影响；②确保变更及时处理；③管理变更；④确保成本不超支；⑤监督成本绩效；⑥监督工作绩效；⑦防止未经批准的变更；⑧向干系人报告变更及成本；⑨控制成本超支在可接受范围内。

控制成本用到的挣值分析技术综合考虑范围、进度和资源绩效，以评估项目绩效和进展。挣值分析把范围基准、成本基准和进度基准进行整合，形成绩效基准。

（1）挣值分析计算监测3个关键指标：①计划价值（Planed Value，PV）是为计划工作分配的经批准预算（工时），不包括管理储备，项目的总计划价值又被称为完工预算（Budget at Completion，BAC）。②挣值（Earned Value，EV）是已完成工作的经批准预算，用该工作的批准预算来表示。③实际成本（Actual Cost，AC）是执行某活动实际发生的成本，是为完成与EV对应的工作而发生的成本。

（2）偏差分析计算监测4个关键指标：①进度偏差（Schedule Variance，SV）计算公式：SV=EV-PV，表明项目进度是落后还是提前于进度基准，项目完工时的进度偏差应等于零。②成本偏差（Cost Variance，CV）计算公式：CV=EV-AC，表明实际绩效与成本支出间的关系，项目结束时的成本偏差应等于完工预算（BAC）与实际成本（AC）之间的差值。CV为负值一般都无法挽回。③进度绩效指数（Schedule Performance Index，SPI）计算公式：SPI=EV/PV，反映项目团队完成工作的效率。当 SPI 小于 1.0 时，说明已完成的工作量未达到计划要求；当 SPI 大于 1.0 时，说明已完成的工作量超过计划。④成本绩效指数（Cost Performance Index，CPI）计算公式：CPI=EV/AC，用来测量已完成工作的成本效率。当 CPI 小于 1.0 时，说明已完成工作的成本超支；当 CPI 大于 1.0 时，说明到目前成本有节省。

（3）预测：如果完工预算（BAC）已明显不再可行，则项目经理应考虑对完工估算（Estimate at Completion，EAC）进行预测。计算 EAC 时，用已完成工作的实际成本，加上剩余工作的完工尚需估算（Estimate to Complete，ETC）。公式为 EAC=AC+ 自下而上的 ETC。假设未来绩效将会改进时（非典型偏差），公式：ETC=BAC-EV；EAC=AC+(BAC-EV)；假设目前情况将继续进行时（典型偏差），公式：ETC=(BAC-EV)/CPI；EAC=BAC/CPI。

控制成本过程形成工作绩效信息和成本预测：①工作绩效信息包括项目工作实施情况的信息，在工作包和控制账户层级评估偏差；②成本预测记录 EAC 并传达给干系人。

4. 整体变更控制。参与项目的任何干系人都可以提出变更请求，变更请求包含纠正措施、预防措施、缺陷补救以及更新。整体变更控制审查变更请求并决定处置方案，本过程的作用是确保对记录在案的变更做出综合评审。项目经理对此承担最终责任。

基准确定之前，变更无须正式受控，一旦确定了项目基准，就必须通过实施整体变更控制过程处理变更请求。变更可以口头提出，但变更请求必须以书面形式记录，并纳入变更管理和配置管理系统中。每项变更请求都必须由一位责任人批准、推迟或否决，通常是项目发起人或项目经理。必要时由 CCB 开展实施整体变更控制过程。CCB 负责审查变更请求，并做出批准、否决或推迟的决定，CCB 也可以审查配置管理活动。

配置控制和变更控制的关注点不同：配置控制关注可交付成果及各过程的技术规范；变更控制关注识别、记录、批准或否决变更。

变更控制工具支持的配置管理活动包括：识别配置项、记录并报告配置项状态、进行配置项核实与审计；变更控制工具支持的变更管理活动包括：识别变更、记录变更、做出变更决定、跟踪变更等。

整体变更控制过程的输出是批准的变更请求，批准的变更请求通过指导与管理项目工作过程执行。推迟或否决的变更请求，应通知提出变更请求的个人或小组。

📢 备考点拨
本考点学习难度星级：★★☆（适中），考试频度星级：★★☆（中频）。

本考点考查监控过程组，监控过程组在考纲中同样包含 4 个核心过程，涉及质量、范围、成本和变更。由于信管项目管理考纲是对项目管理领域的极度浓缩，所以考点密度较大，故不能因为篇幅少就轻视备考，比如控制项目质量过程，可能考到的点就有过程定义及作用、不同项目类型在控制质量活动方面的差异、对检查和测试的理解、控制质量的 4 幅图、控制质量的输出等。同样的考点高密度现象也存在于其他 3 个核心过程中。

✏️ 考题精练
1. 控制项目成本时，若成本绩效指数（CPI）小于 1.0，意味着（　　）。

A．已完成工作的成本有节省　　　B．已完成的工作量超过计划
C．已完成工作的成本超支　　　　D．项目进度是提前进度基准

【解析】答案为C。成本绩效指数（CPI）表示为挣值与实际成本之比，用来测量已完成工作的成本效率，当CPI小于1.0时，说明已完成工作的成本超支；当CPI大于1.0时，说明到目前成本有节省。

2．控制项目质量时，在敏捷或适应型项目中，控制质量活动（　　）。
A．由特定团队成员在特定时间点或者项目阶段快结束时执行
B．由所有团队成员在整个项目生命周期中执行
C．不需要执行
D．只在项目收尾阶段执行

【解析】答案为B。在敏捷或适应型项目中，控制质量活动由所有团队成员在整个项目生命周期中执行，而在瀑布或预测型项目中，控制质量活动由特定团队成员在特定时间点或者项目阶段快结束时执行。

【考点98】收尾过程组

考点精华

项目收尾过程组是为正式完成或关闭项目、阶段或合同而开展的各项活动。本过程组的主要作用是确保恰当地关闭阶段、项目和合同。具体而言，项目收尾的作用包括：①存档项目或阶段信息，完成计划工作；②释放组织团队资源展开新工作。收尾过程组包括项目验收、项目移交和项目总结3个过程，分别如下：

1．项目验收。项目验收是正式验收已完成的项目可交付成果的过程。本过程的作用包括：①使验收过程具有客观性；②提高最终产品、服务或成果获得验收的可能性。

项目验收贯穿项目始终，验收步骤包括：①确定范围确认的时间；②识别范围确认的投入；③确定范围被接受的标准和要素；④确定范围确认会议的组织步骤；⑤组织范围确认会议。

在项目验收前，项目团队先进行质量控制工作，项目验收与控制质量的区别是：项目验收关注可交付成果的验收，控制质量关注可交付成果的正确性以及是否满足质量要求。控制质量过程通常先于项目验收过程，但二者也可同时进行。

项目干系人的范围确认检查6个问题：①可交付成果是否是确定的、可确认的；②可交付成果是否有明确的里程碑，里程碑是否有明确、可辨别的事件；③是否有明确的质量标准；④审核和承诺是否有清晰的表达；⑤项目范围是否覆盖所有活动；⑥项目范围的风险是否太高。

不同干系人对项目范围关注的方面有所不同：①管理层关注项目范围，关注范围对进度、资金和资源的影响，是否超过了组织承受范围，是否在投入产出上具有合理性。②客户关注产品范围，关注项目可交付成果是否足够完成产品或服务。客户往往有在当前版本加入所有功能的意愿，这是种潜在风险，会给组织和客户带来危害。③项目管理人员关注项目制约因素，关注可交付成果是否足够和必须完成。④项目团队成员关注项目范围中自己参与和负责的元素，关注自己的时

间是否足够，是否有多项工作或者冲突的地方。

验收阶段包含四方面工作，分别如下：

（1）验收测试。验收测试是对信息系统的全面测试，包括编写验收测试用例、建立验收测试环境、全面执行验收测试、出具验收测试报告和签署验收测试报告。

（2）系统试运行。系统试运行包括数据迁移、日常维护以及缺陷跟踪修复等方面的内容。试运行期间，甲乙双方可以进一步确定工作内容并完成交接工作。试运行期间发生的系统缺陷，应及时更正，发生的新需求，可以按照项目变更流程进行变更，也可以暂时搁置，作为后续升级项目的内容。

（3）系统文档验收。信息系统项目涉及的验收文档包括项目介绍、项目最终报告、系统说明手册、系统维护手册、软硬件产品说明书、质量保证书等。在最终交付系统前，所有文档都应当验收合格并经甲乙双方签字认可。

（4）项目终验。系统试运行后的约定时间内，双方可以启动项目的最终验收工作。通常情况下，大型项目分为试运行和最终验收两个步骤，一般项目可以将系统测试和最终验收合并进行，但需要对最终验收过程加以确认。最终验收报告是确认项目工作结束的重要标志，信息系统的最终验收标志着项目的结束和售后服务的开始。

2. 项目移交。项目移交是将已完成或进行中的项目从一个团队或组织转交给另一个团队或组织，通常发生在项目的不同阶段或不同组织之间，项目移交目的是确保项目的顺利过渡，确保新接手的团队或组织能够顺利继续项目的实施。

项目移交制订的移交计划的内容包括：①移交时间表和里程碑；②移交范围和交付成果；③移交角色和职责；④沟通计划；⑤风险管理。

移交计划确定后的移交过程包括团队间的知识转移、文件和工作产物交接，以及接收方的项目评估调整。移交完成后，接收方团队将对移交项目进行验收，包括评估交付成果、检查项目文档和资产完整性，确保项目目标和里程碑已经满足。

3. 项目总结。项目总结在项目完成或接近完成时进行，是对前期价值与目标达成的总结，以及对经验教训的总结分析。项目总结由项目经理组织全体成员参与，形成正式的项目总结报告。

项目总结会议讨论项目目标、技术绩效、成本绩效、进度计划绩效、项目的沟通、识别问题和解决问题、意见和改进建议共7项议题。

现代项目管理最新实践认为，项目经验教训总结应在项目的全生命周期中开展，防止出现项目知识遗忘，及时总结的经验教训可在下一阶段马上应用。

> **备考点拨**
>
> 本考点学习难度星级：★☆☆（简单），考试频度星级：★☆☆（低频）。
>
> 本考点考查项目收尾过程组，收尾过程组的考点相比其他过程组较少，而且主要集中在项目验收过程。项目验收有4个独立的子考点，分别是验收步骤、验收检查问题、干系人关注点和验收内容。项目管理的内容相对浅显易懂，尤其是收尾过程组中的项目移交和项目总结，基本上可以理解为主，结合自己的日常工作经验来大体掌握即可。

考题精练

1. 不同干系人对项目范围关注的方面有所不同，客户关注的是（　　）。

    A．项目范围对进度、资金和资源的影响，是否超过了组织承受范围

    B．产品范围，关注项目可交付成果是否足够完成产品或服务

    C．项目制约因素，关注可交付成果是否足够和必须完成

    D．项目范围中自己参与和负责的元素，关注自己的时间是否足够

【解析】答案为 B。不同干系人对项目范围关注方面不同，客户关注产品范围，关注项目可交付成果是否足够完成产品或服务；管理层关注项目范围对进度、资金和资源的影响等；项目管理人员关注项目制约因素；项目团队成员关注自己参与和负责的元素等。

2. 项目移交制订的移交计划不包括（　　）。

    A．移交时间表和里程碑　　　　　　B．移交范围和交付成果

    C．移交后的盈利情况　　　　　　　D．沟通计划

【解析】答案为 C。项目移交制订的移交计划包括移交时间表和里程碑、移交范围和交付成果、移交角色和职责、沟通计划、风险管理等内容。

第 12 章 应用系统管理考点精讲及考题实练

12.1 章节考情速览

应用系统管理的考点内容较少，教程也就不到 10 页的内容，所以掌握起来难度不大，但是由于应用系统管理也属于考试大纲中要求掌握的考点，所以本章备考的性价比较高，建议认真对待。应用系统管理备考的逻辑主线在于例行操作、响应支持、优化改善和调研评估 4 项主要工作。应用系统管理在基础知识科目中预计会考查 3 分左右，同时也是应用技术科目考查的内容。

12.2 考点星级分布图

本章涉及的主要考点分布及难度与频度双星级如图 12-1 所示。

```
应用系统管理考点
├── 【考点99】基础管理 ── 难度星级：★★
│                        频度星级：★★
├── 【考点100】运行维护 ── 难度星级：★★
│                         频度星级：★★
└── 【考点101】应用系统安全 ── 难度星级：★★
                              频度星级：★★
```

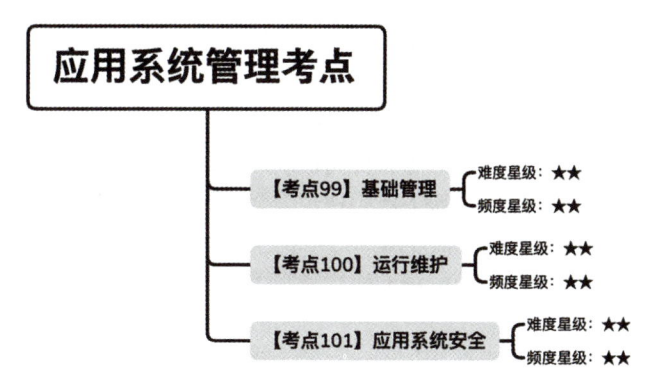

图 12-1 本章考点及星级分布

12.3 核心考点精讲及考题实练

【考点99】基础管理

考点精华

应用系统运维管理需要维护人员进行例行操作、响应支持、优化改善、调研评估4项工作：①例行操作包括备份、数据恢复、服务器维护、系统监控和安全管理；②响应支持对用户反馈的问题进行及时有效解决，确保系统稳定可靠；③优化改善包括系统性能优化、功能扩展、错误修复；④调研评估对应用系统使用情况、用户反馈、市场趋势等数据进行分析判断，为后续升级改进提供支持。

应用系统生命周期包括设计阶段、交付阶段、运行阶段和终止阶段4个阶段，4个阶段并非完全独立的，彼此间存在联系和交叉。其中运行阶段和终止阶段如下：

1. 运行阶段。运行阶段是应用系统交付用户后的使用和维护阶段，目标是确保应用系统稳定可靠，提供良好的用户体验，运行阶段管理内容如下：「★案例记忆点★」

（1）系统监控和维护。监控内容包括系统的软硬件配置、资源使用情况、性能和负载情况等。同时还要对系统进行定期维护更新，包括系统升级、补丁更新、数据备份等。

（2）用户支持和管理。用户支持包括技术支持、操作指南、在线帮助等，用户管理包括用户权限管理、用户行为管理、用户数据管理等。

（3）业务流程管理和优化。业务流程管理包括业务流程监控分析，以及针对不同业务场景的定制优化。

（4）系统性能优化和扩展。性能优化包括系统瓶颈识别和解决、系统架构优化和改进，系统扩展包括对系统硬件和软件配置的升级扩展。

（5）数据管理和保护。数据管理包括数据备份、数据恢复、数据迁移等，数据保护包括数据加密、数据脱敏、访问控制等。

（6）安全管理。安全管理包括用户身份认证和授权管理、数据加密与备份、防火墙和入侵检测系统的配置与管理，以及安全策略和应急响应计划。

运行阶段关键成功因素如下：「★案例记忆点★」

（1）识别运行维护的相关方。建立服务和协同机制，确保权责分明并保持一致。

（2）运行维护策划。明确运行维护服务级别协议要求；界定运行维护要求的业务环境；使用时考虑数据维护和可持续交付要求；评估业务环境变化，确定风险机遇的运行维护要求。

（3）实施运行维护活动。进行知识管理并实施培训，运维结果形成满足安全保密要求的规范化文档。

（4）应用系统评价。评价应用系统的运行维护，确保应用系统安全、稳定、可靠，满足业务需要。

（5）运维管理工具。可利用工具进行运行维护；工具适合运维活动及应用系统的类型要求；工具选择考虑自动化程度；工具本身得到维护。

2. 终止阶段。应用系统终止阶段是指在系统达到使用寿命、业务需求变化或其他原因导致系统停止运行之前的阶段，目标是确保应用系统数据和资源得到妥善处理和归档，以便未来审计和回顾。终止阶段管理内容如下：「★案例记忆点★」

（1）终止计划：系统终止计划包括终止时间表、资源调配、用户迁移等。

（2）数据迁移：确定数据迁移方式，制订数据迁移计划，进行数据清理备份，确保数据的完整性、一致性和安全性。

（3）用户通知和支持：通知用户系统终止的时间和原因，并提供用户迁移指南和支持。

（4）合同和协议处理：审查和解除与供应商、合作伙伴及其他相关方的合同和协议。

（5）归档管理：建立知识库或档案馆，存储和管理系统的技术文档、用户手册等信息。

（6）资源清理和回收：关闭系统所使用的硬件、网络和其他相关资源，归还或重新分配资源。

（7）安全和隐私保护：清除系统中的敏感数据和用户信息，处理和销毁存储介质。

（8）绩效评估和总结：对系统终止阶段的工作进行评估和总结，总结经验教训。

终止阶段关键成功因素如下：「★案例记忆点★」

（1）制订终止计划。该计划应涉及：一定时期后终止全部或部分支持；应用系统及相关文档归档；未来后续支持事项的职责；归档数据副本的可访问性。

（2）通知相关责任人。通知的内容包括：替代或升级的应用系统及生效日期；应用系统不再得到支持的理由；其他可用支持方案的说明；所有相关文档日志归档保存。

（3）系统切换。新系统投运需要大量的基础数据，应及早准备、尽快完成相应的数据整理与录入工作，另外需提前做好人员培训工作。系统运行时出现的局部性问题是正常现象，说明系统是成功的，但是如果出现致命问题，则说明系统设计存在质量问题，可能需要重新设计系统。

（4）数据访问。根据服务级别协议终止应用系统相关数据的访问。

🗨 备考点拨

本考点学习难度星级：★★☆（适中），考试频度星级：★★☆（中频）。

本考点考查应用系统生命周期中的运行阶段和终止阶段。应用系统生命周期共有 4 个阶段，设计阶段和交付阶段在软件开发过程管理章节中已经讲过。本考点的知识结构很简单，仅仅由管理内容和成功因素组成，管理内容中需要了解不同内容对应的具体工作，大概知道这些具体工作是干什么的，有什么用即可。

考题精练

1. 在应用系统运维管理的例行操作中，不包括（　　）。

　　A．备份　　　　　　　　　　B．功能扩展

　　C．服务器维护　　　　　　　D．系统监控

【解析】答案为 B。应用系统运维管理的例行操作包括备份、数据恢复、服务器维护、系统监控和安全管理，功能扩展属于优化改善工作的内容。

2. 应用系统终止阶段关键成功因素中，制订终止计划应涉及的内容不包括（　　）。

    A．一定时期后终止全部或部分支持　　B．应用系统及相关文档归档

    C．只关注当下系统运行情况　　D．归档数据副本的可访问性

【解析】答案为 C。制订终止计划应涉及一定时期后终止全部或部分支持、应用系统及相关文档归档、未来后续支持事项的职责、归档数据副本的可访问性等内容，不能只关注当下系统运行情况。

3. 在应用系统运行阶段的安全管理工作中，不包括（　　）。

    A．用户身份认证和授权管理　　B．进行数据加密，不涉及数据备份

    C．防火墙和入侵检测系统的配置与管理　　D．安全策略和应急响应计划

【解析】答案为 B。应用系统运行阶段的安全管理包括用户身份认证和授权管理、数据加密与备份、防火墙和入侵检测系统的配置与管理，以及安全策略和应急响应计划，不是只进行数据加密而不涉及数据备份。

【考点 100】运行维护

◎考点精华

应用系统运维管理是对例行操作、响应支持、优化改善和调研评估 4 个方面的管理和控制。例行操作确保系统稳定、可靠和安全运行；响应支持能够及时解决系统和用户问题；优化改善提高系统性能、稳定性和安全性；调研评估为系统改进和发展提供技术支持。

1. 例行操作。例行操作的活动包括：监控指标体系设计、应用系统运行监控、客户回访和问题分析。「★案例记忆点★」

2. 响应支持。响应支持的活动包括：①服务受理：包括故障请求和非故障请求；②非故障请求处理：按服务级别协议分类处理；③故障诊断定位；④解决方案制定；⑤故障处理；⑥新用户和新功能上线：包括配置用户及用户权限、数据初始化、安全性检查和功能使用培训；⑦应急响应：包括应急组织架构确定、应急预案编制、应急演练、应急处置和应急回顾。「★案例记忆点★」

3. 优化改善。优化改善的活动包括：①识别优化改善的机会；②功能性改进：包括应用软件的功能缺陷修复、应用软件功能修改、完善和新增开发；③性能优化改进：包括为解决性能问题而进行的功能修改完善，应用软件运行环境调优、升级或扩容等；④适应性改进：包括为解决适应性变化而进行的功能修改完善，应用软件运行软环境的适应性实施调整；⑤预防性改进：包括为解决应用软件威胁风险而进行的功能修改完善，应用软件运行软环境的脆弱点改进。「★案例记忆点★」

4. 调研评估。调研评估的活动包括：①应用系统组成要素的构成分解：根据业务流程和架构设计，层次化分解应用系统，识别关键业务点和核心业务系统；②应用系统构成的关联关系分析：包括与核心业务系统关联的非核心业务系统、接口连接、依存关系；③应用系统维护性分析：包括应用系统可监控性、易用性、安全性、可维护性。「★案例记忆点★」

备考点拨

本考点学习难度星级：★★☆（适中），考试频度星级：★★☆（中频）。

本考点考查应用系统运行维护。应用系统的运维主要做4件事情，分别是例行操作、响应支持、优化改善和调研评估，需要掌握这4件事情包含的具体工作内容，也就是活动。本考点内容相对不多，掌握起来相对容易。

考题精练

1. 在运行维护的例行操作中，不包含（　　）活动。

　　A．监控指标体系设计　　　　B．客户回访和问题分析
　　C．应用系统运行监控　　　　D．故障诊断定位

【解析】答案为D。例行操作的活动包括监控指标体系设计、应用系统运行监控、客户回访和问题分析，故障诊断定位属于响应支持的活动。

2. 调研评估活动中，应用系统的维护性分析不包含（　　）。

　　A．可监控性　　　　　　　　B．易用性
　　C．扩展性　　　　　　　　　D．可维护性

【解析】答案为C。应用系统的维护性分析包括应用系统可监控性、易用性、安全性、可维护性，不包括扩展性。

【考点101】应用系统安全

考点精华

账号口令管理和漏洞管理

信息系统安全需求包括保密性、安全性、完整性、可靠性、可用性以及信息有效性和合法性。应用系统安全管理内容包括账号口令管理、漏洞管理、数据安全管理、端口管理与日志管理，分别如下：

1. 账号口令管理。账号口令管理目的是规范账号口令，降低账号管理不善和弱口令带来的安全风险。账号口令安全管理包括：①口令强度：口令应该包含数字、字母和特殊字符的组合；②口令保密：建议使用密码管理器来生成和存储口令；③口令变更：建议至少每季度更换一次口令，避免使用相同或类似口令；④口令策略：制定强密码策略，要求用户使用复杂的口令，并定期更改口令；⑤身份验证：使用其他方式进行身份验证，如多因素身份验证、指纹识别等；⑥账号管理：限制账号权限和访问范围，同时对账号进行定期审查管理；⑦安全监控：对应用系统访问和使用进行审计记录。

2. 漏洞管理。漏洞管理目的是发现和修复系统漏洞，保障系统安全性和稳定性。应用系统漏洞管理包括：建立漏洞管理流程、漏洞发现和评估、定期安全扫描、实时监控、及时更新补丁、确定漏洞归属部门、制定安全加固方案、实施漏洞修复测试、建立漏洞管理制度。

3. 数据安全管理。应用系统数据管理包括：①数据加密：常用的加密算法包括对称加密和非对称加密；②数据备份和恢复：备份可以采用完整备份、增量备份或差异备份等方式，恢复机制需要制订详细的恢复流程和测试计划；③数据访问控制：访问控制可采用基于角色的访问控

制（Role Based Access Control，RBAC）或基于属性的访问控制（Attribute Based Access Control，ABAC）等模式；④数据验证和校验：可以采用数据校验、数据签名、哈希值计算等方式；⑤数据安全审计：数据安全审计需要建立审计日志、监控和分析系统，对数据访问、修改、删除等操作进行记录分析；⑥数据安全培训和教育：包括数据安全政策、安全意识、密码管理、安全操作等内容；⑦建立应急响应机制：包括应急响应流程、恢复计划、危机管理等内容。

4. 端口管理。端口是计算机系统与外部网络或应用程序间的接口，是黑客入侵系统的主要通道之一。应用系统端口管理包括：①端口访问权限管理：使用访问控制列表（Access Control List，ACL）或防火墙等措施，限制特定端口和服务器的访问权限；②端口安全策略制定：端口安全策略包括密码强度、访问控制、加密传输等；③端口监控和审计：通过网络监控工具或安全审计软件，实时监控端口连接情况和流量，并对端口访问行为进行审计记录；④端口更新和维护：定期更新系统和应用程序的版本，修复安全漏洞和缺陷。

5. 日志管理。应用系统日志管理包括：①日志收集：日志信息类型包括系统日志、应用程序日志、安全事件日志，日志信息内容包括时间戳、日志类型、日志级别、事件描述；②日志存储：日志信息应按结构化数据库或文本文件等特定格式存储，存储在本地磁盘、网络存储、数据库等存储介质中；③日志分析：分析包括实时分析、离线分析和定期分析；④日志审计：日志审计包括完整性、准确性和时效性；⑤日志保护：日志保护可采用加密、访问控制、备份等技术手段；⑥日志清理：通常根据时间、事件类型、日志级别等因素确定清理策略。

备考点拨

本考点学习难度星级：★★☆（适中），考试频度星级：★★☆（中频）。

本考点考查应用系统安全。安全相关的考点，历来的备考策略是以记忆为主，应用系统安全考点同样如此，首先需要牢记应用系统安全的 5 个方面，其次针对每个方面的安全管理细项，需要熟读，了解其大概的作用。

考题精练

1. 在账号口令管理中，关于口令变更的建议是（　　）。
    A．建议至少每年更换一次口令
    B．建议至少每季度更换一次口令
    C．建议每月更换一次口令
    D．在存在安全风险时更换口令，没有时间间隔要求

【解析】答案为 B。在账号口令管理中，建议至少每季度更换一次口令，避免使用相同或类似口令。

2. 数据安全管理中，数据访问控制可采用的模式不包括（　　）。
    A．基于角色的访问控制（RBAC）　　B．基于属性的访问控制（ABAC）
    C．访问控制列表（ACL）　　D．以上都不是

【解析】答案为 C。数据访问控制可采用基于角色的访问控制（RBAC）或基于属性的访问控制（ABAC）等模式，访问控制列表（ACL）用来限制特定端口和服务器的访问权限。

3．在数据安全管理中，数据验证和校验可以采用的方式不包括（　　）。

　　A．数据校验　　　　　　　　　　B．数据签名

　　C．哈希值计算　　　　　　　　　D．RBAC 模式

【解析】答案为 D。数据验证和校验可以采用数据校验、数据签名、哈希值计算等方式，不能随意忽略验证和校验工作。基于角色的访问控制（RBAC）用来控制数据访问。

第 13 章 网络系统管理考点精讲及考题实练

13.1 章节考情速览

网络系统管理涉及日常管理、资源管理、应用管理和安全管理。随着网络技术的不断进步和应用的深入，网络的重要性愈发凸显，这也能够侧面印证本章考点在考试中的重要程度。网络系统管理涉及的细节考点较多，还涉及很多实操方面的内容，比如 DNS 服务器管理就涉及配置服务器、设置区域、监控等具体的操作。对于缺乏网络系统管理工作经验的考生，本章备考存在一定的技术门槛和难度，不过由于信管考试普遍不会深入，所以对于个别难以理解的内容，可以采用记忆的方式弥补。本章的备考策略是把不同的网络系统管理在笔记纸上罗列出来，构成本章的逻辑框架图。

网络系统管理在基础知识科目中预计会考查 5 分左右，同时也是应用技术科目考查的重点内容。

13.2 考点星级分布图

本章涉及的主要考点分布及难度与频度双星级如图 13-1 所示。

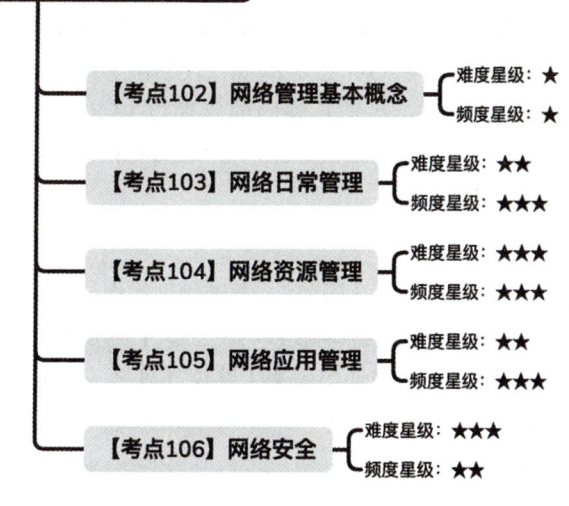

```
                    ┌ 难度星级：★
 【考点102】网络管理基本概念 ┤
                    └ 频度星级：★

                    ┌ 难度星级：★★
 【考点103】网络日常管理    ┤
                    └ 频度星级：★★★

                    ┌ 难度星级：★★★
 【考点104】网络资源管理    ┤
                    └ 频度星级：★★★

                    ┌ 难度星级：★★
 【考点105】网络应用管理    ┤
                    └ 频度星级：★★★

                    ┌ 难度星级：★★★
 【考点106】网络安全      ┤
                    └ 频度星级：★★
```

图 13-1　本章考点及星级分布

13.3　核心考点精讲及考题实练

【考点 102】网络管理基本概念

考点精华

网络管理的两个基本任务是对网络运行状态进行监测和对网络运行进行控制，监测是控制的前提，控制是监测的结果。通过监测了解网络状态是否正常，通过控制对网络资源进行合理分配，优化网络性能，保证网络服务质量。

网络管理的重要性体现在三方面：①网络设备的复杂化使网络管理变得更加复杂。网络设备复杂化有两个含义，一是网络设备功能更加复杂；二是设备与系统厂商众多，产品规格不统一。②网络的经济效益越来越依赖有效的网络管理。③先进可靠的网络管理也是网络发展的必然结果。

网络管理的根本目标是最大限度满足网络管理者和用户对计算机网络的有效性、可靠性、开放性、综合性、安全性和经济性 6 个方面的要求。

网络管理涉及的资源分为两大类：硬件资源和软件资源。硬件资源包括物理介质、计算机设备和网络互连设备，其中物理介质是物理层和数据链路层设备，如网卡、双绞线、同轴电缆、光纤等；软件资源包括操作系统、应用软件和通信软件，其中通信软件包括 FDDI、ATM 等实现通信协议的软件。

网络环境下的资源一般用"被管对象"（Managed Object，MO）表示。国际标准化组织

（International Organization for Standardization，ISO）认为，被管对象是从开放式系统互连（Open System Interconnect，OSI）角度所看到的 OSI 环境下的资源，被管对象的集合称为管理信息库（Management Information Base，MIB），MIB 在实际网络中并不存在，只是概念上的数据库。网络中所有的被管对象信息都集中在 MIB 中。网络管理系统的实现主要依靠被管对象和 MIB。

主要的网络管理标准分别是 OSI 参考模型、TCP/IP 参考模型、TMN 参考模型、IEEE LAN/WAN 以及基于 Web 的管理等。基于互联网的管理以 Web 技术为基础，两种比较流行的技术是基于 Web 的企业管理（Web-Based Enterprise Management，WBEM）和 Java 管理扩展（Java Management Extensions，JMX）。

备考点拨

本考点学习难度星级：★☆☆（简单），考试频度星级：★☆☆（低频）。

本考点考查网络管理的一些基本概念，涉及 2 个基本任务、3 个重要性、6 个目标要求、2 类资源，这些考点以记忆为主。另外还需要了解被管对象（MO）和管理信息库（MIB）的概念，需要知道 MIB 仅仅是逻辑概念，实际并不存在。最后关于主要的网络管理标准知道即可。

考题精练

1．网络设备复杂化的含义不包括（　　）。
　　A．网络设备功能更加复杂　　　　　　B．设备与系统厂商众多
　　C．产品规格不统一　　　　　　　　　D．供应商良莠不齐

【解析】答案为 D。网络设备复杂化有两个含义，一是网络设备功能更加复杂，二是设备与系统厂商众多，产品规格不统一，不包括供应商良莠不齐。

2．网络管理涉及的硬件资源不包括（　　）。
　　A．物理介质　　　B．计算机设备　　　C．通信软件　　　D．网络互连设备

【解析】答案为 C。网络管理涉及的资源分为两大类：硬件资源和软件资源。硬件资源包括物理介质、计算机设备和网络互连设备，通信软件属于软件资源。

【考点 103】网络日常管理

考点精华

网络日常管理是对网络的常规维护和运营管理，分为局域网管理、广域网管理、互联网管理和无线网管理，分别如下：

1．**局域网管理**。局域网（Local Area Network，LAN）是在较小区域范围内且具备相同或相近安全要求的网络，通常用于组织内部办公环境和生产管理等。局域网管理包括网络设备管理、网络拓扑管理和网络安全管理，如下所示：★案例记忆点★

（1）网络设备管理。网络设备管理是局域网管理的基础，包括交换机、路由器等网络设备的配置和监控，管理任务包括：设备配置、设备监控、设备升级和配置备份。

（2）网络拓扑管理。网络拓扑管理对局域网内各设备布局和连接进行规划管理，管理任务包括：设备布局、网络连接、VLAN 划分和路由配置。

（3）网络安全管理。网络安全管理保护局域网免受攻击和数据泄露，管理任务包括：访问控制、防火墙配置、入侵检测系统（Intrusion Detection Systems，IDS）、病毒防护和安全培训。

2. 广域网管理。广域网（Wide Area Network，WAN）是跨越较大地理范围的互联网，通常用于连接不同地理位置的分支机构。广域网管理包括带宽管理、远程连接管理和故障管理。带宽管理通过流量调度、链路负载均衡等方式优化带宽使用；远程连接管理通过虚拟专线、VPN 等方式提供远程访问服务；故障管理包括网络故障诊断、备份恢复等措施。

广域网管理分为网络设备管理、链路管理和网络安全管理，分别如下：「★案例记忆点★」

（1）网络设备管理。网络设备管理是广域网管理的基础，包括：路由器、交换机、调制解调器等网络设备的配置和监控。

（2）链路管理。链路是广域网中不同地点的物理连接，管理任务包括：带宽管理、故障管理、延迟和丢包管理、链路备份与冗余。

（3）网络安全管理。网络安全管理保护广域网免受攻击和数据泄露，管理任务包括：防火墙配置、虚拟专用网（Virtual Private Network，VPN）、入侵检测和防御系统、访问控制、安全培训。

3. 互联网管理。互联网管理包括：域名管理、路由管理和安全管理。域名管理包括：域名注册、解析等措施；路由管理包括：路由器配置、路由表更新等操作；安全管理包括：防火墙配置、入侵检测等措施。「★案例记忆点★」

（1）自治系统（Autonomous System，AS）管理。自治系统是一组具有相同路由策略的网络设备集合。自治系统管理是互联网管理的基础，管理任务包括：AS 配置、AS 监控、AS 协商和 AS 备份。

（2）路由管理。路由是互联网中数据包传输的关键环节，路由管理是确保路由稳定和可靠运行的关键任务，管理任务包括：路由配置、路由监控、路由优化和路由备份。

（3）互联网安全管理。互联网安全管理是保护互联网免受攻击和数据泄露的关键措施，管理任务包括：防御策略配置、安全漏洞管理、安全事件监控和安全培训。

4. 无线网管理。无线网管理包括信号覆盖管理、频谱管理和安全管理。信号覆盖管理包括无线信号的布局和调整，以提供稳定的无线覆盖范围；频谱管理包括分配和调度无线信道资源，以减少干扰和提高无线网络性能；安全管理包括无线接入认证、数据加密等措施，以确保无线网络的安全性和隐私性。无线网络管理的措施如下：

（1）网络拓扑规划。网络拓扑规划包括确定无线接入点（Access Point，AP）位置和覆盖范围，确定无线信号强度和频率。

（2）AP 配置管理。设置 AP 基本参数，包括无线网络名称（Service Set Identifier，SSID）、安全认证方式（如 WPA2）、密码等，还需配置 AP 信道和传输功率。

（3）客户端管理。包括监控客户端设备连接状态、信号强度等，及时解决连接问题。此外还需要限制未经授权的设备连接到无线网络。

（4）频谱管理。使用专业的频谱分析仪监测频谱使用情况，采取调整无线信道、使用干扰消除技术等措施，提高无线网络性能和可靠性。

（5）安全管理。使用强密码、启用网络加密、限制无线访问点范围等一系列安全措施，定期更新无线设备固件和应用程序，修复已知的安全漏洞。

（6）**性能监控与优化**。定期监控带宽利用率、延迟、丢包率等性能指标，采取调整无线信道、优化无线覆盖范围等优化措施，提高无线网络性能和可靠性。

🐂 备考点拨

本考点学习难度星级：★★☆（适中），考试频度星级：★★★（高频）。

本考点考查网络日常管理。网络日常管理本质上是按照网络的 4 种分类展开的，分别是局域网、广域网、互联网和无线网，这几类网络我们日常工作中经常接触和使用，每种类型的网络对应的管理任务需要掌握，本考点以记忆为主。

🔗 考题精练

1. 在局域网管理中，网络拓扑管理的任务不包括（　　）。
   A．设备布局　　　　　　　　　　B．网络连接
   C．防火墙配置　　　　　　　　　D．路由配置

【解析】答案为 C。网络拓扑管理对局域网内各设备布局和连接进行规划管理，管理任务包括设备布局、网络连接、VLAN 划分和路由配置，防火墙配置属于网络安全管理的任务。

2. 无线网管理中，网络拓扑规划不包括（　　）。
   A．确定无线接入点位置和覆盖范围
   B．确定无线信号强度和频率
   C．考虑设备摆放美观性
   D．以上都不是

【解析】答案为 C。网络拓扑规划包括确定无线接入点位置和覆盖范围，确定无线信号强度和频率，不是考虑设备摆放美观性。

3. 无线网管理中，安全管理不包括（　　）措施。
   A．保证信号强度　　　　　　　　B．启用网络加密
   C．限制无线访问点范围　　　　　D．定期更新无线设备固件和应用程序

【解析】答案为 A。无线网管理中，安全管理包括使用强密码、启用网络加密、限制无线访问点范围、定期更新无线设备固件和应用程序、修复已知的安全漏洞。

【考点 104】网络资源管理

🔍 考点精华

网络资源管理是指对网络中的各种资源进行规划、配置、监控和优化的过程，包括带宽资源管理、地址资源管理和虚拟资源管理，分别如下：

1. **带宽资源管理**。带宽决定网络连接的速度和容量，是衡量网络性能的重要指标之一，带宽资源管理包括带宽分配、带宽控制和带宽优化。**带宽分配**策略根据不同需求进行动态分配，满足不同应用的带宽需求；**带宽控制**通过流量限制、流量调度等方式控制带宽使用；**带宽优化**通过带宽整合技术、拥塞控制算法等手段提高带宽利用率。通过流量监控与分析、优先级和限制、流

量整形与调度以及定期审查与优化,有效管理和配置网络资源带宽,提高网络性能和用户体验。「★案例记忆点★」

（1）流量监控与分析。使用流量监控工具收集数据,并通过分析工具识别瓶颈、高峰时段等问题,优化带宽分配和调整网络策略。

（2）优先级和限制。为关键应用程序分配更高带宽,并限制非关键应用程序的带宽使用,确保关键任务顺利进行,并避免网络拥塞。

（3）流量整形与调度。通过设置带宽限制、队列管理和流量调度算法,平衡网络流量,提高网络性能和用户体验。

（4）定期审查与优化。定期审查带宽资源配置,并根据实际需求进行优化。

2．地址资源管理。地址资源是网络中设备的网络地址和唯一标识符,地址资源包括 IPv4 地址和 IPv6 地址。地址资源管理包括地址规划、地址分配和地址转换。地址规划是根据网络规模和拓扑结构,合理划分地址空间；地址分配是为网络中的设备分配地址,确保地址有效使用并避免地址冲突；地址转换通过网络地址转换（Network Address Translation,NAT）技术实现,将私有地址转换成公网地址,实现 IP 地址的灵活使用。通过地址规划、IP 地址分配、子网划分、IP 地址管理工具和定期审查与优化,确保网络通信顺畅运行。「★案例记忆点★」

（1）地址规划。根据组织需求、网络规模和未来扩展需求,确定所需 IP 地址数量,分配给不同的子网或区域。

（2）IP 地址分配。使用静态 IP 分配或动态 IP 分配（如 DHCP）为设备或主机分配唯一的 IP 地址。

（3）子网划分。根据组织需求和网络拓扑,将 IP 地址范围划分为不同的子网,每个子网都有自己的 IP 地址范围和子网掩码。

（4）IP 地址管理工具。使用 IP 地址管理工具帮助管理和跟踪 IP 地址分配情况。

（5）定期审查与优化。定期审查地址资源配置,并根据实际需求进行优化。

3．虚拟资源管理。虚拟资源是软件技术模拟出来的计算机网络资源,包括计算虚拟资源、存储虚拟资源和网络虚拟资源。网络虚拟资源是通过虚拟化技术将物理网络划分为多个虚拟网络,实现网络资源的隔离和管理。网络虚拟资源管理包括虚拟资源分配、监控和调度。虚拟资源分配策略根据需求进行静态或动态分配；虚拟资源监控实时监测资源的使用情况,为调度提供依据；虚拟资源调度通过优化算法来实现,提高资源利用效率和系统性能。网络虚拟资源的任务包括虚拟资源的分配、虚拟资源的监控与调度、虚拟资源的容错与备份、虚拟资源的安全管理。「★案例记忆点★」

（1）虚拟资源的分配。虚拟资源分配应遵循公平性、高效性和灵活性原则。

（2）虚拟资源的监控与调度。虚拟资源的监控包括资源的利用率、负载情况等。根据监控结果对资源进行合理调度,提高资源利用效率和系统性能。

（3）虚拟资源的容错与备份。虚拟资源容错是在资源故障时,能够及时切换到备用资源,保证系统连续性和可用性。容错通过冗余部署、故障恢复等机制实现。备份是指将虚拟资源数据进行备份,防止数据丢失或损坏,可以通过定期备份、增量备份等方式实现。

（4）**虚拟资源的安全管理**。虚拟资源安全管理包括对资源的访问控制、数据加密、漏洞修复等措施，其中访问控制通过权限管理、身份认证等方式实现；数据加密通过对数据进行加密处理实现；漏洞修复通过及时更新补丁、加强安全策略等方式实现。

备考点拨

本考点学习难度星级：★★★（困难），考试频度星级：★★★（高频）。

本考点考查网络资源管理。网络资源分为带宽资源、地址资源和虚拟资源。3 类资源的细分考点排列样式一模一样，首先就是掌握资源的概念，其次是不同资源管理包含的内容，最后是不同资源管理的任务列表项。本考点需要掌握 3 类资源内容和任务列表项，能够进一步理解掌握会更好。

考题精练

1．在带宽资源管理的流量整形与调度中，（　　）方式不能实现平衡网络流量，提高网络性能和用户体验。

A．队列管理　　　　　　　　B．设置带宽限制

C．流量调度算法　　　　　　D．人工手动调整

【解析】答案为 D。在带宽资源管理的流量整形与调度中，可以通过设置带宽限制、队列管理和流量调度算法，平衡网络流量，提高网络性能和用户体验。

2．虚拟资源管理中，虚拟资源安全管理不包括（　　）措施。

A．对资源的访问控制　　　　B．数据加密

C．漏洞修复　　　　　　　　D．启用网络加密

【解析】答案为 D。虚拟资源安全管理包括对资源的访问控制、数据加密、漏洞修复等措施，启用网络加密属于无线网安全管理措施。

【考点 105】网络应用管理

考点精华

DHCP、DNS 和文件服务器管理

网络应用管理包括安装、配置和维护各种网络应用程序，如邮件服务器、文件服务器和数据库服务器等。常见的网络应用服务有动态主机配置协议（Dynamic Host Configuration Protocol，DHCP）应用管理、域名系统（Domain Name System，DNS）服务器管理、文件服务器管理、打印系统管理、邮件系统管理和门户网站管理等。

1．**DHCP 应用管理**。DHCP 服务器采用动态主机配置协议 DHCP，对网络中的 IP 地址自动动态分配，以减少地址配置管理的复杂性。通过 DHCP 应用管理，可以简化网络配置，提高网络管理效率，相关任务如下：「★案例记忆点★」

（1）**定义 IP 地址范围**。根据组织需求和网络规模，定义可用的 IP 地址范围，同时可以设置保留 IP 地址以供特定设备使用。

（2）**配置网络参数**。配置子网掩码、默认网关、DNS 服务器等参数帮助设备正确连网通信。

（3）**设置租约时间**。租约时间是 DHCP 服务器分配给设备的 IP 地址有效期。

（4）监控和管理。定期监控 DHCP 服务器，确保正常运行并满足网络设备需求。

（5）安全性配置。可以采取限制 DHCP 服务器访问、启用身份验证、使用安全协议等措施保护 DHCP 服务器。

2. DNS 服务器管理。域名系统（DNS）负责 IP 地址和域名间的转换，域名服务器负责控制本地数据库中的名字解析。DNS 数据库结构是一棵倒立的树状结构，树的每个节点都表示分布式数据库中的一个分区（域），每个域可进一步划分成子分区（域）。每个节点有个不区分大小写的标识，标识最多 63 个字符。节点域名是从根到当前域经过的所有节点的标记名，从右到左排列，并用点"."分隔，域名树上的每个节点必须有唯一的域名。每个域名对应一个 IP 地址，一个 IP 地址可以对应多个域名。通过 DNS 服务器管理，可以实现高效的域名解析和网络通信：「★案例记忆点★」

（1）配置 DNS 服务器。选择合适的 DNS 软件并进行安装和配置。

（2）设置区域。在 DNS 服务器上设置区域，每个区域对应一个或多个域名，每个区域都有正确的起始授权机构（Start of Authority，SOA）记录和名称服务器（Name Server，NS）记录。根据组织需求和网络规模，设置主区域和从属区域。

（3）添加资源记录。资源记录类型包括 A 记录（将主机名映射到 IPv4 地址）、AAAA 记录（将主机名映射到 IPv6 地址）、CNAME 记录（提供别名）、MX 记录（指定邮件交换器）。

（4）配置转发器。配置转发器用来将未知的域名解析请求转发给其他 DNS 服务器。

（5）监控和管理。定期监控 DNS 服务器，确保正常运行并满足网络设备需求。

（6）安全性配置。可采取限制对 DNS 服务器访问、启用防火墙规则、使用安全传输协议等措施保护 DNS 服务器。

3. 文件服务器管理。文件服务器用于存储和共享文件，通过文件服务器管理，实现高效的文件共享和安全的文件存储。「★案例记忆点★」

（1）配置文件服务器。选择合适的操作系统和文件系统，并进行安装和配置。

（2）设置共享目录。在文件服务器上设置共享目录，并确保只有授权用户可以访问共享目录。

（3）定期备份。设置定期备份计划，并选择合适的备份介质。

（4）安全性配置。可采取限制文件服务器访问、启用防火墙规则、使用加密传输协议等措施保护文件服务器。

（5）监控和管理。定期监控文件服务器，确保其正常运行并满足组织需求。

（6）容灾和恢复。制订容灾计划，并设置合适的备份策略，使用冗余存储、备份服务器等技术确保数据可用性和快速恢复能力。

4. 打印系统管理。打印服务器用于管理和控制打印机，通过打印服务器管理，实现统一管理和控制打印任务，提高打印效率。

（1）配置网络打印服务器。选择合适的操作系统和打印服务器软件，并进行安装和配置。

（2）添加和管理打印机。在网络打印服务器上添加和管理打印机，确保每个用户都能访问打印机。

（3）设置访问权限。确保只有授权用户可以访问特定打印机，并限制对敏感文档的访问权限。

（4）**配置队列和优先级**。根据用户需求和打印机资源，设置适当的队列和优先级规则，确保高优先级任务能够及时得到处理。

（5）**监控和管理**。定期监控打印系统，确保其正常运行并满足用户需求。

（6）**安全性配置**。为确保数据安全，可以采取限制对打印服务器的访问、启用防火墙规则、使用加密传输协议等措施保护打印系统。

5. **邮件系统管理**。邮件系统管理两个重要的服务器分别为 SMTP（发件）服务器和 POP3（收件）服务器。发件服务器上使用"存储转发"技术把收到的电子邮件排队后，依次发送并存储到收件服务器上，直到收件人收信或删除。

（1）**配置邮件服务器**。选择合适的邮件服务器软件，并进行安装和配置。

（2）**设置域名和邮箱**。在邮件服务器上设置域名和邮箱。

（3）**配置收发规则**。根据组织需求和安全策略，配置收发规则。

（4）**设置备份策略**。设置定期备份计划，并选择合适的备份介质。

（5）**安全性配置**。可以采取加密传输协议、设置访问控制规则、启用身份验证等措施保护邮件管理系统。

（6）**监控和管理**。定期监控邮件管理系统，确保其正常运行并满足用户需求。

6. **门户网站管理**。门户网站是集成多种信息和服务的网站，门户网站管理是指对门户网站进行规划、组织、实施和监控的过程。管理员需配置和管理门户网站服务器，包括设置网站结构、发布和管理内容、处理用户反馈等。

（1）**确定目标和需求**。确定通过门户网站实现的目标，并了解用户需求。

（2）**选择合适的平台**。选择具有良好可扩展性、易用性和安全性的平台。

（3）**设计用户界面**。考虑用户体验、导航结构和页面布局。

（4）**配置功能模块**。根据目标和需求，配置适当的功能模块。

（5）**管理内容**。定期更新和管理门户网站的内容。

（6）**安全性配置**。采取强密码、定期备份数据、更新软件补丁等措施保护网站免受潜在威胁。

（7）**监控和维护**。定期监控门户网站，确保其正常运行并满足用户需求。

备考点拨

本考点学习难度星级：★★☆（适中），考试频度星级：★★★（高频）。

本考点考查网络应用管理，网络应用管理包含的类型多达 6 项，建议备考重点放在前面的 DHCP 应用管理、DNS 服务器管理和文件服务器管理 3 项上，需要掌握的细分考点和之前的资源管理类似，首先需要理解其概念，其次需要掌握不同类型任务列表项的名字。至于打印、邮件和门户类型的管理，和大多数人的工作联系比较紧密，难度不大。

考题精练

1. 在 DHCP 应用管理中，租约时间是指（　　）。

　　A．DHCP 服务器分配给设备的 IP 地址有效期

　　B．设备使用 IP 地址的最长时间限制，无论服务器状态如何

C．出厂设定，没有实际作用的时间

D．用于表示服务器的运行时间

【解析】答案为 A。在 DHCP 应用管理中，租约时间是 DHCP 服务器分配给设备的 IP 地址有效期，不是设备使用 IP 地址的最长时间限制（不受服务器状态影响），也不是出厂设定无实际作用的时间，更不是表示服务器运行的时间。

2．文件服务器管理中，为了确保文件安全可采取的措施不包括（　　）。

A．限制文件服务器访问 　　　　　　B．启用防火墙规则

C．文件备份 　　　　　　　　　　　D．使用加密传输协议

【解析】答案为 C。文件服务器管理的安全性配置可采取限制文件服务器访问、启用防火墙规则、使用加密传输协议等措施，不包括文件备份。

【考点 106】网络安全

◉ 考点精华

网络安全管理涉及配置和管理网络安全设备，如防火墙和入侵检测系统，制定安全策略和措施来保护网络免受威胁和攻击。任何形式的网络服务都会存在安全风险，问题是如何将风险降到最低程度。可以使用的技术防护措施有：加解密与数字证书、防火墙管理、入侵检测与防御、网络攻防演练和网络安全态势感知平台等。

1．加解密与数字证书。加密算法用于将敏感数据转化为不易被窃取和篡改的形式，确保数据机密性和完整性。对称加密和非对称加密是常见的加解密技术，哈希函数用于验证数据完整性，数字证书用于验证通信方身份和确保数据完整性。

（1）加解密技术。加解密技术使用密码算法将明文转换为密文，保护数据的机密性。加密将明文转换为不可读的密文，解密则将密文还原为明文。加解密过程使用一个或多个密钥进行转换。

（2）对称加密。对称加密使用相同的密钥进行加解密，发送方和接收方共享同一个密钥。对称加密算法有 DES、AES 等。对称加密具有高效性能，但密钥分发和管理存在安全隐患。

（3）非对称加密。非对称加密使用公钥和私钥，公钥用于加密，私钥用于解密。发送方使用接收方的公钥进行加密，接收方使用私钥解密。非对称加密算法有 RSA、ECC。非对称加密提供了更好的安全性和密钥管理机制。

（4）哈希函数。哈希函数将任意长度的数据转换为固定长度的哈希值。哈希函数具有单向性，无法从哈希值还原出原始数据。常见的哈希函数有 MD5、SHA-1、SHA-256 等。哈希函数常用于验证数据完整性和生成数字签名。

（5）数字证书。数字证书用于验证通信方身份和确保数据的完整性。数字证书由认证机构（Certificate Authority，CA）颁发，包含通信方公钥和其他身份信息，并由 CA 使用私钥进行签名。接收方可以使用 CA 的公钥来验证数字证书真实性，并使用其中的公钥进行加密操作。

2．防火墙管理。防火墙根据预设规则允许或拒绝特定类型的流量通过，常用于网络安全的第一道防线。防火墙可以隔离风险区域与安全区域的连接，仅让安全的、符合规则的信息进入内

部网络。防火墙管理的主要任务如下所示：「★案例记忆点★」

（1）确定安全策略。配置防火墙之前需要明确安全策略，包括确定哪些类型的流量应该被允许通过，哪些应该被拒绝。

（2）了解网络拓扑。网络拓扑帮助组织确定哪些设备和应用程序需要被保护，并确定防火墙的最佳部署位置。

（3）配置访问控制列表（ACL）。通过配置 ACL，组织可以定义允许或拒绝特定 IP 地址、端口或协议的流量。

（4）启用日志记录和监控。监控防火墙日志，并设置警报可以获得网络异常活动。

（5）定期更新和升级。及时安装最新的安全补丁和固件，以提高防火墙安全性。

（6）进行漏洞扫描和渗透测试。帮助组织发现潜在漏洞并采取修复措施。

3. 入侵检测与防御。入侵检测被视为防火墙之后的第二道安全闸门，作为防火墙的补充，入侵检测系统（IDS）从计算机网络系统中的若干关键点收集并分析信息，通过监视网络或系统资源，寻找违反安全策略的行为或攻击迹象并发出警报。绝大多数 IDS 系统都是被动的，而不是主动的，在攻击实际发生之前，往往无法预先发出警报。

入侵防护系统（IPS）倾向于提供主动防护，由于 IPS 直接嵌入到了网络流量中，所以能够实现预先对入侵活动和攻击性网络流量的拦截，IPS 通过一个网络端口接收来自外部系统的流量，经过检查确认后，再通过另外一个端口将它传送到内部系统中。「★案例记忆点★」

入侵检测系统（IDS）功能包括：①监测并分析用户和系统的活动；②核查系统配置和漏洞；③评估系统关键资源和数据文件完整性；④识别已知的攻击行为；⑤统计分析异常行为；⑥操作系统日志管理。「★案例记忆点★」

入侵防御系统（IPS）功能包括：①嵌入式运行：只有以嵌入模式运行的 IPS 设备才能实现实时安全防护；②深入分析和控制；③入侵特征库：高质量的入侵特征库是 IPS 高效运行的必要条件；④高效处理能力。「★案例记忆点★」

4. 网络攻防演练。网络攻防演练通过模拟真实攻击场景，演练参与者可以了解攻击者的思维方式和技术手段，学习如何有效防御和应对网络攻击，不断提升对网络攻击的应对能力，保护关键信息资产安全。网络攻防演练的主要活动如下所示：「★案例记忆点★」

（1）确定目标。进行网络安全攻防演练前，需要明确演练目标和范围。

（2）设计攻击场景。攻击场景包括钓鱼邮件、恶意软件传播、系统入侵等。

（3）确定参与者。确定参与演练人员和角色，包括攻击者、防御团队、系统管理员等。

（4）进行演练。演练包括实时监控、日志分析、事件响应等环节。

（5）收集反馈。重点关注参与者在攻击和防御过程中遇到的问题和挑战。

（6）分析总结。评估参与者表现、系统弱点以及防御策略有效性。

（7）持续改进。及时修复系统漏洞和加强安全策略，并定期进行新一轮演练。

5. 网络安全态势感知平台。网络安全态势感知平台用于实时监测、分析和预测网络安全威胁，其涵盖的功能如下所示：「★案例记忆点★」

（1）实时监测。实时监测组织内外的网络流量、日志和事件数据。

（2）威胁分析。可识别出已知攻击模式、恶意软件、漏洞利用等，并提供警报和建议。

（3）智能预警。基于机器学习和人工智能技术，网络安全态势感知平台能够生成智能预警，帮助管理员及时发现并应对潜在威胁。

（4）可视化展示。网络安全态势感知平台提供直观的可视化界面，将复杂的安全数据转化为易于理解的图表、图形和报表。

（5）自动化响应。网络安全态势感知平台可以与其他安全设备和系统集成，实现自动化响应。

（6）高级威胁预测。网络安全态势感知平台利用大数据分析和机器学习算法，能够预测未来可能发生的高级威胁。

（7）合规性与报告。网络安全态势感知平台能够生成合规性报告，帮助组织满足法规和合规要求。

备考点拨

本考点学习难度星级：★★★（困难），考试频度星级：★★☆（中频）。

本考点考查网络安全。首先需要掌握几种常见的加解密术语，比如对称加密、非对称加密、哈希函数、数字证书等，其代表性的算法名字或者函数名字需要知道；防火墙应该是唯一日常工作中能够接触到的安全技术，可以结合工作感受在理解中记忆；入侵检测与防御需要重点掌握IDS和IPS的区别；网络攻防演练中涉及的专业术语不多，理解门槛不高；网络安全态势感知平台比较先进，需要掌握其7个功能。

考题精练

1. 在加解密与数字证书部分，关于对称加密的描述，错误的是（　　）。
   A．使用相同的密钥进行加解密　　B．发送方和接收方共享同一个密钥
   C．不存在密钥分发和管理的安全隐患　　D．对称加密算法有DES、AES等

【解析】答案为C。对称加密使用相同的密钥进行加解密，发送方和接收方共享同一个密钥，对称加密算法有DES、AES等，但对称加密存在密钥分发和管理的安全隐患。

2. 在加解密与数字证书部分，哈希函数常用于（　　）。
   A．验证数据完整性和生成数字签名　　B．用于加密数据
   C．用于解密数据　　D．核查系统配置和漏洞

【解析】答案为A。在加解密与数字证书部分，哈希函数常用于验证数据完整性和生成数字签名。

第 14 章
数据中心管理考点精讲及考题实练

14.1 章节考情速览

  数据中心可以简单理解为传统的机房，这个理解不够准确但是通俗易懂，数据中心管理就是对机房中的服务器、网络、存储等进行管理，随着云计算的普及发展，数据中心管理也离不开对虚拟资源和平台资源的管理。数据中心管理的备考逻辑主线是例行操作、响应支持、优化改善和调研评估 4 项工作，数据中心管理中的每类管理都离不开这 4 项工作，所以完全可以使用这 4 项工作把考点串起来。不过本章内容涉及较多的表格和列表项，可以采用多轮备考的方式应对，第 1 轮备考先不急着记忆，先设身处地进行考点理解；后续轮次的备考可以从中挑出关键词或者关键语句进行记忆，不用全部记住，特别是对列表项较多的内容更没有全部记住的必要，因为性价比太低，尽量熟悉、尽量记住关键词即可。

  数据中心管理在基础知识科目中预计会考查 5 分左右，同时也是应用技术科目考查的重点内容。

14.2 考点星级分布图

  本章涉及的主要考点分布及难度与频度双星级如图 14-1 所示。

数据中心管理考点

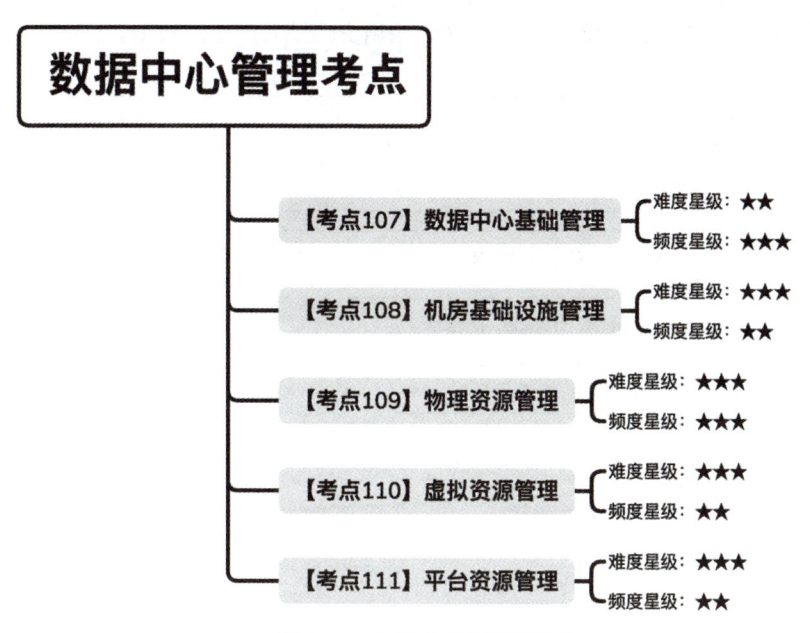

- 【考点107】数据中心基础管理　　难度星级：★★　频度星级：★★★
- 【考点108】机房基础设施管理　　难度星级：★★★　频度星级：★★
- 【考点109】物理资源管理　　难度星级：★★★　频度星级：★★★
- 【考点110】虚拟资源管理　　难度星级：★★★　频度星级：★★
- 【考点111】平台资源管理　　难度星级：★★★　频度星级：★★

图 14-1　本章考点及星级分布

14.3　核心考点精讲及考题实练

【考点 107】数据中心基础管理

> 考点精华

对象内容与管理模型

数据中心的关键组件包括路由器、交换机、防火墙、存储系统、服务器、各种类型应用程序和相应监控系统。数据中心管理包括基础管理、机房基础设施管理、物理资源管理、虚拟资源管理、平台资源管理等一系列工作。

1．数据中心管理对象与模型。数据中心可以建设一个或多个，可以同城，也可以异地，可以组织自建，也可以租用第三方服务。数据中心按照规模划分，可分为超大型（大于 10000 个标准机架）、大型（3000～10000 个标准机架）和中小型（小于 3000 个标准机架）。数据中心按照类型划分，分为政府与企事业单位数据中心、托管数据中心和云数据中心。

数据中心管理对象分 6 个层次，包括机房基础设施、物理资源、虚拟资源池、平台资源、应用资源和数据，这些对象的集合构成一至多个业务信息系统，业务信息系统可以部署在一个或多个数据中心；数据中心提供的各类服务与管理对象示意图如图 14-2 所示：①托管服务的管理对象对应机房基础设施以及物理资源中的网络和网络设备；②IaaS 服务的管理对象对应机房基础设施、物理资源、虚拟资源池和平台资源；③PaaS 服务的管理对象对应机房基础设施、物理资源、虚拟资源池、平台资源以及应用资源中的应用组件；④SaaS 服务及业务系统服务的管理对象对应机房基础设施以及物理资源、虚拟资源池、平台资源、应用资源及其产生的数据。「★案例记忆点★」

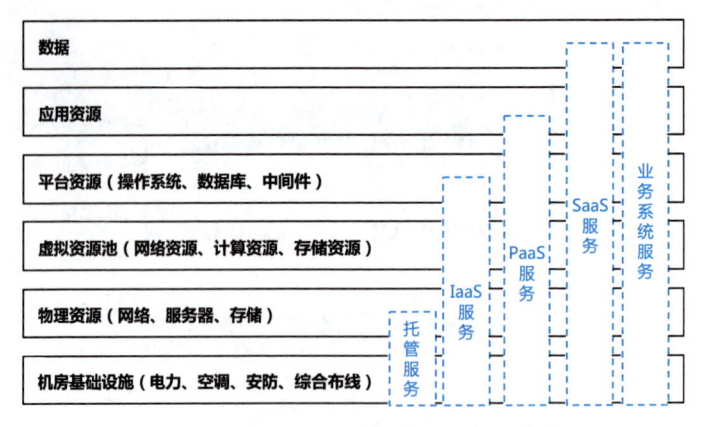

图 14-2　数据中心服务与管理对象示意图

数据中心管理过程中，通过"观察、定位、决定和行动"的管理模型，能够快速、有效形成决策，改善运维反应时间。

（1）观察。观察包括管理对象观察、促成要素观察和内外部环境观察。管理对象观察包括资产管理、容量管理、故障管理等；促成要素观察包括供需双方人员、技术、资源、流程等；内外部环境观察包括业务/监管目标，以及外联系统的运行情况等。

（2）定位。在明确数据中心运行维护管理要求的前提下，开展分析并制定事前防御措施，数据中心运行维护管理要求包括目标管理、服务管控、故障处理、数据中心安全和数据安全。

（3）决定。决定的目标是制定行动措施，定义和选择最适合的解决方案。

（4）行动。根据"决定"选择最佳实施方案，保障业务健康运行。

2. 目标管理。数据中心管理以保证数据中心对外所提供服务的可用性、安全性为目标，持续保持服务质量达到组织业务的要求，包括如下活动：

（1）业务关系可视化。明确并显性化展现组织业务和数据中心运维服务的对应关系，活动包括：①分析业务流程并确定业务目标；②组织业务与IT服务的关联性分析；③获取并展示业务与信息系统间关系；④形成数据中心服务目录，以服务目录作为业务与数据中心服务的连接点，有效协调双方需求。

（2）分析数据中心服务需求。活动包括：①分析业务对数据中心服务的依赖程度；②量化服务需求，形成数据中心服务级别需求；③拆分服务级别需求到技术架构的六类对象上，形成设备或系统级运维需求；④提出服务级别需求（Service Level Requirement，SLR）和相关测量指标（Key Performance Indicator，KPI）；⑤定义数据中心服务目录的服务内容和服务要求。

（3）控制服务期望。评估服务级别需求合理性，控制需方期望的服务水平，活动包括：①综合评价供方服务能力，形成IT服务能力基线；②评估某个IT服务停止时有无替代手段维持业务运行；③分析供方现有服务能力水平，识别差距；④权衡业务期望值和IT实施能力；⑤供需双方协商确定服务级别需求。

（4）确定数据中心服务目标。活动包括：①在服务目录指导下形成服务级别协议（SLA）；②考虑 IT 服务所需成本间的平衡；③识别组织内/外部 IT 服务资源，形成内部服务级别协议（OLA）或外包合同（UC）；④供方应提供多种方案，供需方权衡选择。

（5）监控服务质量。活动包括：①对 SLA 的服务水平目标达成状况定期监控；②建立服务评审机制，定量考核服务水平目标达成状况，定性考核业务部门满意度；③对数据中心服务质量进行量化分析展示。

（6）服务评估、改善和终止。活动包括：①建立服务评审机制，定量考核服务水平目标达成状况，定性考核业务部门满意度；②对于继续提供的数据中心服务，分析未达成目标的原因并制订改善计划；③对于中止的数据中心服务，协商中止方案并就中止时间和替代手段达成共识；④按照中止方案，制订数据中心系统报废计划并进行准备；⑤按照中止方案，督促业务按约定时间完成人员设备调配及相关准备。

3. 服务管控。数据中心服务管控包括系统可用性管理、系统容量管理、配置信息管理、系统的变更与发布、知识管理和供应商管理等，分别如下：

（1）系统可用性管理。活动包括：①建立各系统容量和可用性监测管理机制并配备工具；②持续监视 IT 基础架构的可用性指标和容量变化；③可用性需求发生变化时，重新评估系统配置；④建立 EOP 和应急响应管理机制，制定系统冗余和备份规范。

（2）系统容量管理。活动包括：①持续监视 IT 基础架构的可用性指标和容量变化；②及时调整系统容量水平，防止因容量超期造成 IT 服务中断；③标准化系统结构，快速分配系统资源并有效利用空余资源；④容量有超期风险时，能迅速扩容及响应；⑤建立系统容量评审机制。

（3）配置信息管理。活动包括：①明确设备或系统的组成要素和联接关系；②数据中心服务的组成信息包括所有设备或系统组成要素；③建立完善的 CMDB 以及管理流机制；④采用自动化手段管理配置信息收集和更新；⑤定期盘点和核对无法自动收集的 IT 服务组成信息，并更新到自动化管理中。

（4）系统的变更与发布。活动包括：①对变更进行评估确定，确保变更合规、可控地实施；②对变更操作活动建立操作记录或日志；③对变更记录或日志结果，形成审计报告并归档保存。

（5）知识管理。活动包括：①建立运行维护档案，形成服务文档；②对数据中心技术进行盘点；③明确知识管理重点。

（6）供应商管理。活动包括：①实现供方自身服务能力和外部服务能力一体化管理；②明确供应商合作策略；③对候选供应商进行调查；④设立供应商协调管理办公室（Vendor Management Office，VMO）；⑤对外部服务提供同等的服务运营，保证服务水平一致并建立信息共享；⑥明确外部服务商间共享的信息，建立流程渠道；⑦指定人员与外部服务商建立信息共享窗口和沟通机制。

4. 故障管理。故障管理的活动如下所示。

（1）故障分类分级和定级。根据业务对恢复时间的需求、系统故障影响范围及持续时间，设计数据中心故障的类别和等级。

（2）故障原因调查与分析。利用配置管理过程中建立的系统组成信息，在发生大规模系统故障时快速分析原因。

（3）**防止问题再次发生**。在数据中心服务暂时恢复后，使用故障树分析（Fault Tree Analysis，FTA）继续调查系统故障的根本原因，制定最终解决方案和预防措施，避免再次发生。

（4）**事后评估与总结**。建立故障处置后的评估机制，定期开展分析总结，以优化故障管理流程。

5. **安全管理**。数据中心的正常运行，必须保证数据中心的基础设施、应用、数据和业务的安全性，相关活动如下：

（1）**安全管理制度**。对安全运维中的管理内容建立安全管理制度，对参与人员和事件统一管理，主要包括：安全职责及权限、安全运维流程、安全教育与培训。

（2）**安全状态监控**。对影响安全性的关键要素进行梳理，确定安全状态监控指标，主要包括：监控对象及指标分析、安全状态监控分析报告。

（3）**安全事件处理**。制定对安全事件响应及处理流程的管理规范制度，主要包括：①明确安全事件等级、影响程度以及优先级，按照安全事件报告程序上报安全事件。②针对突发的安全事件，启动应急预案响应机制进行安全事件处置；针对未知安全事件，制定安全事件处置应对措施方案，按照安全事件处置流程方案进行安全事件处置。③对未知的安全事件进行事件记录和分析，使安全事件成为已知事件，总结安全事件处置过程形成安全事件处置报告。

（4）**应急预案和演练**。主要包括：①对安全事件影响和范围进行分析，确定是否启动应急响应；②制定应急预案并定期开展应急演练。

（5）**安全检查和优化**。主要包括：①制订安全合规检查的工作计划和检查方案；②根据安全检查计划，进行安全合规检查，记录结果数据并分析风险威胁，提出优化改进建议并进行持续优化。

📖 备考点拨

本考点学习难度星级：★★☆（适中），考试频度星级：★★★（高频）。

本考点考查数据中心基础管理，考点内容涉及较多，而且需要记忆的点也比较多，首先数据中心 6 类管理对象以及和服务的对应关系需要掌握，管理模型中需要掌握 4 个步骤。接下来的目标管理、服务管控、故障管理和安全管理分别都包含了 4～6 点的内容，每一点内容又继续细分了若干项活动，如果全部记忆下来难度较高而且性价比不高，建议优先掌握一级的内容，活动以理解和熟读为备考导向即可。

🔗 考题精练

1. 按照规模划分，数据中心可分为超大型、大型和中小型，其中超大型数据中心的标准是（　　）。

　　A．大于 10000 个标准机架　　　　B．3000～10000 个标准机架
　　C．小于 3000 个标准机架　　　　　D．以上均不正确

【解析】答案为 A。数据中心按照规模划分，可分为超大型（大于 10000 个标准机架）、大型（3000～10000 个标准机架）和中小型（小于 3000 个标准机架）。

2. 故障管理中，防止问题再次发生这一故障主要依靠（　　）。
   A．故障树分析　　　　　　　　B．依靠人工经验判断
   C．故障处置后的评估机制　　　D．重新进行故障分类分级和定级

【解析】答案为 A。在故障管理中，在数据中心服务暂时恢复后，使用故障树分析（Fault Tree Analysis，FTA）继续调查系统故障的根本原因，制定最终解决方案和预防措施，避免再次发生。

【考点 108】机房基础设施管理

◉ 考点精华

机房基础设施管理响应支持

数据中心的机房基础设施管理，从例行操作、响应支持、优化改善和调研评估四方面入手，针对电气系统、通风空调系统、消防系统和智能化系统进行管理。

1. 例行操作。机房基础设施的例行操作包括监控、预防性检查和常规作业。机房基础设施的监控，需要根据具体管理对象，确定监控内容和指标；机房基础设施的预防性检查，分为性能检查内容和脆弱性检查内容；机房基础设施的常规作业包括基础类操作、测试类操作和数据类操作：①基础类操作：制定并按照 SOP 和 MOP 规定的程序，执行设备的日常运行、维护和保养作业；②测试类操作：按照 SOP 和 MOP 对机房基础设施各系统功能、性能进行测试作业；③数据类操作：按照 SOP 和 MOP 对机房基础设施运行日志、记录等数据进行备份、清除、更新操作。

2. 响应支持。机房基础设施的响应支持，需要确定事件驱动响应和服务请求响应的具体服务内容，分别如下：

事件驱动响应是由于设备软硬件故障引起的业务中断或运行效率无法满足要求而进行的响应服务，包括：

（1）电气系统：①配电系统包括故障排查，投入备用电源回路，关闭非重要回路；②发电机系统包括故障排查，启动发电机，油料补充，冷却液更换，电瓶更换；③UPS 系统包括故障排查，旁路系统，关闭非重要输出等；④直流电源系统包括故障排查，整流模块维修更换等；⑤防雷接地系统包括浪涌保护器复原更换，接地电阻降阻等。

（2）通风空调系统：包括故障排查，关闭部分设备以维持数据中心温湿度指标，关闭新风系统等。

（3）消防系统：包括故障排查，系统启动，报警联动，疏散警示等。

（4）智能化系统：①BA 系统包括故障排查，检测元件（设备）、DDC，执行器更换，软硬件升级等；②动力环境监控系统包括故障排查，检测元件（设备）更换，软硬件升级等；③视频监控系统包括故障排查，摄像机或硬盘更换，检查告警，数据恢复等；④门禁系统包括故障排查，手动开启或关闭门禁系统，检查告警或监控记录等；⑤综合布缆系统包括更换线缆、模块等。

服务请求响应是根据应用系统运行需要或需方请求而进行的响应服务，包括：

（1）电气系统：①配电系统包括增减回路，增减供电类型，分支回路相位调整等；②发电机为指定负载供电等；③UPS 系统包括旁路操作，为指定负载供电等；④防雷接地系统包括新设备接地等。

217

（2）通风空调系统：包括调整温度、湿度参数，调整新风量等。

（3）消防系统：包括增减设备，更新联动逻辑，检查及提供告警及监控记录，备份或清除记录等。

（4）机房监控与安全防范系统：①BA 系统包括数据中心扩容或改造时增或调整相应的传感器、DDC、执行器等，更新点表，调整阈值设定等，在季节转换时变更工况设置等；②动力环境监控系统包括增减或调整检测元件（设备），数据中心扩容或改造时屏蔽告警，连接新的被监控设备，更新系统 PUE 计算公式等；③视频监控系统包括调整摄像机位置，增加摄像机和录像机容量等；④门禁系统包括增加、删减、变更门禁权限等；⑤综合布缆系统包括链路跳接，跳线更换，布线扩容等。

3. 优化改善。对机房基础设施的优化改善包括适应性改进、增强性改进和预防性改进。

适应性改进根据数据中心容量变化以及业务系统运行要求，对机房基础设施进行调整，包括：

（1）电气系统：配电系统根据数据中心容量，包括更换开关、导线以适配负载容量等；发电机包括调整启动方式等；调整防雷接地系统等。

（2）通风空调系统：调整机组主备运行模式，以适应数据中心容量变化；调整温湿度参数，调整机组位置，增减新风风量等。

（3）智能化系统：①调整 BA 系统的控制逻辑，以适应数据中心工况、容量变化；②调整环境和设备监控系统、视频监控系统和门禁系统，以适应数据中心容量、防护等级的变化；③调整综合布缆系统，以适应应用系统变化。

增强性改进根据数据中心容量变化以及业务系统运行状况，对机房基础设施进行调整、扩容或升级，包括：

（1）电气系统：①电力系统增容；②配电系统包括增加回路，增加 ATS 设备等；③ UPS 系统包括增加主机数量，增加电池数量等；④防雷接地系统包括增加冗余引下线、接地装置，降低接地电阻阻值等。

（2）通风空调系统：包括增减空调机组，改善气流组织，增加新风机组、预处理装置等。

（3）消防系统：包括增加检测元件（设备）和喷头数量，更换高性能控制主机。

（4）智能化系统：①环境和设备监控系统包括增加检测元件（设备）密度，提高检测元件（设备）精度或更换功能更完善的检测元件（设备）等，升级环境和设备监控软硬件等；②视频监控和门禁系统包括增加报警联动，增加终端数量，增加存储容量等；③综合布缆系统包括线路扩容，提升布线系统级别等；④使用物联网等技术对数据中心各类设备进行全生命周期管理，包括设备状态、位置、异动信息等。

预防性改进根据业务系统运行趋势，对机房基础设施的脆弱点实施改进作业，包括：

（1）电气系统：配电系统包括更换开关，更换导线，调整回路等；发电机包括更换电瓶，更换或添加适应环境温度的防冻液和油料等；防雷接地系统包括焊接点加固、防腐处理等。

（2）通风空调系统：包括调整机组位置，调整出/回风方式等。

（3）消防系统：包括按照当地消防管理部门管理要求，执行消防系统预防性改进。

（4）智能化系统：① BA 系统与工单系统的联动；②环境和设备监控系统与运维管理系统联动；

③安防系统的视频监控和门禁系统与消防系统联动，安防系统的门禁系统与工单系统、人员定位系统联动等；④综合布缆系统：弱电线缆与强电线缆的物理隔离、线缆整理、鼠患排查等。

4. 调研评估。根据数据中心管理需求，对机房基础设施运行现状进行调查分析，建立各系统的 SCP 及 MOP、SOP 等规范性文档。

备考点拨

本考点学习难度星级：★★★（困难），考试频度星级：★★☆（中频）。

本考点考查机房基础设施管理，本考点偏技术，如果没有从事过相关工作，可能会对其中的专业术语理解困难。本考点的备考可以先从熟悉电气系统、通风空调系统、消防系统和智能化系统入手，考点中针对电气系统，提到了配电系统、发电机系统、UPS 系统、直流电源系统和防雷接地系统，针对智能化系统，提到了 BA 系统、动力环境监控系统、视频监控系统、门禁系统和综合布缆系统。这些系统在例行操作、响应支持和优化改善方面，都有不同的管理内容，这些内容以熟悉和了解为主。

考题精练

1. 机房基础设施的事件驱动响应中，通风空调系统出现故障时，可能采取的措施不包括（　　）。

　　A．故障排查　　　　　　　　　　B．关闭部分设备
　　C．关闭新风系统　　　　　　　　D．浪涌保护器复原更换

【解析】答案为 D。机房基础设施的事件驱动响应中，通风空调系统出现故障时，会进行故障排查，关闭部分设备以维持数据中心温湿度指标，关闭新风系统等操作，浪涌保护器复原更换措施属于防雷接地系统。

【考点 109】物理资源管理

考点精华

数据中心中的物理资源包括网络及网络设备、服务器设备、存储设备三类，物理资源管理从例行操作、响应支持、优化改善和调研评估四方面入手进行管理。

1. 例行操作。物理资源管理的例行操作分为监控、预防性检查和常规作业。监控时应根据具体管理对象，确定监控内容和指标；预防性检查分为性能检查内容和脆弱性检查内容。

2. 响应支持。响应支持包括事件驱动响应和服务请求响应。事件驱动响应针对物理资源故障引起的业务中断或运行效率无法满足要求而进行的响应服务，包括但不限于：

（1）网络及网络设备事件驱动响应：①故障定位；②停止、启动进程；③中断、连通网络连接；④关闭、启动端口；⑤网络备件更换；⑥更改、恢复配置。

（2）服务器事件驱动响应：①服务器重启；②更换故障部件；③服务器关键部件微码升级；④服务器硬盘 RAID 配置修复。

（3）存储设备事件驱动响应：①存储重启；②配置文件恢复；③更换故障部件；④微码升级；⑤存储管理软件补丁安装；⑥数据修复。

服务请求响应是根据应用系统运行需要或需方请求进行的响应服务，包括但不限于：

（1）网络及网络设备服务请求响应：①增加、降低网络接入的数量或速度；②更改网络设备配置；③启动、关闭端口或服务；④更换、更新或升级设备硬件或软件。

（2）服务器服务请求响应：①服务器设备搬迁；②服务器设备停机演练；③服务器设备清洁维护；④服务器硬件扩容；⑤集群环境搭建和切换演练。

（3）存储设备服务请求响应：①存储设备搬迁；②存储设备停机演练；③存储设备清洁维护；④存储硬盘空间扩容；⑤存储结构调整；⑥新增主机分配存储空间；⑦主机端多路径软件的安装配置。

3. 优化改善。包括适应性改进、增强性改进和预防性改进的内容。

适应性改进根据业务系统及软硬件环境运行要求，对物理资源进行调整，包括但不限于：

（1）网络及网络设备适应性改进：①路由策略调整；②设备或链路负载调整；③网络安全加固；④网络敏感数据加密；⑤监控对象覆盖范围调整；⑥局部交换优化；⑦局部冗余优化。

（2）服务器适应性改进：①服务器硬盘 RAID 配置调整；②服务器网络、光纤链路冗余调整；③服务器电源供电接入冗余调整。

（3）存储设备适应性改进：①存储设备读写高速缓存比例调整；②存储设备 RAID 保护级别调整；③存储设备新增硬盘和磁盘扩展柜；④存储设备逻辑盘容量调整；⑤存储设备分配主机调整；⑥磁带池配置调整；⑦光纤交换机存储网络区域规划调整。

增强性改进根据业务系统及软硬件环境运行状况，对物理资源进行调整、扩容或升级，包括但不限于：

（1）网络及网络设备增强性改进：①硬件容量变化；②整体网络架构变动；③安全设备特征库升级；④网络架构容量变化；⑤系统功能变化；⑥路由协议应用及部署调整；⑦整体安全策略收紧；⑧交换优化；⑨冗余优化。

（2）服务器增强性改进：①服务器存储系统分配更大空间；②服务器 CPU 个数增加；③服务器内存容量增加；④服务器磁盘空间扩容；⑤服务器网卡和 HBA 接口卡增加。

（3）存储设备增强性改进：①存储设备控制器、硬盘等部件的微码升级；②存储设备新增硬盘和磁盘扩展柜；③存储设备高速缓存容量增加；④磁带池容量调整；⑤磁带驱动器新增；⑥存储设备光纤模块升级；⑦光纤交换机光纤模块升级；⑧光纤交换机端口激活扩容；⑨存储设备管理软件版本升级。

预防性改进根据业务系统及软硬件环境运行趋势，对物理资源脆弱点实施改进作业，包括但不限于：

（1）网络及网络设备预防性改进：①配置参数优化；②网络安全优化；③提高软件配置命令可读性。

（2）服务器预防性改进：①检查服务器硬盘 RAID 配置，及时修复更换故障硬盘；②增加服务器网卡、光纤卡以及链路冗余情况；③增加服务器电源供电模块冗余。

（3）存储设备预防性改进：①收集磁盘空间使用情况，及时清理垃圾数据或增加存储设备容量；②查看存储控制器电池的使用，及时更换新电池；③检查存储设备电源是否老化，及时更换新电源；④查看磁带驱动器使用情况，及时清洗磁头；⑤查看存储设备的读写性能，适时调整存储控制器的高速缓存容量。

4．调研评估。在数据中心管理过程中，对物理资源运行情况统计分析，提出物理资源优化、升级的建议方案。

备考点拨

本考点学习难度星级：★★★（困难），考试频度星级：★★★（高频）。

本考点考查物理资源管理。类似于前面的机房基础设施考点备考策略，首先需要了解其中涉及的专业术语，给本考点的掌握扫清理解障碍，另外需要说明的是，官方考纲中涉及了一些表格，比如本考点中的物理资源预防性检查内容表和常规作业内容表，本书直接罗列的意义不大，请自行参考考纲进行学习。

考题精练

1．物理资源管理的例行操作中，监控环节需要重点关注的是（　　）。

　　A．根据具体管理对象，确定监控内容和指标

　　B．统一使用固定的监控内容和指标

　　C．忽略不同管理对象的差异

　　D．监控物理资源的部分功能

【解析】答案为 A。物理资源管理的例行操作中，监控时应根据具体管理对象，确定监控内容和指标，不能统一使用固定内容指标、忽略差异或只监控部分功能。

2．服务器的服务请求响应中，"服务器硬件扩容"操作主要是为了（　　）。

　　A．增加服务器的硬件资源，满足业务系统运行对硬件性能等方面更高的需求

　　B．减少服务器的硬件资源使用

　　C．对服务器硬件进行外观上的改变

　　D．替换掉服务器原有的硬件

【解析】答案为 A。服务器的服务请求响应里"服务器硬件扩容"操作主要是为了增加服务器的硬件资源，满足业务系统运行对硬件性能等方面更高的需求，不是减少资源使用、只改变外观或替换硬件。

【考点110】虚拟资源管理

考点精华

数据中心的虚拟资源由物理资源通过虚拟化技术衍生而来，包括虚拟网络资源、虚拟计算资源和虚拟存储资源，同样从例行操作、响应支持、优化改善和调研评估四方面入手进行管理。

1．例行操作。分为监控、预防性检查和常规作业，各类检查内容请参考考纲中的详细表格，本书不再赘述。

2．响应支持。包括事件驱动响应和服务请求响应：

（1）事件驱动响应针对虚拟资源及硬件故障引起的业务中断或运行效率无法满足要求的响应

服务，包括但不限于：①故障定位；②虚拟资源重新调配、紧急迁移、紧急扩容；③解决虚拟资源所依赖的物理资源故障和缺陷等；④虚拟资源紧急操作。

（2）服务请求响应是根据应用系统运行需要或需方请求而进行的响应服务，包括但不限于：①虚拟机、配置信息、数据的备份与恢复；②虚拟机创建、迁移、回收、变更；③虚拟资源的容灾、高可用配置、计划实施与演练；④虚拟网络控制器配置变更下发；⑤数据统一备份；⑥数据访问性能优化；⑦数据在线迁移与分级存储；⑧新增主机分配存储空间；⑨现有主机存储空间调整；⑩主机端多路径软件的安装配置；⑪虚拟资源的扩容、调配、变更；⑫增加、降低虚拟网络资源，网络接入数量或速率；⑬更改虚拟网络资源配置；⑭启动、关闭端口或服务；⑮更换、更新或升级虚拟网络资源硬件或软件。

3. 优化改善。包括适应性改进、增强性改进和预防性改进：

（1）适应性改进根据业务系统及软硬件环境的运行要求，对虚拟资源进行调整，包括但不限于：①虚拟网络设备或链路负载调整；②虚拟网络安全策略调整；③虚拟网络监控对象覆盖范围调整；④虚拟网络路由策略调整；⑤虚拟网络交换及冗余优化；⑥虚拟网络资源调配；⑦虚拟网络控制器配置优化调整；⑧虚拟机计算资源CPU、内存容量、硬盘容量、网络的调整；⑨虚拟机计算资源迁移；⑩虚拟化计算资源调度的算法；⑪虚拟存储服务控制器前后端网络（SAN或IP）端口吞吐速率的调整；⑫根据数据生命周期，进行存储资源分层调整；⑬数据存储平衡算法调整；⑭虚拟存储卷保留份数调整；⑮虚拟存储卷镜像复制级别调整。

（2）增强性改进根据业务系统及软硬件环境的运行状况，对虚拟资源进行调整、扩容或升级，包括但不限于：①虚拟网络资源调整、架构变动、架构容量变化、系统功能变化、路由协议应用及部署调整、整体安全策略收紧、资源冗余优化、控制器软件版本升级；②虚拟计算资源宿主机服务器和虚拟机计算能力扩容、内存扩容、网络吞吐能力扩容；③虚拟计算资源高可用性增强与演练、容错机制增强与演练、备份恢复测试；④虚拟存储服务控制器节点数量增加、内存容量增加、CPU性能增强、前后端网络端口增加、后端分布式物理存储的高速缓存容量增加、微码升级；⑤安全设备特征库升级、存储虚拟化软件升级。

（3）预防性改进根据业务系统及软硬件环境运行趋势，对虚拟资源脆弱点实施改进作业，包括但不限于：①虚拟网络配置参数优化；②虚拟网络部署路由策略情况下端到端选路变化、端口流量变化、路由条目变化；③替换可能存在问题的内存、CPU、硬盘、网络设备等；④根据系统压力增长趋势对物理服务器的数量进行必要扩容；⑤根据系统的发展趋势对网络系统采取必要的扩容；⑥收集存储资源空间的使用情况；⑦监控服务控制器的负载情况；⑧监控服务控制器的硬件出错率；⑨监控服务控制器后端分布式物理存储的硬件出错率；⑩监控仲裁控制点的运行情况；⑪服务控制器微码升级；⑫网络安全优化；⑬存储虚拟化软件升级。

4. 调研评估。通过对虚拟资源运行现状进行分析，根据需方管理的需求提出服务方案。

🐷备考点拨

本考点学习难度星级：★★★（困难），考试频度星级：★★☆（中频）。

本考点考查虚拟资源管理，备考策略同之前的考点，这里不再赘述，建议结合考纲中的表格进行了解式备考，另外考纲中增强性改进包含了多达22项的内容，本书进行了重新编排，归类为 5 项，方便综合理解。

考题精练

1. 虚拟资源增强性改进中，"虚拟计算资源宿主机服务器和虚拟机计算能力扩容"通常是在（　　）进行。

　　A．当业务系统对计算能力需求增加，现有资源难以满足时
　　B．定期进行
　　C．宿主机服务器出现故障时
　　D．减少计算资源利用率时

【解析】答案为 A。虚拟资源增强性改进中，"虚拟计算资源宿主机服务器和虚拟机计算能力扩容"通常是当业务系统对计算能力需求增加，现有资源难以满足时进行。

2. 虚拟资源服务请求响应中，"数据访问性能优化"的目标是（　　）。

　　A．提升数据访问的速度和效率，改善用户体验
　　B．通过提升数据访问效率，进而减少数据流量
　　C．优化数据存储结构
　　D．作为故障的临时解决措施

【解析】答案为 A。虚拟资源服务请求响应中，"数据访问性能优化"的目标是提升数据访问的速度和效率，改善用户体验。

【考点 111】平台资源管理

考点精华

平台资源管理优化改善

平台资源是指支撑应用系统运行的资源，如操作系统、数据库、中间件等。

1. 例行操作。分为监控、预防性检查和常规作业，各类检查内容请参考考纲中的详细表格，本书不再赘述。

2. 响应支持。包括事件驱动响应和服务请求响应：

（1）事件驱动响应是针对设备的软硬件故障、误操作等引起的业务中断或运行效率无法满足正常运行要求而进行的响应服务。

其中操作系统事件驱动响应包括：①操作系统崩溃；②操作系统 CPU、内存等资源耗尽；③操作系统服务进程无效；④操作系统文件系统空间不够；⑤操作系统接口无法通信；⑥操作系统无法识别外置存储空间。

数据库事件驱动响应包括：①数据库宕机、锁死；②数据文件坏块修复；③数据库重启；④数据库监听端口冲突；⑤数据库备份恢复；⑥数据库解锁。

中间件事件驱动响应包括：①服务进程假死；②应用服务掉线或重启；③配置文件恢复；④守护服务调整。

（2）服务请求响应是根据应用系统运行需要或需方请求而进行的响应服务。

其中操作系统服务请求响应包括：①操作系统版本升级；②操作系统死机修复；③操作系统

223

文件系统损坏修复；④操作系统文件系统空间扩容；⑤操作系统 IP 地址修改；⑥操作系统参数调整；⑦操作系统日志清理。

数据库服务请求响应包括：①数据库版本升级；②数据库灾难恢复；③数据清理和维护。

中间件服务请求响应包括：①中间件新增应用服务；②中间件参数调整；③中间件软件版本升级。

3．**优化改善**。包括适应性改进、增强性改进和预防性改进：

（1）**适应性改进**是根据业务系统及其软硬件环境的运行要求，对平台资源进行必要的调整。

其中**操作系统适应性改进**包括：①操作系统交换区容量调整；②操作系统内核参数调整；③操作系统文件系统使用空间调整划分。

数据库适应性改进包括：①数据库索引调整；②数据库执行 SQL 计划调整；③数据表参数调整；④数据库对象的调整；⑤主机操作系统内核参数调整；⑥数据库参数调整；⑦临时表空间、用户表空间调整；⑧数据库物理部署的调整；⑨调整数据库备份策略。

中间件适应性改进包括：①中间件参数配置优化；②数据库连接参数调整；③连接池参数调整；④相关操作系统参数调整。

（2）**增强性改进**是根据业务系统及其软硬件环境的运行状况，对平台资源进行调整、扩容或升级。

其中**操作系统增强性改进**包括：①操作系统版本升级；②操作系统内存扩容；③操作系统磁盘空间扩容；④操作系统增加网卡、光纤卡数量；⑤操作系统参数调优。

数据库增强性改进包括：①数据库版本升级、打补丁；②调整数据库参数；③调整数据库表空间容量；④数据库安全备份架构构建以提高可用性；⑤数据库调优。

中间件增强性改进包括：①中间件版本升级、打补丁；②调整中间件参数。

（3）**预防性改进**是根据业务系统及其软硬件环境运行趋势，对平台资源脆弱点实施改进作业。

其中**操作系统预防性改进**包括：①操作系统删除垃圾数据，释放数据空间；②操作系统文件系统扩容；③操作系统增加网卡、光纤卡冗余；④操作系统用户权限合理分配；⑤操作系统进程服务端口调整。

数据库预防性改进包括：①增加数据库表空间、数据文件空间使用范围；②对数据库存在的无效对象处理；③数据库用户的权限合理分配或收回。

中间件预防性改进包括：①删除临时文件，释放数据空间；②监控主要参数以及时调优；③应用备份策略调整；④定期备份。

4．**调研评估**。通过对平台资源运行现状进行分析，根据需方管理的需求提出服务方案。

🔊 **备考点拨**

本考点学习难度星级：★★★（困难），考试频度星级：★★☆（中频）。

本考点考查平台资源管理。备考策略同之前的考点，这里不再赘述，建议结合考纲中的表格进行了解式备考。

考题精练

1. 平台资源管理的操作系统适应性改进，不包含（   ）。
   A．操作系统交换区容量调整   B．操作系统参数调优
   C．操作系统内核参数调整   D．操作系统文件系统使用空间调整划分

   【解析】答案为 B。操作系统适应性改进包括：①操作系统交换区容量调整；②操作系统内核参数调整；③操作系统文件系统使用空间调整划分。操作系统参数调优属于增强性改进。

2. 中间件适应性改进中，"连接池参数调整"的作用是（   ）。
   A．优化中间件与数据库等资源的连接效率
   B．改变连接池的外观显示
   C．减少连接池的连接数量，降低系统负载
   D．只是临时调整，重启后无效果

   【解析】答案为 A。中间件适应性改进中，"连接池参数调整"能够优化中间件与数据库等资源的连接效率，进而提升系统整体性能。

3. 在平台资源管理的调研评估方面，重点关注的是（   ）。
   A．依据平台资源的历史运行数据，暂时搁置当前变化
   B．主要是对平台资源的硬件配置进行分析
   C．进行深入全面的分析，结合需方管理实际需求提出针对性的服务方案
   D．按照标准模板制定服务方案

   【解析】答案为 C。在平台资源管理的调研评估方面，重点在于对其运行现状进行深入全面的分析，并结合需方实际管理需求给出有针对性的服务方案。

第 15 章
桌面与外设管理考点精讲及考题实练

15.1 章节考情速览

桌面与外设管理相比之前的数据中心管理，考生在日常工作中能够接触的较多，比如台式机等台式计算终端、笔记本/PAD 等移动计算终端，还有一些输入输出设备和存储设备。虽然大部考生在日常工作中有所接触，但是均是以使用者的角度接触的，而非管理者的角度，因此对本章考点中的内容相对还是会感觉有些陌生。本章的备考逻辑主线是例行操作、响应支持、调研评估和优化改善 4 项工作，类似于数据中心管理，同时也是偏实操的考点。

桌面与外设管理在基础知识科目中预计会考查 5 分左右，同时也是应用技术科目考查的重点内容。

15.2 考点星级分布图

本章涉及的主要考点分布及难度与频度双星级如图 15-1 所示。

桌面与外设管理考点

- 【考点112】台式计算终端运维管理 — 难度星级：★★　频度星级：★★
- 【考点113】移动计算终端运维管理 — 难度星级：★★　频度星级：★★
- 【考点114】输入输出设备运维管理 — 难度星级：★★　频度星级：★★
- 【考点115】存储设备运维管理 — 难度星级：★★　频度星级：★★
- 【考点116】通信设备运维管理 — 难度星级：★★★　频度星级：★★
- 【考点117】桌面与外设安全 — 难度星级：★★　频度星级：★

图 15-1　本章考点及星级分布

15.3　核心考点精讲及考题实练

【考点 112】台式计算终端运维管理

台式计算终端运维管理例行操作

考点精华

桌面及外围设备的运行维护对象包括台式计算终端、移动计算终端、输入输出设备、存储设备和通信设备，具有数量多、分布广、功能复杂和移动化的特点。

台式计算终端是具有数据收发及处理能力，通过软件为用户提供信息服务的设备及配件，包括台式计算终端、瘦客户机、自助服务终端、行业专用终端和其他固定终端等。台式计算终端运维管理的具体内容如下所示。

1. 例行操作。例行操作工作包括定期监控、定期检查和日常维护 3 项：

（1）定期监控。监控能够通过专用监控软件，对台式计算终端的 CPU、内存、硬盘等硬件配置进行监控，通过系统更新和定期安装，监控台式计算终端的操作系统、驱动程序、办公软件等系统软件。

（2）定期检查。定期检查一方面要检查台式计算终端的外部环境是否有灰尘和杂物等异常情况，另一方面要检查台式计算终端的主板、CPU、内存、硬盘等内部部件。

（3）日常维护。日常维护包含 3 项工作：定期清理台式计算终端的散热器、定期除尘、定期检查维修。

2. 响应支持。响应支持应根据不同运维对象的使用要求，确定事件驱动响应和服务请求响应的服务内容。

（1）硬件故障。硬件故障可能由电源故障、内存故障、硬盘故障、CPU 故障等原因引起。进行硬件维修时需要注意以下几点：①确保故障部件已得到了正确处理；②使用原厂配件；③进行必要的测试验证；④加强日常维护保养。

（2）软件故障。软件故障可能由操作系统错误、软件冲突、应用程序错误等原因引起。软件故障处理方法与硬件故障类似，但需要使用专业的软件工具诊断修复。

（3）操作系统故障。操作系统故障可能由系统文件损坏、驱动程序问题、操作系统版本问题等原因引起。处理操作系统故障时需要注意以下几点：①使用原厂操作系统软件和驱动程序；②进行必要的数据备份；③对系统进行全面检查和清理；④使用专业的系统维护工具。

（4）性能降级。性能降级指计算机性能下降到无法正常工作，可能是由于硬件故障、软件故障、病毒感染、系统文件损坏等原因引起的。处理性能降级时需要注意以下几点：①进行必要的数据备份；②使用专业的系统维护工具；③清除病毒木马；④对系统进行全面检查和清理。

（5）清除病毒木马。病毒木马作为恶意软件，可以通过电子邮件、下载软件、不安全的网络连接等途径感染计算机。清除病毒木马时需要注意以下几点：①使用专业的杀毒软件；②定期对计算机进行全面检查和清理；③不要下载不可信的软件和程序；④保持良好的上网习惯。

（6）数据恢复。数据恢复是对已丢失或损坏的数据进行恢复。可以使用专业的数据恢复软件实现，但需要注意以下几点：①保护好数据备份；②选择可靠的数据恢复软件；③对数据进行全面分析和检测；④尽可能完整地恢复数据。

（7）功能置换。功能置换是将计算机的某些功能进行置换或更换，以满足不同的需求。功能置换可以通过购买新硬件或软件实现，但需要注意以下几点：①选择合适的功能置换方案；②对新的功能进行全面测试和验证。

3. 调研评估。台式计算终端调研评估内容包括评估和管理与国家、行业、单位相关标准和规范的符合程度，提出完善方案；调研资源利用和成本占用情况，提出优化方案；评估防非法操作、防入侵、防病毒等安全情况，提出改进方案；调研性能检测结果，评估使用、维修、报废价值，提出处置方案；调研正版软件使用情况，评估版权风险。

（1）评估和管理与国家、行业、单位相关标准和规范的符合程度，包括：①与国家标准和规范的符合程度；②与行业标准和规范的符合程度；③与单位标准和规范的符合程度。针对于不符合国家、行业、单位相关标准和规范要求的，应提出完善方案，经客户方审批后实施。

（2）制定合理的优化方案，提高台式计算终端的资源利用率和降低成本。制定优化方案时可参考以下内容：①合理配置硬件。首先要选择合适的硬件配置，然后尽可能提高硬件配置利用率，最后要注意硬件兼容性。②优化系统结构。尽可能减少不必要的程序和进程，同时注意系统的可扩展性。③提高资源利用率。可以采用虚拟机技术、文件系统优化技术、内存管理技术等技术手段提高资源利用率。④采用合适的配件。根据用户实际需求和预算，选择合适的配件。⑤降低配件成本。可以通过选择二手配件、降低配件规格等方式降低配件成本，但是要注意保证配件质量和稳定性。⑥优化应用系统设计。注意降低运行成本，尽量低地占用资源。

4. 优化改善。根据服务级别、使用环境、管理要求的变化情况，优化改善运行维护对象的性能、使用者感受、使用成本等。

（1）硬件性能升级或扩容。对于需要更高性能的应用场景，可以升级或者扩容台式计算机的硬件设备，包括 CPU 升级、内存升级和硬盘升级。

（2）软件版本升级。对于需要更高性能的应用场景，可以考虑升级软件版本，包括操作系统升级和应用程序升级。

（3）调整参数/配置。对于台式计算机，可以通过调整电源设置、散热设置以及内存设置来提高性能。主流电源 ATX、ATX12V、EPS 中，ATX 电源功率最大，适用于高性能的台式计算机。主流散热器 CPU 散热器、GPU 散热器、机箱风扇中，CPU 散热器的散热效果较好，适用于高性能的台式计算机。

（4）调整设备摆放位置。对于需要更高性能的应用场景，可以考虑改变机箱风道、改变显卡位置等来提高性能。

（5）调整安全策略。对于需要更高性能的应用场景，可以考虑调整安全策略来提高性能，具体包括：①关闭不必要的防护软件；②开启高性能模式；③开启防火墙保护。

（6）设置节能模式。对于一些台式计算机，可以通过设置节能模式来提高性能。

备考点拨

本考点学习难度星级：★★☆（适中），考试频度星级：★★☆（中频）。

本考点考查台式计算终端运维管理。按照例行操作、响应支持、调研评估和优化改善的顺序展开。本考点的内容距离我们的日常工作比较近，所以理解起来难度不大，重点是需要掌握不同方面的内容，各方面内容的注意要点，需要多读多看达到熟悉的程度。

考题精练

1. 在台式计算终端的例行操作中，定期监控的主要内容不包括（   ）。

    A．对台式计算终端的 CPU、内存、硬盘等硬件配置进行监控

    B．监控台式计算终端的操作系统、驱动程序、办公软件等系统软件

    C．监控台式计算终端周边环境的温度湿度变化情况

    D．以上都不是

【解析】答案为 C。在台式计算终端例行操作的定期监控中，主要是对硬件配置以及系统软件等进行监控，并不涉及对周边环境温湿度变化情况的监控。

2. 处理台式计算终端的硬件故障时，（   ）不是需要注意的要点。

    A．确保故障部件已得到了正确处理

    B．可以使用非原厂配件进行替换，以节省成本

    C．进行必要的测试验证

    D．加强日常维护保养

【解析】答案为 B。处理硬件故障时需要注意确保故障部件已得到了正确处理、使用原厂配件、进行必要测试验证以及加强日常维护保养，不能使用非原厂配件来替换。

3. 台式计算终端进行数据恢复时，以下做法不正确的是（　　）。
　　A．保护好数据备份　　　　　　　　B．选择可靠的数据恢复软件
　　C．尽快直接恢复，避免影响业务　　D．尽可能完整地恢复数据

【解析】答案为 C。进行数据恢复时，需要保护好数据备份、选择可靠的数据恢复软件、对数据进行全面分析检测并尽可能完整地恢复数据，不能为了避免影响业务就直接恢复，而是需要先进行分析检测。

【考点113】移动计算终端运维管理

◎考点精华

移动计算终端包括便携式计算机、平板式计算机、手持终端和其他移动终端等。移动计算终端运维管理的具体内容同样从例行操作、响应支持、调研评估和优化改善 4 个方面描述：

1. 例行操作。移动计算终端的例行操作内容包括实时监控、定期检查和日常维护。

（1）实时监控。监控的内容包括：系统和软件版本信息、操作行为、电池使用/老化情况、系统安全性、资产信息。

（2）定期检查。进行定期检查时，应根据具体的运行维护对象，确定检查内容和周期。定期检查内容包括：外观完好情况、软硬件运行状态、资源占用情况、电池续航能力、信息安全防护情况、配置/数据备份情况、使用人员信息。

（3）日常维护。日常维护的内容包括：数据备份、系统版本更新、软件版本更新、病毒库更新、密码变更、漏洞扫描、易耗部件更换、外观保养和破损保护、为用户提供信息安全风险教育、为用户提供使用说明、注意事项或操作培训。

2. 响应支持。响应支持应根据不同的运行维护对象的使用要求，确定事件驱动响应和服务请求响应的具体服务内容。

（1）事件驱动响应。包括：修复移动计算终端硬件故障、修复移动计算终端操作系统或系统软件故障、修复应用软件故障、恢复网络连接、删除恶意软件、恢复性能降级的移动计算终端到性能基线水平、必要时提供功能置换服务。

（2）服务请求响应。包括：①解答用户提出的操作方法咨询或疑问；②易耗品/易损件更换；③移动计算终端设备的采购、领用、借用、归还、报废等；④移动计算终端软件安装、升级、数据迁移等；⑤密码变更、重置等；⑥提供备用设备。

3. 调研评估。移动计算终端调研评估内容包括：

（1）评估。评估与国家标准和规范的符合程度、与行业标准和规范的符合程度，以及与单位标准和规范的符合程度，不符合时提出完善方案，经客户方审批后实施。

（2）优化。从软件、硬件、数据和方案 4 个方面进行优化：①软件优化可以：采用轻量级的应用程序、优化操作系统设置、定期清理缓存和临时文件、使用虚拟化技术；②硬件优化可以：

选择性能适中的硬件设备、定期维护和清理设备、使用可拆卸电池、选用低功耗的无线网络设备；③数据优化可以：采用云存储技术、对数据进行压缩、使用数据同步和备份策略、对移动计算终端的数据进行加密；④方案优化可以：根据业务需求选择合适的移动计算终端方案、采用模块化设计、结合网络安全策略制定终端政策。

（3）调研正版软件的使用情况。评估由于版权问题引发的信息安全风险或司法风险，包括：①采用问卷调查、网络调查等方式了解情况；②对正版软件使用情况进行深入分析，了解情况及其原因。

4．优化改善。优化改善运行维护对象的性能、使用者感受、使用成本等因素，内容包括：

（1）软件版本升级。软件版本升级时，需要注意保护设备的数据完整性和使用人员信息。

（2）新软件或新功能使用指导。进行使用指导时，使用简单易懂的语言，同时提供详细的操作步骤和注意事项。

（3）调整系统参数/配置。系统参数/配置调整，采用从设备设置中调整的方式进行。

（4）调整安全策略。安全策略调整，采用从设备设置中调整的方式进行。

（5）安装外观保护或功能增强装置。包括外观保护膜、功能增强卡等。

备考点拨

本考点学习难度星级：★★☆（适中），考试频度星级：★★☆（中频）。

本考点考查移动计算终端运维管理。考点同样是从例行操作、响应支持、调研评估、优化改善4个方面来介绍移动计算终端的运维内容，建议备考时可以和台式计算终端考点对照学习。

考题精练

1．在移动计算终端的例行操作中，实时监控不包括（　　）。

  A．系统和软件版本信息　　　　B．操作行为

  C．使用人员信息　　　　　　　D．资产信息

【解析】答案为C。移动计算终端例行操作的实时监控内容包含系统和软件版本信息、操作行为、电池使用/老化情况、系统安全性、资产信息等；使用人员信息属于例行操作的定期检查范畴。

2．移动计算终端优化改善中，软件版本升级时需要重点注意的是（　　）。

  A．保护设备的数据完整性和使用人员信息

  B．加快升级速度，不用考虑其他因素

  C．只升级部分功能，忽略整体协调性

  D．随意进行升级，不做任何准备工作

【解析】答案为A。移动计算终端优化改善里软件版本升级时，需要注意保护设备的数据完整性和使用人员信息，不能只追求速度、只升级部分功能或随意升级不做准备。

3．移动计算终端调研评估中的数据优化，不包含（　　）。

  A．采用云存储技术　　　　　　B．对数据进行压缩

  C．使用数据同步和备份策略　　D．采用模块化设计

【解析】 答案为 D。数据优化可以：采用云存储技术、对数据进行压缩、使用数据同步和备份策略、对移动计算终端的数据进行加密。采用模块化设计属于方案优化的内容。

【考点114】输入输出设备运维管理

输入输出设备运维管理例行操作

◎考点精华

输入输出设备包括信息采集、指令输入、打印、显示、播放设备等。输入输出设备运维管理的具体内容同样从例行操作、响应支持、调研评估和优化改善4个方面描述：

1. 例行操作。内容包括监控、定期检查和日常维护：

（1）监控包括：①支撑软件及硬件配置变动。支撑软件是用于管理、控制、监控输入输出设备的软件，例如设备驱动程序、设备管理软件等。硬件配置变动是指输入输出设备的硬件配置发生变化，例如设备的更换、升级等。②易损件使用情况。③耗材使用情况。④操作行为。⑤告警信息。⑥资产信息。⑦能耗。

（2）定期检查包括：①软硬件运行状态；②支撑软件及硬件配置变动情况；③机械、传动、传感部件运转情况；④指令响应灵敏度、准确度及指令反馈情况；⑤操作面板指示清晰度；⑥打印输出清晰度和颜色准确度情况；⑦显示清晰度、亮度、对比度、比例、颜色等情况；⑧播放音量、失真度、信噪比情况；⑨易损件老化情况。

（3）日常维护包括：设备配置备份，测试类操作，补充耗材，易损部件更换，对图像的参数调校，对声音的调校，机械部位加油调校，设备清洁除尘，为用户提供使用说明、注意事项或操作培训，为用户提供指导培训等。

2. 响应支持。响应支持应根据不同的运行维护对象的使用要求，确定事件驱动响应和服务请求响应的具体服务内容。

（1）事件驱动响应。内容包括修复输入输出设备硬件故障、修复外围输入输出设备软件和驱动程序故障、修复支撑软件及硬件故障、恢复性能降级的输入输出设备到性能基线水平、必要时提供功能置换服务等。

（2）服务请求响应。内容包括解答用户提出的操作方法咨询或疑问，输入输出设备耗材更换，输入输出设备的采购、领用、借用、归还、报废等，新输入输出设备的安装调试，在用输入输出设备的迁移，共享设备的账号开立、管理和注销等。

3. 调研评估。通过对输入输出设备进行调研，了解故障率、平均使用寿命和耗材使用情况等信息，从而优化采购策略。

（1）评估使用情况和综合使用成本。使用情况评估包括设备使用频率、使用环境和使用人员3个方面的评估；综合使用成本评估包括设备购买成本、维修成本、能源消耗成本3个方面的评估。

（2）评估非法使用、信息安全风险等情况。选择具有防护功能、安全可靠的设备，并提出相应的改进方案。

（3）调研设备的性能，评估使用或维修价值。

（4）评估报废价值及对环境污染情况。

4. 优化改善。对输入输出设备进行优化改善时，应根据服务级别、使用环境、管理要求的变化情况，优化改善运行维护对象的性能、使用者感受、使用成本等因素。优化改善内容如下：

（1）调整共享策略和设备使用位置与环境。共享策略是指对共享设备的使用进行管理控制的策略，设备使用位置与环境是设备被安装、放置并运行的地点以及该地点所具备的物理、化学和生物条件。

（2）调校机械部件。调校是指对机械部件进行调整和校准，以确保机械部件的正常运行。

（3）调整设备参数。调整设备参数是指对输入输出设备的参数进行设置。

（4）升级设备固件程序和驱动程序。固件程序是指运行在特定硬件设备中的程序，驱动程序充当了计算机和硬件设备间的通信桥梁，确保硬件设备的正常运行和性能优化。

（5）增加外观保护和安全防护部件。外观保护和安全防护部件是为预防操作者接触机械设备的危险部件或进入危险区域而设计的辅助装置。

（6）更换老化和易损配件。

（7）优化耗材/易损件采购和使用策略。

备考点拨

本考点学习难度星级：★★☆（适中），考试频度星级：★★☆（中频）。

本考点考查输入输出设备运维管理，考点同样是从例行操作、响应支持、调研评估、优化改善4个方面来介绍输入输出设备的运维内容，可以结合生活中常见的打印机、显示器等输入输出设备的特点来备考。

考题精练

1. 在输入输出设备的优化改善内容中，升级设备固件程序和驱动程序的主要目的是（　　）。

　　A．确保硬件设备的正常运行和性能优化

　　B．用于更新程序外观，提升用户体验

　　C．以便与旧系统兼容

　　D．作为故障应对的临时措施

【解析】答案为A。在输入输出设备优化改善中，升级设备固件程序和驱动程序主要目的是确保硬件设备的正常运行和性能优化。

2. 输入输出设备的调研评估内容，不包括（　　）。

　　A．调研设备的性能，评估使用或维修价值

　　B．评估非法使用、信息安全风险等情况

　　C．评估报废价值及对环境污染情况

　　D．评估耗材/易损件采购和使用策略

【解析】答案为D。输入输出设备的调研评估内容，除了包括选项A、B、C之外，还包括评估使用情况和综合使用成本。

【考点 115】存储设备运维管理

考点精华

存储设备包括闪存盘、移动硬盘、数字存储卡、光盘、磁盘、网络存储器（NAS）等。存储设备运维管理的具体内容同样从例行操作、响应支持、调研评估和优化改善 4 个方面描述：

1. 例行操作。针对存储设备的例行操作包括定期检查和日常维护。

（1）定期检查内容包括：外观完好情况、存储介质空间使用情况、存储设备传输速率/数据格式等参数、存储设备损坏情况、存储设备接入情况、存储设备内数据的加密情况、使用人员信息、资产信息变更情况。

（2）日常维护内容包括：设备编号与标识、对存储设备进行除尘并清理外观、备份验证、存放环境整理、升级驱动程序和固件、对存储设备查杀病毒、数据清除与设备报废、老化检测与易耗部件更换、资产信息变更、为用户提供信息安全风险教育。

2. 响应支持。在桌面及外围设备运行维护过程中，事件驱动响应和服务请求响应的内容如下：

（1）事件驱动响应的内容包括：修复存储设备硬件故障、修复支撑软件及硬件故障、修复存储设备软件及驱动程序故障、隔离并恢复感染病毒的存储设备、恢复丢失的信息数据、必要时提供功能置换服务。

（2）服务请求响应的内容包括：①解答用户提出的操作方法咨询或疑问；②存储设备加密与解密；③存储设备的采购、分发、领用、借用、归还、报废；④提供存储设备所需的存储介质；⑤存储设备软件和硬件安装、升级；⑥存储设备用户访问权限分配，账号的开立、变更和注销。

3. 调研评估。存储设备的调研评估，主要评估与国家、行业、单位、部门相关标准和规范的符合程度；存储设备调研评估内容的具体实施包含 3 个方面：一是评估由于存储设备接入而产生信息安全风险的可能性；二是调研存储设备的性能、质量、使用率和综合使用成本等情况；三是提供采购政策优化的建议。

4. 优化改善。针对存储设备优化，为用户提供基于新技术的高效存储方式建议包括以下几方面：

（1）存储类型选择。存储类型包括机械硬盘、固态硬盘、混合硬盘、云存储等，选择合适的存储类型可以提高存储效率和数据安全性。

（2）存储架构优化。存储架构包括 RAID、分布式存储、集群存储等，合理的存储架构可以提高数据读写速度、容错能力和可扩展性。

（3）数据备份与恢复。备份介质及方式包括本地备份、异地备份、云备份等。

（4）数据压缩与加密。利用先进的数据压缩技术进行无损压缩，节省存储空间，提高存储效率。同时对敏感数据进行加密存储，确保数据安全和隐私保护。

（5）存储管理工具。提供实用的存储管理工具，帮助用户实时了解存储设备运行状况。

（6）节能与绿色存储。采用节能型存储设备和绿色存储技术，提高数据中心的可持续发展能力。

（7）技术支持与服务。提供全面的技术支持和服务，确保用户得到及时和专业的帮助。

备考点拨

本考点学习难度星级：★★☆（适中），考试频度星级：★★☆（中频）。

本考点考查存储设备运维管理。考点同样是从例行操作、响应支持、调研评估、优化改善4个方面来介绍存储设备的运维内容，可以结合生活中常见的移动硬盘等存储设备的特点来备考。

考题精练

1. 在存储设备的优化改善中，关于存储架构优化，以下说法不正确的是（　　）。

　　A．存储架构优化会提高数据读写速度　　B．存储架构优化会数据存储容量
　　C．存储架构优化会提高容错能力　　　　D．存储架构优化会提高可扩展性

【解析】答案为B。在存储设备优化改善中，合理的存储架构包括RAID、分布式存储、集群存储等可以提高数据读写速度、容错能力和可扩展性。存储容量并不是存储架构优化的主要作用。

【考点116】通信设备运维管理

通信设备运维管理例行操作

考点精华

通信设备包括调制解调器、外置网卡、无线接入点（无线AP）、信息点、非核心路由器、交换机、集线器、IP电话等。通信设备运维管理的具体内容同样从例行操作、响应支持、调研评估和优化改善4个方面描述：

1. 例行操作。通信设备的例行操作内容包括监控、定期检查和日常维护。

（1）监控。监控内容包括：通信设备健康状况、链路健康状况、支撑软件及硬件配置变动、易损件使用情况、操作行为、告警信息、资产信息。

（2）定期检查。定期检查内容包括：通信设备是否存在信息安全风险、通信设备软硬件运行状态、备份通信设备的配置文件及其他日志文件、检查链路健康状况、支撑软件及硬件配置变动情况、通信设备资源占用情况、接口使用情况、易损件老化情况、资产变更情况。

（3）日常维护。日常维护内容包括：通信设备除尘清理、老化检测、易耗部件更换、通信设备驱动程序和固件升级，调整通信设备连接对象、时间与网络配置信息，设备软件配置备份及存档，审计通信设备的网络连接和数据通信情况，审计设备日志，安全事件周期性整理分析，设备密码变更，为用户提供信息安全风险教育，为用户提供使用说明、注意事项或操作培训，为用户提供网络资源使用报告及使用培训。

2. 响应支持。事件驱动响应和服务请求响应的服务内容如下：

（1）事件驱动响应。事件驱动响应包括：修复通信设备硬件故障，修复通信设备软件、参数配置或驱动程序故障，修复通信设备连接的网络链路故障，排查并隔离导致恶意攻击、病毒等威胁的通信设备，恢复性能下降的通信设备并恢复网络连接性能至性能基线水平，必要时提供功能置换服务。

（2）**服务请求响应**。服务请求响应包括：解答用户操作方法咨询或疑问；通信设备采购、领用、借用、归还、报废；通信设备及网络链路权限分配，用户账号开立、变更和注销；通信设备软硬件安装、更新或升级；调优网络资源分配机制；调整通信设备的访问控制策略；通信设备参数配置变更；启动、关闭端口或服务；易耗品、易损件更换；提供备用设备。

3. **调研评估**。调研评估内容包括：
（1）评估通信设备使用和管理与国家、行业、单位相关标准规范的符合程度，提出完善方案。
（2）评估通过通信设备产生信息安全风险的可能性，并提出改进方案。
（3）调研通信设备及网络资源利用情况、网络结构和综合使用成本，提出优化方案。
（4）调研通信设备的设备质量、性能，优化采购策略。
（5）设备报废价值评估。

4. **优化改善**。根据服务级别、使用环境、管理要求的变化情况，优化改善运行维护对象的性能、使用者感受、使用成本等，具体内容包括：
（1）根据需方需求，规划、改善网络接入策略和访问控制策略。
（2）局部网络拓扑优化。
（3）局部网络通信链路带宽及使用效能优化。
（4）通信设备配置参数优化。
（5）通信设备运行环境优化。
（6）优化通信设备运行环境。
（7）优化通信设备通信端口利用率。
（8）优化通信设备的备份策略和冗余设计。
（9）优化通信设备的故障检测和自愈能力。
（10）优化通信设备的安全防护策略。
（11）优化通信设备的管理系统和工具。
（12）优化通信设备的运行状态监测和维护工单系统。
（13）优化通信设备的升级和维修流程。
（14）优化通信设备的维修资源和备件供应策略。

📢 备考点拨

本考点学习难度星级：★★★（困难），考试频度星级：★★☆（中频）。

本考点考查通信设备运维管理。考点同样是从例行操作、响应支持、调研评估、优化改善4个方面来介绍通信设备的运维内容，可以结合生活中常见的路由器、交换机、无线AP等通信设备的特点来备考。

🔗 考题精练

1. 在通信设备的例行操作监控内容中，不包括（　　）。
　　A. 通信设备健康状况　　　　　　B. 通信设备驱动程序和固件升级
　　C. 支撑软件及硬件配置变动　　　D. 资产信息

【解析】 答案为 B。通信设备例行操作监控内容包括通信设备健康状况、链路健康状况、支撑软件及硬件配置变动、易损件使用情况、操作行为、告警信息、资产信息。通信设备驱动程序和固件升级属于日常维护的内容。

2. 通信设备调研评估中，评估通过通信设备产生信息安全风险的可能性后，需要（　　）。

　　A．提出改进方案　　　　　　B．安排人员解决
　　C．记录风险情况　　　　　　D．提交给业务解决

【解析】 答案为 A。通信设备调研评估中，评估通过通信设备产生信息安全风险的可能性后，需要提出改进方案，选项 B、C、D 都是具体的执行动作，这些执行动作适合不同的场景，都需要在改进方案中进行说明，所以选项 A 最适合。

【考点 117】桌面与外设安全

考点精华

1. 补丁管理。台式计算机和移动计算终端的操作系统补丁管理，包括定期更新、定期扫描系统漏洞和定期备份数据 3 种方式。

（1）定期更新。主流操作系统中的 Windows、iOS 系统补丁更新较为频繁，需要用户定期手动更新。Linux、Android 系统补丁更新较为自动化。

（2）定期扫描系统漏洞。主流的扫描系统漏洞工具有 Nessus、Nmap、F-Secure、AVG 等。

（3）定期备份数据。主流的备份数据工具有 Acronis、Veeam、iCloud、Google Drive 等。

2. 权限控制。台式计算机和移动计算终端的权限控制有设置用户权限、设置访问控制以及设置软件权限 3 种手段。

（1）设置用户权限。Windows、iOS 系统的用户权限设置较为复杂，需要具备一定的计算机知识。Linux、Android 系统则较为简单，直接在系统设置中设置即可。

（2）设置访问控制。主流的访问控制工具都有各自的防火墙，用户可自行选择配置。

（3）设置软件权限。主流的软件权限管理工具有 Windows 软件管理、Linux 软件管理、iOS 软件管理、Android 软件管理等。

3. 上网审计。上网审计方案包括网络流量监控和网络安全策略。

（1）网络流量监控。主流的网络流量监控工具有 Windows 网络监控、Linux 网络监控、iOS 网络监控、Android 网络监控等。

（2）网络安全策略。主流的网络安全策略工具有 Windows 网络安全策略、Linux 网络安全策略、iOS 网络安全策略、Android 网络安全策略等。

4. 防病毒管理。防病毒管理主要有定期更新杀毒软件、定期扫描系统病毒和定期备份数据 3 种手段。

（1）定期更新杀毒软件。杀毒软件有卡巴斯基、诺顿、腾讯手机管家、360 手机卫士等。

（2）定期扫描系统病毒。工具有诺顿扫描、卡巴斯基扫描、腾讯手机管家扫描、360 手机卫士扫描等。

（3）定期备份数据。主流的备份数据工具有 Acronis、Veeam、腾讯手机管家备份、360 手机卫士备份等。

备考点拨

本考点学习难度星级：★★☆（适中），考试频度星级：★☆☆（低频）。

本考点考查桌面与外设安全。这个考点比较简单，大部分都是日常工作生活能够接触到的，掌握桌面与外设安全的 4 类管理以及分别对应的手段名称即可。

考题精练

1. 在操作系统补丁管理中，（　　）操作系统的补丁更新相对自动化。

  A．Linux   B．Windows   C．iOS   D．MacOS

【解析】答案为 A。在操作系统补丁管理中，Linux、Android 系统补丁更新较为自动化，Windows、iOS 系统补丁更新则需要用户定期手动更新。

2. 上网审计方案中的网络流量监控的主流工具不包括（　　）。

  A．iOS 网络监控   B．Windows 网络监控
  C．Linux 网络监控   D．MacOS 网络监控

【解析】答案为 D。主流的网络流量监控工具有 Windows 网络监控、Linux 网络监控、iOS 网络监控、Android 网络监控等。

3. 对于权限控制中的用户权限设置，以下说法正确的是（　　）。

  A．Linux 和 Android 系统较为简单，直接在系统设置中设置即可
  B．Windows 和 iOS 系统设置简单，不需要计算机知识
  C．操作系统的用户权限设置都很复杂，需要有对应的专业知识
  D．用户权限设置在各操作系统中的区别不大

【解析】答案为 A。在权限控制的用户权限设置方面，Windows、iOS 系统的用户权限设置较为复杂，而 Linux、Android 系统则较为简单，直接在系统设置中设置即可。

第 16 章

数据管理考点精讲及考题实练

16.1 章节考情速览

数据管理章节从备考逻辑上可以分为两大部分：第一部分是高层治理相关，包含战略与治理、组织职能；第二部分是管理内容相关，包括数据采集和预处理、数据存储容灾、数据标准建模、数据仓库与资产、数据分析及安全。这一章学习起来并不容易，特别是对于没有从事过数据管理的考生而言，难就难在存在较多抽象的概念术语。

数据是当今的热点，无论是政府层面倡导的数字中国，还是离我们生活越来越近的人工智能，背后的能源就是数据。

数据管理预计在基础知识科目中会考查 5 分左右，同时也是应用技术科目考查的重点内容。

16.2 考点星级分布图

本章涉及的主要考点分布及难度与频度双星级如图 16-1 所示。

数据管理考点

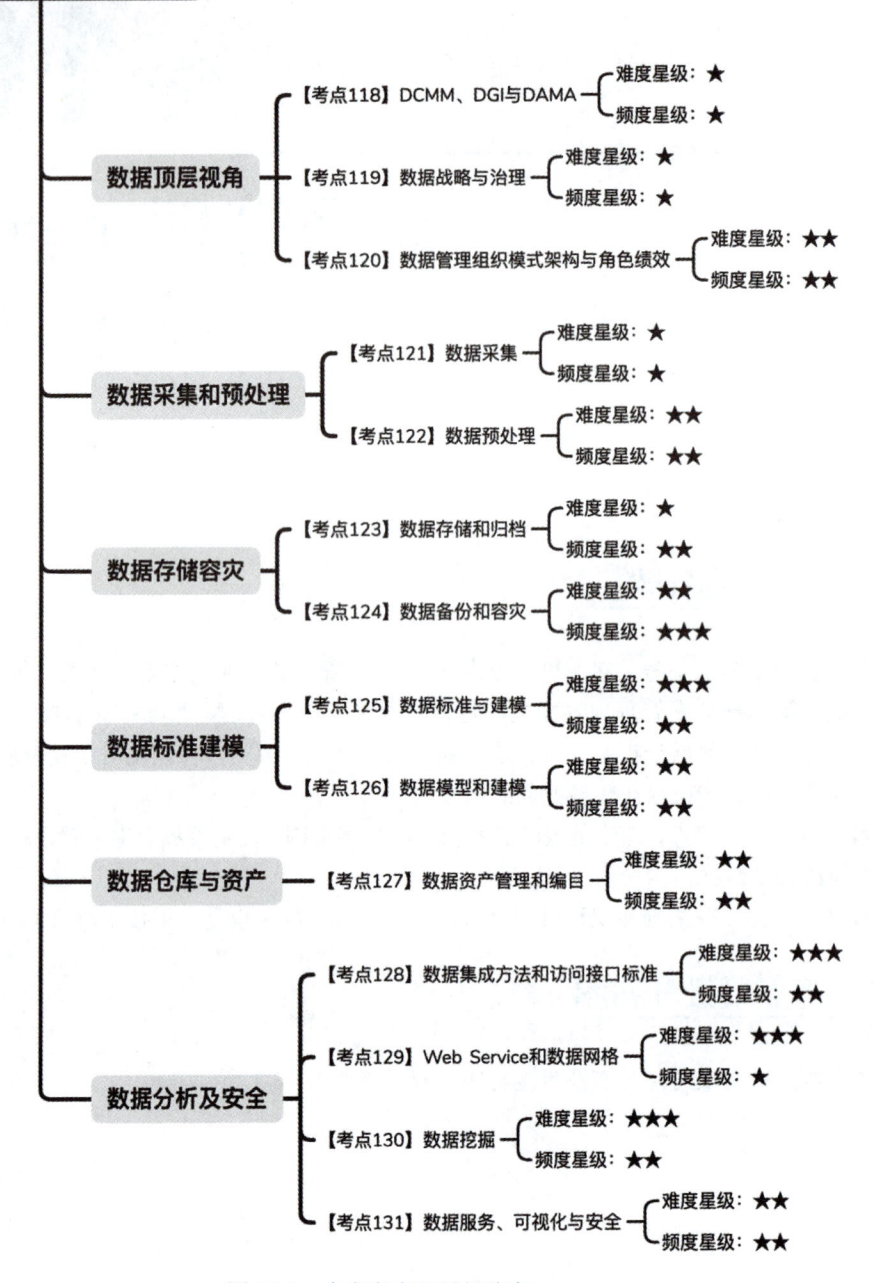

- **数据顶层视角**
  - 【考点118】DCMM、DGI与DAMA
    - 难度星级：★
    - 频度星级：★
  - 【考点119】数据战略与治理
    - 难度星级：★
    - 频度星级：★
  - 【考点120】数据管理组织模式架构与角色绩效
    - 难度星级：★★
    - 频度星级：★★

- **数据采集和预处理**
  - 【考点121】数据采集
    - 难度星级：★
    - 频度星级：★
  - 【考点122】数据预处理
    - 难度星级：★★
    - 频度星级：★★

- **数据存储容灾**
  - 【考点123】数据存储和归档
    - 难度星级：★
    - 频度星级：★★
  - 【考点124】数据备份和容灾
    - 难度星级：★★
    - 频度星级：★★★

- **数据标准建模**
  - 【考点125】数据标准与建模
    - 难度星级：★★★
    - 频度星级：★★
  - 【考点126】数据模型和建模
    - 难度星级：★★
    - 频度星级：★★

- **数据仓库与资产**
  - 【考点127】数据资产管理和编目
    - 难度星级：★★
    - 频度星级：★★

- **数据分析及安全**
  - 【考点128】数据集成方法和访问接口标准
    - 难度星级：★★★
    - 频度星级：★★
  - 【考点129】Web Service和数据网格
    - 难度星级：★★★
    - 频度星级：★
  - 【考点130】数据挖掘
    - 难度星级：★★★
    - 频度星级：★★
  - 【考点131】数据服务、可视化与安全
    - 难度星级：★★
    - 频度星级：★★

图 16-1 本章考点及星级分布

16.3 核心考点精讲及考题实练

【考点 118】DCMM、DGI 与 DAMA

考点精华

数据管理模型包括数据管理能力成熟度评估模型（Data Management Capability Maturity Model，DCMM）、DGI 数据治理框架和数据管理模型 DAMA。

数据管理能力成熟度评估模型（DCMM）包括 8 个核心能力域和 5 个成熟度等级。8 个核心能力域包括数据战略、数据治理、数据架构、数据应用、数据安全、数据质量、数据标准和数据生存周期；组织管理成熟度 5 个等级包括初始级、受管理级、稳健级、量化管理级和优化级，①初始级：数据需求管理仅在项目级体现，没有统一的管理流程，是被动式管理；②受管理级：组织意识到数据是资产，并制订管理流程，指定人员进行初步管理；③稳健级：数据被视为实现组织绩效目标的重要资产，在组织层面制订标准化管理流程，促进数据管理规范化；④量化管理级：数据被视为获取竞争优势的重要资源，数据管理的效率能量化分析和监控；⑤优化级：数据被视为组织生存发展的基础，相关管理流程能实时优化，并在行业内进行最佳实践分享。「★案例记忆点★」

国际数据治理协会（Data Governance Institute，DGI）发布的 DGI 数据治理框架，从组织结构、治理规则和治理过程 3 个维度提出数据治理活动的 10 个关键组件。组织结构维度的关键组件包括数据治理办公室、数据管理员和数据利益相关者；治理规则维度的关键组件包括愿景、目标、评估标准、推动策略，数据规则与定义、决策权，职责和控制；治理过程维度的关键组件是数据治理流程，包括价值声明、制订实施路径、计划投资、设计、部署、实施和绩效考核。

国际数据管理协会（Data Management Association International，DAMA）发行的 DAMA-DMBOK2 理论框架（数据管理知识体系指南第 2 版），由 11 个数据管理职能领域和 7 个基本环境要素共同构成"DAMA 数据管理知识体系"，11 个数据管理职能领域分别为：数据治理、数据架构、数据建模设计、数据存储操作、数据安全、数据集成互操作、文档内容管理、参考数据和主数据管理、数据仓库和商务智能、元数据管理、数据质量管理；7 个基本环境要素分别为：目标与原则、组织与文化、工具、活动、角色和职责、交付成果、技术。

备考点拨

本考点学习难度星级：★☆☆（简单），考试频度星级：★☆☆（低频）。

本考点考查 3 类数据管理模型，其中需要重点掌握 DCMM 模型以及 5 个成熟度等级。成熟度等级需要掌握每个等级的特点以及对应的名字。另外的 DGI 数据治理框架和数据管理模型 DAMA 达到了解的程度即可。

考题精练

1. DGI 数据治理框架中，治理规则维度的关键组件不包括（   ）。

A．愿景　　　　B．数据建模设计　　C．数据管理员　　D．职责和控制

【解析】答案为 B。DGI 数据治理框架治理规则维度的关键组件包括组织结构、治理规则和治理过程 3 个维度，选项 A 和选项 D 属于治理规则维度的关键组件，选项 C 属于组织结构维度的关键组件，选项 B 属于 DAMA-DMBOK2 理论框架的数据管理职能领域。

2. 在 DAMA-DMBOK2 理论框架中，以下属于 7 个基本环境要素之一的是（　　）。

A．组织与文化　　B．数据建模设计　　C．数据存储操作　　D．数据集成互操作

【解析】答案为 A。在 DAMA-DMBOK2 理论框架中，7 个基本环境要素分别为目标与原则、组织与文化、工具、活动、角色和职责、交付成果、技术；而数据建模设计、数据存储操作、数据集成互操作属于 11 个数据管理职能领域。

【考点 119】数据战略与治理

◉ 考点精华

数据战略与治理是组织开展数据管理的总体管控和纲领，组织数据战略包括数据战略规划、数据战略实施和数据战略评估 3 个能力项建设。

1. 数据战略规划。主要活动和工作要点包括：

（1）识别利益相关者。

（2）数据战略需求评估。

（3）数据战略制定。包括：①愿景陈述；②规划范围；③选择的数据管理模型和建设方法；④当前数据管理的差距；⑤管理层及其责任，以及利益相关者名单；⑥数据管理规划编制管理方法；⑦持续优化路线图。

（4）数据战略发布。

（5）数据战略修订。

2. 数据战略实施。主要活动和工作要点包括：①评估准则；②现状评估；③评估差距；④实施路径；⑤保障计划；⑥任务实施；⑦过程监控。

3. 数据战略评估。主要活动和工作要点包括：①建立任务效益评估模型；②建立业务案例；③建立投资模型；④阶段评估。

数据治理的最终目标是提升数据的价值，数据治理是组织实现数字战略的基础，包括组织、制度、流程和工具。数据治理要对数据的获取、处理、使用进行监管，监管是通过发现、监督、控制、沟通和整合 5 个方面的执行力来保证的。组织的数据治理包括数据治理组织、数据制度建设和数据治理沟通 3 个能力项建设。

1. 数据治理组织。数据治理组织是各项数据职能工作开展的基础。主要活动和工作要点包括：①建立数据治理组织；②岗位设置；③团队建设；④数据归口管理；⑤建立绩效评价体系。

2. 数据制度建设。数据制度建设是数据管理和数据应用的开展基础，是数据治理沟通和实施的依据。主要活动和工作要点包括：①制定数据制度框架：数据制度框架分为策略、办法、细则 3 个层次；②整理数据制度内容：数据制度体系包含数据管理策略、数据管理办法和数据管理

细则；③数据制度发布；④数据制度宣贯；⑤数据制度实施。

3. 数据治理沟通。主要活动和工作要点包括：①沟通路径；②沟通计划；③沟通执行；④问题协商机制；⑤建立沟通渠道；⑥制订培训宣贯计划；⑦开展培训。

备考点拨

本考点学习难度星级：★☆☆（简单），考试频度星级：★☆☆（低频）。

本考点考查数据战略与数据治理，基本上都是需要记忆的内容。数据战略需要牢记其 3 个能力项建设，每个能力项都会提到主要活动和工作要点，这些活动及要点同样需要掌握，特别是数据战略制定包含的内容；数据治理同样也是 3 个能力项的建设，相关的活动和工作要点也需要掌握。

考题精练

1. 在数据制度建设中，数据制度框架分为（　　）3 个层次。

   A. 策略、办法、细则　　　　　　B. 总则、分则、附则
   C. 基础、中级、高级　　　　　　D. 规划、执行、反馈

   【解析】答案为 A。在数据制度建设中，数据制度框架分为策略、办法、细则 3 个层次。

2. 组织的数据治理不包括（　　）能力项的建设。

   A. 数据治理组织　　　　　　　　B. 数据制度建设
   C. 数据治理沟通　　　　　　　　D. 数据安全治理

   【解析】答案为 D。组织的数据治理包括数据治理组织、数据制度建设和数据治理沟通 3 个能力项建设。

【考点 120】数据管理组织模式架构与角色绩效

考点精华

数据管理组织模式有集中式、分布式、离散式 3 种：「★案例记忆点★」

集中式数据管理模式是在组织设立专门的数据管理部门，如数据治理与管理部、数据开发与应用部等，并明确数据管理负责人。采用集中式数据管理模式，需要组织具有专业的数据管理和数据技术人员，适用于业务模式相对单一的中大型组织或集团。

分布式数据管理模式是在信息化部门和各业务部门中设置数据管理专岗，信息部门的数据管理岗位负责统筹管理。分布式数据管理模式适用于业务类型众多、业务模式复杂多变的中大型组织或集团。

离散式数据管理模式是组织不设立数据管理的统筹部门，数据工作由各业务体系自行承担，由此可见离散式的数据管理组织架构容易设置，但是跨部门协作困难、沟通成本高、资源重复建设较严重，适用于中小组织或刚起步建设数据管理能力的组织。

无论组织采用哪种数据管理模式，都需要建立组织架构体系，自上而下包括决策层、管理层和执行层。

组织架构体系决策层通常是数据治理委员会／领导小组，包括首席数据官（Chief Data Officer，

CDO）等组织的高级管理层领导。决策层的职责为：①落实数据治理方针政策，制定战略规划；②决议数据治理重大工作事项；③执行监督、审批、指导、协调等工作；④颁布数据治理相关制度和流程。

组织架构体系管理层通常是数据治理/管理办公室，包括业务管理专家、数据管理专家及技术管理专家等角色，负责推进数据工作的日常开展和各项组织管理工作，管理层的职责为：①推动决策落地，部署规划具体工作；②制定、修订各项数据治理/管理相关制度和规则标准；③执行监督、审计工作；④发现、协调、追踪和解决数据治理工作问题，并受理和协调跨部门数据需求问题；⑤定期向上级执行汇报和交付工作。

组织架构体系执行层通常是数据管理团队，包括业务架构师、数据架构师、技术架构师等角色。组织内与数据工作相关的部门都需要设置数据协调员岗位。

数据管理组织建设的关键成功要素包括：①数据工作需要依靠常设机构来落实；②数据管理组织需要建立高层领导组成的数据治理委员会，同时设立数据治理/管理办公室，组织各方共同推进数据工作；③数据工作不能由一个部门独立完成，需要各部门通力合作，业务部门参与程度将影响数据治理工作的成败；④进一步建立数据管理规章制度，明确各方职责，确保工作有效落实；⑤确定包括数据治理委员会、数据管理办公室和各专业部门在内的组织架构，负责管理和维护数据。「★案例记忆点★」

数据治理与管理组织中涉及的岗位包括：首席数据官、数据治理经理、数据质量经理、数据隐私与合规官、数据安全经理、数据架构师、数据分析师、元数据管理师、数据培训与宣传经理、数据持续改进经理。

衡量数据管理和数据治理活动是否成功，可以通过关键绩效中的关键指标和度量标准来判断，关键绩效制定的步骤包括：①明确业务目标；②识别关键绩效指标；③量化指标；④设定目标和标准；⑤数据收集和监测；⑥分析和解释；⑦持续改进；⑧沟通与透明度。

📣 备考点拨

本考点学习难度星级：★★☆（适中），考试频度星级：★★☆（中频）。

本考点考查数据管理组织模式、组织架构、岗位和关键绩效。3种组织模式的特点和适用组织类型务必需要掌握，其中集中式简单理解就是强权式数据管理，有独立的数据管理部门；离散式简单理解就是弱权式数据管理，各个业务部自己管自己的，组织没有数据管理部门；分布式就是把数据管理人员打散，分布到各个业务部门，但是会有一个独立的信息服务部，信息服务部也有数据管理人员，负责统筹管理，权力介于集中式和离散式之间。数据管理组织层次结构需要掌握3层的名字以及具体角色构成，相应的职责理解为主。涉及的岗位基本上通过岗位名字就能大概知道其职责所在。关键绩效制定的步骤达到了解的程度即可。

🔗 考题精练

1.（　　）数据管理组织模式适用于业务模式相对单一的中大型组织或集团。
　A．集中式　　　　B．分布式　　　　C．离散式　　　　D．以上都不适用

【解析】答案为A。集中式数据管理模式适用于业务模式相对单一的中大型组织或集团；分

布式适用于业务类型众多、业务模式复杂多变的中大型组织或集团；离散式适用于中小组织或刚起步建设数据管理能力的组织。

2．在数据治理与管理组织涉及的岗位中，（　　）主要负责推动决策落地，部署规划具体工作。

A．数据治理经理（Data Governance Manager）

B．首席数据官（Chief Data Officer，CDO）

C．数据管理办公室相关人员

D．数据架构师（Data Architect）

【解析】答案为C。组织架构体系管理层通常是数据治理/管理办公室，其职责包括推动决策落地，部署规划具体工作，所以负责该项工作的可能是数据治理/管理办公室相关人员。首席数据官在决策层，主要职责侧重更高层面的决策等工作；数据治理经理侧重于数据治理相关管理工作；数据架构师重点在数据架构方面。

【考点121】数据采集

● 考点精华

数据采集的类型包括结构化数据、半结构化数据、非结构化数据。结构化数据是以关系型数据库表管理的数据；半结构化数据是指非关系模型的、有基本固定结构模式的数据，例如日志文件、XML文档、E-mail等；非结构化数据是没有固定模式的数据，如办公文档、文本、图片、HTML、报表、图像、音频、视频等。

数据采集的方法分为传感器采集、系统日志采集、网络采集和其他数据采集。

1．传感器采集通过传感器感知信息，并将信息按一定规律变成电信号或其他信息输出。传感器包括重力感应传感器、加速度传感器、光敏传感器、热敏传感器、声敏传感器、气敏传感器、流体传感器、放射线敏感传感器、味敏传感器等。

2．系统日志采集通过平台系统读取和收集日志文件。系统日志记录系统中软硬件和系统运行情况及问题信息。系统日志为数据量非常庞大的流式数据。

3．网络采集通过互联网公开采集接口或网络爬虫的方式从互联网或特定网络获取大量数据信息，是互联网或特定网络数据采集的主要方式。数据采集接口通过应用程序接口（Application Programming Interface，API）的方式进行采集，网络爬虫是根据一定规则提取所需信息的程序，分为通用网络爬虫、聚焦网络爬虫、增量式网络爬虫、深层网络爬虫等类型。

4．其他数据采集方式，如与数据服务商合作、使用特定数据采集方式获取数据。

● 备考点拨

本考点学习难度星级：★☆☆（简单），考试频度星级：★☆☆（低频）。

本考点考查数据采集。目前能够采集到的数据一共3种类型，分别是结构化数据、半结构化数据和非结构化数据，3种数据类型的举例只要知道，知道每种数据类型的代表。共有4种方法可以采集数据，分别是传感器采集、系统日志采集、网络采集和其他数据采集，这4类数据采集

245

方式的名字以及特点需要掌握。

📖 考题精练

1．以下（　　）属于非结构化数据。
　　A．日志文件　　　B．XML 文档　　　C．文本　　　D．E-mail

【解析】答案为 C。非结构化数据是没有固定模式的数据，如办公文档、文本、图片、HTML、报表、图像、音频、视频等。

【考点 122】数据预处理

📖 考点精华

数据预处理是去除重复记录，发现并纠正数据错误，将数据转换成符合标准的过程，数据预处理采用数据清洗方法实现，主要包括数据分析、数据检测和数据修正 3 个步骤。「★案例记忆点★」

1．数据分析是从数据中发现控制数据的一般规则，如字段域和业务规则。通过数据分析定义数据清理的规则，并选择适合的算法。

2．数据检测是根据预定义的清理规则及算法，检测数据是否正确、是否满足字段域和业务规则，检测记录是否重复。

3．数据修正是手工或自动修正检测到的错误数据或重复记录。

需要进行预处理的数据主要包括数据缺失、数据异常、数据不一致、数据重复、数据格式不符等情况，不同问题需要采用不同的数据处理方法。

1．数据缺失的预处理。数据缺失的原因分为环境原因和人为原因，方法有删除缺失值、均值填补法和热卡填补法。当样本数量很多，并且缺失值样本占比相对较小时，可以采用删除缺失值法，也就是将有缺失值的样本直接丢弃；均值填补法先找出与缺失值属性相关系数最大的属性，然后根据这个属性把数据分成几个组，再分别计算每个组的均值，用均值代替缺失值；热卡填补法通过在数据库中找到与包含缺失值变量最相似的对象，然后采用相似对象的值代替缺失值。

2．数据异常的预处理。对于异常数据，采用分箱法和回归法处理。分箱法通过考查数据周围的值，来平滑处理有序的数据值，这些有序值被分到一些"箱"中进行局部光滑。一般而言宽度越大，数据预处理效果越好。回归法用函数拟合数据来光滑数据和消除噪声。线性回归找出拟合两个属性的最佳直线，从而一个属性能预测另一个属性。多线性回归是线性回归的扩展，涉及两个以上的属性，将数据拟合到多维面。

3．数据不一致的预处理。不一致数据是具有逻辑错误或类型不一致的数据，不一致数据的清洗可以使用人工修改，也可以借助工具找到违反限制的数据，大部分的不一致都需要进行数据变换，可以采用商业工具提供的数据变换功能。

4．数据重复的预处理。去除重复值的操作一般最后进行，可以使用 Excel、VBA、Python 等工具处理。

5．数据格式不符的预处理。通常人工收集或者用户填写的数据，容易存在格式问题。

备考点拨

本考点学习难度星级：★★☆（适中），考试频度星级：★★☆（中频）。

本考点考查数据预处理。拿到最原始的数据之后，先别着急用，因为原始数据中存在着大量的问题，比如数据缺失、数据错误、数据重复等，这些问题直接导致数据的质量堪忧，所以在用之前，需要先做快速的预处理，预处理采用的是数据清洗，通过清洗把重复数据去掉，把错误数据纠正，最终把数据转化为符合标准的数据。整体而言，数据预处理主要包括数据分析、数据检测和数据修正3个步骤，这3步很好理解，完全符合咱们的思维习惯。数据处理方法的选择针对不同的问题有不同的方法。通常而言，原始数据的问题主要有5类，对应的也有不同的处理方法，这5个类别以及对应的处理方法建议能够掌握。

考题精练

1. 回归法经常用于（　　）类型的数据预处理。
   A．数据缺失的预处理　　　　　　B．数据异常的预处理
   C．数据不一致的预处理　　　　　D．数据重复的预处理

【解析】答案为B。对于数据异常的预处理，通常采用分箱法和回归法处理，回归法用函数拟合数据来光滑数据和消除噪声。

【考点123】数据存储和归档

考点精华

常见的数据存储介质有磁带、光盘、磁盘、内存、闪存和云存储。①磁带是存储成本低、容量大的存储介质，缺点是速度比较慢；②光盘存储的数据是只读数据，不受电磁影响，容易大量复制，这3个特点使光盘适合用来对数据进行永久性归档备份；③磁盘存储采用独立冗余磁盘阵列（Redundant Array of Independent Disks，RAID），RAID将数个单独磁盘以不同的方式组合成逻辑磁盘，在提高磁盘读取性能的同时，也增强了数据安全性；④闪存是固态技术存储，使用闪存芯片存储数据，具有集内存访问速度和存储持久性于一体的特点；⑤云存储将数据存储在异地位置，可通过公共互联网或者专用私有网络进行访问，明显的优势是可扩展。

数据的存储形式有3种，分别是文件存储、块存储和对象存储。

1. 文件存储也称文件级或基于文件的存储，数据存储在文件中，文件放在文件夹中，文件夹放在目录和子目录下面。
2. 块存储也称块级存储，块存储将数据存储成了块，这些块作为单独的部分存储。需要快速、高效和可靠进行数据传输的计算场景，开发人员一般倾向于使用块存储。
3. 对象存储是用于处理大量非结构化数据的数据存储架构。

存储管理的主要内容有4个方面：「★案例记忆点★」

1. 资源调度管理，资源调度管理负责添加、删除、编辑存储节点。
2. 存储资源管理，管理物理和逻辑层次上的存储资源，简化资源管理，提高数据可用性。
3. 负载均衡管理，避免存储资源由于资源类型、服务器访问频率和时间不均衡造成浪费或

形成系统瓶颈。

4. 安全管理，防止恶意用户攻击系统或窃取数据。

数据归档是将不活跃的冷数据从可立即访问的存储介质迁移到查询性能较低、低成本、大容量的存储介质中，数据归档的过程可逆，归档的数据如果需要，也可以恢复到原来的存储介质中。数据归档策略要与业务策略、分区策略保持一致，确保高优先级数据的可用性和系统高性能。开展数据归档活动的注意点如下：

1. 数据归档只在业务低峰期执行。数据归档需要不断读写生产数据库，将会大量占用网络等资源，给线上业务造成较大压力。

2. 数据归档后，将会删除生产数据库的数据，进而造成数据空洞，也就是表空间并没有及时释放，若长时间没有新的数据填充，会造成空间浪费。

3. 如果数据归档影响了线上业务，需要结束数据归档，进行问题复盘，及时找到并解决问题。

备考点拨

本考点学习难度星级：★☆☆（简单），考试频度星级：★★☆（中频）。

本考点考查数据存储和归档。数据经过采集和预处理之后，就需要给这些数据找到"容身之地"，也就是要把数据存储起来。数据存储介质比较好理解，就是数据要存储在什么样的物理介质中，而且能够控制对数据的有效访问。主要有 3 种形式来记录和存储数据，3 种存储方式的定义和特点可以对比着学习掌握。数据被 3 种存储形式存储在介质中之后的工作就离不开存储管理了，但是数据如果只存不出，成本会越来越高，所以就需要用到数据归档。

考题精练

1. 关于数据归档的描述，不正确的是（　　）。

  A. 数据归档的过程可逆，归档的数据如果需要，也可以恢复到原来的存储介质中

  B. 数据归档之后，不会删除生产数据库的数据

  C. 数据归档只在业务低峰期执行

  D. 数据归档策略要与业务策略、分区策略保持一致

【解析】答案为 B。数据归档后，将会删除生产数据库的数据，进而造成数据空洞，也就是表空间并没有及时释放，若长时间没有新的数据填充，会造成空间浪费。

【考点 124】数据备份和容灾

考点精华

数据备份是为了防止由于各类误操作、系统故障等原因导致的数据丢失，而将全部应用系统数据或一部分关键数据复制到其他存储介质的过程。

1. 常见的数据备份结构分为 4 种：DAS 备份结构、基于 LAN 的备份结构、LAN-FREE 备份结构和 SERVER-FREE 备份结构。「★案例记忆点★」

（1）DAS 备份结构将备份设备直接连接到备份服务器，适合数据量不大、操作系统类型单一、

服务器数量有限的情况。

（2）基于 LAN 的备份结构是 C/S 模型，多个服务器或客户端通过局域网共享备份系统。优点是用户可以通过 LAN 共享备份设备，并且可以对备份工作集中管理。缺点是备份数据流通过 LAN 到达备份服务器，会和业务数据流混在一起，占用网络资源。基于 LAN 的备份结构比较适合小型网络环境。

（3）LAN-FREE 备份结构将备份数据流和业务数据流分开，业务数据流通过业务网络传输，备份数据流通过 SAN 传输。缺点是备份数据流要经过应用服务器，会影响应用服务器正常服务的提供。

（4）SERVER-FREE 备份结构通过第三方备份代理将数据从应用服务器的存储设备传送到备份设备。第三方备份代理是软硬结合的智能设备，使用网络数据管理协议（Network Data Management Protocol，NDMP）发送命令，获得备份数据信息后，通过 SAN 直接将备份数据读出，存储到备份设备上。

2. 备份策略确定需要备份的内容、时间和方式，3 种备份策略分别为完全备份、差分备份和增量备份。「★案例记忆点★」

（1）完全备份每次都对数据进行全备份，会占用较多的服务器、网络资源，另外对备份介质资源的消耗也较大，因为备份数据中有大量的重复数据。

（2）差分备份每次只备份相对上一次完全备份之后发生变化的数据。所以差分备份的时间短、节省存储空间。另外差分备份的数据恢复很方便，只需要一份完全备份数据，一份故障发生前一天的差分备份数据，就能进行恢复。

（3）增量备份每次只备份相对上一次备份后改变的数据。增量备份策略的备份数据没有重复，节省存储空间，缩短备份时间，但是数据恢复比较复杂。如果其中一个增量备份数据出现问题，那么后面的数据也就无法恢复。因此增量备份的可靠性没有完全备份和差分备份高。

3. 数据容灾的基础是数据备份，数据容灾关键技术包括远程镜像技术和快照技术。衡量容灾系统有两个主要指标，即恢复点目标（RPO）和恢复时间目标（RTO）。RPO 代表当灾难发生时允许丢失的数据量，RTO 代表了系统恢复的时间。

（1）远程镜像技术。远程镜像技术是在主数据中心和备份中心间进行数据备份时用到的技术。镜像在两个或多个磁盘子系统上产生同一个数据镜像视图的数据存储过程，一个是主镜像，另一个是从镜像。按主从镜像所处的位置分为本地镜像和远程镜像。本地镜像的主从镜像位于同一个 RAID 中，远程镜像的主从镜像分布在城域网或广域网中。远程镜像在远程维护数据镜像，因此在灾难发生时，存储在异地的数据不会受到影响。

（2）快照技术。快照是关于指定数据集合的完全可用的复制。快照的作用有两个：①进行在线数据恢复，数据可以恢复到快照产生的时间点；②作为用户访问数据的另外通道。

🔹 备考点拨

本考点学习难度星级：★★☆（适中），考试频度星级：★★★（高频）。

本考点考查数据备份和数据容灾。数据备份比较好理解，万一数据出现了丢失，对公司就是非常大的损失,所以要防止故障、磁盘损坏或者误删除等。为了防止突发问题或者严重问题,需要进行数据备份。数据备份是把整个应用系统数据或者一部分关键数据,复制到其他的存储介质上。常见的数据备份结构有4种:DAS备份结构、基于LAN的备份结构、LAN-FREE备份结构和SERVER-FREE备份结构,需要掌握4种备份结构的特点和适用场景。3种备份策略(完全备份、差分备份和增量备份)也需要掌握特点和彼此之间的差异,是个比较明显的出题点。关于数据容灾,一方面需要了解2种数据容灾技术,另一方面需要了解衡量容灾的2个主要指标。

考题精练

1. 数据备份策略中,可靠性相对最差的备份策略是(　　)。
   A. 完全备份　　　　　　　　　B. 差分备份
   C. 增量备份　　　　　　　　　D. 快照备份

【解析】答案为C。增量备份如果其中一个备份数据出现问题,那么后面的数据也就无法恢复。因此增量备份的可靠性没有完全备份和差分备份高。不存在快照备份的策略。

【考点125】数据标准与建模

考点精华

1. **数据标准化包括元数据标准化、数据元标准化、数据模式标准化和数据分类与编码标准化。数据标准化过程包括确定数据需求、制定数据标准、批准数据标准和实施数据标准。**

   (1) 确定数据需求。确定数据需求阶段将确定具体的数据需求以及相关的元数据和阈值文件。
   (2) 制定数据标准。制定数据标准阶段针对前一阶段确定的数据需求,进行数据标准的制定。
   (3) 批准数据标准。由数据管理机构对数据标准建议进行审查。
   (4) 实施数据标准。数据标准审查通过后,可以在信息系统实施中应用经批准后的数据标准。

2. **元数据是关于数据的数据,是对信息资源的结构化描述。**
   元数据分为内容元数据、专门元数据、资源集合元数据、管理元数据、服务元数据、元元数据。通过元数据,数据的使用者能够对数据进行详细、深入的了解,包括数据的格式、质量、处理方法和获取方法等方面细节,可以利用元数据进行数据维护和历史资料维护,具体作用包括描述、资源发现、组织管理数据资源、互操作性、归档和保存数据资源等。「★案例记忆点★」

3. 数据质量。数据质量管理是衡量和提升从数据质量规划,到实施控制的一系列活动。可以通过完整性、规范性、一致性、准确性、唯一性、及时性等指标来衡量数据质量管理的效果。

   数据质量通过数据质量元素进行描述,数据质量元素分为定量元素和非定量元素两类。**数据质量的评价方法分为直接评价法和间接评价法。**直接评价法将实际数据与理论值等内外部参照信息进行对比,用对比的结果来评价数据质量;间接评价法通过对数据源评价、采集方法评价等数据相关信息的评价,间接评价数据质量。

   数据产品的质量控制分为前期控制和后期控制。前期控制包括数据录入前的质量控制、数据录入中的实时质量控制;后期控制是发生在数据录入完成之后的后处理质量控制评价。

备考点拨

本考点学习难度星级：★★★（困难），考试频度星级：★★☆（中频）。

本考点考查数据标准化、元数据和数据质量。这 3 个属于数据的小考点，其中元数据主要需要掌握定义，元数据是关于数据的数据。描述数据的数据称为元数据。元数据包含的类型了解即可。数据标准化包括的内容和标准化过程需要掌握，数据质量评价方法的分类和产品质量控制的前后期控制相对理解起来比较简单。

考题精练

1. （　　）是关于数据的数据。

　　A. 元数据　　　　　　　　B. 数据元
　　C. 主数据　　　　　　　　D. 参考数据

【解析】答案为 A。元数据是关于数据的数据，是对信息资源的结构化描述。

【考点 126】数据模型和建模

考点精华

数据模型

1. 数据模型可以为三类，分别是概念模型、逻辑模型和物理模型。

（1）概念模型。概念模型也称信息模型，顾名思义是概念级别的模型，也就是模型并不依赖具体的计算机系统，也不对应具体的 DBMS，而是按用户观点对数据和信息进行建模，只是把现实世界中的客观对象抽象为信息结构而已。

概念模型中的基本元素包括：①实体。实体是对同一类型实例的抽象，抽象之后实体就不再与某个具体的实例对应了。②属性。属性就是实体的特性。③域。域是实体属性的取值范围。④键。键用来唯一标识每个实例一个或几个属性的组合。⑤关联。数据模型中事物之间的相互关系称为关联。

（2）逻辑模型。逻辑模型在概念模型基础上确定模型的数据结构，数据结构分为层次模型、网状模型、关系模型、面向对象模型和对象关系模型。其中，关系模型是目前最重要的逻辑数据模型。

由于逻辑模型在概念模型基础上构建，因此逻辑模型中的关系模型基本元素与概念模型中的基本元素存在对应关系，具体对应如下：①概念模型中的实体变成了关系模型中的关系；②概念模型中的属性依然是关系模型中的属性；③概念模型中的关联有可能变成了关系模型中的新关系，被参照关系的主键变成了参照关系的外键；④关系模型中的视图在概念模型中没有对应，视图是按查询条件从现有关系或视图中抽取一些属性组合而成的。

（3）物理模型。物理模型在逻辑模型基础上，增加了对具体技术实现的考虑，进而进行数据库体系结构的设计，从而真正实现了数据在数据库中存储。物理模型的基本元素包括表、字段、视图、索引、存储过程、触发器等，其中表、字段和视图等元素与逻辑模型中的元素存在对应关系。由此可见，物理模型考虑了具体的物理实现，所以可能导致物理数据模型和逻辑数据模型存在较大差异。物理数据模型的目标是如何用数据库实现逻辑数据模型，如何用数据库真正存储数据。

2. 数据建模过程包括数据需求分析、概念模型设计、逻辑模型设计和物理模型设计。「★案例记忆点★」

（1）数据需求分析。掌握数据需求的准确程度直接影响数据模型的质量，所以数据需求分析是数据建模的起点，主要用来分析用户对数据的需要和要求，数据需求分析并非单独进行，而是有机融合在整体系统需求分析的过程中。数据需求分析的工具是数据流图，通过数据流图描述系统中数据的流动和变化，强调数据流和处理过程。

（2）概念模型设计。概念模型设计将数据需求分析得到的结果抽象为概念模型，主要任务是确定实体、属性、关联等基本元素。概念模型独立于具体的硬件，所以更抽象、更稳定。

（3）逻辑模型设计。逻辑模型是在概念模型的基础上进一步的抽象设计，主要是进行关系模型结构的设计，关系模型由一组关系模式组成，一个关系模式是一张二维表格。

（4）物理模型设计。想要将数据模型转换为真正的数据库结构，还需要针对具体的 DBMS 进行物理模型设计，物理模型设计通过考虑命名、字段类型、存储过程与触发器编写等，确保数据模型走向具体的数据存储应用环节。

◎ 备考点拨

本考点学习难度星级：★★☆（适中），考试频度星级：★★☆（中频）。

本考点考查数据模型和数据建模。数据建模其实就是建立数据模型的意思，把现实世界中各种各样的客观事物，如人物、活动等进行抽象，抽象之后建立数据模型，这种数据模型可以被计算机识别以及处理。提到数据模型，共有三类数据模型，它们的层次或者目的不一样，需要掌握三类数据模型的特点以及彼此间的区别。建造数据模型的步骤和数据模型的分类有对应关系，可以把数据模型和步骤结合起来学习和记忆。

◎ 考题精练

1. 下面关于数据模型的描述中，不正确的是（　　）。
   A．概念模型并不依赖具体的计算机系统，也不对应具体的 DBMS
   B．关系模型是目前最重要的逻辑数据模型
   C．物理数据模型的目标是如何用数据库实现逻辑数据模型，所以和逻辑数据模型的差异不大
   D．概念模型设计和逻辑模型设计完成之后，数据模型设计的核心工作基本上宣告完成

【解析】答案为 C。物理模型考虑了具体的物理实现，所以可能导致物理数据模型和逻辑数据模型存在较大差异。

【考点 127】数据资产管理和编目

◎ 考点精华

数据资产管理（Data Asset Management，DAM）是对数据资产进行规划、控制和提供的一组活动。数据是重要的生产要素，把数据转化成可流通的数据要素。

数据资产管理

1. 数据资产管理主要有数据资源化和数据资产化两个环节。

（1）数据资源化。数据资源化是数据资产化的前提，数据资源化是把原始数据转变为数据资源，从而使数据具备潜在价值。具体而言，数据资源化以数据治理为工作重点，以提升数据质量、保障数据安全为目标，确保数据的准确性、一致性、时效性和完整性，推动数据内外部流通。

（2）数据资产化。数据资产化的工作重点在于扩大数据资产应用范围、显性化数据资产成本与效益，使数据供给端与消费端形成良性闭环。

数据资产流通通过数据共享、数据开放或数据交易的流通模式，推动数据资产在组织内外部的价值实现。数据共享打通组织各部门的数据壁垒，建立统一的数据共享机制，加速数据资源在组织内部的流动；数据开放向社会公众提供易于获取和理解的数据，政府部门的数据开放主要是公共数据资源开放，企业的数据开放主要是企业运行披露和政企数据融合；数据交易是交易双方通过合同约定，在安全合规的前提下，开展以数据为核心的交易。

数据资产运营对数据服务、数据流通进行持续跟踪分析，全面评价数据应用效果，建立正向反馈和闭环管理机制，促进数据资产的迭代完善，不断适应和满足数据资产的应用创新。

数据价值评估是数据资产管理关键环节，是数据资产化的价值基线。数据价值评估通过构建价值评估体系，计量数据的经济效益、业务效益和投入成本活动。

2. 数据资源目录的概念模型由数据资源目录、信息项、数据资源库和标准规范等要素构成。

「★案例记忆点★」

数据资源目录体系设计包括概念模型设计和业务模型设计，概念模型设计明确数据资源目录的构成要素，业务模型设计规范数据资源目录的业务框架。

（1）数据资源目录。数据资源目录分为资源目录、资产目录和服务目录3个层面。①资源目录是组织所记录或拥有的线上、线下原始数据资源的目录。②资产目录对原始数据资源进行标准化处理，识别数据资产及其信息要素。③服务目录是对外提供的可视化共享数据目录，服务目录的编制以应用场景为切入点，以应用需求为导向进行。服务目录分两类，一类是指标报表、分析报告等数据应用，这类服务目录可以直接使用；另一类是共享接口，用来对接外部系统。

（2）信息项。信息项将表、字段等各类数据资源以元数据流水账的形式描述出来，通常会把信息项通过数据标识符挂接到对应的数据目录上。信息项分为数据资源信息项、数据资产信息项和数据服务信息项3类：①数据资源信息项是记录原始数据资源的元数据流水账，是对原始数据资源的描述；②数据资产信息项记录经过处理后的主题数据资源、基础数据资源的元数据流水账，是对数据资产的描述；③数据服务信息项记录对外提供数据应用、数据接口数据服务的元数据流水账，是对数据服务的描述。

（3）数据资源库。数据资源库是存储各类数据资源的物理数据库，分为专题数据资源库、主题数据资源库和基础数据资源库。

（4）标准规范。标准规范包括数据资源元数据规范、编码规范、分类标准等相关标准。元数据规范描述数据资源必须具备的特征要素，编码规范规定数据资源目录相关编码的表示形式、结构和维护规则，分类标准规范数据资源分类的原则和方法。

备考点拨

本考点学习难度星级：★★☆（适中），考试频度星级：★★☆（中频）。

本考点考查数据资产管理和数据资源编目。数据是一种资产，提到资产，我们第一反应是资产的保值增值，所以数据资产管理也是为了数据资产的保值增值，把数据转化成可流通的数据要素，包含数据资源化和数据资产化两个环节。数据资源编目，用大白话讲，就是编写一份数据资源的目录，方便大家的查找。数据资源目录体系设计包括概念模型设计和业务模型设计，概念模型设计用来明确数据资源目录的构成要素，业务模型设计用来规范数据资源目录的业务框架。

考题精练

1. 数据资源库是存储各类数据资源的物理数据库，但是不包含（　　）。
   A．专题数据资源库　　　　　　B．主题数据资源库
   C．服务数据资源库　　　　　　D．基础数据资源库

【解析】答案为 C。数据资源库是存储各类数据资源的物理数据库，分为专题数据资源库、主题数据资源库和基础数据资源库。

【考点 128】数据集成方法和访问接口标准

考点精华

数据集成是将驻留在不同数据源中的数据进行整合，向用户提供统一的数据视图，使得用户能以透明的方式访问数据。

1. 数据集成的方法有模式集成、复制集成和混合集成。「★案例记忆点★」

（1）模式集成也称虚拟视图方法，是最早的数据集成方法，也是其他数据集成方法的基础。模式集成在构建集成系统时，将各数据源的视图集成为全局模式，以便用户透明访问各数据源的数据。全局模式描述数据源共享数据的结构、语义和操作，用户直接向集成系统提交请求，集成系统将请求处理并转换，从而能在数据源的本地视图上被执行。

（2）复制集成将数据源中的数据复制到其他数据源，并维护数据源的整体一致性，提高数据共享和利用效率。数据复制可以复制整个数据源，也可以仅复制变化的数据。复制集成能够减少用户对异构数据源的访问量，进而提高系统性能。

（3）混合集成一方面保留了虚拟数据模式视图给用户用，另一方面也提供了数据复制方法。对于简单的访问请求，通过数据复制方式，在本地单一数据源上满足访问请求；对于数据复制方式无法实现的复杂用户请求，则用模式集成方法，两者结合从而提高了中间件系统的性能。

2. 常用的数据访问接口标准有 ODBC、JDBC、OLE DB 和 ADO。

（1）ODBC（Open Database Connectivity）：ODBC 由应用程序接口、驱动程序管理器、驱动程序和数据源 4 个组件组成，使用结构化查询语言（Structured Query Language，SQL）作为数据库访问语言。

（2）JDBC（Java Database Connectivity）：JDBC 是用来执行 SQL 语句的 Java 应用程序接口，采用 Java 语言编写的程序不必为不同的平台和数据库开发不同的应用程序。

（3）OLE DB（Object Linking and Embedding Database）：OLE DB 是基于组件对象模型（Component Object Model，COM）的数据存储对象，提供对所有类型数据的操作，能够在离线时存取数据。

（4）ADO（Activex Data Objects）：ADO 是应用层接口，应用场合广泛，既可以用在高级编程语言环境，还可用在 web 开发领域。ADO 使用简单、易于学习，是目前数据访问的主要手段之一。

备考点拨

本考点学习难度星级：★★★（困难），考试频度星级：★★☆（中频）。

本考点考查数据集成方法和访问接口标准。关于数据集成的方法共有 3 种，分别是模式集成、复制集成和混合集成。3 种集成方式需要了解各自的特点，可以采用对比的方式进行学习。既然提到集成，自然少不了彼此之间的接口技术，也就是数据访问接口，数据访问接口标准有 ODBC、JDBC、OLE DB 和 ADO，了解这 4 类接口的名字和基本的含义即可。

考题精练

1．以下（　　）不是数据访问接口标准。

A．OLE DB　　　　B．ADO　　　　C．JDBC　　　　D．J2EE

【解析】答案为 D。常用的数据访问接口标准有 ODBC、JDBC、OLE DB 和 ADO。

【考点 129】Web Services 和数据网格

考点精华

Web Services 用标准化方式实现不同服务系统间的互相调用或集成。Web Services 基于 XML、简单对象访问协议（Simple Object Access Protocol，SOAP）、Web 服务描述语言（Web Services Description Language，WSDL）和统一描述、发现和集成协议规范（Universal Description, Discovery and Integration，UDDI）等协议，开发和发布跨平台、跨系统的各种分布式应用。

1．WSDL：WSDL 是基于 XML 的 Web 服务描述语言，Web Services 的提供者将自己的 web 服务相关内容生成 WSDL 文档，发布给使用者。使用者通过 WSDL 文档，创建 SOAP 请求消息，通过 HTTP 传给 Web Services 提供者，Web Services 处理完成后，将 SOAP 返回消息传回请求者，服务请求者再根据 WSDL 文档将 SOAP 返回消息解析成自己能够理解的内容。

2．SOAP：SOAP 是消息传递协议，规定了 Web Services 之间传递信息的方式。SOAP 规定：①传递信息的格式为 XML；②远程对象方法调用的格式；③参数类型和 XML 格式之间的映射；④异常处理以及其他相关信息。

3．UDDI：UDDI 是创建注册服务的规范。UDDI 用于集中存放和查找 WSDL 描述文件，类似目录服务器的作用，有了 UDDI，服务提供者就能方便地注册发布 Web Services，使用者查找也会更加方便。

数据网格用于大型数据集的分布式管理与分析，数据网格的透明性体现在分布透明、异构透明、数据位置透明和数据访问方式透明：①分布透明性指用户感觉不到数据分布在不同的地方；②异构透明性指用户感觉不到数据的异构性，感觉不到数据存储方式、数据格式、数据管理系统等的不同；③数据位置透明性指用户不知道也不想知道数据源的具体位置；④数据访问方式透明性指通过不同系统不同的数据访问方式，可以得到相同的访问结果。

备考点拨

本考点学习难度星级：★★★（困难），考试频度星级：★☆☆（低频）。

本考点考查 Web Services 和数据网格，其中重点是 Web Services 技术。本质上 Web Services 提供的是一种标准，用来实现不同系统之间的互相调用和集成。Web Services 技术需要掌握三要素，分别是 web 服务描述语言（WSDL）、简单对象访问协议（SOAP）和统一描述、发现和集成协议规范（UDDI）。数据网格技术可以做简单的了解，知道其作用和特点。

考题精练

1. （   ）用标准化方式实现不同服务系统间的互相调用或集成。

    A．Java EE 架构　　　　　　　　B．Web 服务
    C．COM+　　　　　　　　　　　D．软件引擎技术

【解析】答案为 B。Web 服务（Web Services）用标准化方式实现不同服务系统间的互相调用或集成，考查的是 Web Services 的概念。

2. （   ）是用于传递信息的 Web 服务协议。

    A．XML　　　　B．WSDL　　　　C．UDDI　　　　D．SOAP

【解析】答案为 D。Web 服务的典型技术包括：用于传递信息的简单对象访问协议（SOAP）、用于描述服务的 Web 服务描述语言（WSDL）、用于 Web 服务注册的统一描述、发现和集成（UDDI）、用于数据交换的 XML。

3. Web Services 的主要目标是（   ）。

    A．实现跨平台的互操作性　　　　B．提供高性能应用程序
    C．增加防火墙的安全性　　　　　D．增强每台工作站的计算能力

【解析】答案为 A。Web 服务的主要目标是实现跨平台的互操作性。

【考点 130】数据挖掘

考点精华

数据挖掘与传统数据分析的差异主要集中在 4 点：「★案例记忆点★」

1. 分析对象的数据量有差异，数据挖掘分析的数据量比传统数据分析的数据量大。
2. 分析方法有差异，传统数据分析用统计学方法对数据进行分析，数据挖掘综合运用数据统计、人工智能、可视化等技术对数据进行分析。
3. 分析侧重有差异，传统数据分析侧重回顾和验证，重点分析已经发生的事情，而数据挖掘侧重预测和发现，预测未来的趋势，解释发生原因。

4. 成熟度有差异，由于起步较早，传统数据分析的成熟度很高，数据挖掘除了统计学方法之外，其他方法还处于发展阶段，成熟度不足。

数据挖掘的主要任务有数据总结、关联分析、分类和预测、聚类分析和孤立点分析。

1. 数据总结。数据总结将数据从较低的个体层次抽象到较高的总体层次，从而实现对原始数据的总体把握。最简单的数据总结方法是利用统计学方法，计算各数据项的和值、均值、方差、最大值、最小值等统计信息，也可以用统计图形工具制作直方图、散点图等图形。

2. 关联分析。关联分析的作用是找出数据库中隐藏的关联网，描述一组数据项的关联关系。关联分析生成的规则带有置信度，置信度度量了关联规则的强度。

3. 分类和预测。分类和预测是指使用分类器根据属性将数据分到不同的组，分类器可以是分类函数或分类模型，也就是通过分析数据的各种属性，找出数据的属性模型，利用属性模型分析已有数据，并预测新数据将属于哪个组。

4. 聚类分析。聚类分析按照相近程度度量方法，将数据分成一系列有意义的子集合，每个集合中的数据性质相近，不同集合的数据性质差异较大，当要分析的数据缺乏描述信息，或者无法组织成分类模型时，可以采用聚类分析法。统计方法中的聚类分析主要研究基于几何距离的聚类，人工智能中的聚类基于概念描述。概念描述对对象的内源进行描述，并概括对象的有关特征。概念描述分为特征性描述和区别性描述，特征性描述描述对象的共同特征，区别性描述描述非同类对象间的区别。

5. 孤立点分析。数据库的数据常有一些异常记录存在偏差。孤立点分析也称离群点分析，是从数据库中检测出这些偏差。

数据挖掘流程包括确定分析对象、数据准备、数据挖掘、结果评估和结果应用 5 个阶段。

1. 确定分析对象。在开始数据挖掘之前，最重要是定义清晰的挖掘对象和挖掘目标，而想要确定分析对象，就需要真正理解数据、理解实际的业务问题。

2. 数据准备。数据准备是数据挖掘成功的前提，数据准备包括数据选择和数据预处理。数据选择是在确定挖掘对象后，搜寻所有与挖掘对象有关的内外部数据，从中挑选适合数据挖掘的部分。选择后的数据通常存在不完整、不一致、有噪声等诸多问题，此时就需要对数据进行预处理。数据预处理包括数据清理、数据集成、数据变换和数据归约。

3. 数据挖掘。数据挖掘是指运用各种方法对预处理后的数据进行挖掘。数据挖掘细分为模型构建过程和挖掘处理过程。模型构建通过选择变量、基于原始数据构建新预示值、基于数据子集或样本构建模型、转换变量等步骤实现；挖掘处理对经过转化的数据进行挖掘，除了需要人工完善和选择挖掘算法之外，剩下的工作都可以交给分析工具自动完成。

4. 结果评估。挖掘结束之后需要对结果进行解释和评估，在应用结果之前的评估环节，有助于保证数据挖掘结果应用的成功率。

5. 结果应用。数据挖掘结果经过决策人员批准后，可以应用到实践中。

备考点拨

本考点学习难度星级：★★★（困难），考试频度星级：★★☆（中频）。

本考点考查数据挖掘。数据挖掘的子考点有 3 个，首先第一个是数据挖掘和传统数据分析的差异，这个子考点建议掌握，属于基础知识科目比较好的出题点；第二个是数据挖掘的 5 个主要任务，这个子考点的知识建议以理解为主；第三个是数据挖掘流程，数据挖掘流程先确定分析对象，然后准备数据，准备之后开始挖掘，挖出来的是什么，需要做进一步的结果评估，如果评估挖掘的质量挺好，那就马上将结果应用到实践中，沿着这个逻辑思路再去备考学习，主线更加清晰、效果也会更加好。

考题精练

1. 数据挖掘与传统数据分析的差异，不正确的是（ ）。
   A．数据挖掘分析的数据量比传统数据分析的数据量大
   B．数据挖掘的成熟度很高，除了统计学方法之外，诸如人工智能技术也在成熟发展中
   C．传统数据分析侧重回顾和验证，而数据挖掘侧重预测和发现
   D．传统数据分析用统计学方法对数据进行分析，数据挖掘综合运用数据统计、人工智能、可视化等技术对数据进行分析

【解析】答案为 B。由于起步较早，传统数据分析的成熟度很高，数据挖掘除了统计学方法之外，其他方法还处于发展阶段，成熟度不足。

【考点 131】数据服务、可视化与安全

考点精华

1. 数据服务包括数据目录服务、数据查询与浏览及下载服务、数据分发服务 3 种服务。
（1）数据目录服务。数据目录服务类似于检索服务，用来发现和定位所需的数据资源。
（2）数据查询与浏览及下载服务。数据查询、浏览和下载是数据共享服务的重要方式，用户可以查询数据，也可以下载数据。
（3）数据分发服务。数据分发是指数据生产者通过各种方式将数据传送给用户，分发服务包括数据发布、数据发现、数据评价和数据获取。

2. 数据可视化。数据可视化的表现方式分为七类：一维数据可视化、二维数据可视化、三维数据可视化、多维数据可视化、时态数据可视化、层数据可视化和网络数据可视化。

3. 数据脱敏。敏感数据分为个人敏感数据、商业敏感数据、国家秘密数据。可以把敏感数据划分为 5 个等级，分别是 L1（公开）、L2（保密）、L3（机密）、L4（绝密）和 L5（私密）。

数据脱敏是对数据进行去隐私化处理，具体而言是对各类数据所包含的自然人身份信息、用户资料等敏感信息进行模糊化、加扰、加密或转换后形成无法识别、无法推算、无法关联分析的新数据，这样就可以在非生产环境、非可控环境、生产环境、数据共享、数据发布等环境中安全使用脱敏后的真实数据集。

数据脱敏包括可恢复与不可恢复两类。可恢复类的脱敏规则主要是各类加解密算法规则。不可恢复类脱敏分为替换算法和生成算法。数据脱敏原则包括算法不可逆原则、保持数据特征原则、

保留引用完整性原则、规避融合风险原则、脱敏过程自动化原则和脱敏结果可重复原则。「★案例记忆点★」

（1）算法不可逆原则：数据脱敏算法通常不可逆，防止使用非敏感数据推断、重建敏感原始数据。

（2）保持数据特征原则：脱敏后的数据应具有原数据特征，与原始信息相似，比如姓名、地址等信息在脱敏后还应符合基本的语言认知。

（3）保留引用完整性原则：指数据的引用完整性应予以保留。

（4）规避融合风险原则：指对所有可能生成敏感数据的非敏感字段同样要进行脱敏处理。

（5）脱敏过程自动化原则：指脱敏过程必须在规则引导下自动化进行。

（6）脱敏结果可重复原则：指在某些场景下，对同一字段脱敏的每轮计算结果都相同或者都不同。

4．数据分类分级。数据分类是根据内容属性或特征，将数据按一定原则和方法进行区分归类，并建立分类体系和排列顺序。数据分类的目的是便于数据管理和使用。数据分类有分类对象和分类依据两个要素，分类依据应该选择相对最稳定的本质属性。

数据分级按照数据遭到破坏后对国家安全、社会秩序、公共利益以及公民、法人和其他组织合法权益的危害程度，对数据进行定级。从国家数据安全角度出发，数据分级基本框架分为一般数据、重要数据、核心数据 3 个级别。数据处理者可在基本框架定级基础上，结合影响对象和影响程度两个要素进行分级。

5．组织数据安全能力域包括数据安全策略、数据安全管理和数据安全审计 3 个能力项，分别如下：

（1）数据安全策略。数据安全策略是数据安全的核心内容，主要活动和工作要点包括：①进行数据安全策略规划，建立组织数据安全管理策略；②制定数据安全标准，确定数据安全等级及覆盖范围；③定义组织数据安全管理的目标、原则、管理制度、管理组织、管理流程等。

（2）数据安全管理。主要活动和工作要点包括：①数据安全等级的划分；②数据访问权限控制；③用户身份认证和访问行为监控；④数据安全的保护；⑤数据安全风险管理。

（3）数据安全审计。数据安全审计可由组织内部或外部审计人员执行，目标是为组织以及外部监管机构提供评估和建议。数据安全审计主要活动和工作要点包括：①过程审计；②规范审计；③合规审计；④供应商审计；⑤审计报告发布；⑥数据安全建议。

📢备考点拨

本考点学习难度星级：★★☆（适中），考试频度星级：★★☆（中频）。

本考点考查数据服务、数据可视化、数据安全（数据脱敏、数据分类分级和安全管理）。

数据服务包含三部分，数据目录就像去饭店吃饭时的菜单，顾客根据菜单点菜，数据目录类似于菜单，用户拿到数据目录时，能够很快定位自己需要哪一类数据资源；数据查询与浏览及下载服务，是通过浏览器方式查看有哪些数据，数据可以不断下钻，拿到更详细的底层数据，还可以把数据下载下来；数据分发服务是指数据的生产者，通过各种方式把数据送到用户的手上。数据可视化是把数据以及数据的结论，以图形、图像的方式表示出来，这个可以做简要的了解。数据脱敏和分类分级比较简单，不过包含的内容点相对较多，学习的时候需要留意细节；安全管理需要掌握 3 个能力项，是这个细分考点的最低要求，至于能力项对应的主要活动和工作要点建议达到熟悉的程度。

考题精练

1. 关于数据脱敏的描述，不正确的是（　　）。
    A．数据脱敏包括可恢复与不可恢复两类，可恢复类的脱敏规则主要是各类加解密算法规则
    B．数据脱敏算法通常不可逆，防止使用非敏感数据推断、重建敏感原始数据
    C．在某些场景下，对同一字段脱敏的每轮计算结果都不可重复
    D．脱敏过程必须在规则引导下自动化进行

【解析】答案为 C。脱敏结果可重复原则指在某些场景下，对同一字段脱敏的每轮计算结果都相同或者都不同。

第 17 章 信息安全管理考点精讲及考题实练

17.1 章节考情速览

信息系统越发展，信息安全管理的重要性就越凸显，前面在介绍云服务运营管理、应用系统管理、网络系统管理、桌面与外设管理、数据管理等时，均涉及了相应的安全管理，本章又从安全风险管理、安全策略管理、应急响应管理、安全等级保护、信息安全控制措施等方面再次对安全进行了全面和详细的论述，足见其重要性。本章的内容相对较多，而且比较枯燥，考点往往都隐藏在细节中，所以需要保持耐心进行备考学习。

信息安全管理在基础知识科目中预计会考查 5 分左右，同时也是应用技术科目考查的重点内容。

17.2 考点星级分布图

本章涉及的主要考点分布及难度与频度双星级如图 17-1 所示。

```
信息安全管理考点
├─ 安全管理体系 ──【考点132】安全管理体系和风险管理 —— 难度星级：★  频度星级：★
├─ 安全风险管理 ┬─【考点133】语境建立、风险评估和风险处置 —— 难度星级：★★  频度星级：★★★
│              └─【考点134】批准留存、监视评审与沟通咨询 —— 难度星级：★★  频度星级：★★
├─ 策略及应急 ┬─【考点135】安全策略管理 —— 难度星级：★★  频度星级：★★★
│            ├─【考点136】应急事件类型、损失和等级 —— 难度星级：★★  频度星级：★★★
│            ├─【考点137】应急响应组织、能力建设和演练 —— 难度星级：★  频度星级：★★
│            └─【考点138】应急处置过程及重保 —— 难度星级：★  频度星级：★★
└─ 等保及控制 ┬─【考点139】安全等级保护 —— 难度星级：★  频度星级：★★
              └─【考点140】信息安全控制措施 —— 难度星级：★★  频度星级：★★
```

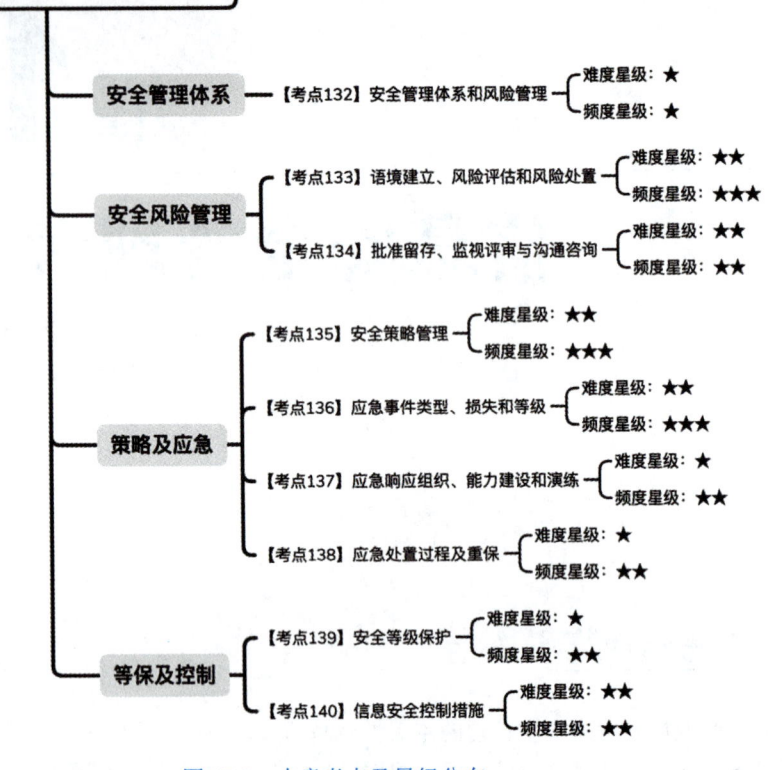

图 17-1　本章考点及星级分布

17.3　核心考点精讲及考题实练

【考点132】安全管理体系和风险管理

◉ 考点精华

保密性（Confidentiality）、完整性（Integrity）和可用性（Availability）是 CIA 三要素也称"信息安全三元组"，信息安全管理体系旨在对 CIA 三要素提供保护，主要包括：①方针与目标；②组织与人员职责；③资产管理；④人力资源安全，减少员工导致的信息安全风险；⑤物理与环境安全；⑥通信与操作管理；⑦访问控制；⑧密码管理；⑨供应商与合同管理；⑩信息安全事件管理。

安全组织体系是在内部建立的负责信息安全工作的部门或团队。信息安全组织体系建设有如下 8 个关注点：①高层管理支持。高层管理支持是信息安全工作成功的基础。②安全管理委员会。由高层管理人员和相关部门的代表组成，是信息安全决策和协调的核心机构。③安全管理部门。

安全管理部门是信息安全管理的执行和监督机构。④安全工作团队。由具备信息安全技术和知识的专业人员组成，安全工作团队是信息安全实施的执行和支撑力量。⑤安全责任人。安全责任人是信息安全管理的推动者和实施者。⑥安全培训和意识提升。⑦安全合作与沟通。⑧安全评估和持续改进。

信息安全管理内容涵盖8个方面：①信息资产管理。首先对信息资产进行分类和标识，然后制定安全控制措施。②风险管理。风险管理是指识别、评估和处理信息安全风险的过程。③安全控制。安全控制包括访问控制、身份验证、加密、防火墙、入侵检测和防御系统等。④安全策略。安全策略确保组织在信息安全方面的一致性和合规性。⑤事件管理。信息安全事件有未经授权的访问、数据泄露、恶意代码感染等。⑥安全培训与意识提升。用来提高员工对信息安全的认识和保护意识。⑦安全审计与合规性。通过定期进行安全审计，确保安全控制措施的实施和合规性。⑧持续改进。信息安全管理是持续不断的过程。

信息安全风险管理的原则主要有分级管理、全面管理、动态调整和科学合理等，分别如下：

1. 分级管理。根据风险发生可能性及影响程度对风险进行分级管理。
2. 全面管理。全面管理涉及网络和系统安全风险、数据安全风险、个人信息安全风险、供应链安全风险、新技术新应用安全风险等，同时也需要对过程、技术、方法、人员和工具等进行全面管理。
3. 动态调整。结合风险要素和环境等变化，对风险管理进行动态调整。
4. 科学合理。平衡安全与发展间的关系，实现信息安全风险管理的科学性和合理性。

信息安全风险管理活动包括语境建立、风险评估、风险处置、批准留存、监视与评审、沟通与咨询6个方面。其中语境建立、风险评估、风险处置和批准留存是信息安全风险管理的4个步骤，监视与评审、沟通与咨询贯穿步骤始终，如图17-2所示。「★案例记忆点★」

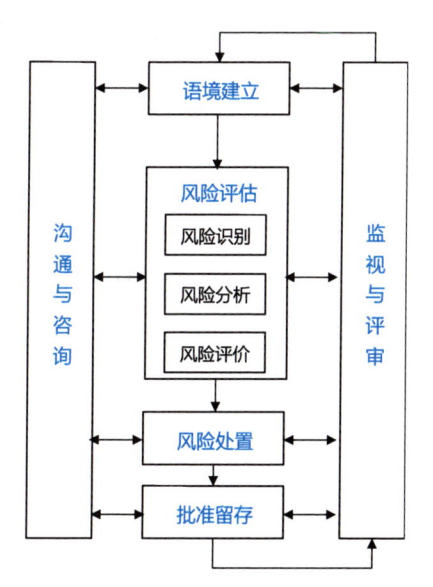

图 17-2 信息安全风险管理活动示意图

📢 备考点拨

本考点学习难度星级：★☆☆（简单），考试频度星级：★☆☆（低频）。

本考点考查安全管理体系和安全风险管理。安全管理体系需要了解其包含的10点内容，以及安全组织体系的8个方面。安全组织体系中，需要知道不同方面在其中的定位，比如安全管理委员会的定位是核心机构，安全管理部门的定位是执行监督机构等。安全风险管理在本考点中只需要掌握4个管理原则及6个方面的活动即可，后续考点会有更加详细的介绍。

🔗 考题精练

1. 在信息安全管理体系的内容中，"人力资源安全"主要是为了（ ）。

   A．减少员工导致的信息安全风险　　B．减少员工的离职风险

   C．提高员工的信息安全意识　　　　D．减少员工的日常操作风险

【解析】答案为A。在信息安全管理体系中，"人力资源安全"的主要目的是减少员工导致的信息安全风险。

2. 在信息安全风险管理活动中，（ ）不是信息安全风险管理的4个步骤之一。

   A．语境建立　　B．风险评估　　C．风险处置　　D．风险跟踪

【解析】答案为D。信息安全风险管理活动中，信息安全风险管理的4个步骤是语境建立、风险评估、风险处置和批准留存，所以最后一步是批准留存，而不是风险跟踪。

3. 信息安全风险管理的原则是（ ）。

   A．全员管理、全面管理、动态调整和科学合理

   B．分级管理、重点管理、动态管理和科学管理

   C．分级管理、全面管理、动态调整和科学合理

   D．全员管理、重点管理、动态调整和科学合理

【解析】答案为C。信息安全风险管理的原则主要有分级管理、全面管理、动态调整和科学合理。

【考点133】语境建立、风险评估和风险处置

🎯 考点精华

语境建立是信息安全风险管理的第一步，包括风险管理准备、风险管理对象调查与分析、信息安全要求分析3个工作阶段，分别如下：

1. 风险管理准备。主要活动包括：

（1）确定风险管理范围和边界。

（2）确定信息安全风险管理的目标。

（3）制定风险管理总体规划，风险管理实施计划包括：①实施团队架构、各团队负责人、涉及部门；②每个阶段的时间、地点、包含和除外的内容；③各阶段负责人、入口及出口标准、每一步流程中的预期成果；④需要的资源、职责和记录；⑤预算；⑥过程实施监视的监视内容及规则；⑦实施过程要遵守的原则和完成标准。「★案例记忆点★」

安全风险管理的语境建立

（4）最高管理者批准风险管理总体规划，并对管理层和执行层传达。

2. 风险管理对象调查与分析。调查方式包括问卷回答、人员访谈、现场考查、辅助工具等形式，主要工作包括：①调查组织的使命及目标；②调查法律法规及监管要求；③调查业务特性；④调查外部环境；⑤调查内部环境；⑥汇总调查结果，形成描述报告。「★案例记忆点★」

3. 信息安全要求分析。主要活动包括：

（1）分析风险管理对象的安全环境。

（2）分析风险管理对象的安全要求。包括保护范围、保护等级以及与相关法律法规或行业标准的符合性要求等。

（3）确定信息安全风险管理的基本准则。具体包括风险评价准则和风险可接受准则。其中风险可接受准则可参考以下内容：①风险等级为很高或高的风险建议进行处置；②风险等级为中的风险可根据成本效益分析结果确定；③风险等级为低或很低的风险可选择接受。

（4）汇总分析结果，形成风险管理对象的安全要求分析报告。

风险评估是信息安全风险管理的第二步，包括的 4 个阶段分别如下：

1. 风险评估准备。主要活动包括：

（1）制订风险评估计划。包括风险评估的目的、意义、范围、目标、组织结构、经费预算和进度安排等，形成风险评估计划书。

（2）选择风险评估方法和工具。

（3）制定风险评估方案。包括风险评估的工作过程、输入数据和输出结果等，形成风险评估方案。

2. 风险要素识别。识别方式包括文档审查、人员访谈、现场考查、辅助工具等形式，主要活动包括：①识别业务重要性并赋值；②识别需要保护的资产并赋值；③识别面临的威胁并赋值；④识别存在的脆弱性并赋值；⑤确认已有的安全措施。

3. 风险分析。主要活动包括：

（1）分析信息安全事件发生的可能性。根据威胁属性及脆弱性属性，计算安全事件发生可能性。

（2）分析信息安全事件造成的损失。根据业务属性、资产属性及脆弱性属性，计算安全事件造成的损失。

（3）实施风险计算。

4. 风险评价。主要活动包括：①评价资产风险等级；②评价业务风险等级；③综合评估风险状况，形成风险评估报告；④形成风险评估记录。

风险处置是信息安全风险管理的第三步，包括风险规避、风险转移、风险消减和风险接受，分别如下：「★案例记忆点★」

1. 风险规避。如停止有风险的活动，消除风险源头或不使用存在风险的资产避免风险发生。

2. 风险转移。如通过购买保险、分包合作的方式分担风险。

3. 风险消减。从构成风险的 5 个方面（威胁源、威胁行为、脆弱性、资产和影响）采取保护措施来降低风险。

4. 风险接受。对风险不采取进一步处置措施，接受风险可能带来的结果。

风险处置过程包括风险处置准备、风险处置实施、风险处置效果评价3个阶段，分别如下：

1. 风险处置准备。主要活动包括：

（1）组建风险处置团队。风险处置团队分为管理层和执行层，既包括直接参与人员，也包括其他相关人员，如果风险转移方式中涉及第三方组织，需将其纳入风险处置团队。

（2）确定风险处置范围和目标。风险等级划分为可接受和不可接受两种，由此形成风险接受等级划分表，其中包括治理层的组织战略风险、管理层的业务过程风险、执行层的系统风险等。

（3）选择风险处置方式。明确需处置的风险和可接受的残余风险，对于需处置的风险，形成风险处置列表和风险处置方式。

（4）明确风险处置资源。明确风险处置涉及的部门、人员和资产以及需要增加的设备、软件、工具等资源。

（5）制订风险处置计划。主要包含风险处置范围、依据、目标、方式、所需资源等。

2. 风险处置实施。主要活动包括：①准备风险处置措施；②成本效益和残余风险分析；成本效益分析包括定量分析和定性分析两种方法；③处置措施的风险分析及制订应急计划；④确定风险处置方式和措施；⑤编制风险处置方案；⑥风险处置措施测试；⑦实施风险处置措施；⑧编制风险处置报告。

3. 风险处置效果评价。主要活动包括：

（1）制定评价原则和方案。评价原则包括风险处置目标实现原则、安全投入合理准则以及其他效果评价准则。评价方案包括评价方法、评价目标、评价内容、团队组成和总体工作计划等。评价方法根据风险处置结果不同，分为残余风险评价方法和效益评价方法，根据评价对象不同分为控制措施有效性评价方法和整体风险控制有效性评价方法。

（2）开展评价实施工作。组建的效果评价团队包括风险处置实施负责人员、评价人员、监督人员等。

（3）残余风险接受声明。对于可接受的残余风险，要形成残余风险接受声明，并经风险管理决策层和管理层的认可批准。

（4）编制持续改进方案。

备考点拨

本考点学习难度星级：★★☆（适中），考试频度星级：★★★（高频）。

本考点考查信息安全风险管理活动6个方面的前三个，分别是语境建立、风险评估和风险处置。几乎每个方面，都会涉及不同的工作阶段，以及每个阶段的主要活动，这些都需要掌握，特别是需要记住其中的关键句，比如需要记住风险评估中的风险评估准备都包含了哪3个活动，可以使用关键词记忆法进行记忆，记住了关键词之后，剩下的就可以按照自己的印象补全句子。

考题精练

1. 在语境建立的调查与分析阶段，调查方式不包括（　　）。

  A．问卷回答　　　　　　　　B．头脑风暴

  C．现场考查　　　　　　　　D．辅助工具

【解析】答案为 B。在语境建立的调查与分析阶段，调查方式包括问卷回答、人员访谈、现场考查、辅助工具等形式，不包括头脑风暴这一调查方式。

【考点 134】批准留存、监视评审与沟通咨询

◎ 考点精华

批准留存是信息安全风险管理的第四步，批准是指决策层做出是否认可风险管理活动的决定，留存是指将风险管理产生的信息形成文档保存。

风险评估结果和风险处置结果的 4 条批准原则为：①业务优先；②风险可控；③成本适宜；④措施有效。

风险评估结果和风险处置结果的 4 条批准依据为：①风险评价准则；②风险接受准则；③信息安全方针与目标；④支持风险处置的资源保障能力。

风险管理的文档留存原则主要有：①保全证据；②统一规范；③简明易读；④适度使用。

监视与评审是对 4 个主体步骤（语境建立、风险评估、风险处置和批准留存）的监视和评审，有关风险因素和风险管理的监视评审介绍如下：

1. 风险因素的监视与评审包括：①风险管理范围的变化；②评估对象价值的变化；③新的或变化的威胁；④新发现的或者是变化的脆弱点；⑤残余风险的变化；⑥网络安全预警的变化；⑦风险发生带来的后果变化；⑧新发布的相关法律、法规、行业监管要求和标准；⑨相关组织架构的变化；⑩管理层的变化；⑪相关方要求的变化。

2. 风险管理的监视与评审包括：①风险管理过程的执行情况；②风险因素识别的全面性和合理性；③风险管理目标的实现情况；④风险处置计划的实施情况；⑤风险控制措施的运行有效性；⑥风险控制成本效益的合理性；⑦风险评估原则和风险接受原则的合理性；⑧当前风险评估方法的有效性和产生结果的一致性，以及新风险评估方法的适用性。

沟通与咨询同样是对 4 个主体步骤的相关方提供沟通咨询。沟通是指为参与人员提供交流途径，保持参与人员间的协调一致。咨询是指为其提供学习途径，增强风险意识、知识和技能。沟通与咨询的双方角色不同，采取的方式也有所不同，分别如下：「★案例记忆点★」

1. 指导和检查。部门上级对下级工作的指导和检查，适用于决策层对管理层、决策层对执行层和管理层对执行层等。

2. 表态。组织高层支持信息安全风险管理的对外表态，适用于决策层对支持层和决策层对用户层等。

3. 汇报。部门下级对上级做工作汇报，适用于管理层对决策层、执行层对决策层和执行层对管理层等。

4. 宣传和介绍。对外宣传介绍，用以得到外界支持和配合，适用于管理层对支持层、管理层对用户层和执行层对支持层等。

5. 培训和咨询。用以提高人员安全意识、知识和技能。适用于执行层对用户层、支持层对决策层、支持层对管理层和支持层对执行层等。

6. **反馈**。用以了解实施效果和用户需求，适用于用户层对决策层、用户层对管理层、用户层对执行层和用户层对支持层等。

7. **交流**。同级或同行之间的对等交流，用以共享信息和工作协调，适用于决策层对决策层、管理层对管理层、执行层对执行层、支持层对支持层和用户层对用户层等。

备考点拨

本考点学习难度星级：★★☆（适中），考试频度星级：★★☆（中频）。

本考点考查信息安全风险管理活动 6 个方面的后三个，分别是批准留存、监视与评审、沟通与咨询。同前 3 个方面类似，本考点也是记忆为主，优先记忆条目较少的内容，至于条目较多比如超过 10 条的风险因素的监视与评审，以理解为主就好。

考题精练

1. 在批准留存阶段，风险评估结果和风险处置结果的批准依据不包括（　　）。

  A．风险评价准则　　　　　　　　B．风险接受准则
  C．信息安全方针与目标　　　　　D．风险规避原则

【解析】答案为 D。风险评估结果和风险处置结果的批准依据包括风险评价准则、风险接受准则、信息安全方针与目标、支持风险处置的资源保障能力。

2. 在批准留存阶段，风险评估结果和风险处置结果的批准原则中，"成本适宜"是指（　　）。

  A．风险处置所投入的成本与所获得的风险降低效益相匹配，不过高或过低
  B．风险是有成本的，所以追求低成本放在首位，其次才是风险降低效果
  C．不惜成本地进行风险处置，特别是在早期阶段
  D．成本适宜只针对大型风险处置项目，小型项目无需考虑

【解析】答案为 A。在批准留存阶段，风险评估结果和风险处置结果的批准原则中，"成本适宜"是指风险处置所投入的成本与所获得的风险降低效益相匹配，不过高或过低，不是只追求低成本、不惜成本或仅针对大型项目。

【考点 135】安全策略管理

考点精华

信息安全策略是组织安全的最高方针，由高级管理部门支持，形成书面文档、发布到所有员工手中并开展培训工作。信息安全方针的内容包括：①信息安全的定义；②信息安全目标或设定信息安全目标的框架；③指导所有信息安全相关活动的原则；④满足信息安全相关适用要求的承诺；⑤持续改进信息安全管理体系的承诺；⑥对既定角色分配的信息安全管理责任；⑦处理豁免和例外的规程。特定主题策略可与信息安全方针保持一致并互补，特定主题策略用于解决组织内某些目标群体的需求或涵盖某些安全领域。

安全策略的规划实施涉及 5 个方面，分别如下：

1. **确定安全策略保护的对象**，如下所示。

（1）**信息资源的硬件和软件**。整理一份完整的系统软硬件清单是首要工作，其中包括系统涉

及的网络结构图。网络结构图中标明了数据存储的具体位置，以及数据如何在网络系统中备份、审查与管理。由此可见，在绘制网络结构图之前，先要理解数据如何在系统中流动。

（2）信息资源的数据。策略是指导方针而不是程序，有效区分的方法是搜集包括在隐私策略里的事项和简短语句，这些语句构成了策略，怎样处理数据属于程序范畴。

定义策略需求和编制清单时，了解数据的使用和结构（包括存储区域）是编写安全策略的基本要求。外部服务和其他来源也是数据清单的一部分，清单中应记录谁来处理数据，以及数据在什么时候被获得和传播。

编写策略时必须考虑数据如何处理，如何保证完整性和保密性，以及如何监测数据的处理。当使用第三方数据时，可以在获取过程中拿到数据源关联的使用和审核协议。

外部数据是从组织外部搜集、购买或者被赠与的信息，通过版权或保密协议说明信息的使用方式。从属于其他组织的公共数据源搜集信息时，尽管没有明确规定使用这些信息是否非法，但是应该加以适当的提醒。关于知识产权要考虑：①非商业目的的使用组织信息；②定义知识产权处理需求；③向第三方转让信息时，是否有保密协议和完整的信息扩散记录；④被公开数据的保护。

常被策略忽略的是对信息分类的需求，常用的方法是使用安全标号，根据数据的安全级别标记数据。涉及隐私策略时，必须定义好隐私条例，使组织不仅保护员工和客户的隐私权，员工也要保护组织的隐私权。

（3）人员。人员因素重点考虑哪些人在哪些情况下能访问系统内资源，对需要的人授予直接访问权力，并且在策略中给出"直接访问"的定义。接下来要考虑强制执行制度和对未授权访问的惩罚制度，公开说明违反策略的后果非常严重。以上内容需要扩展到通过互联网、VPN、私有网络或调制解调器等外部手段对组织系统的访问。最后，软件开发中的漏洞和用户错误情况，也需要列入分析计划中，用来分析系统的运行能力。

2. 开发安全策略。信息安全策略的本质是描述组织具有哪些重要信息资产及其如何被保护的计划。安全策略是进一步制定控制规则和安全程序的必要基础，安全策略应当目的明确、内容清楚，能广泛被组织成员接受与遵守，而且要有足够的灵活性和适应性。安全策略可以由安全负责人、业务负责人及信息资源专家等制定，但最终必须由高级管理人员批准和发布，安全策略的发布应当得到管理层无条件的支持。安全策略可以解决如下 5 个问题：①如何处理敏感信息；②如何正确维护用户身份、口令等账号信息；③如何对潜在的安全事件和入侵企图进行响应；④如何以安全的方式实现内部网络及互联网连接；⑤如何正确使用电子邮件系统。

3. 安全策略制定原则。安全策略制定原则有如下 5 点：①起点进入原则。系统建设一开始就要考虑安全策略问题。②长远安全预期原则。对安全需求要有总体设计和长远打算。③最小特权原则。④公认原则。参考当前条件下通用的安全措施作出决策。⑤适度复杂与经济原则。考虑机制的经济合理性和可操作性。

4. 安全策略制定过程。安全策略制定过程包括如下 10 个步骤：

（1）理解组织业务特征。对组织业务的了解包括对业务内容、性质、目标及其价值进行分析，充分了解组织业务特征是设计信息安全策略的前提。信息安全中的业务一般以资产形式表现出来，包括信息的数据、软件和硬件、无形资产、人员及其能力等。

（2）得到管理层的明确支持与承诺。从而可以确保：①制定的信息安全策略与组织业务目标一致；②制定的安全方针、政策和控制措施，可以得到有效贯彻；③可以得到有效的资源保证。

（3）组建安全策略制定小组。小组成员人数的多少视安全策略规模与范围大小而定。在制定较大规模安全策略时，小组应指定安全策略起草人、检查审阅人和测试用户等。

（4）确定信息安全整体目标。目标描述信息安全的宏观需求和预期达到的要求。

（5）确定安全策略范围。具体包括：①物理安全策略；②网络安全策略；③数据加密策略；④数据备份策略；⑤病毒防护策略；⑥系统安全策略；⑦身份认证及授权策略；⑧灾难恢复策略；⑨事故处理、紧急响应策略；⑩安全教育策略；⑪口令管理策略；⑫补丁管理策略；⑬系统变更控制策略；⑭商业伙伴、客户关系策略；⑮复查审计策略。

（6）风险评估与选择安全控制。在信息安全管理体系建立过程中，风险评估工作占了很大比例，风险评估的工作质量直接影响安全控制的合理选择和安全策略的完备制定。

（7）起草安全策略。根据风险评估与选择安全控制的结果，起草安全策略。安全策略要尽可能地涵盖所有的风险和控制。

（8）评估安全策略。安全策略制定完成后，要进行充分的专家评估和用户测试，以评审安全策略的完备性和易用性，确定能否达到安全目标。

（9）实施安全策略。安全策略通过测试评估后，需要由管理层正式批准实施，并开展各种方式的政策宣传和安全意识教育工作。

（10）持续改进。组织要定期评审安全策略，并对其进行持续改进。

5. 安全策略管理模式。安全策略管理模式有集中式管理和分布式管理 2 种，分别如下：

（1）集中式管理。组织中由专门的安全策略管理部门对信息资源及使用权限进行计划和分配。集中式管理模式简单、易于控制，但是工作量过于集中，操作起来会有一定的困难。

（2）分布式管理。分布式管理将信息资源按照不同类别进行划分，然后由负责不同类别资源管理的部门或人员负责安全策略的制定实施。分布式管理存在各部门安全策略不一致的风险，不过优点是能够明显减轻集中式管理给信息安全管理人员带来的巨大压力。

安全策略管理要点包括如下 5 点：「★案例记忆点★」

1. 安全策略统一描述技术。安全策略描述是实现策略管理的基础。安全策略的统一描述能够确保策略管理规范性，提高系统安全性。

2. 安全策略自动翻译。安全策略翻译是将安全策略翻译成不同设备对应的配置命令、配置脚本或策略结构。为了规避人工配置的失误和工作量，可以采用编译原理的思想实现安全策略的自动翻译技术。

3. 安全策略冲突检测与消解。大型分布式系统的策略多种多样，策略间的冲突很难避免，所以需要进行策略的一致性验证。策略一致性验证包括策略的语法语义检查和策略冲突检测两方面。

4. 安全策略发布与分发技术。安全策略发布与分发模式有"推"和"拉"两种。

内部网络设备的"推"模式下，策略服务器解析从策略库中提取的策略，将策略发送到相应的策略执行体；"拉"模式下，策略服务器根据设备的策略请求查询策略库，将策略返回给发送请求的设备。

外部网络设备的策略发布服务器作为设备和策略服务器之间的代理，使用"推"或"拉"模式时，都由策略发布服务器和策略服务器通信，将最终的策略决策转交给外网设备，保证策略服务器安全。

5. 安全策略状态监控技术。策略生命周期状态包括休眠态、待激活态、激活态和挂起态。休眠态是策略刚生成时的状态；待激活态是策略已被分发到被管设备，但还未执行时的状态；激活态是策略装入设备内核上运行的状态；挂起态是策略从设备内核卸载的状态。

备考点拨
本考点学习难度星级：★★☆（适中），考试频度星级：★★★（高频）。

本考点考查安全策略管理。这个考点的内容比较多，而且彼此联系相对紧密，所以本书建议将其作为一类大考点进行学习。安全策略管理中的方针策略达到理解的程度即可，需要重点掌握的是规划实施5个方面，这5个方面的细分考点比较琐碎，特别是确定安全策略保护的对象，需要额外关注其中的碎片化考点；安全策略制定过程虽然多达10步，但是理解起来没有前面的那么难；安全策略管理2种模式的优缺点需要掌握，5类管理要点同样要掌握，需要记住每类要点的名字。

考题精练

1. 信息安全方针的内容不包括（ ）。
   A．信息安全的定义
   B．保证数据完整性和保密性
   C．持续改进信息安全管理体系的承诺
   D．处理豁免和例外的规程

【解析】答案为 B。信息安全方针的内容包括信息安全的定义、信息安全目标或设定信息安全目标的框架、指导所有信息安全相关活动的原则、满足信息安全相关适用要求的承诺、持续改进信息安全管理体系的承诺、对既定角色分配的信息安全管理责任、处理豁免和例外的规程。

2. 在安全策略管理模式中，分布式管理的优点是（ ）。
   A．减轻集中式管理给信息安全管理人员带来的巨大压力
   B．简单、易于控制
   C．不存在各部门安全策略不一致的风险
   D．适合所有规模的组织

【解析】答案为 A。在安全策略管理模式中，分布式管理将信息资源按照不同类别进行划分，然后由负责不同类别资源管理的部门或人员负责安全策略的制定实施，其优点是能够明显减轻集中式管理给信息安全管理人员带来的巨大压力。集中式管理模式简单、易于控制；分布式管理存在各部门安全策略不一致的风险。分布式管理不适合所有规模的组织。

【考点 136】应急事件类型、损失和等级

考点精华

信息安全应急响应是指针对已发生或可能发生的安全事件进行监控、分析、协调、处理、保护信息资产安全的活动。常见的应急（安全）事件涉及网站安全、终端安全、服务器安全和邮箱安全 4 个方面，分别如下：[★案例记忆点★]

1. 网站安全。面临的威胁包括网页被篡改、非法子页面、网站 DDoS 攻击、CC 攻击、网站流量异常、异常进程与异常外联等。可采取的安全防护措施包括：①针对网站建立完善的监测预警机制；②有效加强访问控制 ACL 策略，细化策略粒度并采用白名单机制；③配置并开启网站应用日志；④加强入侵防御能力，安装防病毒软件或部署防病毒网关等；⑤定期开展安全评估、渗透测试、代码审计等工作；⑥部署全流量监测设备，及时发现恶意网络流量；⑦加强日常安全巡检制度。

2. 终端安全。面临的威胁包括运行异常、勒索病毒、终端 DDoS 攻击等。可采取的安全防护措施包括：①定期安装补丁，防止漏洞攻击；②采用统一的防病毒软件；③网络层面采用能对全流量进行持续存储和分析的设备；④完善组织内部 IP 和终端位置信息的关联；⑤加强员工培训，提高员工安全意识。

3. 服务器安全。面临的威胁包括运行异常、木马病毒、勒索病毒、服务器 DDoS 攻击等。可采取的安全防护措施包括：①及时清除 WebShell 后门、恶意木马文件、挖矿程序等，建议重新安装操作系统，以保证恶意程序被彻底清理；②对受害内网机器进行全盘查杀，可进行全盘重装系统；③系统相关用户杜绝使用弱口令；④有效加强访问控制 ACL 策略，细化策略粒度并采用白名单机制；⑤禁止服务器主动发起外部连接请求，除非使用白名单方式，并在出口防火墙加入相关策略；⑥加强入侵防御能力，安装防病毒软件或部署防病毒网关；⑦增加流量监测设备的日志存储周期记录；⑧定期开展安全评估、渗透测试、代码审计工作；⑨加强日常安全巡检制度，常态化信息安全工作。

4. 邮箱安全。面临的威胁包括邮箱异常、邮箱 DDoS 攻击等。可采取的安全防护措施包括：①邮箱系统使用高复杂强度的密码；②邮箱系统开启短信验证功能；③邮箱系统开启 HTTPS 协议；④加强日常攻击监测预警、巡检、安全检查等工作；⑤部署安全邮件网关。

安全应急响应事件的损失分为特别严重的系统损失、严重的系统损失、较大的系统损失和较小的系统损失，分别如下：

1. 特别严重的系统损失。造成系统大面积瘫痪，丧失业务处理能力，或关键数据的保密性、完整性、可用性遭到严重破坏，恢复正常运行和消除负面影响需付出的代价十分巨大，对于事发组织不可承受。

2. 严重的系统损失。造成系统长时间中断或局部瘫痪，业务处理能力受到极大影响，或关键数据的保密性、完整性、可用性遭到破坏，恢复正常运行和消除负面影响所需付出的代价巨大，对于事发组织勉强可承受。

3. 较大的系统损失。造成系统中断，明显影响系统效率，重要信息资源或一般信息资源业

务处理能力受到影响，或重要数据的保密性、完整性、可用性遭到破坏，恢复正常运行和消除负面影响所需付出的代价较大，对于事发组织基本可以承受。

4. 较小的系统损失。造成系统短暂中断，影响系统效率，系统业务处理能力受到影响，或重要数据的保密性、完整性、可用性受到影响，恢复正常运行和消除负面影响需付出的代价较小。

应急响应事件的等级分为四级：特别重大事件（红色等级）、重大事件（橙色等级）、较大事件（黄色等级）、一般事件（蓝色等级），分别如下：「★案例记忆点★」

1. 特别重大事件（红色等级）。对计算机或网络系统承载的业务、事发组织利益及社会公共利益有灾难性影响或破坏，对社会稳定和国家安全产生灾难性危害。如丢失绝密信息的安全事件、对国家安全造成重要影响的安全事件。

2. 重大事件（橙色等级）。对计算机或网络系统承载的业务、事发组织利益及社会公共利益有极其严重的影响或破坏，对社会稳定和国家安全造成严重危害。如丢失机密信息的安全事件、对社会稳定造成重要影响的安全事件。

3. 较大事件（黄色等级）。对计算机或网络系统承载的业务、事发组织利益及社会公共利益有较为严重的影响或破坏，对社会稳定和国家安全产生一定危害。如丢失秘密信息的安全事件、对事发组织人员的正常工作和形象造成影响的安全事件。安全事件暂时不会影响业务系统，但存在一定的隐患，需要准确定位处理。

4. 一般事件（蓝色等级）。对计算机或网络系统承载的业务及事发组织利益有一定的影响或破坏，或者基本没有影响和破坏。如丢失工作秘密的安全事件、只对事发组织部分人员的正常工作秩序造成影响的安全事件。安全事件对业务没有任何影响，但需要人工加以处理。事件出现下列情况时，考虑等级升级：①三小时内未能做出明确问题判断和处理方案；②经过分析有产生严重一级事件的可能性；③处理过程中出现严重问题。

备考点拨

本考点学习难度星级：★★☆（适中），考试频度星级：★★★（高频）。

本考点考查应急事件的类型、损失划分以及等级划分。其中应急事件的4种类型，需要掌握面临的威胁以及对应的安全防护措施。面临的威胁可以参考考纲中的表格，达到了解和理解的程度，能够区分不同威胁归属的应急事件类型。安全防护措施需要掌握，不排除会在应用技术题中进行考查。应急响应事件的损失划分和等级划分，建议结合定义进行纵向的对比学习，纵向对比学习的关键词，本书已经在考点精华中重点标出。

考题精练

1. 终端安全面临的威胁不包括（　　）。

　　A．运行异常　　　　　　　　B．终端 DDoS 攻击
　　C．勒索病毒　　　　　　　　D．CC 攻击

【解析】答案为 D。终端安全面临的威胁包括运行异常、勒索病毒、终端 DDoS 攻击。CC 攻击属于网站安全面临的威胁。

2. 对于服务器安全，以下（　　）防护措施是为了防止弱口令带来的风险。
　　A．系统相关用户杜绝使用弱口令
　　B．及时清除 WebShell 后门、恶意木马文件、挖矿程序等
　　C．禁止服务器主动发起外部连接请求，除非使用白名单方式
　　D．增加流量监测设备的日志存储周期记录

【解析】答案为 A。在服务器安全防护措施中，系统相关用户杜绝使用弱口令是为了防止弱口令带来的风险；及时清除 WebShell 后门等是为了清理恶意程序；禁止服务器主动发起外部连接请求是为了限制服务器外联；增加流量监测设备的日志存储周期记录是为了更好地监测流量。

【考点 137】应急响应组织、能力建设和演练

考点精华

应急响应组织可以是正式的、固定的，也可以是临时组建的。大部分组织可由内部信息安全相关部门负责应急响应的组织工作，不必设置专门的应急响应岗位，但是职责负责人一定要事先明确。一般情况下，组织的应急响应工作和安全保障工作在组织上是合一的。

应急响应工作的组织体系包括内部协调和外部协调，如图 17-3 所示。内部协调的对象主体是组织内部组建的安全应急响应领导小组（决策中心）、网络安全保障与应急响应办公室（协同中心）、相关业务线或受影响的业务部门、各专项保障组，以及技术专家组、顾问组、市场公关组。安全应急响应领导小组负责统一指挥；应急办负责具体执行；相关业务线或受影响的业务部门需要参与到应急响应工作中，配合查明原因并恢复业务；各专项保障组承担执行网络系统安全应急处置与保障工作；技术专家组指导技术实施人员采取有效技术措施，顾问组提供总体或专项策略支持，市场公关组负责对外消息发布、公开沟通回应。

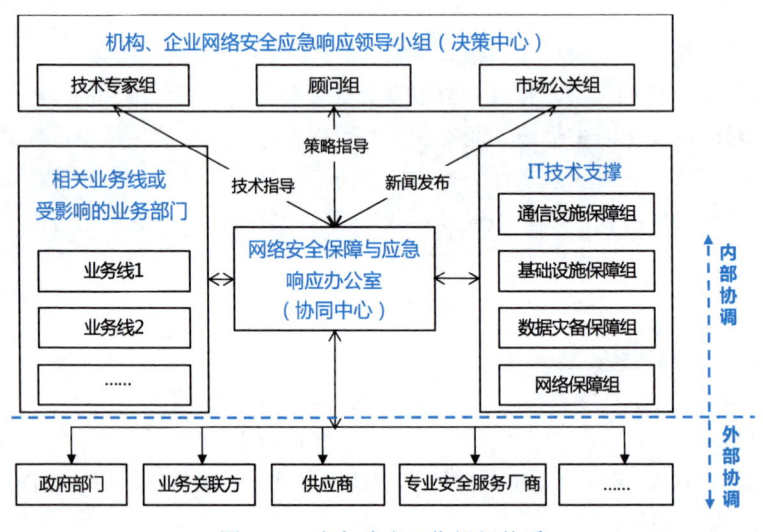

图 17-3　应急响应工作组织体系

外部协调的对象主体包括各相关政府部门、业务关联方、供应商（包括相关的设备供应商、软件供应商、系统集成商、服务提供商等）、专业安全服务厂商等。

应急响应能力建设重点加强综合分析与汇聚能力、综合管理能力、协同保障能力、信息安全日常管理能力等4个方面的建设，分别如下：

1. **综合分析与汇聚能力**。建立以信息汇聚（采集、接入、过滤、泛化、归并）、管理（存储、利用）、分析（基础分析、统计分析、业务关联性分析、技术关联性分析）、发布（多维展现）等为核心的完整能力体系。

2. **综合管理能力**。注重用信息化手段建立完整的业务流程，注重建立集信息安全管理、动态监测、预警、应急响应于一体的信息安全综合管理能力。

3. **协同保障能力**。建立良好的通信保障基础设施，建立顺畅的信息沟通机制，通过应急演练工作，熟练开展协同保障工作。

4. **信息安全日常管理能力**。信息安全日常管理与应急响应工作不可简单割裂，两者之间的区别主要体现在：①**业务类型不同**。信息安全日常管理包括对较小的安全事件进行处置，而应急响应工作一般面对较严重的安全事件。②**响应流程不同**。信息安全日常管理对较小的安全事件处理流程要求简单、快速，由少量专业人员完成即可，而应急响应工作需要有信息上报、联合审批、分类下发等重要环节，响应流程较为复杂。③**涉及范围不同**。应急响应工作状态下的严重信息安全事件波及范围广，涉及范围远大于信息安全日常管理工作状态。「★案例记忆点★」

实战攻防演练以实战化、可视化、专业化为原则，对实际目标系统以不进行破坏攻击为底线，进行实战攻防对抗，攻击模式不限于单个系统，不限于内网渗透，不限于通过周边系统迂回。网络安全演练分为桌面推演、模拟演练和实战演练3种形式，分别如下：

1. **桌面推演**。桌面演练通常在室内完成，利用演练方案、流程图、计算机模拟、视频会议等辅助手段，侧重于演练制度、流程的检验。

2. **模拟演练**。模拟演练通过搭建测试环境，模拟真实系统及网络环境，由于模拟环境无法进行1:1仿真实际系统，与真实环境存在差异，因此无法真实反映安全防御体系的防护能力。

3. **实战演练**。实战演练以真实生产环境为战场，采用攻击者视角，以不破坏目标系统为基础，从攻击者角度全面检验安全防护体系的有效性。

📣备考点拨

本考点学习难度星级：★☆☆（简单），考试频度星级：★★☆（中频）。

本考点考查应急响应组织体系、能力建设和演练。组织体系最佳的备考策略就是看图学习，看组织体系图，了解图中不同部门角色的定位和职责；应急响应能力建设至少需要记住4个方面的能力名字，其次需要关注信息安全日常管理和应急响应工作3个方面的区别；应急响应演练的概念比较简单，重点需要掌握3种演练形式以及各自的特点。

🖉考题精练

1. 在应急响应组织中，关于职责负责人，以下说法正确的是（　　）。

　　A．职责负责人一定要事先明确，不必设置专门岗位

B. 不用事先明确职责负责人，等应急事件发生了再确定即可

C. 只有设置专门的应急响应岗位后，才需要明确职责负责人

D. 职责负责人明确与否不重要，不影响应急响应工作开展

【解析】答案为 A。大部分组织可由内部信息安全相关部门负责应急响应的组织工作，不必设置专门的应急响应岗位，但职责负责人一定要事先明确，不能等事件发生再确定，也不是设置专门岗位才明确，且明确职责负责人对工作开展很重要。

2. 在应急响应工作的内部协调中，安全应急响应领导小组的主要职责是（　　）。

A. 负责统一指挥　　　　　　　　B. 负责具体执行

C. 配合查明原因并恢复业务　　　D. 指导技术实施人员采取有效技术措施

【解析】答案为 A。在应急响应工作的内部协调中，安全应急响应领导小组负责统一指挥，网络安全保障与应急响应办公室负责具体执行，相关业务线或受影响的业务部门配合查明原因并恢复业务，技术专家组指导技术实施人员采取有效技术措施。

【考点 138】应急处置过程及重保

◎考点精华

应急响应处置过程包括准备、检测、抑制、根除、恢复、报告与总结等 6 个阶段，分别如下：
「★案例记忆点★」

1. 准备阶段。主要工作包括建立合理的防御和控制措施、建立适当的策略和程序、获得必要的资源和组建响应队伍等。

2. 检测阶段。作出初步的动作和响应，也就是估计事件范围，制定进一步的响应战略，保留可能用于司法程序的证据。

3. 抑制阶段。抑制的目的是限制攻击范围，抑制策略包括关闭所有的系统、从网络上断开相关系统、修改防火墙和路由器的过滤规则、封锁或删除被攻破的登录账号、提高系统或网络行为的监控级别、设置陷阱、关闭服务以及反击攻击者的系统等。

4. 根除阶段。在事件被抑制之后，通过对有关恶意代码或行为的分析结果，找出事件根源并彻底清除。

5. 恢复阶段。恢复阶段的目标是把所有被攻破的系统和网络设备彻底还原到它们正常的任务状态。

6. 报告与总结阶段。报告与总结阶段的目标是回顾并整理发生事件的各种相关信息，尽可能地把所有情况记录到文档中。

重要活动应急保障（以下简称"重保"）是指重要活动或者会议的网络安全保障及重大事件应急响应，其对应的重保对象分为三类：①与重要活动或者会议主办方相关的信息资源。比如主办方官网、注册类系统、认证系统，主办方官方微博、公众号，与重要活动或者会议举办场地有关的网络环境。②与负责重保工作的监管机构相关的信息资源。比如监管机构内部重要信息资源，监管机构针对被监管组织进行监测的信息资源。③与其他重点保障组织相关的信息资源。比如可

能涉及的党政机关、金融、媒体、交通、能源、水利、教育等行业的重要信息资源，各重点保障组织承载业务系统的基础网络环境，其他重要的系统。

针对重保对象的重保风险分析，分为面向互联网开放的信息资源、不面向互联网开放的内部信息资源两大类。面向互联网开放的信息资源重保风险分析，重点关注资源的自身脆弱性和重保期间可能面临的外部威胁；不面向互联网开放的内部信息资源重保风险分析，重点关注资源的自身脆弱性和重保期间可能面临的内部和外部威胁。可能需要重点关注的风险有：网站被篡改风险、网站可用性风险、网站数据泄露安全风险、流量劫持风险、未知资产暴露风险、重要互联网信息资源漏洞风险、重要组织现场环境风险、紧急事件应急响应处置不熟练风险。「★案例记忆点★」

重保方案的设计思路，主要包括4个方面内容。

1. 构建重保期的积极防御体系。可参考网络安全滑动标尺模型，该模型涵盖基础架构、被动防御、积极防御、威胁情报和反制进攻五大具有连续性关系的类别。

2. 加强系统生命周期安全管理。对应用系统的需求、设计、开发、上线和运行等阶段进行安全保障工作。

3. 全面建立主动安全运营机制。建设积极防御的循环机制，实现由被动安全向主动安全的转换。

4. 提升数据驱动的威胁对抗能力。一方面将云端威胁情报数据推送到本地做快速比对，及时发现本地安全威胁；另一方面也可以形成"云端+本地"的主动风险发现能力。

重保工作过程分为备战阶段、临战阶段、实战阶段和决战阶段4个阶段，其中备战阶段、临战阶段是在重要活动或者会议开始前为安全保障工作做准备，实战阶段、决战阶段是为重要活动或者会议过程中的安全保障工作提供技术支撑。分别如下：

1. 备战阶段。备战阶段通过互联网资产发现和自动化远程检查等手段，为重保过程中的人员、信息资源安全保障，提供基础数据和攻击面总体安全态势，包括重保队伍组建、重保方案设计、业务资产调研、远程安全检查等活动。

2. 临战阶段。临战阶段通过现场安全检查和专项安全检查对备战阶段发现的各种安全问题进行"清零"。其中现场安全检查可进行多轮检查，首轮现场安全检查采用现场访谈、人工技术检查等方式进行安全检查，后续现场安全检查对首轮安全检查中发现的安全问题进行复查，可采用不同组织交叉检查的方式进行验证复核。

3. 实战阶段。通过开展应急预案与演练、实战攻防演练等工作，检验前期重保检查工作的成效。其中实战攻防演练一方面检验临战阶段工作整改落实情况；另一方面检验真实网络攻击发生时，网络安全保障队伍的实战应对能力。

4. 决战阶段。决战阶段是重要活动或者会议召开期间的现场安保阶段，一般要求7×24小时现场安全服务保障。主要工作内容包括安全监测、应急值守、应急处置、总结与报告等工作。

重保人员技术保障包括一线重保安全检查团队、二线应急支撑团队、三线专项技术专家团队和重保支撑团队等。

1. 一线重保安全检查团队。负责开展安全检查工作，属于重保服务团队的先锋力量。团队由专业安全人员组成，涵盖主机、网络、应用、数据等信息资源涉及的各层面人员。

2. **二线应急支撑团队**。负责提供问题解决的技术支持，属于重保服务团队的技术支撑力量。

3. **三线专项技术专家团队**。负责信息安全事件分析和研判，为重保领导小组提供决策支持。团队由各行业或某方面的安全专家组成。

4. **重保支撑团队**。负责众多的非技术类工作，如人员安排、部门沟通协作、用户支撑、总结报告等工作。

重保技术平台保障包括互联网资产发现与扫描平台、高级威胁监测平台、攻防演练平台、网站安全监测平台、网站安全云防护平台和安全态势感知平台等，分别如下：

1. **互联网资产发现与扫描平台**。平台采用安全大数据进行互联网资产梳理与暴露面筛查，针对用户授权范围内的信息资源资产进行扫描和人工确认，及时了解暴露在互联网上的资产信息情况。

2. **高级威胁监测平台**。平台基于数据驱动的安全方法论，依靠多维度海量大数据，提前洞悉各类安全威胁。

3. **攻防演练平台**。平台为重保实战阶段的攻防演练工作提供技术支撑，满足重保工作中攻防演练的需求。

4. **网站安全监测平台**。平台利用云计算、安全大数据技术，实时监测网站安全状态。

5. **网站安全云防护平台**。平台通过云计算与大数据技术，用集群化协同防御体系代替传统的单点防御体系，有效解决用户网站面临的安全威胁。同时该平台可集成威胁情报技术，在威胁刚进入云平台时对威胁进行阻断。

6. **安全态势感知平台**。平台运用大数据搜索引擎、数据可视化、海量数据还原等多种技术，对平台重点保护目标的网络与网站安全进行全方位持续监测。

📢 备考点拨

本考点学习难度星级：★☆☆（简单），考试频度星级：★★☆（中频）。

本考点考查应急处置过程和重保。应急处置过程需要掌握6个阶段以及分别对应的基本特点。重保考查的要点相比比较多，一共包含重保对象及风险、重保方案设计思路、重保工作过程、重保人员技术保障和重保技术平台保障5个方面，作为本考点的重点内容，需要掌握每个方面的关键术语（关键词）。

🔗 考题精练

1. 重保对象中，与重要活动或者会议主办方相关的信息资源不包括（　　）。

　　A．主办方官网、注册类系统、认证系统

　　B．主办方官方微博、公众号

　　C．与重要活动或者会议举办场地有关的网络环境

　　D．监管机构内部重要信息资源

【解析】答案为 D。与重要活动或者会议主办方相关的信息资源包括主办方官网、注册类系统、认证系统，主办方官方微博、公众号，与重要活动或者会议举办场地有关的网络环境等，监管机构内部重要信息资源属于与负责重保工作的监管机构相关的信息资源。

2. 在重保风险分析中，面向互联网开放的信息资源重保风险分析，重点关注的内容不包括（   ）。

  A. 资源的自身脆弱性　　　　　　B. 重保期间可能面临的外部威胁
  C. 重保期间可能面临的内部威胁　　D. 以上都不是

【解析】答案为 C。面向互联网开放的信息资源重保风险分析，重点关注资源的自身脆弱性和重保期间可能面临的外部威胁，不面向互联网开放的内部信息资源重保风险分析才重点关注内部和外部威胁。

【考点 139】安全等级保护

◉ 考点精华

信息安全等级保护的保护对象包括运营商和服务提供商、重点行业和重要机关等，安全保护等级一共分为 5 个安全保护等级，分别如下：

第一级（自主保护级）：等级保护对象受到破坏后，会对公民、法人和其他组织的合法权益造成损害，但不损害国家安全、社会秩序和公共利益。

第二级（指导保护级）：等级保护对象受到破坏后，会对公民、法人和其他组织的合法权益产生严重损害，或者对社会秩序和公共利益造成损害，但不损害国家安全。

第三级（监督保护级）：等级保护对象受到破坏后，会对社会秩序和公共利益造成严重损害，或者对国家安全造成损害。

第四级（强制保护级）：等级保护对象受到破坏后，会对社会秩序和公共利益造成特别严重损害，或者对国家安全造成严重损害。

第五级（专控保护级）：等级保护对象受到破坏后，会对国家安全造成特别严重损害。

等保基本框架包含技术要求与管理要求，技术要求覆盖安全物理环境、安全通信网络、安全区域边界、安全计算环境和安全管理中心等；管理要求覆盖安全管理制度、安全管理机制、安全管理人员、安全建设管理和安全运维管理等。等保体现的"一个中心三重防御"思想中，一个中心指"安全管理中心"，三重防御指"安全计算环境、安全区域边界、安全通信网络"。

等保方案与配置涉及技术方案规划、设备/系统配置规划和安全管理规划。其中技术方案规划涉及安全管理中心、安全通信网络、安全区域边界和安全计算环境等内容，安全管理规划涉及安全管理制度、安全管理机构、安全管理人员、安全建设管理、安全运维管理等内容。

等保实施方法涉及以下内容：①安全定级；②基本安全要求分析；③系统特定安全要求分析；④风险评估；⑤改进和选择安全措施；⑥实施。

等保实施过程包括定级、规划与设计、实施及等级评估与改进 3 个阶段，分别如下：

1. 定级。定级阶段包括 2 个步骤：①系统识别与描述。将复杂系统进行分解，描述系统和子系统的组成及边界。②等级确定。完成信息资源总体定级和子系统定级。

2. 规划与设计。规划与设计阶段包括 3 个步骤，分别为：①系统分域保护框架建立；②选择和调整安全措施；③安全规划和方案设计。

3. 实施及等级评估与改进。实施及等级评估与改进阶段包括 3 个步骤，分别为：①安全措施的实施；②评估与验收；③运行监控与改进。

备考点拨

本考点学习难度星级：★☆☆（简单），考试频度星级：★★☆（中频）。

本考点考查安全等级保护，具体而言包括分级框架、方案配置与方法过程。等保分为 5 个等级，安全保护等级的第一级只对人造成损害，第二级对社会造成损害，从第三级开始对国家安全造成损害，第四级是严重损害，第五级是特别严重损害，通过这样关键句的方式，信息安全保护的 5 个等级会更加容易记忆。方案配置和方法过程中存在较多的记忆点需要掌握，比如等保实施过程，不仅仅要掌握 3 个阶段，还需要掌握 3 个阶段中分别对应的步骤。

考题精练

1．等保体现的"一个中心三重防御"思想中的三重防御不包括（　　）。

  A．安全计算环境　　　　　　　　B．安全区域边界

  C．安全通信网络　　　　　　　　D．安全物理环境

【解析】答案为 D。等保"一个中心三重防御"思想中，一个中心指"安全管理中心"，三重防御指"安全计算环境、安全区域边界、安全通信网络"，不包括安全物理环境。

2．在等保实施过程的规划与设计阶段，下列（　　）不是其步骤之一。

  A．系统分域保护框架建立　　　　B．选择和调整安全措施

  C．运行监控与改进　　　　　　　D．安全规划和方案设计

【解析】答案是 C。等保实施过程的规划与设计阶段包括系统分域保护框架建立、选择和调整安全措施、安全规划和方案设计，运行监控与改进属于实施及等级评估与改进阶段的步骤。

【考点 140】信息安全控制措施

考点精华

信息安全控制包括组织控制、人员控制、物理控制和技术控制。组织控制包括信息安全策略、信息安全角色和责任、职责分离、威胁情报、云服务使用的信息安全等；人员控制包括审查、任用条款和条件、违规处理过程、远程工作等；物理控制包括物理安全边界、物理入口、物理安全监视、在安全区域工作等；技术控制包括配置管理、信息删除、数据掩蔽、数据防泄露、监视活动、网页过滤和安全编码等。

威胁情报具有相关性、洞察力、情境性和可行动性 4 个特点，分为 3 个层级：①战略级的威胁情报；②战术级的威胁情报；③运营级的威胁情报。威胁情报活动包括以下 6 个活动：①建立威胁情报生成的目标；②识别、审查并选择内外部信息源；③从选定的内外部来源中收集信息；④对收集到的信息进行处理；⑤分析信息以理解其与组织的关系及意义；⑥以可理解的方式与相关人员沟通和分享信息。

在云服务使用的信息安全中，云服务协议通常是预定义且不开放协商，云服务协议应满足组织的保密性、完整性、可用性和信息处理的要求，并具有适当的云服务级别目标和云服务质量

目标。作为云服务客户的组织，应考虑该协议是否要求云服务提供者在对服务交付方式作出任何具有实质性影响的变更之前，提前进行通知。

业务连续性的信息通信技术就绪是业务连续性管理和信息安全管理的重要组成，以确保在中断期间继续完成组织的目标，ICT 连续性需求是业务影响分析（Business Impact Analysis，BIA）的结果，ICT 连续性计划包括详细说明组织计划如何管理 ICT 服务中断的响应和恢复规程：①达到 BIA 规定的业务连续性要求和目标的性能和容量规格；②每个优先的 ICT 服务的 RTO 和恢复这些组件的规程；③定义为信息的优先 ICT 资源的 RPO 和恢复信息的规程。

技术控制包括配置管理、信息删除、数据脱敏、数据防泄露、监视活动、网页过滤和安全编码等，重点内容如下：

1. 配置管理。组织应明确并实施过程和工具，定义硬件、软件、服务和网络安全配置的标准模板，具体包括：①使用公开可用的指南；②考虑所需的保护级别，以确定足够的安全级别；③支持组织的信息安全方针、特定主题策略、标准和其他安全要求；④考虑安全配置在组织环境中的可行性和适用性。

配置记录包含以下信息：①资产的最新拥有者或联系信息；②上次配置变更的日期；③配置模板的版本；④与其他资产配置的关系。「★案例记忆点★」

2. 信息删除。敏感信息的保存时间不宜超过所需的时间，删除信息时考虑的事项如下：①选择删除方法；②记录删除结果作为证据；③当使用信息删除服务供应商时，获取信息删除证据。

敏感信息删除方法如下：①将系统配置为当不再需要时安全地销毁信息；②删除任何位置的过时版本、副本和临时文件；③使用经批准的安全删除软件永久删除信息；④使用经批准、认证的安全处置服务提供者；⑤使用适合于被处置存储媒体类型的处置机制。

3. 数据脱敏。数据脱敏技术包括：①加密：要求授权用户拥有密钥；②清空或删除字符：防止未经授权的用户看到完整的消息；③不同的数字和日期；④替换：将一个值替换为另一个值以隐藏敏感数据；⑤用散列替换值。

实施数据脱敏技术时，组织考虑以下 4 点：①不允许所有用户访问所有数据，仅向用户显示所需的最小数据；②设计和实施数据混淆处理机制，避免用户看到一组数据中的某些数据；③当数据被混淆时，PII 主体可要求用户不知道数据是否被混淆；④任何法律、法规或规章要求。

4. 数据防泄露。组织通过以下事项减少数据泄露风险：①识别并对信息进行分级以防止泄露；②监视数据泄露的渠道；③采取措施防止信息泄露。

数据防泄露工具用于：①识别并监视处于未经授权披露风险中的敏感信息；②检测敏感信息的泄露；③阻止暴露敏感信息的用户行为或网络传输。

5. 监视活动。纳入监视系统的事项如下：①网络、系统和应用程序的出入流量；②系统、服务器、网络设备、监视系统、关键应用程序等的访问；③关键或管理级系统和网络配置文件；④来自安全工具的日志；⑤与系统和网络活动相关的事态日志；⑥检查正在执行的代码是否被授权在系统中运行，并且未被篡改；⑦资源的使用及其性能。「★案例记忆点★」

组织需要建立正常行为的基线，监视系统根据既定基线进行配置，以识别异常行为。建立基线时考虑的事项如下：①评审系统在平常和高峰期的使用情况；②每个用户或用户组的正常访问时间、访问位置、访问频率。

6. 网页过滤。为保护系统不受恶意软件危害，并防止访问未授权的网页资源，组织需要管理对外部网站的访问，降低工作人员访问非法信息或包含病毒或钓鱼内容的网站风险，此时可采用阻止相关网站 IP 地址或域的技术。

7. 安全编码。安全编码原则用来确保安全编写软件，减少软件中潜在的信息安全脆弱性。

备考点拨

本考点学习难度星级：★★☆（适中），考试频度星级：★★☆（中频）。

本考点考查信息安全控制措施，重点考查了组织控制和技术控制，组织控制提到了威胁情报、云服务使用的信息安全和业务连续性的信息通信技术就绪。技术控制提到了 7 项内容。这个考点理解起来相对比较抽象，不过内容相对不多，多读多学几遍，重点记住其中的关键词句即可。

考题精练

1. 信息安全控制中，组织控制不包括（　　）。
   A．信息安全策略　　　　　　　　　B．物理入口
   C．职责分离　　　　　　　　　　　D．云服务使用的信息安全

【解析】答案为 B。组织控制包括信息安全策略、信息安全角色和责任、职责分离、威胁情报、云服务使用的信息安全等，物理入口属于物理控制的内容。

2. 威胁情报的特点不包括（　　）。
   A．相关性　　　　　　　　　　　　B．洞察力
   C．情境性　　　　　　　　　　　　D．动态性

【解析】答案为 D。威胁情报具有相关性、洞察力、情境性和可行动性 4 个特点。

3. 数据脱敏技术中，"用散列替换值"的目的是（　　）。
   A．隐藏敏感数据　　　　　　　　　B．方便用户查看数据
   C．增加数据复杂度　　　　　　　　D．用于测试数据准确性

【解析】答案为 A。数据脱敏技术中，"用散列替换值"是将一个值替换为另一个值以隐藏敏感数据。

第 18 章

人员管理考点精讲及考题实练

18.1　章节考情速览

人员管理属于信息系统管理工程师知识体系中的支撑,通过对本章知识的学习,能够提高信息系统管理工程师的格局和段位,属于信息系统管理工程师核心能力圈的外延式拓展,让信息系统管理工程师从过去的聚焦在"事",转变到现在的聚焦在"人",毕竟员工的行为表现是组织能否达成目标的关键。信息系统管理工程师如果能够对人员管理有更深层理解,将会非常有助于信息系统管理工作的成功开展。

人员管理按照过去经验看,一般会考查 2 分左右,主要在基础知识科目进行考查,但是也属于应用技术题的考查范围。

18.2　考点星级分布图

本章涉及的主要考点分布及难度与频度双星级如图 18-1 所示。

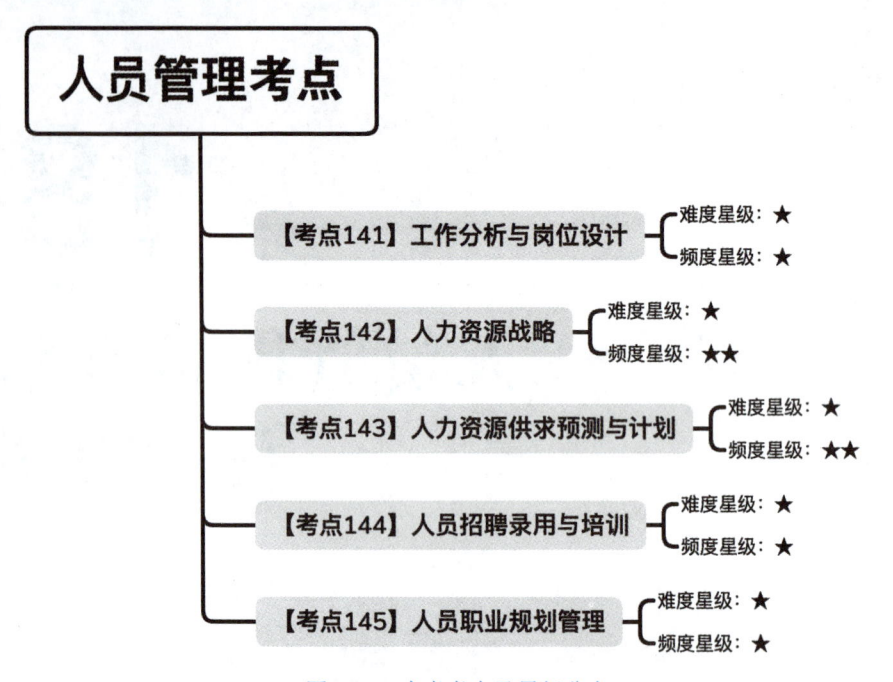

```
┌─────────────────┐
│  人员管理考点    │
└─────────────────┘
        │
        ├──【考点141】工作分析与岗位设计 ── 难度星级：★
        │                                  频度星级：★
        │
        ├──【考点142】人力资源战略 ── 难度星级：★
        │                            频度星级：★★
        │
        ├──【考点143】人力资源供求预测与计划 ── 难度星级：★
        │                                      频度星级：★★
        │
        ├──【考点144】人员招聘录用与培训 ── 难度星级：★
        │                                  频度星级：★
        │
        └──【考点145】人员职业规划管理 ── 难度星级：★
                                         频度星级：★
```

图18-1　本章考点及星级分布

18.3　核心考点精讲及考题实练

【考点141】工作分析与岗位设计

考点精华

人力资源管理的广义目标是充分利用组织的所有资源，使组织生产率水平达到最高；狭义目标是帮助各部门业务经理更加有效地管理员工。具体而言，人力资源管理目标包括：①建立员工招聘和选择系统；②最大化每个员工的潜质；③保留帮助组织实现目标的员工，同时淘汰无法给组织提供帮助的员工；④确保组织遵守人力资源管理方面的法令政策。

人力资源管理包括：①吸引。吸引满足组织工作要求的候选人，本环节会进行工作分析，确定岗位要求，预测人力需求，为开展招聘提供依据。②录用。从候选人中确定最合适的人选。③保持。保持员工有效工作的积极性，保持安全健康的工作环境。④发展。提高员工的知识、技能和能力素质，保持和增强员工的工作能力。⑤评价。对工作结果、表现与人事政策执行情况进行观察和鉴定。

人力资源管理有如下4个目标：①建立员工招聘选择体系，获得最满足组织需要的员工；②充分挖掘员工潜能，既服务组织目标，也满足员工发展需求；③留住对组织目标实现有帮助的高绩效员工，同时淘汰无法满足要求的员工；④确保组织遵守人力资源的法律法规、政策标准。

人力资源管理包括：①规划：确认组织的工作要求及对应的人员容量与技术需求，向候选人提供均等的选聘机会；②招聘：确定最适合的人选，选拔符合组织需要的员工；③维护：维护员工工作积极性和安全健康的工作环境；④提升：提高员工的知识、技能和经验能力，增强员工工作素养；⑤评价：观察、测量和评估员工的工作结果和工作表现。

工作分析是明确需要完成的任务以及任务所需人员的能力特征。通过工作分析，可以把每项工作包含的任务、责任和任职资格用正式的文件明确下来。工作分析可以用于招聘和选择员工、发展和评价员工、薪酬政策、组织与岗位设计。可以把工作分析的过程分为 4 个阶段，分别为：明确工作分析范围、确定工作分析方法、工作信息收集和分析、评价工作信息方法。在工作分析过程中，可以使用定性和定量两类方法，定性的工作分析方法主要有工作实践法、直接观察法、面谈法、问卷法和典型事例法；定量的工作分析方法主要有职位分析问卷法、管理岗位描述问卷法和功能性工作分析法。

岗位设计的目的是明确某类工作的内容和方法，岗位设计关注工作、任务和角色如何被构建、制定和修正，及其对个人、群体和组织的影响。岗位设计的内容包括 3 个方面：①工作内容设计是岗位设计的重点，包括工作的广度、工作的深度、工作的完整性、工作的自主性和工作的反馈性 5 个方面。②工作职责设计包括工作的责任、权利、方法以及工作中的相互沟通。其中工作责任设计界定员工在工作中应承担的职责及压力范围，也就是工作负荷的设定；工作权利与责任需要满足一定的对应，否则会影响工作积极性；工作方法包括领导对下级的工作方法、组织和个人的工作方法设计；相互沟通是工作顺利进行的信息基础，包括垂直沟通、平行沟通、斜向沟通等形式。③工作关系设计表现为岗位之间的协作关系、监督关系等方面。

岗位设计方法包括科学管理方法、人际关系方法、工作特征模型、高绩效工作系统。有效的岗位设计必须综合考虑各种因素，需要对工作进行周密的、有目的的计划安排，既要考虑到员工素质、能力及其他各个方面的因素，也要考虑到组织的管理方式、劳动条件、工作环境、政策机制等因素。

备考点拨

本考点学习难度星级：★☆☆（简单），考试频度星级：★☆☆（低频）。

本考点考查工作分析与岗位设计，在此之前需要了解人力资源管理的目标和内容。整个人力资源管理板块，甚至整个人员管理的章节，备考策略都是先理解再记忆，而且要结合日常工作经验来理解，这样记忆效率会高很多。拿岗位设计的内容来举例，职场中的岗位设计，依赖的必然是工作内容设计，而工作内容（设计）又会决定对应的工作职责（设计），同时岗位设计是系统性工作，要从岗位之间的协同管理出发来设计，这就是工作关系设计，由此就可以轻松掌握岗位设计的 3 个方面的内容。

考题精练

1. 以下关于工作分析核心流程的描述，不正确的是（　　）。
    A. 影响工作分析对象的选择因素包括工作的重要性、完成难度和工作内容变化
    B. 主管人员收集工作分析信息的优点是对工作有全面的了解且速度较快

C．工作说明书包括工作描述和工作规范两个方面

D．直接观察法适用于对脑力劳动要求较高的工作

【解析】答案为 D。直接观察法不适用于对脑力劳动要求较高的工作，因为看不懂。

【考点 142】人力资源战略

◎考点精华

人力资源战略确立人力资源管理的规划方向，明确组织人力资源管理的战略定位。战略性人力资源管理强调整合适应性，目标是有效运用人力资源实现组织的战略性要求和目标，致力于保证：①人力资源管理充分与组织战略和战略性需求相整合；②人力资源政策应涵盖政策本身和各层级；③人力资源实践作为一线管理者和员工工作的一部分不断得到调整、接受和运用。战略性人力资源管理分为两部分：人力资源战略和人力资源管理系统，其过程也包括两个阶段：战略制定和战略执行。

目前较为流行的人力资源战略模式为戴尔和霍德的人力资源战略模式，以及巴伦和克雷普斯的人力资源战略模式。

戴尔和霍德的人力资源战略模式将组织人力资源战略分为诱因战略、投资战略和参与战略三类。

1．诱因战略。组织采用诱因战略是为了寻求稳定性和可靠性高的员工，依赖高薪策略留住员工，与员工间是纯粹的利益互换关系。诱因战略特点如下：①强调对劳工成本的控制。严格控制员工数量，招聘经验丰富的专业人员，以降低招聘培训成本。②明确员工的工作职责。强调目标管理、分工和责任。③富有竞争力的薪酬水平。以此形成稳定的高素质团队并降低培训成本。④薪酬与绩效密切联系。通过较大比重的绩效薪酬提升员工努力程度。⑤员工关系简单。以单纯的利益交换关系为主。

2．投资战略。如果组织处于成长期或不断变化的环境中，可以采用投资战略，雇用多于需要的员工数量且重视员工培训。投资战略特点如下：①强调人力资源投资，重视培训和员工发展。②强调人才储备。招聘中会聘用和储备数量较多的员工，更看重员工潜力和能力，而非工作经验。③员工被赋予广泛的工作职责。对工作职责和分工界定不明晰，通过广泛的工作内容，给员工提供展示和创新的舞台。④注重良好的劳资关系和宽松的工作环境。把员工视为合作伙伴，对短期绩效要求较少，更看重员工潜质挖掘和长期服务。

3．参与战略。参与战略是将权力下放到最基层，提高员工参与性、主动性和创新性。参与战略特点如下：①鼓励员工参与组织管理和决策；②管理人员是指导教练，不干预员工工作，给员工较大的自主权；③注重员工自我管理和团队建设。充分授权是参与战略最大的特点。

巴伦和克雷普斯人力资源战略模式将组织人力资源战略分为三类：内部劳动力市场战略、高承诺战略和混合战略。

1．内部劳动力市场战略。内部劳动力市场战略实现两个人力资源管理目标：维护组织独特的知识，使选拔和培训成本最小化。内部劳动力市场战略特点如下：①组织官僚等级式层次分明，

提供较多员工晋升机会；②强调内部招聘渠道，鼓励员工长期效力；③提供工作保障和发展机会，鼓励员工对组织忠诚。

2. 高承诺战略。高承诺战略的目标是最大限度提高员工的产出，提高员工对组织的认同感。高承诺战略特点如下：①扁平化的组织结构，通过一定的员工流动率，获取所需的知识和能力；②体现工作成果差别的薪酬制度。

3. 混合战略。混合战略介于内部劳动力市场战略和高承诺战略之间，它既有内部劳动力市场战略的工作保障和内部晋升，也采用了高承诺战略中基于工作成果的绩效考核和薪酬方案。

💡备考点拨

本考点学习难度星级：★☆☆（简单），考试频度星级：★★☆（中频）。

本考点考查人力资源战略。主要介绍了人力资源战略的 2 类模式，每类模式之下都有 3 种具体的战略，战略的名字以及对应的特点需要掌握，是很容易出题的考点。人力资源战略理解起来比较容易，所以本考点的备考重在记忆。

📝考题精练

1. 投资战略中，关于员工工作职责方面的特点是（　　）。
   A．强调目标管理、分工和责任，明确员工的工作职责
   B．对工作职责和分工界定不明晰，员工被赋予广泛的工作职责
   C．鼓励员工参与组织管理和决策
   D．管理人员是指导教练，不干预员工工作，给员工较大的自主权

【解析】答案为 B。投资战略中员工被赋予广泛的工作职责，对工作职责和分工界定不明晰，通过广泛的工作内容，给员工提供展示和创新的舞台。强调目标管理、分工和责任是诱因战略特点；鼓励员工参与组织管理和决策以及管理人员是指导教练等属于参与战略特点。

2. 参与战略最大的特点是（　　）。
   A．充分授权，注重员工自我管理和团队建设
   B．强调人力资源投资，重视培训和员工发展
   C．强调对劳工成本的控制
   D．组织官僚等级式层次分明，提供较多员工晋升机会

【解析】答案为 A。参与战略最大的特点是充分授权，注重员工自我管理和团队建设。强调人力资源投资等是投资战略特点；强调对劳工成本的控制是诱因战略特点；组织官僚等级式层次分明等是内部劳动力市场战略特点。

【考点 143】人力资源供求预测与计划

📘考点精华

人力资源预测包括组织内外部的人力供给预测和组织人力需求预测。人力资源需求预测的解释变量包括 5 个方面：①组织业务量，可以推算出人力需求量；②预期流动率，由于辞职或解聘等原因引起的职位空缺数量；③提高业务质量或者进入新行业的决策对人力需求的影响；④技术

或管理方式的变化对人力需求的影响；⑤组织所拥有的财务资源对人力需求的约束。

人力资源需求预测有集体预测法、回归分析法和转换比率分析法。

1. 集体预测法。集体预测法也称德尔菲预测技术。德尔菲预测技术采用匿名方式获取专家意见，适合对人力需求长期趋势进行预测。德尔菲预测技术操作方法是：①选择专家，并由主持人向专家们说明预测的重要性，同时确定关键的预测方向、解释变量和难题，列举须回答的一系列具体问题；②使用匿名填写问卷等方式收集各预测专家的意见；③第一轮预测后，将专家的意见进行归纳，并将综合结果反馈回专家，以便进一步修订；④重复上述过程，直到专家们的意见趋于一致。

2. 回归分析法。是根据数学回归原理对人力资源需求进行预测。最简单的回归是趋势分析，根据各部门员工数量过去的变动趋势对未来人力需求做预测。复杂的回归是计量模型分析法，首先确定与员工数量构成关系最大的因素，比如产量或服务业务量。然后研究过去员工数量和因素间的变化规律和趋势，再根据趋势对未来人力需求做预测。最后预测需求数量与供给预测数量的差额是组织人力资源净需求预测量。如果差额为正，说明组织人力短缺，反之则说明组织人力过剩。

3. 转换比率分析法。是首先估计组织需要的关键技能的员工数量，然后根据这个数量估计辅助人员数量。

内部人力资源供给预测思路是：首先确定各岗位现有的员工数量，然后估计下个时期各岗位上留存的员工数量，进行内部人力资源供给预测时需要对人力资源计划人员的主观判断进行修正。常用的内部人力资源供给预测方法有如下6种：

1. 人才盘点与技能清单。也称全面人才评价。人才盘点的流程包括：①组织与岗位盘点。关键岗位的人才（包括后备人才）是人才盘点的重点。②开展人才盘点。对关键岗位人才进行测评，进行人才测评的前提是明确本组织的人才标准，包括设定模型和绩效指标。③拟定人才盘点之后的行动计划。人才盘点是起点而不是终点，是基础性的工作。

2. 管理人员置换图。也称职位置换卡，记录管理人员的工作绩效、晋升可能性和所需培训等内容，据此决定可以补充组织重要职位空缺的人选。

3. 人力资源接续计划。通过工作分析明确岗位具体要求，然后确定达到要求或经培训能胜任的候选员工。

4. 转换矩阵方法。也称马尔可夫方法或者转换概率矩阵，矩阵中描述组织中员工流入、流出和内部流动的整体形式，运用统计技术找出过去人事变动的规律，进而推测未来的人事变动趋势。

5. 人力资源信息系统。人力资源信息系统为收集、汇总和分析人力资源管理相关信息提供方法。在执行具体行动计划之前，完整的人力资源计划系统需要两种信息：一是人事档案；二是对组织未来的人力资源需求的预测。

6. 外部人力资源供给。与内部供给预测分析一样，外部供给分析也要研究潜在员工数量、能力等因素。

人力资源需求超过供给的2种解决方法：①增加录用数量；②提高员工效率或延长工作时间。反过来，人力供给超过需求的策略为：减少加班数量或工作时间、鼓励员工提前退休、减少新进员工数量等，还可以让合作伙伴以较低费率使用自己闲置的人力资源。在没有其他选择时，组织只能采用辞退措施，来缓解或解除人力供需矛盾。

人力资源计划是预测未来一定时期组织任务和环境对组织的要求，以及为满足要求而设计提供人力资源的过程。人力资源计划包括 3 部分：①供给报表，指明重要员工今后若干年内的晋升可能性；②需求报表，指明各部门今后若干年中需要补充的职位；③人力报表，将供给报表和需求报表结合得到的实际人事计划方案。

评价人力资源计划目标的合理性，需要考虑 5 个方面：①人力资源计划者熟悉人事问题的程度以及重视程度；②人力资源计划者与提供数据以及使用人力资源计划的管理人员之间的工作关系；③人力资源计划者与相关部门进行信息交流的难易程度；④管理人员对人力资源计划中提出的预测、行动方案和建议的重视与利用程度；⑤人力资源计划在管理人员心中的地位和价值。

评价人力资源计划时，需要进行以下 8 点比较：①实际人员招聘数量与预测人员需求量；②劳动生产率实际水平与预测水平；③实际和预测的人员流动率；④实际执行的行动方案与计划行动方案；⑤实施计划行动方案的实际结果与预期结果；⑥人力费用实际成本与预算；⑦行动方案实际成本与预算；⑧行动方案的成本与收益。上述 8 点的差距越小，说明人力资源计划越符合实际。

备考点拨

本考点学习难度星级：★☆☆（简单），考试频度星级：★★☆（中频）。

本考点考查人力资源的供求预测和计划，本考点的主体内容在于人力资源需求预测的 3 种方法和人力资源供给预测的 6 种方法，需要记住方法的名字并熟悉不同方法的大致特点。除此之外，还需要掌握供需失衡时的应对措施以及 5 个需求预测的解释变量。关于人力资源计划，需要了解目标合理性的 5 个考虑方面，以及对计划进行评价的 8 点比较。

考题精练

1. 以下不属于人力资源需求预测解释变量的是（　　）。
   A．组织业务量　　　　　　　　B．预期流动率
   C．员工工作满意度　　　　　　D．技术或管理方式的变化

【解析】答案为 C。人力资源需求预测的解释变量包括组织业务量、预期流动率、提高业务质量或者进入新行业的决策对人力需求的影响、技术或管理方式的变化对人力需求的影响、组织所拥有的财务资源对人力需求的约束。员工工作满意度不属于人力资源需求预测解释变量。

【考点 144】人员招聘录用与培训

考点精华

人员招聘活动包括如下 5 点：①招聘计划制订。②招聘信息发布。根据招聘计划确定招聘信息发布的时间、方式、渠道和范围。③应聘者申请。应聘者获取招聘信息后可向招聘单位提出应聘申请。④人员甄选与录用。组织收到应聘者简历，从专业、工作经验等方面综合比较和初步筛选。⑤招聘评估与反馈。招聘过程还包括对招聘工作的评估与反馈。

人员培训

招聘计划的内容包括：①招聘岗位、人员需求量、岗位具体要求；②招聘信息发布的时间、方式、渠道与范围等；③招募对象的来源与范围等；④招聘方法；⑤招聘测试的实施部门；⑥招聘预算；⑦招聘结束时间与新员工到位时间。

招聘策略包括负责招聘的人员、招聘来源和招聘方法3个方面。招聘策略的设计步骤一共有3步：①对组织总体环境进行研究，对组织发展方向和工作进行分析；②推断组织所需要的人力资源类型；③设计信息沟通的方式，确保组织和申请人能够彼此了解。

招聘渠道主要有以下8条渠道：①应征者的内部来源；②招聘广告；③职业介绍机构；④猎头组织；⑤校园招聘；⑥员工推荐与申请人自荐；⑦网络招聘；⑧临时性雇员。

招聘录用环节的方法是申请表格、员工测评和录用面试。工作申请表是工作申请人填写并由组织人力资源部门保存的信息记录，可以在组织出现职位空缺时选择员工。录用测试方法一共有8类，分别如下：①能力测试；②操作能力与身体技能测试；③人格与兴趣测试；④成就测试；⑤工作样本法；⑥测谎器法；⑦笔迹判定法；⑧体检。其中工作样本法强调直接衡量工作绩效，测试员工的实际动手能力，可以是操作性的，也可以是对管理人员的口头表达情景测试。在3类招聘录用方法中，经常使用的方法还是面试。面试程序包括面试前准备、实施面试和评估面试结果。按照面试问题结构化程度，招聘面试类型分为非结构化面试、半结构化面试和结构化面试。

招聘录用过程中有3种录用原则，分别是：①补偿性原则。指评价申请人时对不同项目设置不同权重，补偿性原则适用于对申请人没有最低要求，强调申请人综合素质的情况。②多元最低限制原则。指申请人每个方面的测评都必须达到最低标准，在测试手段安排上，首先选择成本较低的测试手段，成本越高的手段越安排在后面。③混合原则。如果只在几个方面对员工有最低要求，可以使用混合方法，也就是先使用多元最低限制原则淘汰一部分，然后使用补偿性原则对申请人进行综合评价。

招聘效果评估有5个方面：①招聘周期；②用人部门满意度；③招聘成功率；④招聘达成率；⑤招聘成本。

员工培训包括入职培训及在职培训，4个步骤分别为：①评估组织开展员工培训的需求；②设定员工培训的目标；③设计培训项目；④培训的实施和评估。

新员工培训的内容包括：①组织的管理标准、行为规范、工作期望、传统与政策等；②新员工需要被社会化；③工作中技术方面的问题。

在职培训内容可通过培训需求的循环评估模型及前瞻性培训需求分析模型确定。①循环评估模型针对员工培训需求提供连续的反馈信息流，周而复始地估计培训需求。每个循环都需要依次从组织整体层面、作业层面和员工个人层面进行分析；循环评估模型需要解决组织分析、绩效分析和任务分析3个层面的问题。②基于组织的职业发展通道，利用学习地图、领导梯队模型进行前瞻性培训需求分析，为可能的工作调动、职位晋升或者适应工作内容变化做好准备等提出培训需求。

培训效果是在培训过程中受训者所获得的知识、技能、经验和其他特性应用于工作的程度，培训效果评估重点关注员工变化，而对变化的衡量涉及反应、学习效果、行为变化和培训效果4个方面。培训迁移重点关注知识、技能和态度能否转变为行为和结果，培训迁移过程模型指出受训者特征、培训设计和工作环境，会对学习、保存和迁移造成影响，并且受训者特征和工作环境直接影响迁移效果。

备考点拨

本考点学习难度星级：★☆☆（简单），考试频度星级：★☆☆（低频）。

本考点考查人力资源的招聘和培训，这个应该是距离大部分考生最近、相对最熟悉的人力资源内容，所以直接结合日常工作来备考就好，掌握起来很容易，不过其中需要熟记的内容也比较多，推荐结合日常工作的感受在理解中进行记忆。

考题精练

1. 在招聘成本中，（　　）不属于显性成本。
   A．管理层参与面试　　　　　　B．增加招聘渠道
   C．发布招聘广告　　　　　　　D．内部推荐奖励金

【解析】答案为 A。招聘成本中的隐性成本有：内部沟通、内部协商、管理层或技术骨干面试等。选项 B、C、D 属于招聘成本中的显性成本。

【考点145】人员职业规划管理

考点精华

组织管理人员在员工职业规划中承担的工作包括：①充当催化剂，鼓励员工建立职业规划；②评估员工表达的发展目标现实性和需要的合理性；③辅导员工做出双方都接受的行动方案；④跟踪员工前程规划并进行适当调整。

组织在员工职业前程规划中的责任包括：①提供员工制订职业规划所需的职业规划模型、信息、条件和指导；②为员工和管理人员提供职业规划培训；③提供技能培训和在职培训。

组织管理人员在员工职业管理过程中的责任包括：①发挥员工提供信息的作用；②向员工提供职位空缺信息；③综合有关信息，为空缺职位确定并选择合格候选人，同时为员工发现职业发展机会。

组织在员工职业管理中的责任包括：①为管理人员决策提供信息系统和程序；②负责组织内部各类信息的及时更新；③设计收集、分析、解释和利用信息方法，确保信息利用有效性；④监控和评价员工职业管理过程执行效果。

备考点拨

本考点学习难度星级：★☆☆（简单），考试频度星级：★☆☆（低频）。

本考点考查人员职业规划管理，本考点非重点，仅作了解即可，考试时一旦考到，可以结合日常工作经验进行作答。

考题精练

1. 组织管理人员在员工职业规划中，"充当催化剂"主要体现在（　　）。
   A．鼓励员工建立职业规划

B．评估员工表达的发展目标现实性和需要的合理性

　　C．辅导员工做出双方都接受的行动方案

　　D．跟踪员工前程规划并进行适当调整

【解析】答案为 A。组织管理人员在员工职业规划中承担的工作里，"充当催化剂"就是鼓励员工建立职业规划，评估目标现实性等、辅导做出行动方案以及跟踪并调整规划是其他不同方面的职责。

　　2．组织在员工职业管理中的责任中，"监控和评价员工职业管理过程执行效果"是为了（　　）。

　　A．为了记录执行情况

　　B．用于员工的绩效考核

　　C．及时发现问题并改进，保障职业管理工作有效开展，达成预期目标

　　D．用于员工的晋升和淘汰决策

【解析】答案为 C。组织在员工职业管理中的责任中，"监控和评价员工职业管理过程执行效果"是为了及时发现问题并改进，保障职业管理工作有效开展，达成预期目标。

第 19 章 知识管理考点精讲及考题实练

19.1 章节考情速览

知识管理和上一章类似,也是为了提高信息系统管理工程师的格局和段位,属于信息系统管理工程师核心能力圈的外延式拓展。组织希望能够稳定长期发展,离不开知识积累和赋能。信息系统管理工程师如果能够对知识管理有更深层理解,无论是对信息系统管理工作本身,还是对组织的长久发展,都有非常重要的价值。

知识管理按照过去经验看,一般会考查 3 分左右,主要在基础知识科目进行考查,但是也属于应用技术题的考查范围。

19.2 考点星级分布图

本章涉及的主要考点分布及难度与频度双星级如图 19-1 所示。

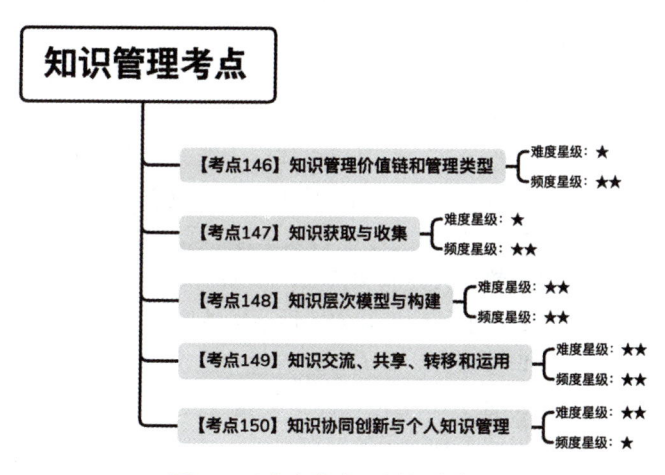

```
知识管理考点
├─【考点146】知识管理价值链和管理类型    难度星级:★   频度星级:★★
├─【考点147】知识获取与收集              难度星级:★   频度星级:★★
├─【考点148】知识层次模型与构建          难度星级:★★  频度星级:★★
├─【考点149】知识交流、共享、转移和运用   难度星级:★★  频度星级:★★
└─【考点150】知识协同创新与个人知识管理   难度星级:★★  频度星级:★
```

图 19-1 本章考点及星级分布

19.3 核心考点精讲及考题实练

【考点 146】知识管理价值链和管理类型

考点精华

知识管理有 3 个特征：①知识管理是优化的流程。知识管理具有可执行性和流程化特征。②知识管理是管理。强调管理特性，帮助组织实现知识显性化和知识共享与转移。③知识管理依赖于知识。知识的基础管理是知识管理的前提。

知识管理有 4 个目标：①实现组织的可持续发展；②提高员工素质及工作效率；③增强服务对象满意度；④提升组织运作绩效。

知识管理有 8 个原则：①领导作用；②战略导向；③业务驱动；④文化融合；⑤技术保障；⑥知识创新；⑦知识保护；⑧持续改进。

知识价值链是一个包含知识输入端、知识活动面、价值输出端的整合模式，知识价值链过程包括以下 6 个方面：

1. 知识创造。知识来源多元化，除组织成员所贡献的专业意见和知识外，来自互联网的全球知识，与外部组织共同贡献知识、分享知识也是关键所在。

2. 知识分类。组织日常运行中产生的各种文件如何分类，需要根据组织的需要而定。

3. 知识审计。知识审计是知识分类的另一种方式，知识审计是指针对组织内部的专业领域与组织外部的需求，经由有计划的流程设计与审查，对组织知识进行系统的调查分析。知识审计分为 3 个步骤：①定义组织目前存在的重要知识（隐性与显性知识）并建立知识地图；②定义组织有哪些重要知识正在流失并评估其对组织目标的影响；③结合盘点结果提出涵盖知识库、社群、实务学习、知识管理网站等执行方向的建议，作为知识管理活动优化的参考依据。

4. 知识储存。可以利用知识管理平台来储存。

5. 知识分享。分享才能产生真正的价值。

6. 知识更新。除文件更新之外，最重要的是能实时更新组织及个人内隐的核心专长。

基于内容对象的视角，知识可以分为显性知识和隐性知识。显性知识是可以通过文字、公式、图形等表述或者通过语言、行为等表述，并且可以体现于纸、光盘、磁带、磁盘等载体介质上的知识。显性知识也是客观性的、社会性的、组织化的知识，具有理性和逻辑性。显性知识具有 4 个主要特征：①客观存在性；②静态存在性；③可共享性；④认知元能性。隐性知识是难以编码、难以交流和分享的知识，主要依赖个人经验和认知，例如主观见解、直觉和预感等。隐性知识具有 6 个主要特征：①非陈述性；②个体性；③实践性；④情境性；⑤交互性；⑥非编码性。

基于行为主体的视角，知识管理分为个人知识管理和组织知识管理。

1. 个人知识管理有 5 个特征：①主体性。个体自主进行，注重个体主观意愿和主动性。②多样性。涉及各种形式的知识和多种途径的获取渠道。③循环性。是获取、整理、应用和分享知识的循环。④自适应性。根据个体需求和环境进行灵活调整和自适应。⑤社交性。可以通过他人交流分享扩大知识范围和深度。

2. 组织知识管理。组织知识管理具有5个特征：①组织性。是在组织层面的活动，需要有组织支持和资源投入。②共享性。强调知识的共享和流动。③学习性。注重组织学习能力和学习型组织建设。④文化性。需要建立开放、信任和合作的组织文化。⑤持续性。需要建立有效的知识管理机制和流程，使知识得到持续积累应用。

◉ 备考点拨

本考点学习难度星级：★☆☆（简单），考试频度星级：★★☆（中频）。

本考点考查知识管理、价值链和2种视角的类型。价值链从创造、分类，到审计、存储，再到分享和更新，对这个链条中的环节需要做到了解的程度。本考点另外一个重要内容是2种视角下的知识管理类型，首先需要掌握显性知识和隐性知识的概念和区别，掌握2类知识的特点，其次是个人知识管理和组织知识管理的5个特征需要理解。

◉ 考题精练

1. 显性知识的特征不包括（　　）。
　　A．非陈述性　　　　　　　　B．可共享性
　　C．静态存在性　　　　　　　D．客观存在性

【解析】答案为A。显性知识有4个主要特征：客观存在性、静态存在性、可共享性、认知元能性；隐性知识有6个主要特征：非陈述性、个体性、实践性、情境性、交互性、非编码性。由此可知，选项A属于隐性知识的特征。

2. 直觉和预感这类知识属于（　　）。
　　A．隐性知识　　　　　　　　B．显性知识
　　C．言语性知识　　　　　　　D．数字性知识

【解析】答案为A。隐性知识是难以编码的知识，主要基于个人经验。在组织环境中，隐性知识由技术技能、个人观点、信念和心智模型等认知维度构成，隐性知识交流在很大程度上依赖于个人经验和认知，难以交流和分享，例如主观见解、直觉和预感等。

【考点147】知识获取与收集

◉ 考点精华

知识获取是对已经存在的知识进行整理积累或从外部获取知识的过程，知识获取的本质在于知识量的积累。知识获取与收集分为主动式和被动式两类：主动式知识获取收集是知识处理系统利用工具直接自动获取或产生知识，并装入知识库中；被动式知识获取收集是间接通过中介人并采用知识编辑器工具，把知识传授给知识处理系统。

知识获取与收集步骤有：①确定需求；②确定信息源；③搜集信息；④评估信息质量；⑤整理和组织；⑥分析和综合；⑦应用与实践；⑧反思和反馈；⑨持续学习。

知识获取和收集的途径有：①书籍和文献；②互联网搜索引擎；③学术数据库；④在线课程

和教育平台；⑤社交媒体和社区；⑥专家访谈和讨论会；⑦实地考查和实践经验；⑧数据分析和统计报告；⑨科普媒体和科学博物馆；⑩同行评审和交流。

个人获取和收集显性知识的途径有：①通过教育和培训获取知识；②通过计算机网络获取知识；③通过数据挖掘技术获取知识；④通过成果转让获取知识；⑤通过图书馆文献信息资源获取知识。

组织获取和收集显性知识的途径有：①图书资料；②数据访问；③数据挖掘；④网络搜索；⑤智能代理，组织通过部署智能代理应用系统，主动通过智能化代理服务器为员工搜集并推送信息；⑥许可协议，比如软件的购买使用；⑦营销与销售协议，组织通过供应商的信息报告、培训、知识转移机制等获得知识。

个人获取和收集隐性知识的途径有：①反思与回顾；②学习与研究，比如参加培训、学术研究、阅读相关文献等；③寻求导师或专家指导；④社交网络；⑤实践与实验；⑥写作和记录。

组织获取和收集隐性知识的途径有：①内部沟通与知识共享；②社交化学习与社区建设；③导师制度与知识传承；④后续总结与应用技术；⑤外部资源与合作伙伴；⑥数据分析与学习挖掘。

🔊 备考点拨

本考点学习难度星级：★☆☆（简单），考试频度星级：★★☆（中频）。

本考点考查知识获取与收集考点，这个考点的理解门槛不高，所讲到的知识获取收集步骤和途径，无论是个人还是组织都比较容易理解，不过难点在于途径条目过多，比如知识分为显性和隐性，对象又分为个人和组织，这样交叉分类之后，累计的途径就多达二三十条，这些条目不用一字不错地全部记下来，建议记忆的时候从组织和个人的视角来思考彼此间的差异，从隐性和显性知识的不同点来思考途径的差异，能够七七八八记下来一些就可以了。

✏️ 考题精练

1．知识获取与收集步骤中，在"搜集信息"之后的步骤是（　　）。
　　A．评估信息质量　　　　　　　　B．整理和组织
　　C．分析和综合　　　　　　　　　D．应用与实践

【解析】答案为A。知识获取与收集步骤依次为确定需求、确定信息源、搜集信息、评估信息质量、整理和组织、分析和综合、应用与实践、反思和反馈、持续学习，所以在"搜集信息"之后的步骤是"评估信息质量"。

2．组织获取和收集显性知识的途径不包括（　　）。
　　A．图书资料　　　　　　　　　　B．智能代理
　　C．许可协议　　　　　　　　　　D．内部沟通与知识共享

【解析】答案为D。组织获取和收集显性知识的途径有图书资料、数据访问、数据挖掘、网络搜索、智能代理、许可协议、营销与销售协议等；内部沟通与知识共享属于组织获取和收集隐性知识的途径。

【考点 148】知识层次模型与构建

◎考点精华

知识分为 4 个层次：生存知识、技能知识、消遣知识和自我实现知识，如图 19-2 所示，知识层次的划分需要注意 2 个原则：①推动知识学习的动力是对较高层次知识的学习追求，而非已经掌握的知识；②每个人都乐于不断学习，潜藏着对 4 种层次的知识追求。

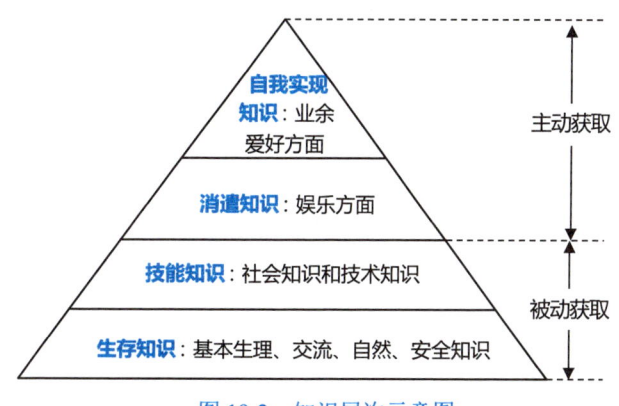

图 19-2 知识层次示意图

1. 生存知识。包括基本生理知识、基本交流知识、基本自然知识和基本安全知识。生存知识是最低层次的知识，是首先要学习的知识类型。

2. 技能知识。包括社会知识和技术知识。技能知识具有 3 个特点：①专业性；②选择性：由于技能知识的复杂性，主体仅选择学习部分知识；③强迫性：主体学习欲望不强，通常是不得不学习。

3. 消遣知识。消遣知识具有 3 个特点：①主体对消遣知识的学习具有较强的主动性；②学习的内容包罗万象；③消遣知识可以与生存知识及技能知识交替学习，但是学习目的不同。

4. 自我实现知识。自我实现知识最大的特点是主体学习知识的主动性最强，如果主体对其他三层的知识具有浓厚兴趣，对应的知识也可以归类到自我实现知识层次。

知识组织是针对无序化的客观知识所实施的有序化组织活动，知识组织层次模型的思想是按照 4 个层次把知识体系进行划分，分别为生存知识体系、技能知识体系、消遣知识体系和自我知识体系，之后再将 4 个体系中的元知识利用知识链进行关联。知识组织层次模型说明如下：

1. 知识组织层次模型的横坐标表示知识总量，无论人类社会的知识总量，还是个人的知识总量，都在不断增加。

2. 知识组织层次模型的纵坐标表示知识的 4 个层次，每层的知识体系中都客观分布着众多元知识，元知识之间由知识链联系，形成众多的知识聚类，不同知识聚类之间的关联性是体系形成的前提。

3. 知识的 4 个层次间具有强关联，按知识组织思想和方法进行关联，将形成人类知识地图。

4．将知识以相关性原理与概念体系相结合可以形成特定领域内的知识地图。

5．知识地图中的元知识存在两种状态：显性知识和隐性知识。

6．生存知识体系和技能知识体系属于被动获取知识体系，这个阶段主体的学习过程相对缓慢，而消遣知识体系和自我实现知识体系属于主动获取知识体系，这个阶段主体的学习和掌握效果更加明显。

7．4 个体系之外的知识包含主体未发现的知识和暂时无用的知识。

知识库是存储在计算机中的相互关联的知识集合，是经过分类、组织和有序化的知识集合，是构造专家系统的核心和基础。影响知识库构建的因素包括知识发现、知识组织、构建知识库三方面，彼此间的关系如图 19-3 所示。

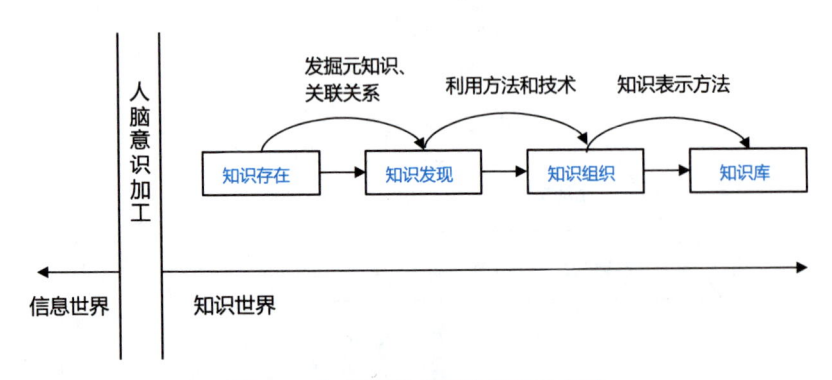

图 19-3　知识库构建因素关系示意图

知识库构建包括定位目标知识库、抽取概念词汇、关联概念词汇、组织元知识、存储知识库 5 个环节，具体如下：①定位目标知识库 确定知识库所属的知识体系；②抽取概念词汇 是对相关领域的元知识进行概念词抽取，包括基本概念、重要概念、相关概念和一般概念；③关联概念词汇 是整个环节的关键，关联是在领域专家协助下，对概念词汇按照客观联系进行关联；④组织元知识 也称知识表示，具有逻辑推理、智能判断的特点；⑤存储知识库 存储的是事实、规则和概念等，其中事实是对基本知识的描述，是短期的，规则是从领域专家的经验中抽取出来的知识，具有长期性。

知识库构建有 5 项原则，分别为：①自顶而下原则，也就是先定义总框架结构，再层层分解；②由外而内原则，确定知识库边界；③专家参与原则；④高内聚、低耦合原则；⑤定期更新原则。

知识库的建设包括以下 5 个步骤：①分析构建目标；②构建知识库框架；③净化数据、知识去冗；④知识整序；⑤实施和联网。

知识库构建模型的核心思想是按照知识组织层次划分体系，在不同的体系结构中构建相关领域知识库，相关要点说明如下：

1．生存知识体系、技能知识体系、消遣知识体系和自我知识体系 4 个知识体系分别对应生存知识库、技能知识库、消遣知识库和自我（实现）知识库。

2．元知识分为已组织的元知识和待组织的元知识，二者都是已经发现的元知识。未组织的元知识暂时没有被组织到相关体系中。

3. 不同体系的子知识库数量不相同。

4. 每一层知识体系存在 N 个子知识库，按照子知识库数量由大到小排列为：生存子知识库、技能子知识库、消遣子知识库、自我（实现）子知识库。

5. 4 个层次的知识库具有较强的关联性，并非相互独立。

6. 构建完成的子知识库并非一成不变，不仅子知识库的内容会变化，其所组成的体系知识地图也会变化。

🔊 备考点拨

本考点学习难度星级：★★☆（适中），考试频度星级：★★☆（中频）。

本考点考查 2 个模型以及知识库模型的构建，2 个模型分别为知识层次理论模型和知识组织层次模型，2 个模型存在对应的关系。知识层次理论模型一共分为 4 个层次的知识，这部分内容较好理解，毕竟这 4 个层次的知识我们能实际感受到，比如软考学习就属于技能知识层次，通常都是被动获取，为了拿到证书不得不学习，当然不排除少部分考生将软考学习提升到了自我实现知识层次。知识组织层次模型理解起来稍微有些抽象，可以和知识层次对照起来理解，特别是知识组织层次模型的 7 点说明。关于知识库模型的构建，首先需要理解因素之间的关系和构建原则，其次是构建环节和构建步骤。这部分的内容更加抽象，考点精华中提到的关键语句需要熟读掌握。

📝 考题精练

1. 以下关于技能知识特点的描述，错误的是（　　）。
   A. 具有专业性　　　　　　　　　　B. 具有选择性，主体仅选择学习部分知识
   C. 主体学习欲望很强，主动积极学习　D. 具有强迫性，通常是不得不学习

【解析】答案为 C。技能知识具有专业性、选择性、强迫性的特点，主体学习欲望不强，通常是不得不学习，并非主动积极学习。

2. 在知识组织层次模型中，纵坐标表示的是（　　）。
   A. 知识总量，是不断增加的
   B. 知识的 4 个层次，每层有众多元知识且由知识链联系
   C. 知识的获取方式，分为主动获取和被动获取
   D. 知识的实用性，分为有用知识和暂时无用知识

【解析】答案为 B。知识组织层次模型的横坐标表示知识总量，纵坐标表示知识的 4 个层次，每层的知识体系中都客观分布着众多元知识，元知识之间由知识链联系。

3. 按照子知识库数量由大到小排列，正确的是（　　）。
   A. 生存子知识库、技能子知识库、消遣子知识库、自我（实现）子知识库
   B. 自我（实现）子知识库、消遣子知识库、技能子知识库、生存子知识库
   C. 技能子知识库、生存子知识库、消遣子知识库、自我（实现）子知识库
   D. 消遣子知识库、自我（实现）子知识库、技能子知识库、生存子知识库

【解析】答案为 A。每一层知识体系存在 N 个子知识库，按照子知识库数量由大到小排列为：生存子知识库、技能子知识库、消遣子知识库、自我（实现）子知识库。

【考点 149】知识交流、共享、转移和运用

◉ 考点精华

知识交流的方式 包括：①会议和研讨会；②培训和工作坊；③内部文档和知识库；④社交媒体和协作平台；⑤寻求专家咨询；⑥跨部门合作和团队项目。

知识交流的特征 包括：①针对性；②（社会）协同性；③创新性；④临时性；⑤开放性；⑥动态性。

知识共享的内涵 包括4类视角：①信息沟通/信息流动角度：知识共享时需要注意知识环境，员工互相交流知识时，知识会从个体扩散到组织层面；②组织学习角度：知识共享可以理解为知识在组织成员之间传递，以达到组织对个人知识的共同拥有；③市场角度：知识共享可以看作有价值的商品参与知识市场交易，提高知识产出；④系统角度：知识转移是知识共享的过程，组织学习是知识共享的手段，知识创造是知识共享的目的。

知识共享的要素包括共享对象、共享主体和共享手段三方面，分别为：①共享对象即知识的内容；②共享主体即人、团队和组织；③共享手段即知识网络、会议和团队学习等。知识共享三要素中的人和技术是两个主要维度，对组织来说，在选择哪个维度作为重点时，可参考的知识共享模式和策略有编码化管理和人格化管理。

知识转移由知识传输和知识吸收两个过程组成，只有转移的知识保留下来，才是有效的知识转移。知识转移概念包含三点：知识源和接受者、特定的情境或环境和特定的目的。

知识运用是运用已有知识解决问题的阶段，是知识从理论到实践的转化过程，知识只有得到应用时才能产生价值。组织知识运用的本质是持续将智力资本转化为创新成果。从节约成本的视角出发，必须平衡知识投入与知识创造的价值的财务关系，即平衡知识开发和知识运用的关系，实现知识产值的最大化。

基于创新视角，知识转移应用研究层次分为个人、创新团队、创新组织、创新联盟、创新集群、区域创新网络 6 个层次。国外对知识转移运用的研究，分别从信息技术学、行为学、传播学等视角和综合几种视角切入。

组织内部的知识转移运用并不是自发活动，而是在管理者引导控制下完成的管理活动环节，影响知识转移运用的因素主要有知识的嵌入性、可描述性，转移主体之间的组织距离、物理距离、知识距离和规范距离，接受方的学习文化和优先性，以及转移活动的数量等。

四因素分析法将知识转移与运用的影响因素总结为 4 个方面，分别是：知识自身特性因素、知识发送方因素、知识接受方因素和知识转移与运用过程因素。

知识转移与运用双因素模型包含保障因素和促进因素，如图 19-4 所示。保障因素是知识转移与运用发生的必要条件，缺失任何一个因素，知识转移与运用就无法开展；促进因素是激励和约束因素，具备促进因素，能够提升知识转移与运用的发生频率和效果，但是并非不可或缺。

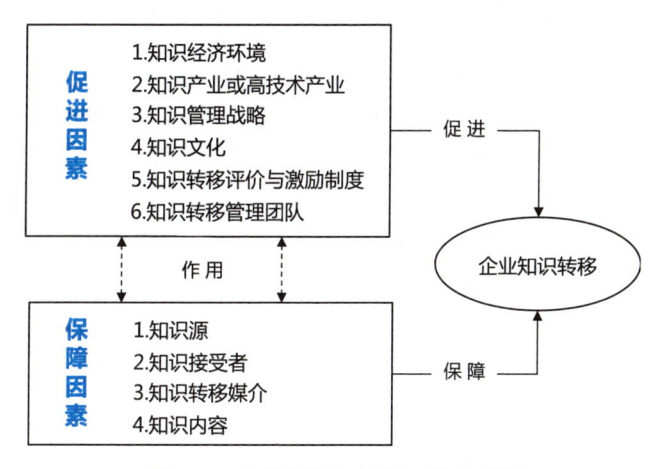

图 19-4 知识转移与运用双因素模型

知识转移与运用的过程模型有知识螺旋模型、交流模型和五阶段过程模型 3 类，分别如下：

1. 知识螺旋模型。该模型将知识创新活动分为社会化、外化、整合、内化 4 种模式，也是个体知识向组织知识转移与运用的 4 个阶段，如图 19-5 所示。其中社会化是从个体到个体、隐性到隐性的过程，外化是从个体到团体、隐性到显性的过程，整合是从团体到组织、显性到显性的过程，内化是从组织到个体、显性到隐性的过程。

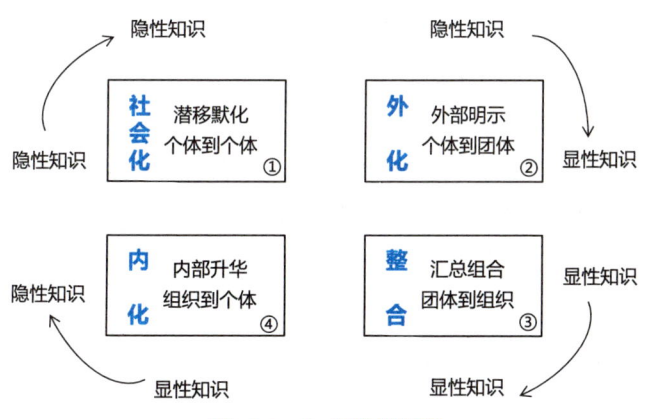

图 19-5 知识螺旋模型

2. 交流模型。该模型将知识转移与运用分为 4 个阶段，分别如下：①初始阶段，识别能够满足对方要求的知识；②实施阶段，知识源单元对转移的知识进行调整，以便更好适应接受单元的需要，并建立适合的渠道；③调整阶段，接受单元对转移的知识进行调整，以便适应新的情境；④整合阶段，接受单元通过制度化使转移知识成为自身的一部分。

3. 五阶段过程模型。该模型将知识转移与运用过程分为取得、沟通、应用、接受和同化五个阶段，是个动态学习的过程。其中同化是最重要的阶段，被转移的知识只有被同化后才能成为组织的常规工作。

备考点拨

本考点学习难度星级：★★☆（适中），考试频度星级：★★☆（中频）。

本考点考查知识交流、知识共享、知识转移和知识运用。这部分的细分考点比较琐碎，考点精华整理出来的基本上都需要掌握和认真阅读。虽然本考点学习起来相对有些抽象，但是结合日常工作体验还是不难理解，比如知识转移与运用的五阶段过程模型，联系日常工作可以理解为，如果想要把知识转移与运用出去，首先需要"取得"知识，接着通过"沟通"把知识转移给别人，别人得到知识后，需要在工作中小试牛刀进行"应用"，效果好了才会"接受"，最终被"同化"。

考题精练

1. 以下（　　）知识交流方式具有较强的专业性和系统性。
　　A．培训和工作坊　　　　　　　　B．社交媒体和协作平台
　　C．内部文档和知识库　　　　　　D．跨部门合作和团队项目

【解析】答案为 A。培训和工作坊通常有专业的讲师和系统的课程内容，具有较强的专业性和系统性；社交媒体和协作平台信息较为分散；内部文档和知识库主要用于知识存储和查阅；跨部门合作和团队项目重点在于工作协同，不是以专业性和系统性知识交流为主。

2. 知识共享三要素中，人和技术两个主要维度对应的知识共享模式和策略是（　　）。
　　A．编码化管理和人格化管理　　　B．标准化管理和个性化管理
　　C．集中化管理和分散化管理　　　D．自动化管理和手动化管理

【解析】答案为 A。对组织来说，在知识共享三要素中，人和技术是两个主要维度，对应的知识共享模式和策略有编码化管理和人格化管理。

3. 在知识螺旋模型中，外化是指（　　）。
　　A．从个体到个体、隐性到隐性的过程　　B．从个体到团体、隐性到显性的过程
　　C．从团体到组织、显性到显性的过程　　D．从组织到个体、显性到隐性的过程

【解析】答案为 B。在知识螺旋模型中，社会化是从个体到个体、隐性到隐性的过程，外化是从个体到团体、隐性到显性的过程，整合是从团体到组织、显性到显性的过程，内化是从组织到个体、显性到隐性的过程。

【考点 150】知识协同创新与个人知识管理

考点精华

知识协同是以创新为目标，以知识管理为基础，主体、客体、环境等达到在时间、空间上有效协同的状态，以实现知识创新"双向"或"多向"的多维动态过程。知识创新是通过对已有知识的整合、转化和应用，创造出新知识或解决问题的过程。

社会网络是影响知识协同和创新的关键因素。社会网络是自发或者自然形成的，具有网络成员个体特质的网络连接模式，具有传递性和同质性的特点。密集的社会网络增加了发展牢固关系的可能性，因此促进了隐性知识的传播，信任的社会网络氛围增加了社会成员间的互动和交流，为知识创造提供了机会。

技术创新以知识创新为基础，两者在很多领域，特别是高科技领域，呈现出一体化发展趋势。组织的技术创新不能简单等同于知识创新。知识创新要求远离组织结构束缚，给予充分自由和激励的创新文化；技术创新能力并非个体创新能力的简单总和，而是以现有知识为基础，将个人、组织和社会等多层次相互作用、紧密联系，形成技术创新的组织系统和动力机制。

密集社会网络中冗余的成员关系会妨碍成员获取新的、独特的知识，造成知识滞后，妨碍创新精神和自我更新；松散社会网络可以使不相关的社会成员有机会接触到不同的信息和知识，从而形成知识创新。要保持高水平的知识创新能力，需要密集社会网络和松散社会网络相结合。密集社会网络的牢固关系能够为知识创新提供稳定的流程，但是却无法应对多变的环境，同时牢固关系所形成的成员相同知识结构不利于知识创新，松散社会网络的差异性知识结构为知识创新提供了机会。

知识传递、交流与整合是知识协同与创新的核心环节，知识的交流与整合是新知识的来源，并因此形成知识创新。社会网络不仅是知识从知识源传递到接受者的渠道，而且被视为成员间交换显性及隐性知识的有效机制。知识可以在社会网络成员间整合，也可以在局部成员组成的团队间整合，知识的本质及个人社会网络的结构是影响组织知识共享及创新活动的关键因素。

个人知识管理的意义有三，分别为：①是突破信息环境对个体发展制约和对他人经验智慧的借鉴，提升个人核心竞争力的需要；②培养自我管理的能力，并在自主学习过程中实施个人知识管理；③提高个人工作效率、平衡知识产出的需要。

个人知识管理的作用有三，分别为：①有利于培养良好的学习习惯；②有利于提高个人工作、学习效率；③有利于提升个人专业知识和竞争力。

个人知识管理流程包含 5 个步骤，分别为：①信息需求分析。学习者对自己的知识需求分析程度、学习目标明确程度、学习动机等因素会影响个人知识管理效果。②信息获取。学习者在知识获取时会表现两种行为：信息浏览和信息检索。信息浏览行为不一定具有明确的目标和计划性，信息检索行为则是有目的的资源搜索行为。③信息评估。对所获取知识的质量评估能力直接决定了学习效果好坏。④信息整合。将客观知识通过同化和顺应转化成个人知识，完成信息整合，是知识管理的关键环节。⑤知识共享。是学习者将自身知识显性化的过程，为知识创新提供机会。

个人知识管理系统发展演化的 3 个阶段分别是个体阶段、交互阶段、集成阶段（简称"3I"），分别如下：①个体阶段。以"个人"为核心，是封闭的管理过程，辅助个体对知识库进行构建管理，不具备与他人交流、分享知识的环节，比如电子概念地图、电子笔记本、文献管理系统等。②交互阶段。此阶段提供交互功能，扩展知识获取途径，提高知识获取效率，使个体实现知识传递与知识价值增值。③集成阶段。"集成"指利用人工智能、云计算、数据挖掘等前沿信息技术对个体知识进行综合、组织、分析和挖掘，从而能够集成新知识并建立更完善的知识体系。

个人知识管理系统构架包括三维信息网络架构和个人知识系统架构 2 部分。三维信息网络架构包括人际网络、媒体网络和 Internet 资源网络，个人知识系统架构包括：①对所需管理的知识进行分类；②选择合适的知识管理工具；③建立个人知识库；④应用已有的知识。应用知识遵循的规则是，首先进行知识收集，其次进行消化吸收，然后建立可比较的模型，最后评估报告将完成的知识运用过程。

备考点拨

本考点学习难度星级：★★☆（适中），考试频度星级：★☆☆（低频）。

本考点考查知识协同创新与个人知识管理。考点内容同样比较琐碎，而且以记忆为主。琐碎考点备考的关键在于人为结构化，也就是对碎片化的考点进行归类整理。知识协同创新的子考点，整体上可以归纳为知识协同创新概念、社会网络、技术创新和知识创新差异、密集社会网络和松散社会网络、知识传递、交流与整合这 5 部分内容；个人知识管理整体上可以归纳为意义、作用、步骤、演化阶段和系统构架这 5 部分内容。

考题精练

1．知识协同的主要目标是（　　）。

　　A．创新　　　　　　　　　　B．知识传递
　　C．知识整合　　　　　　　　D．构建社会网络

【解析】答案为 A。知识协同是以创新为目标，以知识管理为基础的多维动态过程，所以主要目标是创新，知识传递和整合是其中的环节，社会网络是影响因素。

2．个人知识系统架构应用知识的最后一步是（　　）。

　　A．知识收集　　　　　　　　B．消化吸收
　　C．建立可比较的模型　　　　D．评估报告

【解析】答案为 D。个人知识系统架构应用知识遵循的规则是，首先进行知识收集，其次进行消化吸收，然后建立可比较的模型，最后评估报告将完成的知识运用过程。

3．（　　）结构有利于形成知识创新。

　　A．只有密集社会网络
　　B．只有松散社会网络
　　C．密集社会网络和松散社会网络相结合
　　D．既不是密集社会网络也不是松散社会网络

【解析】答案为 C。要保持高水平的知识创新能力，需要密集社会网络和松散社会网络相结合，因为密集型社会网络和松散型社会网络各有其优势和不足。

第 20 章 IT 管理标准化考点精讲及考题实练

20.1 章节考情速览

IT 管理标准化章节主要以记忆为主，从往年经验看，可能会考到 1 分的选择题，虽然不是考试重点，但是需要掌握记忆的内容不多，所以这 1 分还是要尽量拿下为好。

20.2 考点星级分布图

本章涉及的主要考点分布及难度与频度双星级如图 20-1 所示。

```
IT管理标准化考点
    ├── 【考点151】标准分类及制定程序    难度星级：★
    │                                频度星级：★
    └── 【考点152】主要标准            难度星级：★★★
                                     频度星级：★
```

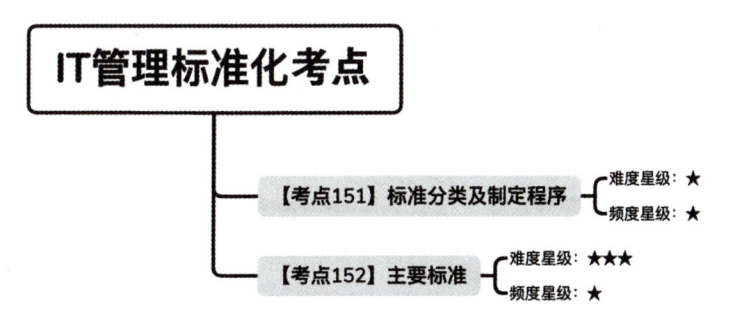

图 20-1 本章考点及星级分布

20.3 核心考点精讲及考题实练

【考点 151】标准分类及制定程序

◎ 考点精华

形成标准体系的结构有层次和并列两种。层次是指方向性的等级顺序，彼此存在制约和隶属关系；并列是同一层次内各类标准间存在的方式和秩序。把标准体系用一定的形式表现出来，就可以得到标准体系表。

标准按照适用范围可分为国际标准、国家标准、行业标准、地方标准、团体标准、企业标准等，分别如下：

1. 国际标准。颁布国际标准的影响力组织有：①国际标准化组织（International Organization for Standardization，ISO）。ISO 是世界上最大、最有权威性的国际标准化机构；②国际电工委员会（International Electrotechnical Commission，IEC）。IEC 是世界上成立最早的国际性电工标准化机构，负责电气工程和电子工程领域中的国际标准化工作；③国际电信联盟（International Telecommunication Union，ITU）。ITU 中标准化部门的职责是完成国际电信联盟有关电信标准化的目标，使全世界的电信标准化。

2. 国家标准。国家标准由国务院标准化行政主管部门编制，并统一审批、编号和发布。

3. 行业标准。行业标准由国务院有关行政主管部门制定。

4. 地方标准。地方标准由省、自治区、直辖市人民政府标准化行政主管部门制定，并报国务院标准化行政主管部门备案，由国务院标准化行政主管部门通报国务院有关行政主管部门。

5. 团体标准。团体标准是由社会自愿采用的标准，目的是满足特定团体的需求和目标。

6. 企业标准。企业标准是针对企业范围内需要协调、统一的技术要求、管理要求和工作要求所制定的标准。

标准按照涉及的对象类型可分为术语标准、符号标准、试验标准、产品标准、过程标准、服务标准、接口标准等，分别如下：

1. 术语标准。术语标准按照专业范围划分，包含某领域内某专业的许多术语。术语标准的主要技术要素为术语条目，通常由条目编号、术语和定义几个部分内容组成。

2. 符号标准。符号分为文字符号和图形符号，文字符号分为字母符号、数字符号、汉字符号或组合符号；图形符号分为产品技术文件用、设备用、标志用图形符号。

3. 试验标准。试验标准规定了试验过程和标准化的试验方法。

4. 产品标准。规定产品应满足的要求以确保其适用性的标准。

5. 过程标准。规定过程应满足的要求以确保其适用性的标准。

6. 服务标准。规定服务应满足的要求以确保其适用性的标准。按照 ISO 对标准化对象的划分，服务标准是相对于产品标准和过程标准而言的一大类标准。

7. 接口标准。接口标准针对产品与其他产品连接使用时，相互连接界面的标准化问题。

标准按照要求程度不同可分为规范、规程、指南等，分别如下：

1. 规范。规定产品、过程或服务需要满足的要求的文件。几乎所有的标准化对象都可以成为"规范"的对象。

2. 规程。为设备、构件或产品的设计、制造、安装、维护或使用而推荐惯例或程序的文件。规程所针对的标准化对象是设备、构件或产品。

3. 指南。给出某主题的一般性、原则性、方向性的信息、指导或建议的文件。

国家标准的制定程序有9个步骤，分别为：①预阶段：提出新工作项目建议；②立项阶段：提出新工作项目；③起草阶段：提出标准草案征求意见稿；④征求意见阶段：提出标准草案征求意见稿；⑤审查阶段：提出标准草案送审稿；⑥批准阶段：提出标准草案出版稿；⑦出版阶段：提出标准出版物；⑧复审阶段：对实施周期达5年的标准进行复审；⑨废止阶段。

备考点拨

本考点学习难度星级：★☆☆（简单），考试频度星级：★☆☆（低频）。

本考点考查标准化知识。本考点没有太多需要额外强调的，掌握最基本的术语即可，比如按照适用范围划分的6类标准，其中国际标准化组织的英文缩写需要记住。还需要掌握按照另外两种分类法的标准分类，以及国家标准的制定程序。

考题精练

1. （　　）不是颁布国际标准的组织。
   A. ISO　　　　B. ANSI　　　　C. ITU　　　　D. IEC

【解析】答案为B。颁布国际标准的影响力组织有国际标准化组织（ISO）、国际电工委员会（IEC）、国际电信联盟（ITU），ANSI是美国国家标准学会。

2. 以下关于标准分类分级的描述中，不正确的是（　　）。
   A. 《中华人民共和国标准化法》将标准分为国家标准、地方标准、行业标准和企业标准四个级别
   B. 国家标准分强制性标准和推荐性标准，行业标准和地方标准是推荐性标准
   C. 国家鼓励采用推荐性标准
   D. 推荐性国家标准由国务院标准化行政主管部门制定

【解析】答案为A。《中华人民共和国标准化法》将标准分为国家标准、行业标准、地方标准、团体标准和企业标准五个级别。

【考点152】主要标准

考点精华

1. 系统与软件工程相关标准包括基础标准、生存周期管理标准以及质量与测试标准，分别如下：

（1）基础标准包含《信息技术 软件工程术语》（GB/T 11457）、《软件工程 软件工程知识体系

指南》（GB/Z 31102）等标准。其中《信息技术 软件工程术语》给出了软件工程领域中英文术语及定义；《软件工程 软件工程知识体系指南》描述软件工程学科的边界范围，按主题提供访问支持该学科文献的途径。

（2）生存周期管理标准包含《信息技术 软件生存周期过程》（GB/T 8566）、《系统与软件工程 系统生存周期过程》（GB/T 22032）等标准。其中《信息技术 软件生存周期过程》为软件生存周期过程建立了公共框架，定义了用来定义、控制和改进软件生存周期的过程。《系统与软件工程 系统生存周期过程》为描述人工系统的生存周期建立了通用框架，从工程角度定义了一组过程及相关的术语。

（3）质量与测试标准包含《系统与软件工程 系统与软件质量要求和评价（SQuaRE）》（GB/T 25000）等。

2. 新一代信息技术中的物联网和云计算领域的重点标准如下：

（1）物联网相关标准主要包括：《物联网 术语》（GB/T 33745）、《物联网 标准化工作指南》（GB/Z 33750）、《物联网 参考体系结构》（GB/T 33474）等。

（2）云计算相关标准主要包括：《信息技术 云计算 概览与词汇》（GB/T 32400）、《信息技术 云计算 参考架构》（GB/T 32399）等。

3. 信息技术服务标准（Information Technology Service Standard，ITSS）包含了数字化转型、服务产品、IT 治理、服务管理、运维维护、云计算等相关标准。

（1）IIT 服务生命周期由规划设计（Planning & Design）、部署实施（Implementing）、服务运营（Operation）、持续改进（Improvement）和监督管理（Supervision）5 个阶段组成，简称 PIOIS。IT 服务由人员（People）、过程（Process）、技术（Technology）和资源（Resource）4 个要素组成，简称 PPTR：①人员指提供 IT 服务所需的人员及其知识、经验和技能要求；②过程指提供 IT 服务时，将输入转化为输出的一组活动；③技术指使用的技术或应具备的技术能力；④资源指依存和产生的有形及无形资产。

（2）ITSS 标准体系 5.0 以基础服务标准为底座，以通用标准和保障标准为支柱，以技术创新服务标准和数字化转型服务标准为引领，共同支撑业务融合。相关内容如下：①通用标准。是适用于所有信息技术服务的共性标准，包括信息技术服务分类与代码、质量评价指标体系、服务基本要求、从业人员能力评价要求、服务级别协议指南、服务生存周期过程、服务工具及集成框架、服务成本度量指南和服务安全要求等。②保障标准。是对信息技术服务提出保障要求的标准，包括服务管控标准和外包标准。③基础服务标准。是面向信息技术服务基础类服务的标准，包括咨询设计、开发服务、集成实施、运行维护、云服务、数据中心等标准。④技术创新服务标准。是面向新技术加持下新业态新模式的标准，包含智能化服务、数据服务、数字内容处理服务和区块链服务等标准。⑤数字化转型服务标准。是支撑和服务组织数字化转型服务开展和创新融合业务发展的标准，包含数字化转型成熟度模型、就绪度评估模型、效果评价模型、数字化监测预警技术要求等标准。⑥业务融合标准。是支撑信息技术服务与各行业融合的标准，包括面向政务、广电、教育、应急、财会等行业的标准。

备考点拨

本考点学习难度星级：★★★（困难），考试频度星级：★☆☆（低频）。

本考点考查主要标准。本考点的标准非常多，学习难度不在于理解，而在于记忆，毕竟考纲里面有 4 张长长的表格，表格里面有大量的标准规范，每个标准规范都列出了主要内容、适用范围等信息，这些都可以成为出题点。由于这些表格和其中的标准规范过多，本书一一摘录没有意义，所以请参考考纲中的表格进行学习。不过全部记忆的必要性不大，在其他考点掌握的前提下，熟读标准规范表格即可。最后需要记住 IT 服务的 5 个阶段和 4 个要素。

考题精练

1. 在信息系统常用的技术标准中，（　　）标准定义软件工程领域中通用的术语。

    A. 《信息处理系统 计算机系统配置图符号及约定》（GB/T 14085）

    B. 《信息技术 软件生存周期过程》（GB/T 8566）

    C. 《信息技术 软件工程术语》（GB/T 11457）

    D. 《信息处理 数据流程图、程序流程图、系统流程图、程序网络图和系统资源图的文件编制符号及规定》（GB/T 1526）

【解析】答案为 C。《信息技术 软件工程术语》（GB/T 11457）定义软件工程领域中通用的术语，适用于软件开发、使用维护、科研、教学和出版等方面。

第 21 章
职业素养与法律规范考点精讲及考题实练

21.1　章节考情速览

职业素养与法律规范章节，从往年经验看，可能会考到 1 分的选择题。职业素养部分通过日常工作的常识就能得分，但是法律规范部分还是需要记忆才能够得分。

21.2　考点星级分布图

本章涉及的主要考点分布及难度与频度双星级如图 21-1 所示。

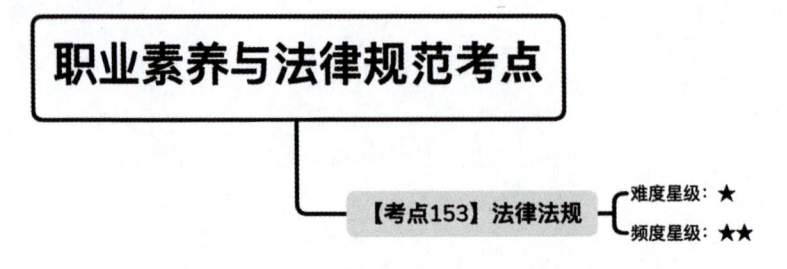

图 21-1　本章考点及星级分布

21.3 核心考点精讲及考题实练

【考点 153】法律法规

考点精华

对世界影响最大的法系是大陆法系和英美法系。大陆法系崇尚法理的逻辑推理，以此为依据实行司法审判，要求法官严格按照法条审判；英美法系是判例之法，而非制定之法，审判时更注重采取当事人主义和陪审团制度，下级法庭必须遵从上级法庭以往的判例，同级的法官判例没有必然约束力，但一般会互相参考。

中国特色社会主义法律体系，是以宪法为统帅，以法律为主干，以行政法规、地方性法规为组成，由宪法相关法、民法商法、行政法、经济法、社会法、刑法、诉讼与非诉讼程序法等多个法律组成的有机整体。

我国法律体系中包括法律、法律解释、行政法规、地方性法规、自治条例和单行条例以及规章等几种法律法规。其中法律的级别最高，行政法规是对法律的补充，在成熟的情况下会被补充进法律，地位仅次于法律。规章仅在本部门的权限范围或者本行政区域内有效。

法的效力分为对象效力、空间效力和时间效力。

1. 对象效力是对人的效力，我国对人的效力包括对中国公民的效力和对外国人、无国籍人的效力。在境外的中国公民，也应遵守中国法律并受中国法律保护；外国人和无国籍人在中国领域内，除法律另有规定者外，适用中国法律。
2. 空间效力指法律在哪些地域有效力，通常一国法律适用于该国主权范围内的全部领域，包括领土、领水及其底土和领空，以及作为领土延伸的本国驻外使馆、在外船舶及飞机。
3. 时间效力指法律何时生效和终止以及对生效以前的事件和行为是否有溯及力。

法律法规的效力层级指法律体系中的各种法具有不同的效力，由此形成法律法规的效力等级体系。

1. 纵向效力层级。宪法具有最高的法律效力，随后依次是法律、行政法规、地方性法规、规章。
2. 横向效力层级。横向效力层级指同一机关制定的法律法规，特别规定的效力高于一般规定。
3. 时间序列效力层级。时间序列效力层级指同一机关制定的法律法规，新规定效力高于旧规定。

信息系统管理工程师常用的法律有 8 部，分别如下：

1. 《中华人民共和国民法典》（合同编）。民法典（合同编）是信息化法律法规领域最重要的法律基础，合同是民事主体之间设立、变更、终止民事法律关系的协议。
2. 《中华人民共和国招标投标法》。招标投标法是国家用来规范招标投标活动、调整招标投标各种关系的法律规范。

3.《中华人民共和国政府采购法》。政府采购法规范政府采购行为，提高政府采购资金的使用效益，促进廉政建设。

4.《中华人民共和国专利法》。专利法规定发明、实用新型和外观设计。发明指新技术方案。实用新型对产品形状、构造提出实用的新技术方案。外观设计是对产品整体或局部形状、图案的新设计。

5.《中华人民共和国著作权法》。著作权法对著作权保护及具体实施作出明确规定。

6.《中华人民共和国商标法》。商标注册人享有商标专用权，受法律保护。

7.《中华人民共和国网络安全法》。网络安全法是我国第一部全面规范网络空间安全管理的基础性法律。

8.《中华人民共和国数据安全法》。数据安全法从数据安全发展、数据安全制度、数据安全保护义务、政务数据安全与开放角度对数据安全保护的义务和相应法律责任进行规定。

备考点拨

本考点学习难度星级：★☆☆（简单），考试频度星级：★★☆（中频）。

本考点考查法律法规。大陆法系和英美法系的区别可以加以了解，大陆法系崇尚法理的逻辑推理，英美法系是判例之法。3种法的效力以及3种效力等级体系的名字需要掌握，相关的含义需要了解。常用的8部法律知道名字，了解其概要内容即可。

考题精练

1. 法律法规的效力等级体系中，不包括（　　）。
   A．纵向效力层级　　　　　　　　B．横向效力层级
   C．时间序列效力层级　　　　　　D．空间序列效力层级

【解析】答案为D。法律法规的效力层级指法律体系中的各种法具有不同的效力，由此形成的法律法规效力等级体系包括：纵向效力层级、横向效力层级和时间序列效力层级。

2. 某企业自主开发的某导航软件的源代码，在我国受（　　）保护。
   A.《中华人民共和国科学技术进步法》　B.《中华人民共和国专利法》
   C.《中华人民共和国著作权法》　　　　D.《中华人民共和国商标法》

【解析】答案为C。源代码属于著作，受《中华人民共和国著作权法》保护，可以使用排除法得分。

3. 在我国，合同法是我国（　　）的重要组成部分。
   A．刑法　　　B．宪法　　　C．经济法　　　D．民法典

【解析】答案为D。合同法是《中华人民共和国民法典》的重要组成部分。

第 22 章

应用技术强化专题

22.1 新考纲下的应用技术题解读

信息系统管理工程师的应用技术题，通常会考查 4～5 道案例题，总分是 75 分，45 分为通过线。

如本书序言所述，2024 年 11 月颁布的新考纲，已经彻底变化，既往的考试范围、备考策略甚至历年考题已经基本上可以视为无效了，那么如何进行新考纲的应用技术题备考呢？需要回到新版考试大纲本身，新版考试大纲对应用技术题的考试范围描述如下：

根据试题给定的案例场景，应用信息系统管理与实践对案例场景进行分析，得到相应的结论或给出案例分析，基于信息系统管理工程师需要熟悉和掌握的范围展开，涉及内容包括"考试科目 1：信息系统管理工程师基础知识"中"第 3 章　信息系统架构"至"第 16 章　信息安全管理"以及"第 19 章　IT 管理标准化"和"第 20 章　职业素养与法律法规"。

可以看到新版考试大纲中对应用技术题的考试范围给出了明确的划分，第 3～16 章，第 19～20 章均是应用技术题的考试范围，也就是全书只有前 2 章（信息化发展和信息技术发展）、第 17 章（人员管理）、第 18 章（知识管理）不在考试范围之内。

这个信息说实话对信管备考帮助不太大，一方面是因为新版考纲给出的范围实在太广了，不够聚焦，几乎涵盖了全书；另一方面是参考过去中高项的考试经验，也曾经出现过超出考纲的情形。不过虽说对信管的帮助不太大，但是也能够在一定程度上给我们指明大致的备考方向，那就是优先备考考纲中定义为"掌握"的章节，也就是第 5～16 章。至于第 5～16 章中是否还有更高的优先级，本书后续会继续分析。

新版考试大纲也对应用技术题的题型进行了举例，如下所示。

【说明】技术人员在 IT 服务的过程中，经常会遇到诸如网络故障或者产品缺陷等问题。此时，技术人员要做的是将问题进行控制，分析问题产生的原因，在必要时将问题升级为已知错误。在此基础上，技术人员需要进行错误控制。通过变更请求确保已知错误被完全消除，避免再次发生故障，通常这样的过程在 IT 服务中有一定的流程。请结合所学故障及问题管理的相关知识解答下列问题。

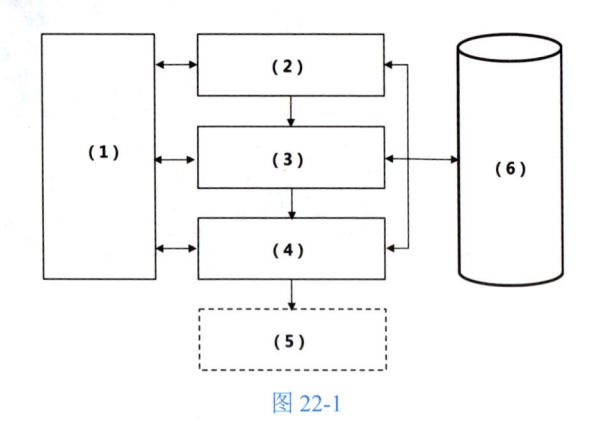

图 22-1

【问题 1】（6 分）在问题控制步骤选项 A～F 中，选择合适的内容填入图 22-1 所示的（1）～（6）中。问题控制步骤选项：

  A．调查与分析   B．错误控制   C．归类

  D．问题管理数据库 E．跟踪和监督 F．发现和记录

【问题 2】（4 分）若技术人员要在系统故障发生前解决相关问题，那么技术员应该怎么做？

【问题 3】（10 分）通常技术人员会将问题管理报告提供给业务部门和 IT 部门作为决策依据，具体来说应该包括哪些方面的内容。

  这道考纲中的例题是过去的考试真题，所以不用关心这道题考查的考点，也不用关心这道题的正确答案，我们需要更关心的是，通过考纲的这道案例举例，能够给备考带来哪些宝贵的启示。在我看来，这道例题可以带来如下启示：

  1．应用技术题的细分题型方面，可能会以图形题、选择题、简答题等方式出现，结合过往的考试来看，还会有判断题、连线题和填空题的方式。这 6 种出题方式中，相对最难的是简答题，而且简答题型也是考试中经常出现的题型。

  这个特点给备考带来的启示有 2 点：第 1 点是需要关注教程与考纲中的图形，关注本书在考点精华中绘制的图形，应用技术题中让考生完整地画出全部图形很少见，更常见的方式是让考生补齐图形中缺失的内容，补齐方式可能是如同上面例题中的选择方式，也可能是稍难一些的填空方式；第 2 点是针对最难而且最普遍的简答题型，需要在日常备考过程中强化记忆，特别是记住相关语句中的关键词，考试的时候通过关键词进行联想式作答，尽量回答得详细，在简答题的回答中，如果能够答出关键词，而且逻辑清晰、内容详尽，通常即使不能拿到满分，也可以拿到不低的分数。

  2．应用技术题的出题特点方面，以理论记忆题为主，和案例背景的关联度不大。就拿上面例题来看，对 3 个问题的回答，其实都和案例背景关系不大，换言之，考生完全可以不用看案例

背景，直接进行回答。所以看起来是应用技术题，实际上是理论作答题。理论作答题考查的考生对理论考点的记忆和掌握，这是备考的关键所在。

为了印证这个命题特点，本书选取去年真题，对 5 道应用技术题的子题目进行了统计分析，如表 22-1 所示。

表 22-1　去年真题统计分析表

历年考题	子题目	类型
汽车维修管理系统的数据库设计	绘制 E-R 图	案例相关技术题
	关系模型属性与主外键	案例相关技术题
	数据库模型联系类型	案例相关技术题
目标考核子系统需求分析	功能模块归类	案例相关背景题
	系统设计模式选择	案例相关背景题
	角色访问控制定义与优点	案例无关记忆题
高校校园网运维报告	运维报告作用、故障处理包含内容	案例无关记忆题
	站群系统作用、一站式含义	案例无关记忆题
	出口带宽流量监测目的	案例无关记忆题
机房设施与设备管理	机房设备用电设计注意事项	案例无关记忆题
	局域网布线的 6 个子系统	案例无关记忆题
	机房建设防护设施	案例无关记忆题
故障及问题管理	问题控制步骤填图	案例无关记忆题
	故障前问题解决方式	案例无关记忆题
	问题管理报告内容	案例无关记忆题

首先需要再次说明的是，这 5 道应用技术真题所考查的考点，在新版考纲中绝大多数都已经被删除，需要研究的是命题思路，而非考点本身。从上表可以清晰看出，信管过去考试的应用技术题，大多数都是在考查和案例背景无关的理论记忆题，少部分是和案例背景有关的技术题，但是诸如数据库设计等技术类考点，在新版考纲中已经删除，那么在基于新考纲的应用技术题型中，以理论作答题出现的子题目，大概率会只多不少。

这个特点给备考带来的启示只有一点，而且是最重要的一点：务必重视基础考点的掌握！简单讲就是记忆。至此看来，无论是基础知识科目，还是应用技术科目，考查的都是考生对基础考点、对理论考点的掌握，这也是本书通过考点精华部分希望能够给考生拿证带来的助力。

经过前面对新考纲和过往真题的分析，可以得知：应用技术题的备考策略，重点在于理论作答题，也就是考点记忆方面，优先备考考纲中定义为"掌握"的章节，也就是第 5 ～ 16 章。那么作为应用技术题相对重点的第 5 ～ 16 章，能否进一步缩小范围，找出绝对重点章节呢？

这就需要回到信息系统管理工程师的核心职责，以及最看重哪方面的技能了。前面也曾经提到过，作为信息系统管理工程师，管理的是信息系统，平时工作中无外乎对云服务的管理、对应用系统的管理、对网络的管理、对数据的管理、对数据中心的管理、对桌面与外设的管理、对信息系统安全的管理，也就是第 9、11～16 章，这 7 章内容是应用技术题考查的绝对重点。接下来本书将针对这 7 章的应用技术题考查重点展开论述，需要说明的是，由于应用技术理论作答题的考点在前面的考点精华中出现过，故此处仅标识对应的考点编号，方便翻阅学习。

22.2　云服务及其运营管理案例理论作答

云服务及其运营管理相关的考点，和当今云服务先进技术的应用密切相关，顺应了科技发展的大趋势，仅仅从这个维度上看，云服务及其运营管理就属于应用技术甚至所有科目的考查重点。从云服务及其运营管理的整体考点框架看，是围绕云服务运营管理展开的，即官方教程第 303 页的云服务运营管理框架图，这幅图本身通常不会作为应用技术题的考题，但是这幅图勾勒出了云服务运营管理所有的考点，以及考点彼此间的关系。展开而言，云服务及其运营管理的考点沿着云服务规划、云服务交付、云服务运维、云资源操作、云资源管理、云信息安全的主线展开，这条主线上的每一个环节都是应用技术题潜在的考查范围。详细的案例理论作答清单如下所示。

1．问：云服务运营管理重点聚焦在哪些领域？

答：详见【考点 88】云服务与运营框架。

2．问：云架构管理中应用架构管理的主要管理活动有哪些？

答：详见【考点 89】云服务规划。

3．问：云架构管理中数据架构管理的主要管理活动有哪些？

答：详见【考点 89】云服务规划。

4．问：云架构管理中基础架构管理的主要管理活动有哪些？

答：详见【考点 89】云服务规划。

5．问：云架构管理中技术规范管理的主要管理活动有哪些？

答：详见【考点 89】云服务规划。

6．问：云服务 PaaS 产品都有哪些服务形态？

答：详见【考点 89】云服务规划。

7．问：请列举出常见的云服务产品服务衡量指标有哪些？

答：详见【考点 89】云服务规划。

8．问：请列举出云服务产品退役管理有哪些活动？

答：详见【考点 89】云服务规划。

9．问：如果你来负责公司的云服务可用性管理，你会如何做？

答：详见【考点 89】云服务规划（背后考查的是云服务可用性管理的主要任务）。

10．问：云服务业务连续性管理的生命周期包含哪些阶段？

答：详见【考点 89】云服务规划（也可能以填图的方式进行考查，让考生填上官方教程第 309 页示意图中缺失的内容）。

11．问：云服务业务连续性管理的主要活动有哪些（或者你会如何做）？

答：详见【考点89】云服务规划。

12．问：在开展云服务资源池管理过程中，你在做布局规划时会考虑哪些因素？

答：详见【考点89】云服务规划。

13．问：云服务容量管理的子活动包含哪些？

答：详见【考点89】云服务规划（也可能以填图的方式进行考查，让考生填上官方教程第312页示意图中缺失的内容）。

14．问：云服务水平管理的协议包含哪些？

答：详见【考点90】云服务交付（也可能以填图的方式进行考查，让考生填上官方教程第315页示意图中的3个协议位置）。

15．问：云服务报告管理有哪些作用？

答：详见【考点90】云服务交付（背后考查的是云服务报告管理的目标）。

16．问：云服务计费管理有哪些活动？

答：详见【考点90】云服务交付。

17．问：假如你是案例中的信息系统管理工程师，你会如何开展云服务满意度管理？

答：详见【考点90】云服务交付（背后考查的是云服务满意度管理的3项活动）。

18．问：案例中的信息系统管理工程师，在开展云服务开通管理中的审批服务请求工作时，存在哪些问题，你会提出什么建议？

答：详见【考点91】云运维（问题看起来是给案例背景分析找错，但是背后考查的却是审批时的4项内容）。

19．问：在开展云服务开通管理时，作为信息系统管理工程师，对于"云"处理的服务请求应如何操作？

答：详见【考点91】云运维（背后考查的是对"云"环境处理过程的理解）。

20．问：在开展云服务运行时，如何进行变更管理？

答：详见【考点91】云运维。

21．问：云配置管理的目标作用有哪些？

答：详见【考点91】云运维。

22．问：请简要描述云资源操作中的任务调度管理流程。

答：详见【考点92】云资源操作（也可能以填图的方式进行考查，让考生填上官方教程第328页图中缺失的内容）。

23．问：如何开展云资源操作中的补丁管理？

答：详见【考点92】云资源操作（背后考查的是补丁管理的4个阶段）。

24．问：作为云服务供方，在合规性和审计方面，需要注意哪些事项？

答：详见【考点93】云信息安全。

25．问：可移植性和互操作性的架构安全方面，SaaS、PaaS和IaaS的关注点有什么不同？

答：详见【考点93】云信息安全。

22.3 应用系统管理案例理论作答

一套应用系统的生命周期，需要经历设计、交付、运行和终止 4 个阶段，对于信息系统管理工程师而言，主要工作是在应用系统的运行阶段和终止阶段，所以应用技术题如果考到了应用系统的生命周期，也会重点考查这 2 个阶段的掌握。每个阶段需要掌握管理内容和关键成功因素，这些都可能在应用技术题中，以理论作答题的形式进行考查。

应用系统在运行阶段，需要维护人员主要做 4 件工作，分别是例行操作、响应支持、优化改善和调研评估，应用技术题如果考查到这 4 件工作，大概率考查的是这 4 件工作都有哪些具体的活动。详细的案例理论作答清单如下所示。

1．问：应用系统运行阶段的管理内容有哪些？

答：详见【考点 99】基础管理。

2．问：应用系统终止阶段的管理内容有哪些？

答：详见【考点 99】基础管理。

3．问：应用系统运行阶段的关键成功因素有哪些？

答：详见【考点 99】基础管理。

4．问：应用系统终止阶段的关键成功因素有哪些？

答：详见【考点 99】基础管理。

5．问：应用系统运行维护的例行操作有哪些具体活动？

答：详见【考点 100】运行维护。

6．问：应用系统运行维护的响应支持有哪些具体活动？

答：详见【考点 100】运行维护。

7．问：应用系统运行维护的优化改善有哪些具体活动？

答：详见【考点 100】运行维护。

8．问：应用系统运行维护的调研评估有哪些具体活动？

答：详见【考点 100】运行维护。

22.4 网络系统管理案例理论作答

如今这个时代，每个人都离不开网络，网络的重要性愈发凸显，而且网络系统管理越来越复杂，保障网络的安全性也越来越重要。所以对于信息系统管理工程师而言，做好网络的日常管理、资源管理、应用管理和安全管理尤为重要。网络系统管理是一项实操的工作，更加看重信息系统管理工程师的操作能力，所以应用技术题的考查重点就是这 4 个方面的管理及其具体包括的操作任务。对于操作任务的案例考查，可以以找出案例中操作有误或者任务缺失的地方的形式出现，也可以直接以理论作答题的形式出现。但是无论如何考查，都需要考生掌握对应的理论考点。详细的案例理论作答清单如下所示。

1．问：网络日常管理中的局域网管理，如何对网络设备进行日常管理？
答：详见【考点103】网络日常管理（背后考查的是主要管理任务项）。
2．问：网络日常管理中的局域网管理，如何对网络拓扑进行日常管理？
答：详见【考点103】网络日常管理（背后考查的是主要管理任务项）。
3．问：网络日常管理中的局域网管理，如何对网络安全进行日常管理？
答：详见【考点103】网络日常管理（背后考查的是主要管理任务项）。
4．问：网络日常管理中的广域网管理，如何对链路进行日常管理？
答：详见【考点103】网络日常管理（背后考查的是主要管理任务项）。
5．问：网络日常管理中的广域网管理，如何对网络安全进行日常管理？
答：详见【考点103】网络日常管理（背后考查的是主要管理任务项）。
6．问：网络日常管理中的互联网管理，如何对自治系统（AS）进行日常管理？
答：详见【考点103】网络日常管理（背后考查的是主要管理任务项）。
7．问：网络日常管理中的互联网管理，如何对路由进行日常管理？
答：详见【考点103】网络日常管理（背后考查的是主要管理任务项）。
8．问：网络日常管理中的互联网管理，如何对互联网安全进行日常管理？
答：详见【考点103】网络日常管理（背后考查的是主要管理任务项）。
9．问：网络资源管理中，如何开展带宽资源的管理工作？
答：详见【考点104】网络资源管理。
10．问：网络资源管理中，如何开展地址资源的管理工作？
答：详见【考点104】网络资源管理。
11．问：网络资源管理中，如何开展虚拟资源的管理工作？
答：详见【考点104】网络资源管理。
12．问：网络应用管理中，如何开展DHCP应用的管理工作？
答：详见【考点105】网络应用管理。
13．问：网络应用管理中，如何开展DNS服务器的管理工作？
答：详见【考点105】网络应用管理。
14．问：网络应用管理中，如何开展文件服务器的管理工作？
答：详见【考点105】网络应用管理。
15．问：网络安全管理中，防火墙管理的主要任务有哪些？
答：详见【考点106】网络安全。
16．问：请简要描述网络安全管理中入侵检测系统（IDS）和入侵防御系统（IPS）的区别。
答：详见【考点106】网络安全。
17．问：请简要描述入侵检测系统（IDS）的主要功能。
答：详见【考点106】网络安全。
18．问：请简要描述网络安全管理中入侵防御系统（IPS）的主要功能。
答：详见【考点106】网络安全。

19. 问：网络攻防演练的主要活动或者步骤有哪些？
    答：详见【考点106】网络安全。
20. 问：网络安全态势感知平台的主要功能有哪些？
    答：详见【考点106】网络安全。

22.5　数据中心管理案例理论作答

　　数据中心是存放服务器、交换机等设备的场所，对于信息系统管理工程师而言，数据中心管理的工作主要包括基础管理、基础设施管理、物理资源管理、虚拟资源管理和平台资源管理。

　　基础管理简单理解，是从职责视角看待数据中心的日常管理，比如数据中心的目标管理、故障管理、安全管理、对象管理、服务管控等，这部分涉及累计多达21个活动事项，每个活动事项又包含4～5个具体的活动，加起来活动清单多达上百个。比如其中服务管控的对象就包括了系统可用性管理、系统容量管理、配置信息管理、系统变更发布、知识管理和供应商管理6个，每个里面又分别包含3～6项的具体活动，逐个记忆这上百个活动，对应用技术考试而言性价比太低。故本书建议针对应用技术的备考，基础管理板块的活动内容以理解为主，记忆为辅，也就是理解活动存在的必要性，如果考到可以根据印象结合工作经验来尽可能多地回答。

　　数据中心管理的基础设施管理、物理资源管理、虚拟资源管理和平台资源管理简单理解，是从管理对象视角看待数据中心的日常管理。无论是哪类对象，都离不开例行操作、响应支持、优化改善和调研评估4个方面，例行操作方面又分为监控、预防性检查和常规作业，响应支持方面又分为事件驱动响应和服务请求响应，优化改善方面又分为适应性改进、增强性改进和预防性改进。这是这个考点的逻辑架构，在这个逻辑架构的最底层，是针对各类系统的操作清单，这些操作清单在官方教程中，要么以内容繁杂的表格展示，比如官方教程第422页的虚拟资源监控内容示意表，要么以数量较多的列表项展示，比如官方教程第426页的适应性改进操作清单或增强性改进操作清单。这部分内容如果以理论作答题的方式出现，备考起来同样性价比很低。但是这部分内容又是信息系统管理工程师的职责，考试如果考到也可以理解。针对这部分内容的备考，建议结合刚才提到的逻辑架构进行多次考点的熟读式记忆，不要求全部记住，尽量多记住一些关键词就好，这样既能够较好应对应用技术题的"灰犀牛"事件，也能够较好平衡备考性价比的问题。在进行多次考点的熟读式记忆的同时，头脑中要始终有这幅考点板块的逻辑架构，用逻辑架构串起读到的细节考点，也就是操作清单事项。

　　数据中心管理中需要掌握的图不多，唯一需要掌握的是【考点107】数据中心基础管理中的数据中心服务与管理对象示意图，考试时有可能会以填图的方式进行考查。

22.6　桌面与外设管理案例理论作答

　　桌面与外设相对而言日常工作接触比较多，从考点分布看，主要分布在台式计算终端、移动计算终端、输入输出设备、存储设备、通信设备，以及安全相关的考点。从应用技术备考角度看，桌面与外设管理和前面章节介绍的数据中心管理非常类似，首先桌面与外设管理也是一项实操的工作，更加看重信息系统管理工程师的操作能力，所以如同数据中心管理一样，桌面与外设管理考点中，涉及大量的操作任务。其次，桌面与外设管理中对不同设备的管理，基本上都是从例行操作、响应支持、调研评估和优化改善 4 个方面展开的，每个方面会进一步细分，比如例行操作细分为实时监控、定期检查和日常维护，由此就自然形成了桌面与外设管理的逻辑架构。同样如同数据中心管理，桌面与外设管理的每一个细节的操作任务，如果在应用技术题中作为理论作答题也毫不违和，毕竟是信息系统管理工程师的重要职责，但是这些细节操作任务又充斥在章节考点的每一处，在这里一一罗列出来的意义不大。所以桌面与外设管理应用技术题的备考思路，和数据中心管理类似，也是结合逻辑架构进行多次考点的熟读式记忆，不要求全部记住，尽量多记住一些关键词就好，用逻辑架构串起读到的细节考点，也就是操作清单事项。

22.7 数据管理案例理论作答

数据在当今社会的重要性不言而喻，作为信息系统管理工程师，数据管理也是重要职责之一，因此数据管理也是应用技术题的重点范围。数据管理的考点板块，首先涉及数据战略、数据治理、数据组织这些顶层话题；其次沿着数据管理的脉络，依次涉及数据采集预处理、数据存储容灾、数据标准建模、数据仓库资产和数据分析应用这些具体执行层面的话题；最后依然以安全话题作为收尾。在这些内容中，应用技术题的考查中心在执行层面，也就是从数据采集到数据分析应用的全过程。数据管理的概念虽然相对较多，但是备考难度会低于前面讲到的桌面外设、数据中心等管理。详细的案例理论作答清单如下所示。

1. 问：DCMM 将组织的数据管理成熟度分为了哪 5 个等级？

答：详见【考点 118】DCMM、DGI 与 DAMA（也可能提供一段案例，判断当前组织处于哪个层级，也可能通过判断或者填空题的方式考查等级考点，即使案例题目的形式千变万化，掌握了 5 个等级的概念，就可以以不变应万变）。

2. 问：数据管理组织模式通常包含哪 3 种，分别具有怎样的特点并且适合哪类组织？

答：详见【考点 120】数据管理组织模式架构与角色绩效（通常应用技术题不会这样直白提问，更多会结合案例，考查案例中的组织模式属于哪一类，接下来有可能考查不同类型组织模式的区别，但是掌握了背后的考点，就能应对此类案例结合型的问题）。

3. 问：数据管理组织建设的关键成功要素有哪些？

答：详见【考点 120】数据管理组织模式架构与角色绩效。

4. 问：请简要描述数据预处理的流程。

答：详见【考点 122】数据预处理（也可能以填图的方式进行考查，让考生填上官方教程第 475 页数据预处理流程图中的空缺）。

5. 问：如果你是负责数据管理的信息系统管理工程师，你会如何进行相应的存储管理？

答：详见【考点 123】数据存储和归档（背后考查的是数据存储管理的主要内容）。

6．问：请将案例中不同数据的备份结构填入正确的选项。

答：详见【考点124】数据备份和容灾（有可能提供不同数据的备份结构描述，让你从多个候选项中选出对应的备份结构）。

7．问：请将案例中不同数据的备份策略填入正确的选项。

答：详见【考点124】数据备份和容灾（有可能提供不同数据的备份策略描述，让你从多个候选项中选出对应的备份策略，或者直接提供一幅备份策略图，让你选择代表哪种备份策略）。

8．问：请简要描述元数据的作用（或者元数据对数据使用者的作用说明）。

答：详见【考点125】数据标准与建模。

9．问：请简要描述数据建模的过程。

答：详见【考点126】数据模型和建模。

10．问：请简要描述数据资源目录的概念模型包含的要素。

答：详见【考点127】数据资产管理和编目。

11．问：请简要描述数据集成的方法及其特点。

答：详见【考点128】数据集成方法和访问接口标准。

12．问：请简要描述数据挖掘和传统数据分析的区别所在。

答：详见【考点130】数据挖掘。

13．问：请简要描述数据脱敏的原则。

答：详见【考点131】数据服务、可视化与安全。

22.8　信息安全管理案例理论作答

信息系统的安全是底线而且无处不在，从考纲中也能够看出，前面介绍的所有章节，比如云服务运营管理、应用系统管理、网络系统管理等都涉及相应的安全工作，所以应用技术题可能将信息安全管理和具体对象管理结合考查。回到本考点板块，应用技术题的考查重点集中在安全风险管理、安全策略管理、应急响应管理和信息安全控制措施，其中应急响应管理相对而言出题的难度不大。信息安全管理板块可以出案例理论作答题的地方较多，全部记住不太现实，所以应用技术题的备考策略是记住逻辑框架，也就是大项、大的条目，熟读细节内容留下相关的印象即可。详细的案例理论作答清单如下所示。

1．问：信息安全风险管理的活动包含哪些方面？

答：详见【考点132】安全管理体系和风险管理（也可能以填图的方式进行考查，让考生填上官方教程第506页信息安全风险管理内容过程图中的空缺）。

2．问：请简要描述风险管理实施计划包含的内容。

答：详见【考点133】语境建立、风险评估和风险处置。

3．问：风险处置的方式有哪些？

答：详见【考点133】语境建立、风险评估和风险处置（应用技术题通常不会直接考简答题，而是通过案例描述的方式，让你选出对应的风险处置方式）。

4．问：风险管理对象调查与分析的主要工作有哪些？

答：详见【考点133】语境建立、风险评估和风险处置（额外提醒下，安全风险管理涉及较多的活动，活动中还有不少的子活动，对于这些活动和子活动的案例备考，建议采用之前提到的"记框架、记关键词、熟读细节"的方式备考）。

5．问：进行信息安全风险管理的沟通咨询时，针对不同角色需要采用哪些方式？

答：详见【考点134】批准留存、监视评审与沟通咨询（通常应用技术题会在背景中提供一些角色，然后在问题中让考生针对不同的角色，选择正确的沟通咨询方式，故通常会以案例选择题型的方式出现）。

6．问：信息安全策略管理的管理要点有哪些？

答：详见【考点135】安全策略管理。

7．问：网站安全对应的安全防护措施有哪些？

答：详见【考点136】应急事件类型、损失和等级。

8．问：终端安全对应的安全防护措施有哪些？

答：详见【考点136】应急事件类型、损失和等级。

9．问：服务器安全对应的安全防护措施有哪些？

答：详见【考点136】应急事件类型、损失和等级。

10．问：应急响应事件可以分为哪些等级？

答：详见【考点136】应急事件类型、损失和等级。

11．问：信息安全日常管理与应急响应工作有哪些具体区别？

答：详见【考点137】应急响应组织、能力建设和演练。

12．问：应急响应处置过程包含哪些阶段？

答：详见【考点138】应急处置过程及重保。

13．问：重保对象的重保风险分析，包括面向互联网开放的信息资源、不面向互联网开放的内部信息资源两大类，请简要描述分别的关注内容。

答：详见【考点138】应急处置过程及重保。

14．问：信息安全配置管理的配置记录包含什么内容？

答：详见【考点140】信息安全控制措施。

15．问：组织可以通过监视活动，发现异常行为和潜在的安全风险，请简要描述能够纳入监视系统的事项。

答：详见【考点140】信息安全控制措施。